经济学之书 The Economics Book

U0447988

经济学之书

Economics

[美] 史蒂文·G. 米德玛（Steven G.Medema） 著

楚立峰 译

重庆大学出版社

经济学之书

The Economics Book

From Xenophon to Cryptocurrency,
250 Milestones in the History of Economics

从色诺芬到加密货币，
经济学史上的
250个里程碑

目 录

引言 VI
致谢 IX

001　约公元前 700 年／赫西俄德的《工作与时日》
002　约公元前 530 年／毕达哥拉斯和次序关系社会
003　约公元前 380 年／柏拉图、亚里士多德和黄金分割
004　约公元前 370 年／色诺芬的《经济论》
005　约公元前 340 年／交换之中的公平性
006　约 1100 年／经院哲学
007　1265 年／公平的价格
008　1265 年／阿奎那论高利贷
009　约 1360 年／贬值和奥雷姆的《关于通货》
010　1377 年／伊本·赫勒敦的《历史绪论》
011　1517 年／新教改革运动
012　1539 年／重商政策
013　1544 年／萨拉曼卡学派
014　1558 年／格雷欣法则
015　1568 年／货币数量理论
016　1620 年／经验主义和科学
017　1621 年／贸易差额争议
018　1636 年／郁金香狂热
019　1651 年／霍布斯的《利维坦》
020　1662 年／租金与剩余理论
021　1662 年／赢利均等化
022　约 1665 年／微积分的发明
023　1668 年／货币的周转率
024　1690 年／洛克的财产理论
025　1695 年／放任主义
026　1705 年／约翰·劳和纸币
027　1705 年／曼德维尔的《蜜蜂的寓言》
028　1717 年／金本位
029　1718 年／苏格兰启蒙运动
030　1738 年／伯努利论预期效用
031　1751 年／加利亚尼的《货币论》
032　1752 年／物价—金银通货流动机制
033　1755 年／坎蒂隆的《商业性质概论》
034　1755 年／卢梭的"政治经济学"
035　1756 年／重农主义者
036　1758 年／《经济表》
037　1760 年／工业革命
038　1766 年／杜尔哥的《关于财富的形成和分配的考察》
039　1767 年／供应与需求
040　1776 年／斯密的《国富论》
041　1776 年／劳动分工
042　1776 年／竞争过程
043　1776 年／看不见的手

044	1776年／生产性劳动和非生产性劳动	071	1848年／《共产党宣言》
045	1789年／效用主义	072	1848年／穆勒的《政治经济学原理》
046	约1790年／古典政治经济学	073	1849年／沉闷科学
047	1798年／马尔萨斯人口理论	074	1854年／戈森的两个法则
048	1802年／桑顿的《大不列颠票据信用的性质和作用的探讨》	075	1857年／下降中的利润率
049	1803年／萨伊法则	076	1862年／工资铁律
050	1804年／消费不足	077	1863年／指数
051	1810年／重金主义争议	078	1866年／工资资金争议
052	1813年／乌托邦社会主义	079	1867年／马克思的《资本论》
053	1815年／递减赢利	080	1867年／劳动价值理论与剥削理论
054	1815年／定态	081	1867年／危机理论
055	1816年／《政治经济学对话》	082	1871年／边际革命
056	1817年／机器问题	083	1871年／杰文斯的《政治经济学理论》
057	1817年／李嘉图的《政治经济学及赋税原理》	084	1871年／门格尔的《经济学原理》
058	1817年／相对优势理论	085	1871年／奥地利学派
059	1820年／需求法则	086	1874年／瓦尔拉斯的《纯粹经济学要义》
060	1821年／政治经济学俱乐部	087	1879年／单一税
061	1821年／劳动价值理论	088	1881年／埃奇沃思的《数学心理学》
062	1826年／杜能的《孤立国》	089	1883年／财政学
063	1830年／法国工程传统	090	1883年／伯特兰德模型
064	1832年／《政治经济学图解》	091	1883年／方法论之争
065	1836年／利息的节制理论	092	1884年／《工业革命讲稿》
066	1836年／经济人	093	1884年／费边社会主义
067	1836年／实证—规范的区别	094	1884年／庞巴维克的《资本与利息》
068	1838年／古诺的《财富理论的数学原理的研究》	095	1885年／经济学的职业化
069	1843年／德国历史学派	096	1886年／各种经济学杂志
070	1844年／消费者剩余	097	1889年／机会成本
		098	1890年／马歇尔的《经济学原理》

099	**1890 年**／需求—供应模型		127	**1925 年**／康德拉季耶夫长波
100	**1890 年**／其他变量不变的情况下		128	**1928 年**／柯布—道格拉斯函数
101	**1890 年**／弹性		129	**1929 年**／霍特林区位选择模型
102	**1890 年**／投资期限		130	**1929 年**／大萧条
103	**1890 年**／反托拉斯法		131	**1930 年**／计量经济学学会
104	**1893 年**／序数效用		132	**1931 年**／乘数
105	**1894 年**／图甘-巴拉诺夫斯基和贸易周期		133	**1932 年**／短缺和选择
106	**1896 年**／赋税效益原理		134	**1932 年**／考尔斯委员会
107	**1896 年**／失业		135	**1932 年**／《现代公司和私有财产》
108	**1896 年**／真实利率		136	**1933 年**／循环流动示意图
109	**1898 年**／维克塞尔的累积过程		137	**1933 年**／移民经济学家
110	**1899 年**／凡勃伦的《有闲阶级论》		138	**1933 年**／《垄断竞争理论》
111	**1899 年**／克拉克的《财富的分配》		139	**1933 年**／赫克歇尔—俄林模型
112	**1903 年**／剑桥经济学荣誉学位考试		140	**1933 年**／《不完全竞争经济学》
113	**1906 年**／帕累托最优与效率		141	**1933 年**／数学动力
114	**1906 年**／无差异曲线		142	**1934 年**／斯塔克尔伯格模型
115	**1912 年**／庇古的《财富与福利》		143	**1934 年**／国民收入核算
116	**1912 年**／外部经济和外部不经济		144	**1934 年**／希克斯—艾伦消费者理论
117	**1913 年**／米切尔的《经济周期》		145	**1936 年**／凯恩斯的《就业、利息和货币通论》
118	**1913 年**／美联储		146	**1936 年**／流动性偏好和流动性陷阱
119	**1913 年**／卢森堡的《资本积累》		147	**1936 年**／丁伯根模型
120	**1914 年**／牛津福利方法		148	**1937 年**／投资储蓄—流动性偏好货币供应模型
121	**1915 年**／收入效应和替代效应		149	**1937 年**／科斯的"企业本质"
122	**1919 年**／制度经济学		150	**1938 年**／逻辑实证主义
123	**1920 年**／美国国家经济研究所		151	**1938 年**／伯格森社会福利函数
124	**1920 年**／社会主义计算争论		152	**1938 年**／显示性偏好理论
125	**1921 年**／奈特的《风险、不确定性与利润》		153	**1939 年**／希克斯的《价值与资本》
126	**1924 年**／《资本主义的法律基础》		154	**1939 年**／哈罗德—多马增长模型

155	1939年／第二次世界大战		182	1952年／投资组合精选理论
156	1939年／乘数—加速数模型		183	1953年／沙普利值
157	1939年／卡尔多—希克斯效率标准		184	1953年／《实证经济学方法论》
158	1941年／斯托尔珀—萨缪尔森定理		185	1954年／证明一般均衡的存在
159	1941年／投入—产出分析		186	1954年／公共商品
160	1942年／创造性破坏		187	1954年／发展经济学
161	1943年／福利经济学的基本定理		188	1954年／公共池塘问题
162	1944年／哈耶克的《通往奴役之路》		189	1955年／有限理性
163	1944年／博弈论进入了经济学		190	1955年／大型宏观计量经济学模型
164	1944年／哈维默的"概率论"		191	1956年／次优理论
165	1944年／布雷顿森林协定		192	1956年／蒂布特模型
166	1945年／哈耶克的《知识在社会中的运用》		193	1956年／索洛—斯旺增长模型
167	1946年／经济顾问委员会		194	1957年／歧视经济学
168	1946年／芝加哥学派		195	1957年／永久收入假说
169	1946年／消费者价格指数		196	1957年／理性选民模型和投票悖论
170	1947年／凯恩斯主义革命		197	1958年／人力资本分析
171	1947年／《经济分析基础》		198	1958年／外部性和市场失灵
172	1947年／线性规划		199	1958年／成本—效益分析
173	1948年／萨缪尔森的《经济学》		200	1958年／莫迪利安尼—米勒定理
174	1948年／要素价格均等化定理		201	1958年／菲利普斯曲线
175	1948年／中间选民定理		202	1958年／加尔布雷思的《富裕社会》
176	1948年／兰德公司与冷战		203	1959年／德布鲁的《价值理论》
177	1948年／计算：奥科特回归分析仪和菲利普斯机器		204	1960年／科斯定理
			205	1961年／计量历史学：新经济历史
178	1950年／非合作博弈和纳什均衡		206	1961年／信息经济学
179	1950年／囚徒困境		207	1961年／拍卖理论
180	1951年／阿罗的不可能性定理		208	1961年／理性预期假说
181	1952年／未来资源以及环境经济学		209	1962年／资本资产定价模型

210	1962 年／公共选择分析		233	1974 年／供给学派经济学
211	1963 年／《美国货币史》		234	1975 年／政策无效命题
212	1965 年／搭便车问题		235	1976 年／筛选，或者聚集与分离均衡
213	1965 年／有效市场假说		236	1976 年／卢卡斯批判
214	1966 年／排放权交易		237	1977 年／新凯恩斯主义经济学
215	1967 年／寻租		238	1979 年／新贸易理论
216	1967 年／自然失业率		239	1979 年／行为经济学
217	1968 年／犯罪和惩罚经济学		240	1981 年／个人电脑
218	1969 年／诺贝尔经济学奖		241	1982 年／真实经济周期模型
219	1970 年／经济学有了应用性		242	1986 年／实验转折
220	1970 年／"次品"市场		243	1986 年／内生增长理论
221	1970 年／《集体选择和社会福利》		244	1990 年／公地治理
222	1970 年／阿特金森的不平等指数		245	1990 年／自然实验
223	1971 年／规制俘虏		246	1997 年／新制度经济学
224	1971 年／浮动汇率：布雷顿森林协定的终结		247	1999 年／欧元
225	1971 年／最优税收理论		248	2003 年／动态随机一般均衡模型
226	1972 年／新古典宏观经济学		249	2007 年／大衰退
227	1972 年／机制设计		250	2009 年／加密货币
228	1973 年／法律的经济分析			
229	1973 年／代理理论		注释与延伸阅读	251
230	1973 年／布莱克—斯科尔斯模型			
231	1973 年／信号标志			
232	1973 年／欧佩克和阿拉伯石油禁运			

引 言

在定义经济学时,伟大的经济学家雅各布·瓦伊纳(Jacob Viner)曾戏谑道:"经济学就是经济学家的所作所为。"在这个时代,经济学家分析的主题多种多样,既有相扑,也有婴儿名字。因此经济学的定义几乎是包罗万象,研究一切。当代经济学涉及人类学、生物学、家庭生活、地理学、法律、政治、宗教、社会学、体育运动等。当代经济学解释和分析了生活领域中的行为,贯彻现代经济学的定义,去研究在这个资源短缺的世界之中如何抉择。哦,是的,经济学家还研究经济,教授经济理论和方法,提供政策建议,并把地球上的公民变成公共知识分子。

瓦伊纳的戏谑假定存在一个叫"经济学家的人",但是,职业经济学家在 19 世纪才出现。在 19 世纪之前,包括亚当·斯密(Adam Smith)在内的一些人就经济主题著书立说。但是,这些人接受的教育都是其他学科,有些人则根本未接受教育。这些作者是艺术家、商人、政府官员、记者、自然科学家、小说家、哲学家、诗人、神学家——几乎任何能够写下自己思想的人都可以。他们的想法依然与我们同在,不仅是大学课程的主题,还是现代经济学本身的原则。

经济学的历史不仅涉及从过去到现在的道路,还表明了社会和个人如何应对棘手的生活问题。对于第一类社会和个人来说,经济学意味着竭力弄清如何使国家和人民变得富有。对于第二类社会和个人来说,经济学意味着追求公平,或者意味着生活的合理标准。对于第三类社会和个人来说,经济学意味着处理环境问题、城市衰退或者犯罪。如果经济学——广义经济学——是经济学家现在以及过去的所作所为,那么,经济学就包括多个世纪以来迥然不同的许多事物。

最早的经济学者使用相对较少的时间去理解和解释经济。相反,他们着眼于如何恰当地安排经济事务。一些经济学者,比如亚里士多德和阿奎那分析了定价实践,告诉读者,根据自然法则或者上帝意志,什么符合司法规定,什么又不符合司法规定。包括托马斯·孟(Thomas Mun)和亚当·斯密在内的其他经济学者规定了增加国富的手段,不过,有的经济学者认为国富是金银储备,有的经济学者认为国富则是商品和服务。这些学者经常认为人性阻碍了财富本身的积累。未受约束的自身利益会带来麻烦,而麻烦需要个人行

动泾渭分明。然而，在 17 世纪中期，人们开始努力去理解经济的运作方式：市场如何运行，什么决定价格和收入，货币的作用，什么力量导致了经济的起落。这些主题依然位于现代经济跳跃的心脏之中——虽然关于这些主题的解释已经发生了巨大的改变。

实际上，不仅是解释发生了变化。随着越来越多的人期望经济学可以更加科学，这个曾经具有文学气息的学科也已经高度数学化、量化和技术化。数学让我们得以创造模型描述变量，以便深入细致地确定变量之间的关系。我们从这些模型之中得出结论，表明在特定条件下必然产生一定的结果。量化方法让我们能够用数据监测理论，探究因果关系，衡量关系之间的量值，并预测政策变化之间的潜在影响。经济学家已经变成了预言家。

然而，尽管这些工具有诸多优点，通过这些工具我们仅仅发现了实现数学具体化和量化的因素和力量。在许多情况下，使用模型并没有问题。但在其他情况下，就会有局限性——有的是因为模型缺乏现实的重要方面，有的是因为相关问题难以在数学框架中具体化进而无法解决。包括 1991 年诺贝尔经济学奖得主罗纳德·科斯（Ronald Coase）在内的一些经济学家，已经建议经济学家放弃数学花架子并着眼经济现实的实质。但是，这就相当于把婴儿和洗澡水一起泼掉。经济现实和社会现实一样复杂。经济现实需要使用抽象的模型来隔离特定问题之中起作用的重要变量。换句话说，这些模型帮助经济学家弄懂了真实的世界。在阅读本书的过程中，你会碰到大量此类模型。每个模型都代表了一种努力，这种努力就是去发现活生生的经济状况或者社会状况的某个方面。什么推动了经济的发展？一种产品的卖家数量会如何影响这种产品的价格？知识产权法律如何影响研究和发展？货币供应的改变如何影响经济活动？尽管存在种种局限性，数学模型还是帮助经济学家发现了关于这些问题的更加确切的答案——这些答案经常影响决策。

虽然数学具有精确性，但是经济推理几乎总是模棱两可。美国前总统哈里·杜鲁门（Harry Truman）曾要求找个独臂经济学家，因为经济顾问提建议的时候总是以"一方面……"开始，紧接着说"但是，另一方面……"来提出一个截然不同的见解。一种理论取决于造就理论的假设。哪种假设适用于特定的情况？经济学家有时持不同意见。此外，从一种特定理论可以得出什么结论，经济学家有时也会持不同意见。因此，经济学的历史充斥着不同想法的碰撞，从而影响了经济理论的细节以及经济活动本身的组织。

你接下来要读到的内容会让你了解这段历史，让你以最少的努力洞悉 2000 多年以来的经济见解，还可以根据自己的兴趣从一个主题跳到另一个主题。这一本书并不能充分反映这些个人、想法、事件，所以，本书末尾的"注释与延伸阅读"提供了大量额外资源，以备你更深入地探究经济学历史或者特定主题。

　　经济学里程碑的完整名录远远超过了这本书中所写的 250 个。不论好坏，这里的名录——更不用说这些文字本身的内容了——不可避免地反映了我自己的兴趣和偏见，我自己的长处和短处。但是，这个名录也表明了这本书读者的身份，既有经济学家，也有经济学学生，还有先前没有接触过经济学的人。我的指导性原则并不复杂：在保证我的妈妈没有睡着的情况下，如果我无法用大约 300 个单词向她（不是一个经济学家）解释一个特定的要点及其重要性，那么，我就会弃而不用。如果你最爱的内容没有出现，那么，我只能说抱歉。

　　本书中的篇目按照年代编排。许多里程碑都可以轻而易举地归入某一年，但也有一些里程碑经历了数十年的发展，难以给出确定的日期。只要有可能，我的规则就是，或者把日期设定为一个想法诞生的时候，或者设定为做出贡献的时刻。我努力让每篇文章自成体系，允许你在未阅读前面内容的情况下浏览一个特定的主题。但是，因为要做到简洁，所以不可能在每一页都定义所有的术语；因此，为了帮助你按时间追踪人和思想，每篇文章都有一个"另参见"栏目，为你指出相关的里程碑。

　　这本书向大众读者介绍了塑造经济学历史的人、思想及事件。这些神学家、统计学家、心理学家、哲学家、数学家、历史学家，当然还有经济学家，使用或原始或复杂的方法，有的独立自主工作，也有的在人才济济的学术圈工作。各种各样的力量形成了他们的思想。这些思想包括世界事件、当时的认知水平甚至还有他们的个人生活。如果不仔细探究这些思想形成的背景，几乎就无法充分理解这些思想的历史。本书会为读者提供相关背景，并解释经济学家的行为。

致　谢

感谢大家的群策群力促成了这本书的问世。特别需要一提的是，多年来，尤其是在准备本书期间，许多经济学历史学家同行的作品让我获益良多。本书末尾的"注释与延伸阅读"会让读者在一定程度上知晓我受了别人多大的恩惠。我要感谢 Mie Augier、Peter Boettke、Antoinette Baujard、Marcel Boumans、Bruce Caldwell、Ross Emmett、Jamie Galbraith、Wade Hands、Kevin Hoover、Herbert Hovenkamp、Joseph Persky、Daniel Rees、Malcolm Rutherford、John Singleton、Keith Tribe、Roy Weintraub、Buhong Zheng，他们与我一同讨论、给我启发。尤其要感谢我多年的朋友 Roger Backhouse，他长期与我一起写作，就目录提供了大量反馈意见，阅读了尚处于草稿阶段的文章，并且在这个过程中不断鼓励我。

感谢科罗拉多大学丹佛分校奥里亚图书馆的馆际互借员工处理了不计其数的寻书请求，因为我没有这些书，他们也没有这些书。

Leah Spiro 是我的文学经纪人，让我注意到了这个项目，并鼓励我去付诸实施。一开始，我心怀犹豫，不愿暂时搁置我的学术研究，去写一本面向大众的书。但是，这个项目却具有三个优点：有趣，有挑战性，有所回报。Leah 做事时睿智、乐观、鼓舞人心，在代理商方面的工作由其帮我交涉，为此特别感谢她。

这个项目刚开始的时候，James Jayo 在 Sterling 工作，是我这本书的编辑。在初期的撰写和修改中，James 为我提供了非常具体的指导。2018 年 11 月中旬，Elysia Liang 接手了 James 的工作，娴熟地把原稿变成了成品，她非常关注细节，就提高每一篇论说文的质量提出了无数建议。书本的编写不可避免他要交换意见　Elysia 总是灵活应对。因此，我的工作压力大大减轻，这本书的质量也大幅提高。否则，光是靠我自己，这本书的质量不会如此之高。Linda Liang 是本书摄影编辑，尽管挑战重重，她还是不辱使命，让这本书里的许多图像各归其位。我还要感激 Sterling 制作团队的成员 Michael Cea，Gavin Motnyk，Igor Santanovsky，Kevin Ullrich 付出的努力。

最后，我最感激的就是我的妻子 Carolyn，当我的文稿写得晦涩难懂时，她会直截了当地说出来。随着交稿日期临近，她乐于承担额外的家庭事务。她的丈夫在地下室的办公室投入了太多时间，被一堆堆的书所包围，她也能欣然接受。

经济学之书 The Economics Book

001 赫西俄德的《工作与时日》
赫西俄德（Hesiod，约公元前 750—约公元前 650）

英国画家约翰·威廉·沃特豪斯（John William Waterhouse，1849—1917）画的潘多拉。潘多拉打开了充满邪恶的罐子。赫西俄德援引潘多拉的神话来说明，为什么满足人类的基本需要就得不辞辛劳。

↳ 柏拉图、亚里士多德和黄金分割（约公元前 380 年），色诺芬的《经济论》（约公元前 370 年），凡勃伦的《有闲阶级论》（1899 年），帕累托最优与效率（1906 年），短缺和选择（1932 年）

经济活动和人类生活本身一样古老。原始社会以生存为本，原始人以物易物，以便获得必要的商品。在青铜时代，美索不达米亚地区把宝贝、贝壳之类的东西作为货币，而硬币是在大约公元前 700 年出现于爱琴海地区。经济活动的发展促使人们去分析，经济生活在个人层面和社会层面应该如何建构。赫西俄德既是个农民，还是个史诗诗人，住在雅典西北部的维奥蒂亚，是最早探索这个问题的那批人之一。赫西俄德写了一本书《工作与时日》（Work and Days），把道德戒律和农业管理的实际教训结合了起来。

赫西俄德写《工作与时日》的部分目的是改造其一事无成的弟弟珀耳塞斯。珀耳塞斯好逸恶劳，想骗走赫西俄德应从家里继承的那份遗产。赫西俄德承认生活的最终目标是"舒适与平和"，但是，赫西俄德援引普罗米修斯和潘多拉的神话来说明"舒适与平和"是无法达到的。一天的工作一度可以提供够吃一年的食物，但是，人类从诸神那儿盗火，因此，宙斯用一个罐子装满诅咒，从而把邪恶带到了人间。赫尔墨斯把罐子作为礼物送给了不知情的潘多拉。潘多拉的兄弟告诫她绝不要接受诸神的礼物。但是，潘多拉不顾自己兄弟的警告，打开了罐子，释放出了诅咒。此时，赫西俄德说："诸神把人类的食物藏了起来，因此需要辛苦的劳作才能获得食物。"

这里，我们遭遇了基本经济问题的原始起源——短缺。面对资源短缺，就必须要工作，以满足基本的物质需要。赫西俄德认为，还有两点原因促使人们去工作：社会不赞同懒惰（羞耻），人们想要仿效他人的消费习惯（嫉妒）。这种情感动力导致了"有益的"竞争，孕育了工作道德，有助于解决短缺问题。高效的组织有助于人类在家庭层面解决资源短缺这个想法在经济思维中根深蒂固。实际上，oikos（希腊单词"家庭"）加上 nomos（意思是"习俗"或者"法律"），为我们指出了经济学的词源之根。■

约公元前 700 年

经济学之书 The Economics Book

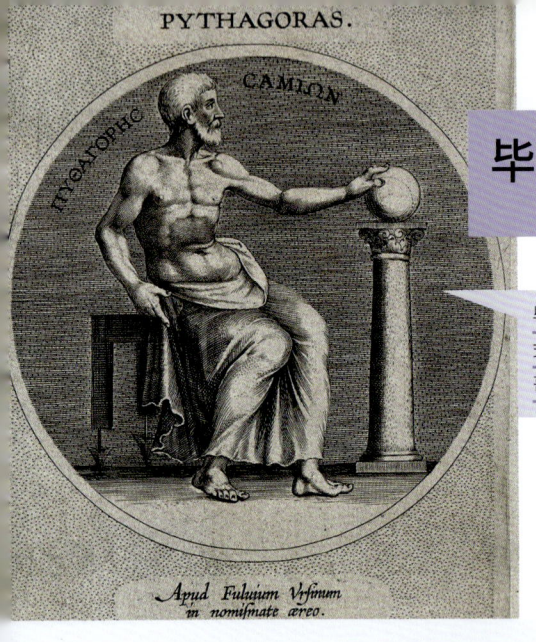

毕达哥拉斯和次序关系社会

毕达哥拉斯（Pythagoras，约公元前 570—约公元前 495）

002

毕达哥拉斯及其追随者相信所有的关系都可以用数学形式来表达。在这幅线雕铜版画里，可以看到坐着的毕达哥拉斯把一只手放在了地球仪上。

↳ 柏拉图、亚里士多德和黄金分割（约公元前 380 年），交换之中的公平性（约公元前 340 年），微积分的发明（约 1665 年），计量经济学学会（1930 年），博弈论进入了经济学（1944 年），线性规划（1947 年）

约公元前 530 年

现代经济学是高度数学化和量化的科学。经济学家的大多数数学和统计学工具都是在最近的两个世纪发展起来的，但是，早在古希腊时代，人们就认为经济关系和社会关系可以用数学次序来描述。

我们知道，古希腊哲学家和数学家毕达哥拉斯提出了几何学定理，证明直角三角形斜边的平方等于两个直角边的平方之和（$a^2+b^2=c^2$）。但是，我们对毕达哥拉斯本人所知甚少，毕达哥拉斯的著作没有流传下来。即便如此，毕达哥拉斯对西方智性传统的影响依然显著。主要原因是，当毕达哥拉斯在意大利南部的格拉顿建起一座学校后，有一批追随者聚集在了毕达哥拉斯周围。

有时，人们赞扬毕达哥拉斯把重量和尺度引入了古希腊世界——对商业和交换至关重要——但是，毕达哥拉斯及其追随者对经济思维还有更大的影响，那就是把更有逻辑性的推理范式引入了古希腊思想。他们相信自然界有着内在的数学序列，还相信我们可以把所有的关系化解为数字形式——这个观点体现在了毕达哥拉斯的座右铭"一切皆为数字"之中。就这样，数学和逻辑成为必要的工具，用于发现和展示关于自然序列的真理。这一影响所产生的最为重大的经济学相关例子是亚里士多德对公平的价格的分析。亚里士多德对公平的价格的分析就是靠数学比率来展示交换之中的公平性。

毕达哥拉斯推理为经济思维的未来创造了条件。经济活动的当代抽象模型，使用的工具既有微积分，又有线性规划，还有博弈论，好像已经远离了毕达哥拉斯使用的简单的几何学和数字关系。现代计量经济学分析也是如此。依靠计量经济学，经济学家可以估计这些关系的量值。然而，这些复杂方法的根基都是基本的毕达哥拉斯理念：经济关系和其他社会关系都可以用数学次序来概念化。■

003

> 弥达斯请求拥有把自己触碰到的一切变成金子的能力，这是贪婪的例证。亚里士多德认为贪婪是危险的。图中，我们看到，弥达斯碰了一下，他的女儿就变成了金子，充分表明了亚里士多德指出的危险。

柏拉图、亚里士多德和黄金分割

柏拉图（Plato，约公元前 428—约公元前 348）
亚里士多德（Aristotle，公元前 384—公元前 322）

↳ 交换之中的公平性（约公元前 340 年），公平的价格（1265 年），阿奎那论高利贷（1265 年），斯密的《国富论》（1776 年），劳动分工（1776 年）

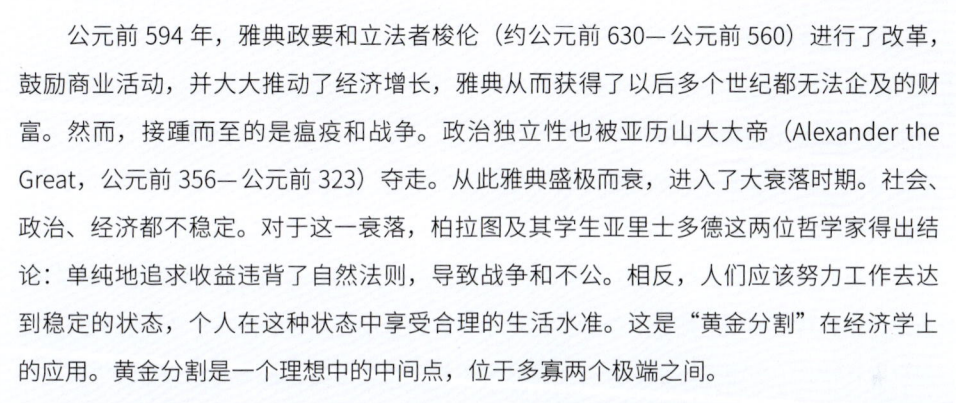

公元前 594 年，雅典政要和立法者梭伦（约公元前 630—公元前 560）进行了改革，鼓励商业活动，并大大推动了经济增长，雅典从而获得了以后多个世纪都无法企及的财富。然而，接踵而至的是瘟疫和战争。政治独立性也被亚历山大大帝（Alexander the Great，公元前 356—公元前 323）夺走。从此雅典盛极而衰，进入了大衰落时期。社会、政治、经济都不稳定。对于这一衰落，柏拉图及其学生亚里士多德这两位哲学家得出结论：单纯地追求收益违背了自然法则，导致战争和不公。相反，人们应该努力工作去达到稳定的状态，个人在这种状态中享受合理的生活水准。这是"黄金分割"在经济学上的应用。黄金分割是一个理想中的中间点，位于多寡两个极端之间。

柏拉图和亚里士多德都认为经济增长对社会有害。柏拉图的理想状态以全民所有制为特点，而亚里士多德支持私有财产。柏拉图宣传劳动专门化，劳动专门化的目的不是促进增长，而是以最小的努力实现合理的生活水准。亚里士多德还厌恶国际贸易，因为他认为商人单纯地追求财富，并输入危险的国外习俗，可能会导致社会动荡。

亚里士多德引用了弥达斯王（King Midas）及其点金术的神话——具有讽刺意味的是，亚里士多德是亚历山大大帝的老师——相信金钱本身不应该是个目的，而应该是达成目的的手段，只是用来获得必需的商品。从这个角度出发，亚里士多德谴责零售贸易是非自然的，原因是，就像亚里士多德看到的那样，零售商把金钱当成唯一的目标，且不能通过售卖他人生产的商品来产生任何有用的产品。基于类似的原因，高利贷——此时界定为任何有利息的放贷行为——看起来甚至更该受到谴责。

2000 年来，实现并保持经济黄金分割的愿望影响了经济思想和实践。然而，在 16 世纪，民族国家结构发生了变化，相应的经济增长推动力也发生了变化，这种古希腊思维也被束之高阁，被更加动态的方法所取代，有望实现公民和国家的共同富裕。■

约公元前 380 年

经济学之书 The Economics Book

色诺芬的《经济论》

色诺芬（Xenophon，约公元前 430—约公元前 354）

004

图为古希腊哲学家色诺芬的雕像。色诺芬的《经济论》提供了经济学这一单词的词源学根源，还提供了经济学这一学科的第一个定义。

→ 赫西俄德的《工作与时日》（约公元前 700 年），柏拉图、亚里士多德和黄金分割（约公元前 380 年），劳动分工（1776 年），古典政治经济学（约 1790 年），沉闷科学（1849 年）

约公元前 370 年

对于经济学这一学科而言，最早的著作之一就来自色诺芬。色诺芬是古希腊哲学家，和柏拉图一样都是苏格拉底的学生。色诺芬的《经济论》（Oeconomicus）——书名源自希腊语 oikonomikos，意思是家庭或者财产的管理——以对话形式出现，对话的一方是苏格拉底，另一方是一个富有的年轻学生克里托毕斯，讨论的问题是恰当管理家庭事务的意义何在。

在赫西俄德的《工作与时日》影响下，色诺芬认为：第一，艰苦的劳动是一种美德；第二，家庭活动和生产都要有高效的组织；第三，劳动分工益处多多。色诺芬把夫妻视为全面合伙人，夫妻双方都对家庭庄园做出贡献。色诺芬强调农业活动的重要性，勾勒出了包括奴隶在内家庭全员受教育在推动生产方面的益处。色诺芬还探索了反对单纯追求收益的伦理必要性，并主宰了古希腊的经济问题方法，在柏拉图和亚里士多德的著作中体现得最为明显。

色诺芬着眼于家庭组织和管理，因而色诺芬的作品跟现代经济学的主体大不相同。现代经济学着眼于经济增长。但是，色诺芬的作品精确反映了当时的经济活动——主要就是农业，缺乏现代经济中那批发达的市场。当然，在古希腊世界，大量商人购买和交易商品，但是，家庭处于经济生活的中心。而且，农庄满足了家庭的许多需要，成为生产活动的主要单位。

当然，今天的经济分析已远远超出了家庭管理诀窍的范畴。就微观经济方面而言，经济分析的着眼点是商品和服务的单个消费者的行为、劳动力的供应方、商品和服务的生产商、市场的运作。相反，宏观经济学着眼于经济集合体的决定因素，比如通货膨胀、失业、国内生产总值（gross domestic product，GDP），以及经济增长的其他决定因素。然而，这种微观—宏观区分无疑是现代的，即使现代经济学所解决的许多基本问题都和经济思维本身一样古老。■

005

交换之中的公平性

亚里士多德（Aristotle，公元前 384—公元前 322）

在这个饰有图案的基里克斯陶杯上，一位制鞋匠正在自己的作坊里辛苦劳作。因为跟建造房子相比，制鞋的成本低廉，所以，亚里士多德认为，制鞋匠必须用许多双鞋子来交换一栋房子，这样才公平。

↳ 柏拉图、亚里士多德和黄金分割（约公元前 380 年），公平的价格（1265 年），供应与需求（1767 年），竞争过程（1776 年）

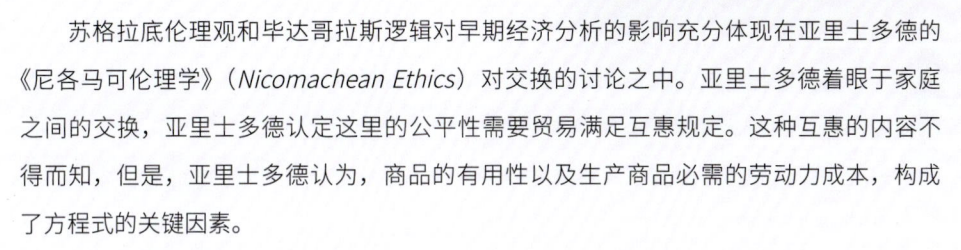

苏格拉底伦理观和毕达哥拉斯逻辑对早期经济分析的影响充分体现在亚里士多德的《尼各马可伦理学》（*Nicomachean Ethics*）对交换的讨论之中。亚里士多德着眼于家庭之间的交换，亚里士多德认定这里的公平性需要贸易满足互惠规定。这种互惠的内容不得而知，但是，亚里士多德认为，商品的有用性以及生产商品必需的劳动力成本，构成了方程式的关键因素。

亚里士多德描述了一位制鞋匠和一个建筑工人之间的交换。他们彼此都从对方那儿接受了有价值的东西，两个人在生产自己所提供的商品时都有成本。亚里士多德认为，要实现公平交换，那么双方就应该有着相同的效益与成本之间的比率。一栋房子为制鞋匠提供了巨大的效益，但是生产一双鞋的成本极低。另一方面，对于建筑工人来说，一双鞋提供了较小的效益，而建造一栋房子的成本极高。鉴于此，制鞋匠就应该提供许多双鞋子，作为对房子的回报，才能满足互惠要求。

从现实的角度来说，建筑工人不需要那么多的鞋子。因此，亚里士多德指出，这就是把货币引入交换过程之中的原因之一。在购买房子时，制鞋匠会给建筑工人一笔钱，这笔钱等于许多双鞋子。同样，想要一双鞋子的建筑工人也不会把房子的一小部分交给制鞋匠，而是会交付等值的货币。那么，货币的存在就方便了交换，有助于提升交换过程中的公平性。

对交换公平性的担忧不仅存在于希腊人之中。印度哲学家考底利耶（Kautilya）的《政事论》（*Arthashastra*，约公元前 300）强调，政府应该积极促进市场公平性。现代经济分析不太考虑公平性。但是，就涉及经济关系的法律手续而言，公平性考量的是标准。合同就是此种法律手续。就像亚里士多德说的那样，一个真正自愿的交换会满足公平性规定。否则，双方就不会交换。鉴于此，值得社会庇佑的交换就应该让双方受益。■

约公元前 340 年

经济学之书 The Economics Book

这幅插图源自《圣母马利亚赞歌集》（*Cantigas de Santa María*）。《圣母马利亚赞歌集》写于13世纪的西班牙，描绘了银行家向商人放贷的场景。

006

经院哲学

艾伯特·马格努斯（Albertus Magnus，约1200—1280）
托马斯·阿奎那（Thomas Aquinas，1225—1274）
尼古拉斯·奥雷姆（Nicholas Oresme，约1320—1382）
让·博丁（Jean Bodin，1530—1596）

↳ 柏拉图、亚里士多德和黄金分割（约公元前380年），公平的价格（1265年），阿奎那论高利贷（1265年），贬值和奥雷姆的《关于通货》（约1360年），萨拉曼卡学派（1544年），货币数量理论（1568年）

约1100年

亚里士多德死后，经济分析基本上就退出了西方世界。然而，在中世纪末，包括艾伯特·马格努斯和圣托马斯·阿奎那经院哲学思想家重现了经济分析。这些神学家—哲学家安坐在欧洲新落成的大学里（博洛尼亚大学落成于1088年，牛津大学落成于1096年）着眼于解读三种经典文本，并试图把三种经典文本融合在一起。这三种文本是《圣经》、早期基督教神父的著作、当时刚发现的亚里士多德作品。从12世纪初直到文艺复兴开始，经院哲学在五个多世纪的时间里主宰了欧洲的智识生活。

经院哲学家致力于勾勒出广阔的神学纲领，把神学纲领用于基督徒的生活以及解决个人道德问题。和柏拉图以及亚里士多德一样，道德观是经济分析之后的推动力量。经院哲学家，比如托马斯·阿奎那、尼古拉斯·奥雷姆、让·博丁主要研究的是经济事务之中恰当的基督徒行为，包括定价实践和货币安排，并不怎么去理解控制经济活动的力量。

经院哲学家着眼于交换之中的公平性，因而贬低对个人财富的追求，并且谴责有利息的放贷行为以及认为汇兑业务是不义之举。然而，时光似箭，日月如梭，几十年过去了，几个世纪过去了，经院哲学与新兴的市场资本主义发生了剧烈冲突。现代银行业的建立推动了市场资本主义的出现。在现代银行业中，有1397年意大利著名的美第奇银行（Medici Bank），还有复式记账法的应用。发展中的工商企业需要借款进行扩张，也需要借款来满足产品需求。但是，只有当放贷人可以因工商企业使用资金而索要利息的时候，工商企业才能借款。同样，国际贸易的扩张需要货币兑换。只有当银行可以从货币兑换服务中赚钱的时候，银行才会提供货币兑换服务。后期的经院哲学作家，比如维也纳的约翰尼斯·奈德（Johannes Nider）和比利时的伦纳德·莱修斯（Leonard Lessius），都放松了前辈作品中出现的一些道德限制，认同银行家和其他商人一样都应当从自己的活动中获得合理的利润率。资本主义扩张中的这些关键组成部分合法化了，标志着社会对经济增长主要活动的态度发生了改变。■

经济学之书 The Economics Book

007

公平的价格

托马斯·阿奎那（Thomas Aquinas, 1225—1274）

在这幅彩绘牌匾（约公元前 1870 年）里，托马斯·阿奎那手持圣体光与羽毛笔。

交换之中的公平性（约公元前 340 年），经院哲学（约 1100 年），供应与需求（1767 年），竞争过程（1776 年）

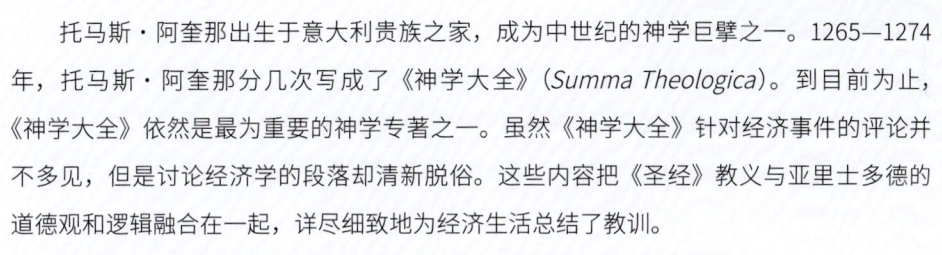

托马斯·阿奎那出生于意大利贵族之家，成为中世纪的神学巨擘之一。1265—1274 年，托马斯·阿奎那分几次写成了《神学大全》（Summa Theologica）。到目前为止，《神学大全》依然是最为重要的神学专著之一。虽然《神学大全》针对经济事件的评论并不多见，但是讨论经济学的段落却清新脱俗。这些内容把《圣经》教义与亚里士多德的道德观和逻辑融合在一起，详尽细致地为经济生活总结了教训。

和亚里士多德一样，阿奎那强调交换公正性的重要性。阿奎那认为，以公平的价格出售商品是基督徒的责任。然而，跟亚里士多德不同的是，在阿奎那写作的时代，经济活动更加发达。随着商业社会的成长，以市场为基础的交换基本取代了小型人际贸易。鉴于此，什么决定了市场中的定价实践是否符合基督教公平性的规定？仁慈和慈善都是基督教公平性的规定。

对于阿奎那，就像对亚里士多德一样，贸易是为相关双方的效益而存在的。给予与接收的应该相等。阿奎那认为，假如没有强迫或者欺诈参与其中，市场上的要价通常会满足这一规定。当然，强迫或者欺诈与基督教的教义，背道而驰。这里，价格反映了社区对商品价值的整体估量。阿奎那说，因此，就该认为拉尼集市（几个每年举行的大型法国商人市场之一）的布料价格是公平的，原因是许多卖家展开竞争，以便吸引消费者。同样，通常以低价出售的一个商品可以公平地以很高的价格出售，是因为商品供应少，人们愿意花较多的钱购买。

阿奎那明白价格必须抵偿生产成本，无论是作为公平性的一个条件，还是作为卖家提供产品的需要。除此之外，商品的有用性决定了其市场价格。这一重要见解证明，为什么在生产成本相似的情况下，一个产品的价格会合理地高于另一个产品。这也意味着，不管公平的价格产生了多少利润，生意人都可以公平地挣得这份利润。■

1265 年

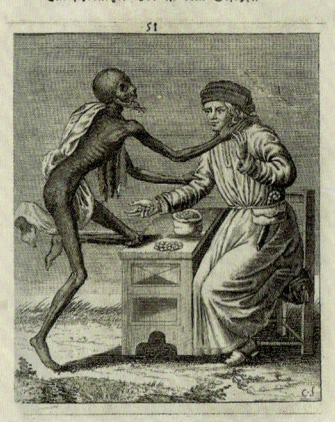

阿奎那论高利贷

托马斯·阿奎那（Thomas Aquinas，1225—1274）

008

在这幅创作于 1744 年的插图里，描绘了一名放债人与死神一起"舞蹈"。

> 柏拉图、亚里士多德和黄金分割（约公元前 380 年），经院哲学（约 1100 年），新教改革运动（1517 年），萨拉曼卡学派（1544 年），利息的节制理论（1836 年），机会成本（1889 年）

1265 年

索要贷款利息是今天的标准行为，但并不总是如此。在多个世纪里，天主教会都在争论高利贷的正当性和道德性。这些争论的中心是托马斯·阿奎那。托马斯·阿奎那在《神学大全》对高利贷进行了分析，天主教会以此为基础对利息展开了约 300 年的谴责。

使用债务凭证来资助商业或者个人至少可以追溯到苏美尔时期。13 世纪新兴的银行业系统使之变得容易。阿奎那承认，《圣经》在一些地方认为高利贷合法而在另一些地方却反对高利贷。但是，对于阿奎那来说，高利贷禁令的论据更有分量。为了捍卫自己的立场，阿奎那把借出的一栋房子和借出的一瓶酒作了对比。如果你把自己的房子借给某人一段时间，那么，在保留房子所有权的同时，索要房子使用权的租金就是公平的，原因是在此期间，房子并未"归零"。但是，如果你借给邻居一瓶酒，你就把酒的所有权转移给了邻居，而且只要酒一被消费，酒就会被"归零"。你想得到的回报，公平性所做出的规定，就是另一瓶酒这一等价物。索要过多就与公平性背道而驰了。对于阿奎那来说，货币是"可消费的"，等同于那瓶酒。当人们消费货币的时候，货币就提供了价值。在交换过程中，当你把货币的所有权转移给另一个人的时候，货币就"归零"了。因此，索要利息就如同索要某物两次，一次是索要某物的用处，另一次是索要某物本身，这与基督教公平性所要求的互惠相悖。从本质上说，阿奎那并未察觉与放贷相关的任何机会成本——最佳的已逝其他选择的价值，比如投资一个工商企业并赚取利润。阿奎那指责索要利息，这种指责成为教会教义的一部分。而且，由于教会对社会的影响，这种指责也成为欧洲许多地方日常商业的一部分。结果是，欧洲的信贷市场发展缓慢，并导致经济活动发展缓慢。如果没有这些金融限制，欧洲的信贷市场和经济活动本来可以有较快的发展。■

009 贬值和奥雷姆的《关于通货》

尼古拉斯·奥雷姆（Nicholas Oresme，约 1320—1382）
法国国王查理五世（King Charles V of France，1338—1380）

听了尼古拉斯·奥雷姆反对贬值的论据之后，法国国王查理五世（如图所示）中止了货币贬值。

格雷欣法则（1558 年），约翰·劳和纸币（1705 年），
金本位（1717 年），加利亚尼的《货币论》（1751 年），
加密货币（2009 年）

约 1360 年

　　黑死病肆虐，战争连绵不断，经济非常不稳定，都使得 14 世纪的欧洲灾难深重。在那个时代，战争和国防都需要钱，而税收系统并不可靠。钱荒还需要去解决。因此，14 世纪的各个国王都定期让硬币贬值。贬值涉及如下内容：召回现有通货并将其融化，重新发行硬币，面值与以往相等，但是贵金属含量较低。铸币厂也把储存的金属铸成硬币，但是，国王保留这笔"意外之财"用于资助国家开支。这个过程增加了流通之中的货币数量，经常导致严重的通货膨胀——在整个经济领域，商品价格大涨。因为工资通常赶不上商品价格的增长速度，所以经常导致严重的后果，破坏了经济的稳定性。

　　尼古拉斯·奥雷姆是法国经院哲学家和教士。贬值所导致的问题促使尼古拉斯·奥雷姆利用道德哲学和亚里士多德思维来研究货币的本质和用处。奥雷姆严厉谴责贬值，认为贬值比高利贷更恶劣。贬值的后果不只是通货膨胀。比如，贬值还削弱了合同和债务还款的价值。人们利用这种价值较低、贬值之后的货币进行支付或者偿还，发现自己实际上是被骗了，因为这些新硬币购买力较低。看到贬值导致人们囤积贵金属含量较高的硬币，奥雷姆也给出了格雷欣法则（劣币驱逐良币）的原始版本。

　　奥雷姆承认国王有权监管通货的发行。但是，奥雷姆坚持一点：这种货币属于使用货币并实现货币价值的公众。从这个角度出发，未经公民的批准，国王无权改变货币之中贵金属的含量。奥雷姆的论据蕴含力量，使得法国国王查理五世在后来的统治时期停止了将货币贬值的行为。即便如此，把贬值作为资金来源的行为依然具有强大的吸引力，因而一直被付诸实施，直到 19 世纪，纸币取代了贵金属硬币才宣告结束。■

经济学之书 The Economics Book

伊本·赫勒敦的《历史绪论》

伊本·赫勒敦（Ibn Khaldun，1332—1406）

位于阿尔及利亚贝贾亚省卡斯巴市的伊本·赫勒敦半身像。

供应与需求（1767年），劳动分工（1776年），反托拉斯法（1890年），图甘-巴拉诺夫斯基和贸易周期（1894年）

1377年

伊斯兰世界做出了许多知识性发展，而西方许久之后才了解到伊斯兰世界的这些发展，经济学也不例外。亚当·斯密实至名归，乃现代经济学之父。但是，许多归于斯密及其后继者的深刻见解都出现在了伊本·赫勒敦的著作之中。伊本·赫勒敦是突尼斯的历史学家和哲学家。伊本·赫勒敦的《历史绪论》写于1377年，用于介绍庞大的阿拉伯世界和伊斯兰世界历史。《历史绪论》包含大量新颖的经济学认识。

赫勒敦是从历史入手研究经济的。从北非历代王朝的兴衰吸取经济组织、社会组织、政治组织的教训。赫勒敦强调了劳动分工的生产力量、以市场为基础的交换效益、垄断和大政府的有害影响。赫勒敦也使用基本的供需结构、利润动机（获得经济收益的欲望）和经济繁荣之间的联系，来表明私人企业和国际贸易的效益。

赫勒敦最有创造性的贡献之一就是其经济循环理论。赫勒敦说，一个新王朝的建立带来了秩序和城市化，给经济活动的增长带来了便利，尤其是给木工活和纺织这样的手工行业带来了便利。人口扩张了，劳动分工了，新政府也成为必需，由此，商品市场和服务市场扩张，收入增加，并进一步促进经济扩张。但是，赫勒敦相信这一过程存在一个限制。随着生活水平的提升，全体国人和当权王朝变得骄傲自满，失去了刺激先前经济增长的推动力。政府会课以重税，王朝崩溃，经济衰落，直到另一个王朝出现。

不幸的是，赫勒敦的深刻见解并未对伊斯兰世界产生多大的影响。后来，亚当·斯密或者大卫·李嘉图（David Ricardo）的想法被引入了伊斯兰世界。在伊斯兰世界，政府结构和宗教范式无助于赫勒敦或者亚当·斯密或者大卫·李嘉图所描述的动态经济发展。虽然赫勒敦高度原创性地针对经济活动发表了相关言论，但是，直到几个世纪之后，这些言论才进入经济思维的主流之中。■

经济学之书 The Economics Book

011

新教改革运动

马丁·路德（Martin Luther，1483—1546）
约翰·加尔文（John Calvin，1509—1564）

法国神学家和改革家约翰·加尔文的肖像。

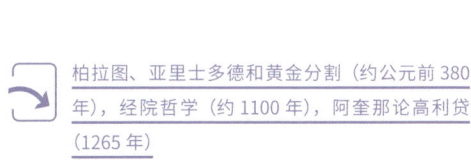

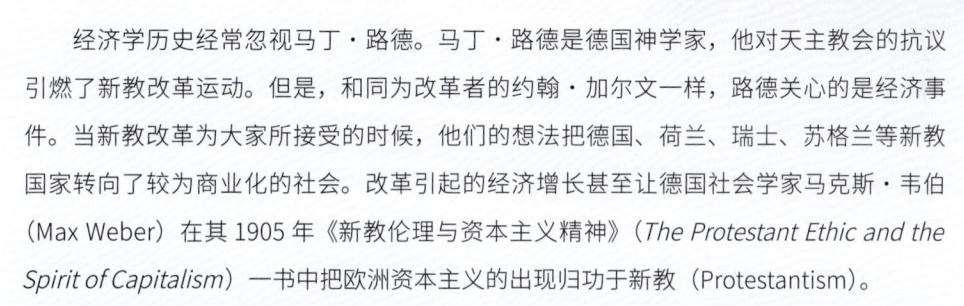

柏拉图、亚里士多德和黄金分割（约公元前 380 年），经院哲学（约 1100 年），阿奎那论高利贷（1265 年）

经济学历史经常忽视马丁·路德。马丁·路德是德国神学家，他对天主教会的抗议引燃了新教改革运动。但是，和同为改革者的约翰·加尔文一样，路德关心的是经济事件。当新教改革为大家所接受的时候，他们的想法把德国、荷兰、瑞士、苏格兰等新教国家转向了较为商业化的社会。改革引起的经济增长甚至让德国社会学家马克斯·韦伯（Max Weber）在其 1905 年《新教伦理与资本主义精神》（*The Protestant Ethic and the Spirit of Capitalism*）一书中把欧洲资本主义的出现归功于新教（Protestantism）。

和阿奎那一样，路德支持市场系统——只要市场系统在一定限制之内运作。路德谴责垄断、不公的贸易实践与投机。只要高利贷利率低且不剥削弱势群体，路德就愿意容忍高利贷。总之，路德部分放松了经院哲学的经济枷锁，尽管还将信将疑。

加尔文对经济事件的看法与路德大致相同，只有一个例外。加尔文相信，国家和教会都应该鼓励工业和商业。加尔文提倡强烈的工作伦理，并认为劳动的经济回报乃是上帝赐福。加尔文抵制单纯地追求收益，并主张人造的法律要按照《圣经》的做法，禁止不敬神灵的工商业行为，比如欺诈。与其大多数先辈不同的是，只要有利息的放贷行为依然受到道德束缚，加尔文就愿意给予宽恕。

路德和加尔文的看法不像希腊人和阿奎那那样植根于自然法则，而是植根于他们仅仅从阅读《圣经》了解到的基督教道德性实践。对于路德和加尔文来说，人类行为必须遵从上帝的意志，就是意味着遵从金律（Golden Rule）——你想人家怎样待你，你也要怎样待人*——应当主宰经济关系。从这个意义上说，这些新教改革运动思想家代表了早期的一个转向：主要基于经济活动对日常生活的影响，而不是主要基于某个抽象的"是非"理念来评估经济活动。他们认为，财富的增长对个人和社会都有益。这个观点很快就成了经济思维的基础。■

1517 年

---

* 引用自陆谷孙《英汉大词典》1993 年 8 月第 1 版第 744 页。——译者注

经济学之书 The Economics Book

重商政策

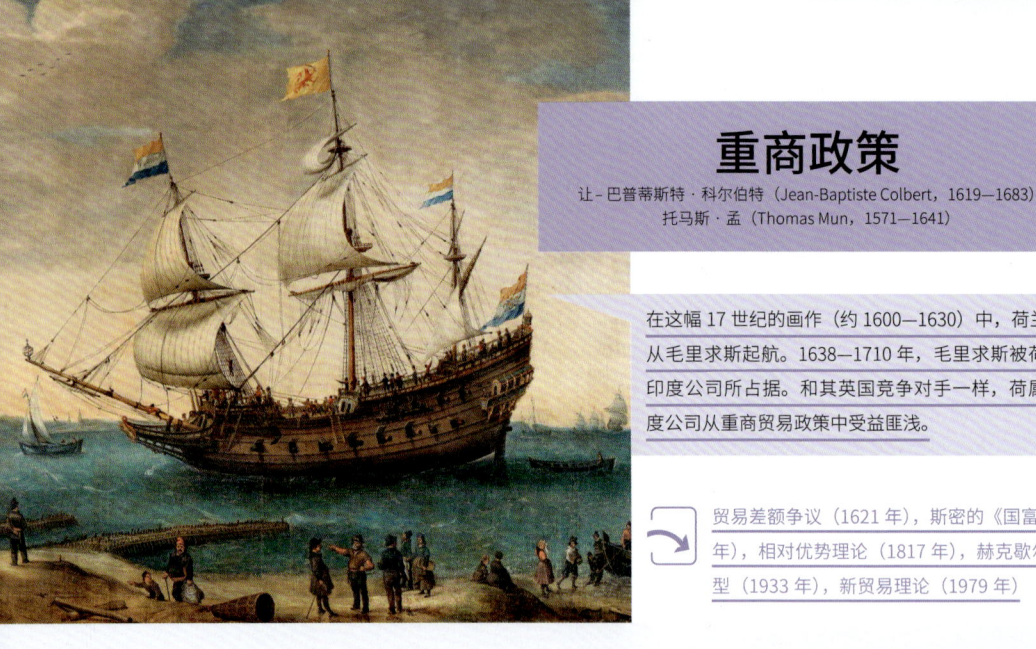

让-巴普蒂斯特·科尔伯特（Jean-Baptiste Colbert, 1619—1683）
托马斯·孟（Thomas Mun, 1571—1641）

012

在这幅 17 世纪的画作（约 1600—1630）中，荷兰船只从毛里求斯起航。1638—1710 年，毛里求斯被荷属东印度公司所占据。和其英国竞争对手一样，荷属东印度公司从重商贸易政策中受益匪浅。

贸易差额争议（1621 年），斯密的《国富论》（1776 年），相对优势理论（1817 年），赫克歇尔—俄林模型（1933 年），新贸易理论（1979 年）

1539 年

　　重商政策是由亚当·斯密广而告之的一个术语，描述了 16—19 世纪欧洲普遍实施的贸易政策。这些政策包括进口税收、出口补贴、宽松的移民政策，目的就是通过鼓励出口和限制进口来保持贸易顺差。进口让贵金属储备外流。而出口带来了黄金和白银，可以让统治者为建设项目和战争提供资金，并表明政府官员和公众眼中的国富增加了。有些国家，比如英国和荷兰，没有贵金属矿，所以贸易顺差就被看得至关重要。

　　重商政策源自 16 世纪 30 年代的法国。当时，路易十四（Louis XIV）的财政大臣让-巴普蒂斯特·科尔伯特施行重商政策，达到强国和加强国王地位的目的。这些贸易实践很快传遍了欧洲。生产出口商品的企业主受益匪浅，而工人阶级、食品生产商、生产出口商品原料的生产商遭受了损失——因为要压低生产成本，以便提升出口商品在世界市场上的竞争力。

　　由于印刷机的发明，宣传重商政策的小册子具备了影响力。这些小册子的作者是学者、政府官员、企业利益代表甚至还有怪人。这些小册子强调重商政策的实践结果，避开了经院哲学的清规戒律。托马斯·孟是东印度公司董事。东印度公司成立于 1600 年，垄断了英国和印度之间的贸易。托马斯·孟是重商政策最大的支持者。在其《英国得自对外贸易的财富》（England's Treasure by Forraign Trade，1664）之中，托马斯·孟大力赞美贸易顺差。或许，重商主义者最大的革新是把经济描述为一个独立的领域，一个由自然法则主宰的领域。由此，就可以精确地评估特定政策结果。

　　重商政策统治了三个世纪，直到亚当·斯密等人开始让政府和公民意识到自由贸易的裨益。然而，最近美国依然把重商主义作为证据来提高进口关税，以便增加国家的经济力量。支持者宣称，提高进口关税可以增加国家的经济力量。■

经济学之书 The Economics Book

013

萨拉曼卡学派

弗朗西斯科·德·比托里亚（Francisco de Vitoria，约 1483—1546）
多明戈·德·索托（Domingo de Soto，1494—1560）
马丁·德·阿兹皮尔库亚（Martín de Azpilcueta，1491—1586）
路易斯·德·莫利纳（Luis de Molina，1535—1600）

当代拍摄的萨拉曼卡大学照片。

↪ 经院哲学（约 1100 年），阿奎那论高利贷（1265 年），货币数量理论（1568 年），货币的周转率（1668 年），供应与需求（1767 年），竞争过程（1776 年）

1544 年

在 16 世纪，来自西班牙北部的多明我会（Dominican）的神学家与哲学家弗朗西斯科·德比托里亚试图把托马斯·阿奎那的著作与新的社会和经济发展融合起来，比如当时征服了新大陆，商业社会持续发展。德比托里亚的影响主要源自其教书育人。德比托里亚于 1526 年成为萨拉曼卡大学神学主席，一群神学家围绕在了他的周围，建立起了新的智性传统。他们有时被称为"第二经院哲学家"。他们就是众所周知的萨拉曼卡学派。

当时，贵金属从美洲涌入欧洲。在一定程度上受此刺激，萨拉曼卡人（Salamancans）最大的贡献出现在货币领域。萨拉曼卡人观察货币供应的增长如何导致价格上升，于 16 世纪首先系统阐述了这一关系。几个世纪之后这些解释被称作货币数量理论。萨拉曼卡人还对汇率决定进行了解释。另外，萨拉曼卡人还认为，如果放贷人放弃了有利可图的工商业机会，并且冒着债务无法收回的巨大风险，那么，放贷人就理所应当索要贷款利息。

萨拉曼卡人对资源的自由循环持积极态度。资源包括货币、商品、服务和人。萨拉曼卡人认为市场应该自由竞争，不需要政府强力干预。与之形成鲜明对比的是早期基督教传统、定价实践以及银行业之类的合法化经济活动。萨拉曼卡人也在价值理论中做出了重大贡献，拒绝了生产成本决定产品的实际价格或者"公平的价格"这一理念。相反，萨拉曼卡人支持供需观点，强调价格通常取决于买家的主观产品价值。然而，萨拉曼卡人确实建议国家应该控制某些必需品的价格，比如面包和肉。

萨拉曼卡人的作品影响力并未超出南欧的范围，对日后经济思维的发展几乎没有直接影响。他们的想法精密高深，使得约瑟夫·熊彼特（Joseph Schumpeter）等经济学历史学家确定萨拉曼卡人就是经济科学的奠基人。■

014

格雷欣法则

尼古拉斯·奥雷姆（Nicholas Oresme，约 1320—1382）
尼古劳斯·哥白尼（Nicolaus Copernicus，1473—1543）
托马斯·格雷欣（Thomas Gresham，1519—1579）

这些中世纪硬币来自 15 世纪的英国。这些硬币显然经过了修剪和磨损，从而导致了金属通货制度问题。

1558 年

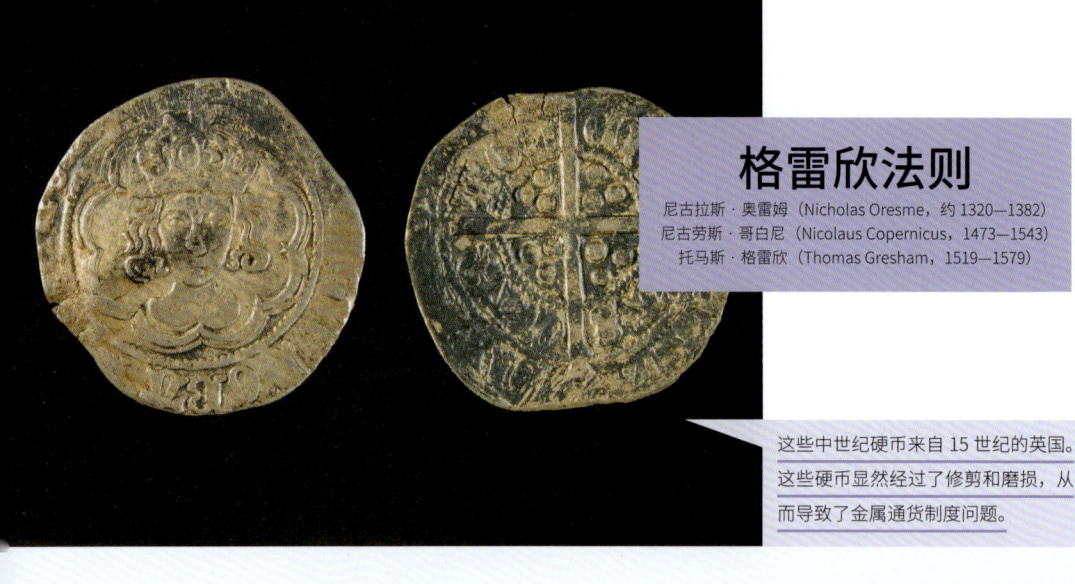

> 贬值和奥雷姆的《关于通货》（约 1360 年），约翰·劳和纸币（1705 年），金本位（1717 年），加利亚尼的《货币论》（1751 年），物价—金银通货流动机制（1752 年），加密货币（2009 年）

1558 年，托马斯·格雷欣写信给女王伊丽莎白一世，指出"良币和劣币不能一起流通"。格雷欣法则以托马斯·格雷欣命名，格雷欣认为劣币会驱逐良币。这个想法源自经院哲学神学家尼古拉斯·奥雷姆，后来在天文学家尼古劳斯·哥白尼的手中发扬光大。尼古劳斯·哥白尼以宇宙日心说而闻名天下。

从 14 世纪中期到 19 世纪末，通货问题困扰着西欧。贵金属含量不达标的硬币——由于硬币贬值、修剪或者磨损——与全重通货一起流通且面值相同。全重硬币内在价值（贵金属含量）较高，但是，全重硬币只能购买到与减重硬币等量的产品。因此，人们让全重硬币退出流通——贮藏、出口或者熔化——购买这些硬币的钱超出了原本通货的面值。奥雷姆在《关于通货》（Do Moneta）中记录了大量此类问题。

格雷欣法则也适用于一种双本位货币制度。从 13 世纪开始，这种货币制度在欧洲日益普遍，双本位指的是两种通货，比如金币和银币同时流通，由国家规定两种通货的面值。如果一盎司黄金的价值是一盎司白银价值的两倍，那么，规定的金币和银币面值也必须反映这一比率。否则，精明的投机商就会像上文所说的那样让通货退出流通。这个真知灼见对当时的双金属货币制通货制度极为重要，原因是通货价值会轻易偏离市场价值。哥白尼指出，从理论上说，政府可以持续调整面值以便解释市场价值变化，但是，哥白尼也承认这么做并不现实。

把良币从流通之中移出，会导致经济不稳定，并抑制经济活动。在纸币支付和电子支付居于主宰地位的世界里，格雷欣法则好像并不相干，但在各种法定货币同时流通的地方，比如新加坡和津巴布韦，我们会发现格雷欣法则依然在起作用。在美元和当地货币并行的地方，我们也能发现格雷欣法则在起作用。■

经济学之书 The Economics Book

015

货币数量理论

马丁·德·阿兹皮尔库亚
[那瓦拉斯博士（Doctor Navarrus），Martín de Azpilcueta，1491—1586]
让·博丁（Jean Bodin，1530—1596）

伊斯帕尼奥拉岛，如今分为海地和多米尼加共和国。在这幅插图中，奴隶们正在开采贵金属。约1590—1624年，该图由佛兰芒雕刻家西奥多·德布里（Theodor de Bry，1528—1598）创作。

↳ 贬值和奥雷姆的《关于通货》（约1360年），萨拉曼卡学派（1544年），格雷欣法则（1558年），货币的周转率（1668年），物价—金银通货流动机制（1752年），桑顿的《大不列颠票据信用的性质和作用的探讨》（1802年），维克塞尔的累积过程（1898年），菲利普斯曲线（1958年），《美国货币史》（1963年），加密货币（2009年）

欧洲探险家到了美洲之后，大量金银从新世界（New World）涌向旧世界（Old World）。政府逐渐把这批贵金属铸成硬币，整个欧洲的物价也开始大幅上涨。

让·博丁是法国法学家和哲学家，就当时的经济事件进行了广泛的论述，被誉为确认货币供应与物价水平之间这一关系的第一位思想家。在这方面，马丁·德·阿兹皮尔库亚比博丁早了12年。在其著名的《对马里斯托先生悖论的回答》（*Reply to the Paradoxes of Malestroit*，1568）中，博丁指出，货币供应增加可能会导致物价上涨。这一真知灼见在后来的几个世纪里被以多种方式精练，成为众所周知的货币数量理论。

到了16世纪，理论家假定通货膨胀的原因是贬值。理论家认为从新世界流入的金银有百利无一害，既增加了个人财富，也增加了国富。现代民族国家在欧洲兴起，给大众的钱包带来了巨大的压力，因为需要为战争提供资金，还需要资金维持政府的运行。博丁的真知灼见得到了迅速传播，表明来自新世界的这笔财富并非十全十美，也表明当把这些贵金属以通货的形式引入经济之中时，需要格外关注。然而，博丁的真知灼见几乎没有减缓货币的供应，整个欧洲都感觉到了随之而来的通货膨胀。

自从阿兹皮尔库亚和博丁时代以来，更精练的货币数量理论依然处于经济思维的中心。大卫·休谟（David Hume）、约翰·洛克（John Locke）、欧文·费雪（Irving Fisher）、米尔顿·弗里德曼（Milton Friedman）都就货币供应与通货膨胀之间的紧密联系做出了重要的解释。约翰·梅纳德·凯恩斯（John Maynard Keynes）及其追随者属于反对数量理论的阵营，他们认为货币供应的增加具有刺激商品生产和服务的潜力，因而可以提升经济业绩。■

1568年

经济学之书 The Economics Book

经验主义和科学

弗朗西斯·培根（Francis Bacon，1561—1626）
威廉·配第（William Petty，1623—1687）
罗伯特·波义耳（Robert Boyle，1627—1691）
克里斯托弗·雷恩（Christopher Wren，1632—1723）
艾萨克·牛顿（Isaac Newton，1642—1727）

威廉·配第的一幅铜版画，创作于 1696 年。

微积分的发明（约 1665 年），金本位（1717 年），斯密的《国富论》（1776 年），指数（1863 年），计量经济学学会（1930 年），国民收入核算（1934 年），自然实验（1990 年）

1620 年

17 世纪，学者日益背离《圣经》或者亚里士多德等昔日的权威，转向更科学的以观察和实验为基础的求知方法。在英国，弗朗西斯·培根提倡经验主义和归纳法——这是由具体观察得出的通用结论或者理论的起源，使科学过程脱离了演绎——这是由初始假说得出的逻辑结论的起源。大家效仿培根，于 1660 年促成了伦敦皇家自然知识促进学会。这个群体包括建筑师克里斯托弗·雷恩、科学家罗伯特·波义耳和艾萨克·牛顿，还有威廉·配第。

配第还是一个内科医师、发明家、土地测量员、人口学家——这些职业都跟量化分析有着巨大的关系。配第经常整合大量数据，并使用其所谓的"政治算术"来回答一系列的经济问题。配第拒绝接受其他作家的"比较级和最高级单词"，坚持在表达自己的想法时"使用数量、重量或者尺度"，"只"考虑"具有明显自然基础的事物"。配第使用量化方法来比较英国以及其他国家经济活动的价值，甚至计算人类本身的价值。在这么做的时候，配第为国家核算做出了尽管原始但关键的贡献，对国家收入的估算可以作为税收的基础，还可用于衡量经济增长。在进入 20 世纪之前，经济学家还没有发展出适用于此种分析的高度精确方法。

作家乔纳森·斯威夫特（Jonathan Swift）在《一个温和的提议》（A Modest Proposal）中尖锐讽刺了这个"政治算术"。配第发现人口增长可以消除爱尔兰的贫困。对此，斯威夫特建议爱尔兰人多生孩子并把孩子吃掉，并对此种做法的经济效益做了估算。就像斯威夫特的评论所指出的那样，由于此时的原始数据收集方法存在问题，也由于配第得出的结论往往与推测相差无几，所以，配第的数据分析瑕疵很多。然而，配第的工作预示着，几个世纪之后，量化方法会成为经济分析的中心。■

017

贸易差额争议

托马斯·孟（Thomas Mun，1571—1641）
杰勒德·德·马利纳（Gerard de Malynes，在世期 1586—1641）
爱德华·米塞尔顿（Edward Misselden，1608—1654）

在这幅 16 世纪的木版画插图之中，两人正在用织布机织布。在 16 世纪，布料是英国最重要的出口物品之一。

重商政策（1539 年），格雷欣法则（1558 年），供应与需求（1767 年），相对优势理论（1817 年），赫克歇尔—俄林模型（1933 年），斯托尔珀—萨缪尔森定理（1941 年），要素价格均等化定理（1948 年）

1621 年

17 世纪 20 年代初，英国的布料出口大幅下跌，造成了大量失业人口。当时，针对这一现象给出的最为普遍的解释指向了由失衡的汇率所导致的钱荒。杰勒德·德·马利纳，既是商人，还是政府官员。杰勒德·德马利纳认为，铸币厂低估了英国通货相对于其贵金属含量的价值，使得硬币价值超过了其面值。这个失衡意味着，英国从出口中得到的钱较少，为进口支付的钱较多，因而出现了金银净流出。为了解决这个危机，马利纳支持使用汇率管制措施来提升通货价值。

托马斯·孟和爱德华·米塞尔顿，都是大商人的雇员。托马斯·孟和爱德华·米塞尔顿反对杰勒德·德·马利纳的策略，转而宣传"贸易差额学说"。托马斯·孟和爱德华·米塞尔顿声称马利纳等人搞错了因果关系：是出口价值与进口价值之间的关系决定通货价值和真金白银的流动——而不是反之。要减缓金银流出，英国需要减少不必要的商品进口，别管是来自东方的奢侈品，还是国内可以生产的制成品。英国还需要增加出口，增加出口的方法是确保英国的商品在世界市场上更有竞争力。无论是减少不必要商品的进口，还是增加出口，都需要政府加大采用补贴等形式对出口行业的支持力度，还需要实行较低的汇率。

米塞尔顿和孟也认可英国的通货缺乏产生了问题。但是，对于米塞尔顿和孟来说，问题不是金银通货所表现出的"财富"减少，问题在于缺乏金融资源来便利生产和交换。如果英国公司竞争力足够，那么，由此而进行的出口就会产生所需的真金白银。

这一争论凸显了货币和经济活动之间存在着的紧密关系，表明了货币价值如何激发供需的基本力量。把货币看作金融资本，而不是用来积累的东西，也表明了货币便利生产和贸易的方式。现代关于贸易的争论也反映了相同的主题，支持公众自由贸易的经济学家经常倾向于鼓励出口和限制进口。■

郁金香狂热

018

左图：创作于17世纪的佛兰芒画作表明一个人在出售郁金香球茎。

右图：这幅画里，郁金香的花瓣上有条纹。郁金香狂热达到顶点的时候，这些栽培品种售价最高。

约翰·劳和纸币（1705年），有效市场假说（1965年），大衰退（2007年），加密货币（2009年）

1636年

在17世纪，荷兰是经济强国。荷属东印度公司成立于1602年，既是世界上第一家上市公司，还是国外贸易巨头。荷属东印度公司成立当年在阿姆斯特丹建立了世界上第一个证券交易所。阿姆斯特丹的证券交易所和阿姆斯特丹银行共同为经济增长提供了便利。郁金香狂热就是荷兰的郁金香泡沫，开始于1636年，一直持续到1637年2月5日。荷兰大使奥吉尔·德·比斯贝克（Ogier de Busbecq）将这种奇葩从奥斯曼帝国引入西欧，郁金香狂热就开始了。当投机需求驱使一个产品的价格远超其通常价格的时候，金融泡沫就产生了。当泡沫破裂时，价格显著下跌，以极高价格购买这种商品的人就会蒙受重大损失。

由于郁金香稀缺，所以，郁金香很快变成了奢侈商品。最罕见的品种，花瓣上有白色或者黄色条纹的，价格已经达到了天文数字。然而，每个球茎都需要多年的培育。郁金香存量有限，发育缓慢，价格飙升，因而吸引了投机者。这些投机者助力建成了一个期货市场，允许人们去买卖一些球茎的合同，而这些球茎要到生长季的末尾才能上市。就这样为狂热推波助澜。一个特定的总督型球茎（Viceroy）售价达到了一栋房子的数倍。泡沫最终破裂。当时，投机者购买了球茎合同想在价格升高时售出获利，却始料不及地发现无人愿意出更高的价格购买。买家意识到价格已经远远超过这些球茎的实际价值，需求和价格就此暴跌。以高价购买合同的人只能在遭受巨大损失的情况下出售合同——就算不是所有人都能如此——使得许多投资者破产。

最近的经济研究质疑了这个"泡沫"故事的某些方面。赞成有效市场假说的人认为资产价格总是能精确反映所有的现有信息，与郁金香狂热以及其他泡沫相关的剧烈价格变动，都有理性的一面，这些因素包括生产成本和对商品的渴求。其他泡沫包括18世纪初的南海泡沫，20世纪初的互联网泡沫和房地产泡沫。■

经济学之书 The Economics Book

019

霍布斯的《利维坦》
托马斯·霍布斯（Thomas Hobbes，1588—1679）

《利维坦》的卷首插图是法国艺术家亚伯拉罕·博斯（Abraham Bosse）的作品，描绘了霍布斯著作中至高无上的君主。

↪ 洛克的财产理论（1690年），曼德维尔的《蜜蜂的寓言》（1705年），斯密的《国富论》（1776年），经济人（1836年）

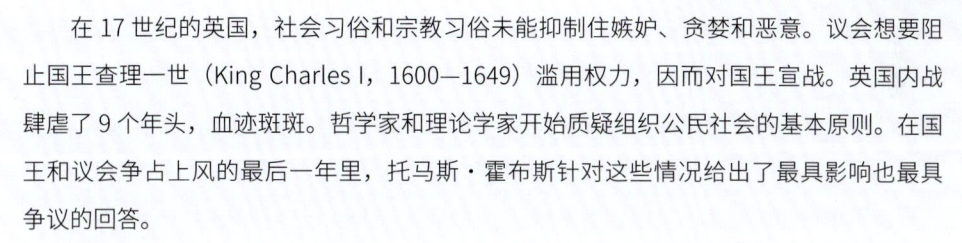

1651年

在17世纪的英国，社会习俗和宗教习俗未能抑制住嫉妒、贪婪和恶意。议会想要阻止国王查理一世（King Charles I，1600—1649）滥用权力，因而对国王宣战。英国内战肆虐了9个年头，血迹斑斑。哲学家和理论学家开始质疑组织公民社会的基本原则。在国王和议会争占上风的最后一年里，托马斯·霍布斯针对这些情况给出了最具影响也最具争议的回答。

《利维坦》（Leviathan）是霍布斯的著作，论述了治国方略和政治科学。霍布斯认为，只有靠强力政府来制定和实施法律确保社会秩序，公民社会才有可能。人类本质之中的负面情感，比如虚荣和贪婪，经常主宰人们的思想和行为。如果不加控制，就会导致各种各样的损毁。政府的缺席，就会使人性处于霍布斯所谓的"自然状态"。在这种状态下，主要的权利就是自我维护——这种权利几乎使任何行为都合情合理，包括抢先对他人施加暴力。资源短缺使冲突内化进自然状态之中，首先造成了社会堕落，"众人相互攻伐"；其次是人的堕落，引发"独处、贫穷、肮脏、野蛮与缺乏"。这种自然状态在经济方面的影响直截了当：因为人们无法实施财产权或者合同权，所以，人们就没有动机去工作或者生产商品，经济增长也就基本上无望。

然而，霍布斯提出了一个解决方案。社会契约会确立一个君主——君主可以是一个人或者一批人——君主有绝对的权威去制定和实施法律。按照霍布斯的说法，这个政府的最优形式是君主制。霍布斯用这种绝对的权威描述《圣经》中的巨兽利维坦。绝对的权威会通过恐惧和必要的强迫，遏制自然状态下招灾惹祸的人类情感。霍布斯的分析极具争议性，尤其是在鼓吹君主制方面。但是，霍布斯的分析显然说明有必要建立某种强力中央政府来维持经济秩序，尤其是强力中央政府可以保护财产与合同。■

租金与剩余理论

威廉·配第（William Petty, 1623—1687）

020

在这幅木版画中，一位农民正与主顾见面，创作于 1517 年。

↳ 重农主义者（1756 年），《经济表》（1758 年），马尔萨斯人口理论（1798 年），递减赢利（1815 年），劳动价值理论与剥削理论（1867 年），单一税（1879 年）

1662 年

19 世纪之前，官员们不辞辛劳地去建立稳定的征收所得税的方法。流动收税员就像是腐败的敲诈艺术家，根据窗户和烟囱等特征收税只不过是改变了建筑习惯。17 世纪中期，威廉·配第爵士为英国国王工作时发现了一个更可靠的税收基础：租金，即土地所有者靠出租土地得到的收入。食品总是一种需求，而这种需求会随着人口的增加而增加。当食品需求增加的时候，就会有更多的土地被耕种，因此，土地所有者就会期待租金随着时间的流逝而增加，租金因而成为税收收入的稳定增长来源。

在其《赋税论》（Treatise of Taxes and Contributions，1662）之中，配第把租金定义为一种收入，佃农减去生产成本之后剩下的就是租金。佃农的生产成本包括工资、工具和材料的替换费用。配第把这种收入归为土地的生产力，并将其视为纯剩余，原因是，生产过程没有消费土地，这点与生产过程中使用的劳动、土地和材料是不同的。事实上，土地可以年复一年产生数量稳定的租金，还不需要地主做太多事情来维护土地。

然而，配第的理论并未充分解释，为什么剩余要归属地主，而不是佃户。别忘了，如果不是佃农自己在土地上工作或者雇人在土地上工作，剩余就根本不会存在。大卫·李嘉图、托马斯·罗伯特·马尔萨斯（Thomas Robert Malthus）等人回答了这个问题，他们利用了马尔萨斯的人口理论：随着人口的增长，对食品的需求增加，食品价格也就上升。佃农之间会展开竞争，都想耕种最好的土地，以便生产食品。因此，地主就能抽取更多的剩余，租金也就更多。这一租金理论解释了地主分享国家收入的起源，证明了征收地租税理所应当——统治者往往厌恶征地租税，因为统治者需要强大的土地所有者给予政治支持。但是，租金理论也提供了一个框架。通过这个框架，经济学家在两个世纪里观察了土地本身对土地产出的价值有何贡献。■

经济学之书 The Economics Book

021

赢利均等化

威廉·配第（William Petty，1623—1687）

这幅铜版画的作者是荷兰艺术家简·卢伊肯（Jan Luyken，1649—1712）。在这幅铜版画中，一名男子背着一袋谷物。配第指出，经济中不同部门（比如农业和采矿业）的生产赢利会趋向于均等。

↳ 租金与剩余理论（1662年），杜尔哥的《关于财富的形成和分配的考案》（1766年），斯密的《国富论》（1776年），竞争过程（1776年），递减赢利（1815年），投资期限（1890年），斯托尔珀—萨缪尔森定理（1941年），要素价格均等化定理（1948年）

配第认为，租金就是土地所有者从土地之中得到的收入，代表了产出的纯剩余，为建立税收系统提供了有用的起点。问题是如何以收税为目的去衡量土地的收入，尤其是在佃户使用土地来创造不同产品的情况下。为了回答这个问题，配第系统阐述了赢利均等化理念——无论是哪行哪业，土地、劳动、机器等生产投入的经济赢利往往是均等的。

配第在其《赋税论》一书中指出，如果100个人用10年的时间生产谷物，另外100个人用10年的时间开采银矿，那么，由此而产生的剩余就可能是相等的。这种比较完美体现了配第头脑中的科学禀赋和统计禀赋。有两个原因：第一个原因，一组100个人就可以解释矿工之中的生产力变化；第二个原因，十年的时间就考虑了每年收获的变化，比如气候条件的变化就会导致收获的变化。那么，这些赢利为什么会倾向于均等呢？答案是，假设农业剩余低于采矿业的剩余，那么，生产就会从农业转向矿业。这种调整会减少采矿部门的相对赢利，提升农业部门的相对赢利，直到剩余再次平衡。考虑这种均等化，配第得出结论，每英亩土地所有者得到的租金应该是相等的，不管这块土地的佃户生产什么。然后，白银的价值就能决定任何其他产出的价值。

配第完全明白：首先，赢利均等化只是代表了一个趋势；其次，在任何时间点，生活的种种变数都会改变赢利率。19世纪末，英国经济学家艾尔弗雷德·马歇尔（Alfred Marshall）对短期价值和长期价值做了区分，从而解释了赢利均等化的趋势如何在时光之中实现。■

1662年

微积分的发明

艾萨克·牛顿（Isaac Newton，1642—1727）
戈特弗里德·威廉·莱布尼茨（Gottfried Wilhelm Leibniz，1646—1716）

022

英国画家詹姆士·桑希尔（James Thornhill，1675—1734）画的艾萨克·牛顿肖像。这幅画完成于 18 世纪初。

↳ 伯努利论预期效用（1738 年），杜能的《孤立国》（1826 年），古诺的《财富理论的数学原理的研究》（1838 年），戈森的两个法则（1854 年），边际革命（1871 年），线性规划（1947 年）

约 1665 年

直到 19 世纪末，经济学才变成一门数学科学。但是，转变的种子在 17 世纪后半叶就开始生长。当时，艾萨克·牛顿和戈特弗里德·威廉·莱布尼茨独立提出了"微积分"。数学的这一分支涉及运动和变化。而且，回想一下就能轻易发现微积分为什么成为经济分析的关键工具。别忘了，经济学研究的三点：第一点，价格变化如何影响商品需求；第二点，雇佣劳动的数量如何影响产品的生产和服务的生产；第三点，政府开支的变化如何影响国家产出和收入。

微积分刚一诞生，科学家就把微积分用于物理学和天文学。然而，把微积分用于经济学还是一百多年以后的事情。一些人认为，瑞士数学家丹尼尔·伯努利（Daniel Bernoulli）于 1738 年利用微积分计算一个游戏的预期利润或者亏损，就算是把微积分应用到了经济学之中。1772 年，意大利数学家、天文学家、物理学家保罗·弗里西（Paolo Frisi）可能在讨论价格决定过程中首先把微积分用到显而易见的经济问题之中。更加重要也最终产生影响的是奥古斯丁·古诺（Augustin Cournot）、约翰·冯·杜能（Johann von Thünen）、赫尔曼·戈森（Hermann Gossen），于 19 世纪做出的以微积分为基础的贡献。他们预料了与边际革命相关分析的关键部分。边际革命始于 20 世纪 70 年代。他们也预料到这一分析会强调个体对经济刺激中渐进变化所做出的回应。

前些年，针对一些发明创造，存在着谁是第一个发现者的争论。微积分的发明就是其中之一。牛顿最先提出了这一数学分支，但牛顿有个习惯，那就是一个想法如果不能让他满意的话，他就不会把这个想法公布出来。接近 10 年之后，莱布尼茨提出了这个数学系统，并第一个发表了出来。到底该把这项殊荣归于谁呢？欧洲数学界分为两派，各执己见，并持续到 19 世纪初。无独有偶，在现代经济学之中也有类似的争论：是谁革新了垄断竞争理论和一般均衡分析理论。■

经济学之书 The Economics Book

023

货币的周转率

乔赛亚·蔡尔德（Josiah Child，约 1630—1699）
约翰·洛克（John Locke，1632—1704）

这幅插图是英国哲学家约翰·洛克的肖像画。约翰·洛克提出了周转率概念来描述一个经济体中的货币易手率。

> 贬值和奥雷姆的《关于通货》（约 1360 年），萨拉曼卡学派（1544 年），货币数量理论（1568 年），贸易差额争议（1621 年），物价—金银通货流动机制（1752 年），桑顿的《大不列颠票据信用的性质和作用的探讨》（1802 年），维克塞尔的累积过程（1898 年），菲利普斯曲线（1958 年），《美国货币史》（1963 年），加密货币（2009 年）

1668 年

1668 年，英国议会讨论了一项提案。提案的内容是把最高法定利率从 6% 降到 4%。乔赛亚·蔡尔德是一位商人，还是《贸易与货币利息短评》（*Brief Observations Concerning Trade and Interest of Money*）的作者。乔赛亚·蔡尔德支持降低利率，并断言欧洲大陆国家的贸易历史证明荷兰等利率较低的国家大都经济较为繁荣。

约翰·洛克当时担任财政大臣秘书，反对蔡尔德的看法。约翰·洛克认为，利率的决定性因素是在一个时间点为便利贸易所需的货币数量，跟货币供应相关。降低最高利率会减少人们愿意借出的货币供应，由此限制工商业投资所能得到的资金数量，扼杀繁荣。当人们有大量货币借出时，低利率源自繁荣，而不是导致繁荣。

那么，一个国家应该有多少货币处于流通之中才能恰如其分地便利交换过程。按照洛克的说法，答案不仅取决于货币本身的数量，还取决于"货币流通速度有多快"——也就是说，货币易手的次数是多少。一定数量的货币就可以支持或多或少的经济活动，这要取决于货币的"周转率"。后来，人们提出了"周转率"这个概念。因为周转率会导致较低的赢利，政府主导的减息会减少持有资金的成本，导致周转率下降，进而导致对产品的需求下降。结果是经济紧缩和失业增加。

周转率这一概念也是对货币数量理论的重要补充。货币数量理论探讨的是货币和价格之间的关系。货币周转率越高，货币供应变化对价格的压力就越大。并不单单是货币供应的变化导致通货膨胀或者通货紧缩，而是货币供应变化与通货周转率之间的互动导致通货膨胀或者通货紧缩。■

经济学之书 The Economics Book

洛克的财产理论

约翰·洛克（John Locke，1632—1704）

024

这幅描绘16世纪农民辛勤劳作的铜版画是汉斯·朔伊弗莱因（Hans Schäufelein）所做。按照洛克的说法，把劳动应用于无主土地上即是授予了财产权。

1690年

> 霍布斯的《利维坦》（1651年），斯密的《国富论》（1776年），劳动价值理论（1821年），劳动价值理论与剥削理论（1867年）

在《利维坦》之中，托马斯·霍布斯把自然状态描述成"众人相互攻伐"。在其《政府论》（*Two Treatises of Government*，1690）的下篇中，英国哲学家约翰·洛克指出，自然较为和谐，因为"有法则去支配自然状态"。理性告诉我们，其中一个法则是一个人不能损害他人或者他人的财产。这里就有个问题：从法律上说，什么构成了一个人的财产。洛克说，如果自然法则规定地球上资源属于所有人，那么，什么允许某个人把某一种资源据为己有？洛克的答案：通过劳动。把劳动用于无主的东西上——比如，耕种一块无主的土地——就有权拥有这个东西。洛克说，这些财产权真真切切地存在于自然之中，但是，人们通过社会契约聚在一起组织政府来实施财产权。公民社会就会存在从而来保护财产。

洛克并不认为这些财产权是无限的。如果人们并未消费一份财产或者并未把这份财产用于生产，那么人们就不能把这份财产据为己有。这样做就会导致毁损或者浪费，与自然法则背道而驰。然而，货币的存在允许一个人在未毁损的情况下积累数量无限的财产。一个人可以名正言顺地获得大量土地，种植的食品远远超过自己可能的消费，用食品换钱就不会有毁损，食品也交到了可以消费食品的人手中。对于洛克来说，引入证明无限积累和不平等是理所应当的。洛克的理论既得到了新兴资产阶级的青睐，也得到了社会主义者的喜爱。社会主义者将洛克的理论视为劳动价值理论的基础，因为他们认为产品价值是由生产该产品时投入的劳动数量决定的。■

025

放任主义

皮埃尔·德·布阿吉尔贝尔爵士（Pierre le Pesant, sieur de Boisguilbert, 1646—1714）
亚当·斯密（Adam Smith, 1723—1790）

17 世纪末，法国政府禁止外国蕾丝花边的进口，以便保护生产这一奢侈品的熟练工匠。这幅图就是蕾丝花边。皮埃尔·德·布阿吉尔贝尔用"顺其自然"这个词组来谴责这个保护主义政策。

↪ 曼德维尔的《蜜蜂的寓言》（1705 年），重农主义者（1756 年），斯密的《国富论》（1776 年），看不见的手（1776 年），古典政治经济学（约 1790 年），庇古的《财富与福利》（1912 年），外部性和市场失灵（1958 年）

"放任主义"这一术语通常指的是政府不应该干涉私人行为，尤其是市场中的私人行为。放任主义这个格言可以追溯到 17 世纪的法国，由皮埃尔·德·布阿吉尔贝尔广而告之。皮埃尔·德·布阿吉尔贝尔是地区政府官员。法国财政大臣让–巴普蒂斯特·科尔伯特实行重商政策。皮埃尔·德·布阿吉尔贝尔的《法兰西详情》（*Le Detail de la France*，1695）猛烈抨击让–巴普蒂斯特·科尔伯特的重商政策，反复提及"顺其自然"。让–巴普蒂斯特·科尔伯特的重商政策既有贸易限制，还有一个法令要求所有的工匠加入行会。布阿吉尔贝尔相信，政府干涉工商业，即便是善意的，也总会让情况恶化，比如，科尔伯特的政策导致生活水平低下。

日后，亚当·斯密的名字会和放任主义这一想法非常紧密地联系在一起，虽然亚当·斯密并未在书刊报纸上使用这一术语。在《国富论》（*Wealth of Nations*，1776）中，斯密大力陈述个人自由的裨益，认为如果人们可以把资本和劳动用在自己认为合适的地方，那么经济增长自然会随之而来。斯密承认，要让个人自由实现社会效益最大化，就必须用法律、习俗、道德来形成合适的结构去调节个人自由。但是，归根到底，斯密相信个人自由产生的效果要优于任何统治体。斯密提到"看不见的手"时进一步强化了这个信念。"看不见的手"是一种力量，将追求自身利益与社会效益最大化结合了起来。

虽然斯密洞悉了个人自由助力经济增长的方式，但是直到 19 世纪，这些想法才紧密地结合了起来。即便在这个时候，放任主义也未被视作一个完全有益的方法。以斯密作品为基础的英国古典经济学家确认放任主义政策存在重大问题，包括低工资和科研投资不足。从那时起，经济学和经济政策领域之中都发生了多次争论。争论的焦点是放任主义的可能性与局限性、政府在经济系统之中的合适角色。■

1695 年

经济学之书 The Economics Book

约翰·劳和纸币

约翰·劳（John Law，1671—1729）

惊惶的投机者发现不能将钞票兑换成黄金和白银，便聚集在大街上，时值 1720 年，密西西比泡沫刚刚破裂。

> 货币数量理论（1568 年），郁金香狂热（1636 年），桑顿的《大不列颠票据信用的性质和作用的探讨》（1802 年），重金主义争议（1810 年），有效市场假说（1965 年），大衰退（2007 年）

1705 年

约翰·劳是苏格兰人，成年之后的大多数时间都待在法国，避免回家之后会遭到谋杀指控。约翰·劳是银行业和金融业人士。劳拒绝接受把货币供应与通货膨胀联系在一起的货币数量理论。他相信，货币数量的增加会刺激商品需求并增加就业和产出。

对劳来说，货币的具体形式无关紧要。因为纸远比黄金便宜，而且纸的数量也便于管理，因此，在自己的《论货币和贸易》（Money and Trade Considered，1705）一书中，劳把纸描述为理想的货币媒介。然而，和硬币不同，纸币没有独立价值，所以遭到了强烈质疑。1716 年，劳创建了通用银行，发行的钞票可以兑换成黄金，交税，为国债筹措资金。两年后，劳的银行被国有化为皇家银行。随着贵金属失去其法定货币的地位，钞票和黄金之间的联系被消除。同时，劳组建了印度公司再度为政府债务筹措资金，得到的报答是许多法国国际贸易和税收的专有权。印度公司发行新股来为这些债券融资。劳的营销技能使得这些股份的价格迅速上升——单是 1719 年就从 500 法郎升到 10 000 法郎。法国政府印刷了巨量钞票来支持这个泡沫。试图控制随之而来的通货膨胀尝试导致了人们抛售股票和皇家银行钞票。劳的纸币系统崩溃了，导致了大面积的破产和大众对纸币的敌意。虽然在 19 世纪纸币的接受度较高，但是直到 20 世纪，欧文·费雪和约翰·梅纳德·凯恩斯等经济学家才让他人相信，没有黄金支持的纸质通货可以有效地进行支付并促进经济稳定。■

027

曼德维尔的《蜜蜂的寓言》
伯纳德·曼德维尔（Bernard Mandeville，1670—1733）

这幅水墨画表现的是17世纪初熙熙攘攘的蜂房。伯纳德·曼德维尔创作了一首关于蜂房的诗，以便描绘贪婪等恶行是如何带来经济成功的。

柏拉图、亚里士多德和黄金分割（约公元前380年），经院哲学（约1100年），重商政策（1539年），放任主义（1695年），庇古的《财富与福利》（1912年），公共商品（1954年），外部性和市场失灵（1958年），搭便车问题（1965年）

在许多世纪里，经济学家都在费力劳神地解决一个非常基本的问题：自私自利个体的行为是促进还是阻碍整个社会的利益？古希腊人、经院哲学家、重商主义者都相信，自身利益对经济活动有着巨大的负面影响，需要政府的约束。但是，1705年，伯纳德·曼德维尔的《抱怨的蜂巢：或骗子变成老实人》（The Grumbling Hive: or, Knaves Turn'd Honest）的出版，并勾勒出了自私自利行为的裨益。从此，舆论开始转向。

这首诗有433行。在诗中，曼德维尔用一个欣欣向荣的蜂房来解释为什么私人恶行是社会经济繁荣的必备要素。虽然欺骗、贪婪、虚荣等恶行好像成为经济生活和社会生活的特点，但是，蜂房还是获得了成功。这导致了蜂房内部成员怨声载道；但是，当诸神消除恶行时，蜜蜂之间的竞争行为严重弱化，以致行业最终崩溃。欣欣向荣的蜂房成为以前自我的影子。从这个故事中吸取的教训就是，自身利益为活跃的经济活动提供了基础，而且把自身利益清出社会的企图是有害的。在接下来的24年里，曼德维尔扩展了自己的分析，用各种评论来解释这首诗的教训，《蜜蜂的寓言》（The Fable of the Bees）一书于1729年最终成型。

《蜜蜂的寓言》引起了大量的争议，主要原因是由于其先入为主的道德观念——事实上，广泛被视作恶行的行为可能是高尚之举，应被鼓励。然而，曼德维尔确认了一个重要的悖论。比如，以骄傲这种恶行为例——《蜜蜂的寓言》点名指出的几种恶行之一。虽然在讨论伦理行为时通常反感虚荣，但曼德维尔告诉我们，如果没有虚荣，也就没有了给身边之人留下印象的动机，会严重影响时装和住房等行业，也会严重影响由这些动机所支持的就业。■

1705年

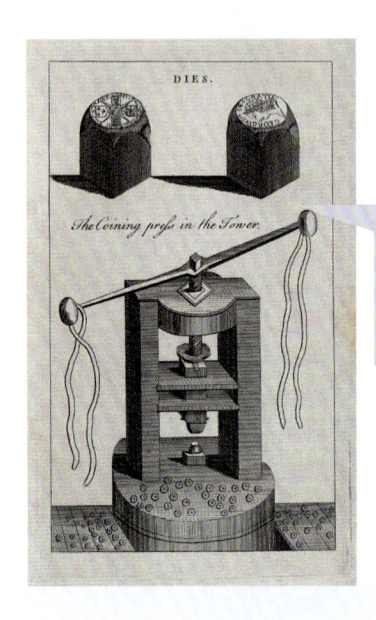

金本位

艾萨克·牛顿（Isaac Newton，1642—1727）

1800 年，一幅伦敦塔里装备的示意图。示意图里是压印压力机和模具。直到 1812 年，伦敦塔一直是皇家铸币厂的厂址，英国大多数硬币都是在伦敦塔制造的。

> 贬值和奥雷姆的《关于通货》（约1360 年），格雷欣法则（1558 年），约翰·劳和纸币（1705 年），加利亚尼的《货币论》（1751 年），桑顿的《大不列颠票据信用的性质和作用的探讨》（1802 年），重金主义争议（1810 年），布雷顿森林协定（1944 年），浮动汇率：布雷顿森林协定的终结（1971 年），加密货币（2009 年）

028

1717 年

艾萨克·牛顿以物理学方面的先驱性工作而闻名天下。但是，他还在 1696—1699 年担任英国皇家铸币厂督办。1699—1727 年，他一直担任英国皇家铸币厂厂长。在牛顿朋友约翰·洛克的影响下，国王威廉三世（King William Ⅲ，1650—1702）任命了牛顿，牛顿一头扎进了铸币厂的工作之中。牛顿利用自己的科学专长建立起了精确得多的重量和尺度系统，以便提升英国金属货币的质量。牛顿的重量和尺度系统很快得到了全世界的效仿。同样重要的是，牛顿采取措施来稳定英国的通货，使英国无意之中采用了金本位。

金本位是把一个国家通货的价值跟黄金挂钩，设定通货兑换成黄金的固定比率，黄金通常以盎司为单位。现在，众所周知，金本位是一个制度，用来衡量纸质通货并且固定一个国家通货与别国通货的相对价值。但是一开始，金本位是用来在复本位制通货制度建立金币与银币的相对价值。在纸币广泛使用之前，复本位制通货制度统治着欧洲。金本位还固定了汇率，好像还提供了避免极端通货膨胀的屏障，原因是货币供应只能随着黄金供应的速度增加。

长期以来，银币一直是英国的主流通货形式——因此就有了"标准纯银英镑"这个名字来作为英国通货的基本单位——而在欧洲大陆上流行的是金币。通货市场的波动促使牛顿用白银去重新衡量黄金几尼，但是，牛顿大大低估了银币。这导致了大量白银从英国流出，因为跟在欧洲大陆相比，在英国，一盎司白银可以购买到更多的黄金。银币因此明显地退出了流通——格雷欣法则在发挥作用——让英国实际上已于 1717 年采用了金本位，而要到一个世纪之后才从法律上正式实施金本位。整个 19 世纪，其他国家都效仿英国设立金本位。直到 20 世纪 70 年代，金本位一直是国家货币制度和国际货币制度的基础。■

029

苏格兰启蒙运动

大卫·休谟（David Hume, 1711—1776）
亚当·斯密（Adam Smith, 1723—1790）

一幅当代照片，展示的是格拉斯哥大学的夜景。格拉斯哥大学是苏格兰启蒙运动的主要智慧中心。

微积分的发明（约 1665 年），货币的周转率（1668 年），洛克的财产理论（1690 年），金本位（1717 年），物价—金银通货流动机制（1752 年），斯密的《国富论》（1776 年）

苏格兰启蒙运动，通常要追溯到 1718 年格肖姆·卡迈克尔（Gershom Carmichael）出版关于德国哲学家塞缪尔·普芬多夫（Samuel Pufendorf）著作的《补充与观察》（*Supplements and Observations*）。苏格兰启蒙运动为 18 世纪两个最有影响的经济思维提供了背景。一个是大卫·休谟的货币分析，包括物价—金银通货流动机制。另一个是亚当·斯密的权威专著《国富论》。通过艾萨克·牛顿、约翰·洛克、勒内·笛卡尔（René Descartes）、伽利略·伽利雷（Galileo Galilei）、戈特弗里德·莱布尼茨的作品，启蒙运动想法影响了英格兰和欧洲大陆的思维。在启蒙运动想法影响了英格兰和欧洲大陆思维几十年之后，独具特色的苏格兰启蒙运动开始。苏格兰启蒙运动思想家怀疑笛卡尔等人鼓吹的理性主义；相反，苏格兰启蒙运动思想家认为，毋庸置疑，经验主义方法和历史分析可以发现两点：第一点，支配自然秩序和社会秩序的法则和基本原理；第二点，人们如何通过控制自然秩序和社会秩序来实现发展进步。

靠着社会和历史途径，这些启蒙运动思想家系统阐述了"四阶段理论"，描述了社会进步过程中的几个阶段。每个阶段都是对先前一个阶段的提升，尤其是就社会组织和经济生产力而言。因为人们可以学习使用自然资源并适应不断变化的环境，所以，经济组织从猎人—采集者系统（第一个阶段）演变成畜牧业，农耕生活，并最终演变为交换经济。演变过程中的法律体系都为这些变化提供了便利。政治组织和法律结构——对政治组织和法律结构的分析在很大程度上依然跟哲学息息相关——被视作与经济问题密不可分的存在。事实上，亚当·斯密的《国富论》就源自其在格拉斯哥大学的司法课程讲稿。

虽然哲学处于苏格兰启蒙运动的中心，但是，苏格兰启蒙运动冲击了文学、建筑学、自然科学和修辞学。苏格兰启蒙运动的影响跨越海洋，到了欧洲大陆和美洲殖民地，伏尔泰（Voltaire）和本杰明·富兰克林（Benjamin Franklin）都称赞说，苏格兰启蒙运动给予了生活和思想丰富的馈赠。■

1718 年

经济学之书 The Economics Book

伯努利论预期效用

丹尼尔·伯努利（Daniel Bernoulli，1700—1782）

030

丹尼尔·伯努利著名的圣彼得堡原理以俄国城市圣彼得堡命名。位于圣彼得堡的《圣彼得堡皇家科学院评论》杂志发表了丹尼尔·伯努利的发现。这张照片里的建筑是滴血教堂（Church of the Savior on Spilled Blood）。在圣彼得堡，滴血教堂是一个醒目的地标。

↳ 加利亚尼的《货币论》（1751年），递减赢利（1815年），戈森的两个法则（1854年），边际革命（1871年），杰文斯的《政治经济学理论》（1871年），博弈论进入了经济学（1944年）

1738年

在18世纪和19世纪，许多经济学家相信，一种商品的价格主要是由生产成本决定的。但是，部分经济学家反驳道，买家视角或者买家群体的视角才是根本因素。瑞士数学家丹尼尔·伯努利是著名数学家约翰·伯努利的儿子，著名数学家雅各布·伯努利的侄子。约翰·伯努利对这个情况的解释令人信服。

伯努利解答了圣彼得堡悖论。圣彼得堡悖论以《圣彼得堡皇家科学院评论》（Commentaries of the Imperial Academy of Science of St. Petersburg）命名。1738年，圣彼得堡悖论第一次出现，就出现在《圣彼得堡皇家科学院评论》里。假定一个人可以按照固定的费用玩掷硬币游戏。如果第一次掷硬币的时候，正面朝上，玩家就得到2美元；后来每出现一次正面，得到的钱就翻倍，游戏直到反面出现才结束。赢得2美元的概率是1/2，赢得4美元的概率是1/4，以此类推。那么，游戏的预期效用（EV）——所有结果的概率加权平均数——就是 $EV = 1/2(2) + 1/4(4) + 1/8(8) + 1/16(16) + \cdots = \infty$。虽然这个游戏的预期效用是无穷的，但是，大多数人玩游戏的时候不希望支付20美元以上。为什么呢？

伯努利的答案是，商品的价值并不是由价格决定的，而是由商品提供的"效用"或者幸福决定的。这个效用取决于个体环境——一个人的收入越高，额外收入带来的效用就越低。那么，跟一个百万富翁相比，一个穷人更可能会不辞辛劳地攫取配给券或者捡起人行道上的一美元钞票。无独有偶，在这场游戏中，一个贫穷个体愿意拿出来冒险的资金数量会低于富裕个体。而且富人也不愿付出接近游戏预期效用的资金。因此，伯努利预料到了边际革命的一些关键的深刻见解，针对个体经济行为开发出了以效用为基础的方法。伯努利还为日后约翰·冯·诺伊曼（John von Neumann）、奥斯卡·摩根斯顿（Oskar Morgenstern）等人的作品提供了基础。约翰·冯·诺伊曼、奥斯卡·摩根斯顿等人的作品研究了预期效用和风险经济学。■

加利亚尼的《货币论》

费迪南多·加利亚尼（Ferdinando Galiani，1728—1787）

> 费迪南多·加利亚尼的主观价值理论解释了贵金属之所以有价值，是因为贵金属稀缺，比如制造这些耳环（18—19世纪）所用的黄金。而且，拥有这些美丽的物品会让所有者产生愉悦感。

↳ 重商政策（1539年），贸易差额争议（1621年），伯努利论预期效用（1738年），供应与需求（1767年），需求法则（1820年），边际革命（1871年），门格尔的《经济学原理》（1871年）

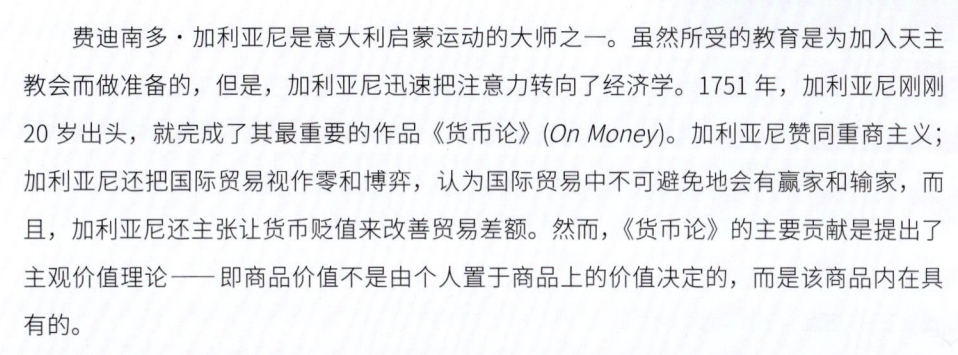

1751年

费迪南多·加利亚尼是意大利启蒙运动的大师之一。虽然所受的教育是为加入天主教会而做准备的，但是，加利亚尼迅速把注意力转向了经济学。1751年，加利亚尼刚刚20岁出头，就完成了其最重要的作品《货币论》（*On Money*）。加利亚尼赞同重商主义；加利亚尼还把国际贸易视作零和博弈，认为国际贸易中不可避免地会有赢家和输家，而且，加利亚尼还主张让货币贬值来改善贸易差额。然而，《货币论》的主要贡献是提出了主观价值理论——即商品价值不是由个人置于商品上的价值决定的，而是该商品内在具有的。

在加利亚尼生活的时代，货币主要是金币和银币，通常是由其贵金属含量衡量的价值。加利亚尼力排众议，坚持货币价值实际上是由其可以购买的商品数量决定的。加利亚尼拒绝接受的一个理念是：无论是由生产成本决定的，还是由别的因素决定的，任何物体都有内在的价值。加利亚尼宣称，价值是效用和短缺之间的"比例"。效用是一项商品让人幸福的能力。正是效用支配着对一件商品的需求；这件商品相当于这种需求的短缺决定着这件商品的价值。

按照加利亚尼的说法，决定金币和银币价值的因素和决定任何其他商品的价值一模一样。金银之所以有价值是因为金银稀缺。而且，金银的效用来自金银的美，金银用于首饰和装饰就证明了这一点。因为金银贵重，所以，金币和银币的价值会反映金币和银币中所含的金银。正因为金银贵重，所以金银用作货币。而不是因为金银用作货币，所以金银贵重。在加利亚尼的有生之年，加利亚尼的作品都在影响着意大利。加利亚尼的作品也成为意大利效用主义传统的跳板。但是，直到19世纪70年代边际革命开始时，加利亚尼关于主观价值的真知灼见才成为经济思维的中心内容。■

经济学之书 The Economics Book

物价—金银通货流动机制

理查德·坎蒂隆（Richard Cantillon，1680—1734）
大卫·休谟（David Hume，1711—1776）

032

一幅18世纪的铜版画，画的是大卫·休谟。

重商政策（1539年），货币数量理论（1568年），贸易差额争议（1621年），加利亚尼的《货币论》（1751年），坎蒂隆的《商业性质概论》（1755年），菲利普斯曲线（1958年），自然失业率（1967年），新古典宏观经济学（1972年）

1752年

重商主义者认为，政府应当努力实现贸易顺差，也就是说让出口超过进口。大卫·休谟在其论说文"论贸易差额"挑战了重商主义观点，"论贸易差额"出现在大卫·休谟的《政治话语》（Political Discourses，1752）之中。休谟对哲学、历史、政治的贡献天下闻名，但是，休谟关于货币和贸易的著作体现了18世纪的亚当·斯密、美国联邦党人、20世纪的凯恩斯主义者和货币主义者的观点。休谟把劳动和商业视作国力的关键来源，并反对货币即财富这个重商主义观点。对于休谟来说，货币只是"一片土壤，这片土壤会让贸易之轮运动得更加平稳轻巧"。

重商主义者支持贸易顺差的论据是，因为从出口中得到的钱都是真金白银，贸易顺差会增加国家的贵金属储备。这些额外的真金白银可以放入流通之中，充当货币，也就是说充当金银通货，然后就会刺激贸易。休谟相信这些益处是暂时的。如果持续贸易顺差导致的金银流入转化成硬币，那么，货币供应就会增加，使得商品价格越来越高。随着国内商品价格上升，对低价进口品的需求就会增加，由此伤害贸易差额。工资也会增加，导致生产成本上升，进而使销往国外的商品价格上升。然后，出口下降，进而减少贸易顺差，甚至使之变为负数。货币供应、价格水平、贸易差额，三者之间的关系就是物价—金银通货流动机制。

简而言之，休谟发现重商主义立场无法持续。如果一个国家想拥有持续的贸易顺差，在以金银为基础的通货制度中，就只能防止真金白银作为货币进入流通领域。相反，就要把真金白银储备起来，以备紧急情况，比如战争。休谟反对纸币，纸币的供应可以迅速增加，导致更多的进口和国内生产缩水，而金银储备的增加则会带来更多益处。■

033

坎蒂隆的《商业性质概论》
理查德·坎蒂隆（Richard Cantillon，1680—1734）

理查德·坎蒂隆《商业性质概论》法语版本的扉页。

经验主义和科学（1620年），物价—金银通货流动机制（1752年），《经济表》（1758年），图甘-巴拉诺夫斯基和贸易周期（1894年），循环流动示意图（1933年）

1755年

在17、18世纪，威廉·配第并不是唯一量化经济关系的人。1697年，在英国，格雷戈里·金（Gregory King，1648—1712）是最早详细总结国际贸易活动的人士之一，而查尔斯·达芬南则研究了硬币价格和产出水平之间的关系。然而，在此期间，最系统地使用量化分析阐述经济思维的是爱尔兰人理查德·坎蒂隆。对于坎蒂隆的生平，我们知之甚少。只知道坎蒂隆作为投机者而发财致富，并在此过程中结下了许多仇敌。据说，坎蒂隆的贴身男仆把坎蒂隆杀死在了床上，然后把坎蒂隆的房子付之一炬。

1730年前后的某个时间，坎蒂隆撰写了《商业性质概论》（*An Essay on the Nature of Trade in General*）。一般认为，《商业性质概论》是第一部关于经济学的专著。该书出版于坎蒂隆去世20年之后，内容涉及价格决定、货币分析、收入分配。坎蒂隆还以其"概要"或者抽象理论方法而闻名。和当时的其他作家不同，坎蒂隆试图描述经济系统的真实运作方式——而不是经济系统应该如何运作——通过广泛的游历获得详细的数据，用详细的数据阐述自己的理论。科学经验主义精神贯穿于威廉·配第的著作之中，坎蒂隆的分析反映了同样的科学经验主义精神。但不幸的是，坎蒂隆广泛搜集的数据湮灭在了历史之中，可能跟他的房子一起被烧掉了。

更重要的是，坎蒂隆的《商业性质概论》分析了商品和付款如何在经济之中流动。坎蒂隆提供了"循环流动"模型的原始版本来描述这些运动，突出了不同经济部门之间的相互依存、生产和收入之间的相互依存。坎蒂隆使用自己的模型来追踪经济之中的货币流动，坎蒂隆也表明了货币供应增长如何导致产出增加或者通货膨胀加剧。尤其是当时，来自美洲的金银已经持续大量流入了两个世纪，因此，货币供应增长更加深刻地导致了产出增加或者通货膨胀加剧。坎蒂隆对这些流动的分析影响了18世纪50年代末弗朗斯瓦·魁奈（François Quesnay）构建《经济表》（*Tableau Economique*）。在今天，循环流动示意图经常出现在入门级经济学课本之中。■

经济学之书 The Economics Book

卢梭的"政治经济学"

让–雅克·卢梭（Jean-Jacques Rousseau，1712—1778）

描绘让–雅克·卢梭坐在室外的一张老旧版画。

034

↪ 霍布斯的《利维坦》（1651年），洛克的财产理论（1690年），供应与需求（1767年），斯密的《国富论》（1776年），古典政治经济学（约1790年），需求法则（1820年），短缺和选择（1932年）

1755年

法国哲学家让–雅克·卢梭是17、18世纪社会契约方面的伟大理论家之一。让–雅克·卢梭支持托马斯·霍布斯和约翰·洛克。托马斯·霍布斯的论文"政治经济学"写于1755年，为政治经济学提供了框架。这个学科在经济思维中弥漫了一个多世纪，直到今天依然具有影响力。

对于卢梭来说，政治经济学的实质就是"英明合法地"掌控国家"以便实现公共利益"。这需要做到三点：第一点，政府当局的统治应当遵循社会"公意"，通过公民愿意自觉遵守的一套开明的法律来确保生命、自由、财产；第二点，当局应该确保每个"特定意志"都符合公意；这种道德高尚的统治让社会之中的个体相信政府当局是为大众谋福利，而不是追求当局自己的收益，也不是追求特定社会阶级的收益。最后，政府应该满足"大众需要"，保护财产，维护社会秩序，并保证人们有足够的机会通过劳动养家糊口。如果当局根据这些原则统治，那么，法律就会得到自觉自愿的服从。托马斯·霍布斯对政府持相反的观点。托马斯·霍布斯认为，政府必须以绝对的权威进行强力统治来避免社会陷入混乱和冲突。

卢梭的"政治经济学"提供了一个基础。在此基础之上，可以讨论贯穿下个世纪的学科。或许，最为明显的一个例子就是亚当·斯密自己也描述了政治经济学。亚当·斯密把政治经济学描述为"政治家或者立法者之科学的一个分支"。卢梭把"政治"因素引入了"政治、经济学"，并将这个学科建设成为一门政策科学，以便阐述国王、诸侯、立法机关的决策。由此可见，这门学科显然是规定性的：不仅要去发现经济关系背后的规律；还要把这些关系变成英明治理的课程。■

035

重农主义者

弗朗斯瓦·魁奈（François Quesnay，1694—1774）
米拉波侯爵维克托·德·里克蒂（Victor de Riqueti, Marquis de Mirabeau，1715—1789）

弗朗斯瓦·魁奈的肖像画。弗朗斯瓦·魁奈是重农主义的奠基人之一。

↳ 租金与剩余理论（1662年），《经济表》（1758年），
工业革命（1760年），斯密的《国富论》（1776年）

1756年

路易十四统治时期，法国财政大臣让-巴普蒂斯特·科尔伯特实行重商政策，严重阻碍了法国农业生产的发展。对农产品出口的限制压低了国内食品价格，生产商因而可以支付较低的工资。一方面，工资较低；另一方面，税收系统让许多富裕的土地所有者享受了豁免权。两方面结合起来，使得许多公民的生活极为艰难，尤其是工人阶级。由于当时的农业生产方式落后，农业利润微薄。因此，农民无力投资来改善农业，也无力采用欧洲其他地方实行的大规模耕作方式。

重农主义是第一个真正的经济思想"学派"，在当时的环境下应运而生。最早的灵感来自米拉波侯爵的《男人之友》（L'ami des Hommes，1756）。但是，站在重农主义者前列并围绕农业打造经济分析系统的是皇帝情妇蓬帕杜夫人（Madame de Pompadour）的内科医师弗朗斯瓦·魁奈。魁奈思想的中心是净产值概念——减去生产成本之后的收入。重农主义者相信只有农业才有净产值，也就是说，重商政策以牺牲农业来推动制造业，破坏了经济增长和繁荣。重农主义者主张取消重商政策，并且用促进农业生产和发展的政策来取代重商政策。提升后的农业产出带来净产值，会为农业的进一步发展提供资本，并成为税收收入的来源。而税收收入会减轻下层阶级的负担。

重农主义者包括法国的一些重量级人物，并影响了本杰明·富兰克林、托马斯·杰斐逊、詹姆士·麦迪逊（James Madison）等美国人，但是，重农主义者的经济改革方案未能产生多大的作用。亚当·斯密的《国富论》和工业革命共同发挥作用，很快把重农主义挤到了一边。亚当·斯密的《国富论》和工业革命都表明——一个是在理论上，一个是在实践上——制造业和农业都能极大地促进经济增长。■

经济学之书 The Economics Book

《经济表》

弗朗斯瓦·魁奈（François Quesnay, 1694—1774）

这张表来自弗朗斯瓦·魁奈的《经济表》，直观表示了资源如何在法国经济之中流动以及农业产生的净产值（见于中间一列）。

036

租金与剩余理论（1662 年），坎蒂隆的《商业性质概论》（1755 年），重农主义者（1756 年），斯密的《国富论》（1776 年），投入—产出分析（1941 年）

1758 年

目前，经济学是——而且自从 20 世纪 50 年代以来就是——一门使用模型的科学。在最基本的层面，模型是经济关系的代表，把现实中的许多特点简化为一组可控变量。经济模型提供了一种手段，去分析关键变量的变化如何影响经济关系或者结果。

1758 年，法国内科医师弗朗斯瓦·魁奈提出了第一个经济模型《经济表》来描绘法国经济之中的资源流动。《经济表》采用绘图技巧和数字来表示重农主义的经济观点，假定经济包含了农业和制造业两个部门，还假定个体分为三个阶级：地主、农民、制造商和工匠。农业是产生净产值的唯一部门，反映了重农主义的基本前提。按照魁奈的说法，如果农民采用现代耕作技术，比如用马犁地而不是用牛犁地，那么，所有流入农业的资金都有可能得到百分百的赢利。另一方面，假定制造业"乏力"——制造业产出的价值等于生产投入的价值——因此就产生不了净产值。

靠着一套精美的曲折线条，《经济表》表明农业投资是如何应用于农业产品的，采用旨在提振农业的政策，从而增加净产值。这种剩余再投资于农业会继续推动这个系统上升。相反，制造业的相应投资、开支、提振都会导致净产值下降，从而使经济衰退。

《经济表》之所以得出这些结果，只是因为该模型恰恰假定了想要证明的东西——只有农业产生净产值。但是，这种反对重商主义的观点——增长可以通过农业投资和农业出口贸易实现——对亚当·斯密产生了重大的影响。该模型从视觉角度阐明了经济增长，表明了资源在不同经济部门之中的流动如何产生国家产出，并成为现代投入—产出分析的前奏。■

037

工业革命

这幅1811年的插图里是詹姆士·哈格里夫斯的珍妮纺纱机。珍妮纺纱机让纺织工人可以同时纺8个纺锤上的线。

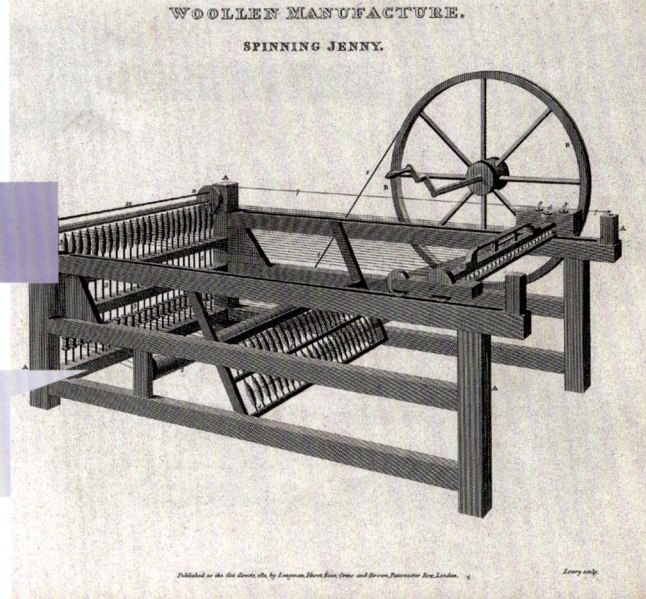

> 重农主义者（1756年），古典政治经济学（约1790年），马尔萨斯人口理论（1798年），递减赢利（1815年），机器问题（1817年），马克思的《资本论》（1867年），《工业革命讲稿》（1884年）

经济思维一直是经济生活中的反映。几千年来，经济融进了农业、小型制造业、地区贸易，因此并不奇怪，经济思维会围绕着经济活动的这些方面。但是，自从18世纪60年代，英国的一系列发明转变了经济生活。詹姆士·哈格里夫斯（James Hargreaves）于1764年发明了珍妮纺纱机，埃德蒙·卡特莱特（Edmund Cartwright）于1785年发明了动力织布机，纺织生产的繁荣时期到来了。1769年，詹姆士·瓦特（James Watt）改进了蒸汽机，使制造业发生了翻天覆地的变化，并为19世纪的大规模铁路运输铺平了道路。19世纪30年代，电报的出现使得交流可以即时进行，不再需要几天或者几个星期的时间。

虽然工业革命持续了八十多年，但是，工业革命引发的变化却是迅速发生的。从手工工具向机械化大生产的转变使经济迅猛增长。新的机械设备使产出能力有了难以置信的增长，并大幅降低了生产成本。对于普通人来说，衣服、家用商品的价格变得更低廉。甚至卡尔·马克思（Karl Marx）也承认这些发展大有裨益。然而，这些裨益的到来并不是没有成本的。虽然中上阶层扩张了，但是，工人阶级的条件恶化了。工资低，工作条件恶劣，工厂里有童工，机器取代了工人，这些都让普通工人的生活面临着挑战。城市工业区的生活环境拥挤，并且卫生条件差，使得日常生活更加艰难。

虽然工业革命对经济思维的影响姗姗来迟，但却最终产生了两大变化：第一，工业革命的影响质疑了许多支撑经济思维的农业基础，虽然农业的重要性继续主宰着经济分析，并持续到19世纪。第二，工业革命对工人阶级的影响让经济学家更加积极地参与到社会经济政策之中。■

1760年

经济学之书 The Economics Book

杜尔哥的《关于财富的形成和分配的考察》

阿内·罗伯特·雅克·杜尔哥（Anne Robert Jacques Turgot，1727—1781）

038

1766年

在这幅1840年的画里，阿内·罗伯特·雅克·杜尔哥正坐在书桌旁。

租金与剩余理论（1662年），赢利均等化（1662年），伯努利论预期效用（1738年），加利亚尼的《货币论》（1751年），重农主义者（1756年），供应与需求（1767年），庞巴维克的《资本与利息》（1884年）

雅克·杜尔哥是一位政府官员，并最终成为法国的总审计长。在担任总审计长的时候，雅克·杜尔哥给贸易带来了自由，并试图把财政秩序带入混乱的政府事务之中，尤其是通过改革来让税收系统更加高效并减轻下层阶级身上的赋税负担。杜尔哥受重农主义者影响颇深，尤其是认同农业对经济的重要性，但是，杜尔哥有自己的想法，并认为制造业是增加国富的关键。

在其《关于财富的形成和分配的考察》（Reflections on the Formation and Distribution of Wealth）中，杜尔哥提出了一个资本理论，在威廉·配第真知灼见的基础上迈出了一大步。配第认为，就不同生产投入而言，投资赢利会趋向于均等。但杜尔哥认为，资本的投资赢利最终会各不相同，而不是均等化。杜尔哥指出，一个人可以有几种方式使用积累的财富。比如可以购买土地赚取租金，或者投资于工商业赚取利润，或者借出资金赚取利息。资本会从赢利较低的区域向赢利较高的区域流动，但是，这些投资的赢利率之所以存在差异，是由于相对风险等因素。比如，一个地方农业收成稳定，那么，投资赢利就会较少。而投资于一个工商企业，赢利就会较多，一旦失败，投资就会全部打水漂。总的来说，经济的整体赢利水平也会随着储蓄态度而升降。当更多的人选择储蓄而不是开支的时候，资金就会充足，赢利则会降低。

靠着这些真知灼见，杜尔哥综合性地解释了供应和需求的力量是如何影响货币赢利或者金融资本——利息、利润、租金。当供应相对于需求来说充足时，价格或者赢利会趋向于较低；当需求相对于供应来说高涨时，价格或者赢利会趋向于较高。影响商品价格和服务价格的那些因素也以类似的方式影响货币或者资本。■

039

供应与需求

詹姆士·斯图尔特（James Steuart, 1707—1780）

> 詹姆士·斯图尔特爵士专著《政治经济学原理探究》的扉页。《政治经济学原理探究》研究了"供应和需求"之间的关系，并首次使用了"供应和需求"这个术语。

重商政策（1539年），苏格兰启蒙运动（1718年），加利亚尼的《货币论》（1751年），斯密的《国富论》（1776年），竞争过程（1776年），需求法则（1820年），需求—供应模型（1890年）

1767年，詹姆士·斯图尔特爵士的《政治经济学原理探究》(*Inquiry into the Principles of Political Economy*) 把政治经济学这个术语引入了英语专门词汇之中，是政治经济学的第一本系统性专著。詹姆士·斯图尔特是苏格兰人，支持詹姆士二世党人反抗英国国王。詹姆士·斯图尔特的观点同时受到了苏格兰启蒙运动和欧洲大陆的影响。在卡洛登战役中，苏格兰人战败，詹姆士·斯图尔特流亡到欧洲大陆，受到了欧洲大陆的影响。

众所周知，斯图尔特的《政治经济学原理探究》解释了需求与供应之间的关系如何决定特定时间点的价格。斯图尔特把需求描述为商品价格与人们想要购买的商品数量之间成反比的关系。对一种商品的需求刺激了生产，从而增加了这种商品的供应。在此过程中的商品价格要取决于市场上供求双方的竞争程度。在需求一方，买家的广泛竞争会导致价格上升。而卖家日趋激烈的竞争会让价格下降。斯图尔特称其为"双重竞争"。这种"双重竞争"设定了商品价格的上限和下限，需求一方竞争的"震动"暂时拉升价格，随之而来的卖家竞争"震动"又产生反应，压低价格。从这个意义上说，一段时间内的价格运动就是供求双方力量的函数。供求双方的力量远大于任何个体的力量。

斯图尔特的分析用这种方式解释了价格决定，把经济思维带到了一个新的高度。但是，亚当·斯密的《国富论》让斯图尔特的分析相形见绌。亚当·斯密的《国富论》只比斯图尔特的专著晚了9年。斯密认为，斯图尔特的分析存在着重商主义错误。斯密的作品瞄准的就是这些错误，比如，认为国际贸易是零和博弈，倾向于政府控制的垄断企业。具有讽刺意味的是，斯密之所以有此成就，恰恰是因为斯密采用了斯图尔特首创的供需框架。■

1767年

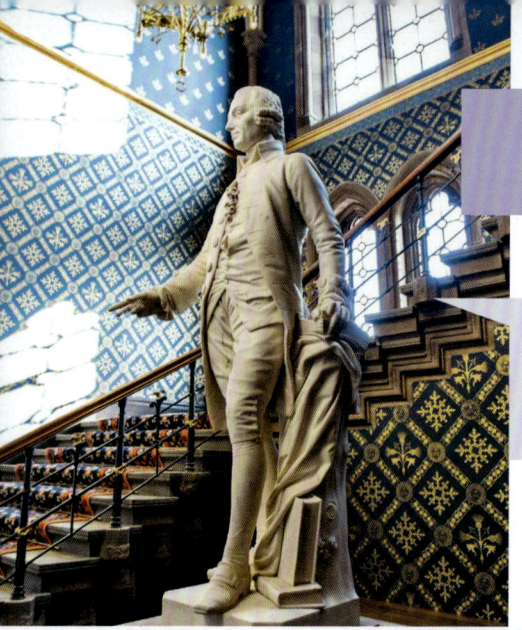

斯密的《国富论》
亚当·斯密（Adam Smith，1723—1790）

040

位于格拉斯哥大学亚当·斯密商学院（Adam Smith Business School）的亚当·斯密雕像。亚当·斯密商学院名字就是用来纪念这位久负盛名的道德哲学家和政治经济学家。

重商政策（1539 年），放任主义（1695 年），劳动分工（1776 年），竞争过程（1776 年），看不见的手（1776 年），生产性劳动和非生产性劳动（1776 年），古典政治经济学（约 1790 年）

1776 年

亚当·斯密的《国富论》是经济学发展历史上的里程碑。一方面，《国富论》是一部经济理论作品，描述了斯密如何构思竞争市场过程的运行方式。另一方面，《国富论》是反对重商主义的辩论文章。从许多方面来说，斯密的专著为几乎所有的后续市场系统思维提供了基本框架。

斯密是苏格兰的道德哲学家。在斯密那个时代，《道德情操论》（The Theory of Moral Sentiments，1759）比《国富论》出名。《道德情操论》考察了人类行为的动机。《道德情操论》研究的是广泛的人类活动动因，但是，《国富论》只研究自私自利行为的影响。斯密相信自私自利行为决定着经济领域的决策。斯密并未大量提出具体的经济概念，而是将各种"悬而未决的"想法整合到一起，变为针对经济活动的广泛分析。斯密的理论组成部分是劳动分工、资本积累、竞争交换。斯密把这些概念熔为一炉，主张最大限度地自由贸易能够更好地促进国富增长。斯密用这种分析来攻击重商政策，认为重商政策阻碍了经济增长，因为重商政策把制造业置于其他行业之上，为垄断企业的产生提供了便利，补贴出口和限制进口。这种重商主义富了生意人，由此导致的低工资和高物价伤害了工人阶级。

一方面，《国富论》形成了 19 世纪古典政治经济学的基础，实际上也是我们所知的许多经济学的基础。另一方面，《国富论》还提供了众人眼中的基础防御来保护个人自由，这种基础防御就是市场系统、有限政府，斯密从而成为历史上最早说明市场系统优点的人之一。然而，斯密的分析也受到了批评。在斯密的笔下，经济平稳运行，政府没有过度干预，而事实上，经济的调整过程有时根本就不平稳，而且经济增长的裨益并不总是像斯密所说的那样普遍。∎

041

劳动分工

亚当·斯密（Adam Smith，1723—1790）

丹尼斯·狄德罗（Denis Diderot，1713—1784）《科学、美术与工艺百科全书》（Encyclopédie，1751—1766）中的这幅插图中，制造大头针的工人正在工作，图中还有他们使用的机器。人们认为亚当·斯密利用了这幅插图。当时，亚当·斯密发现，通过劳动分工，工人可以专门负责大头针制造过程的一个方面，从而具有较高的生产效率，如果让工人从头到尾负责大头针的制作过程，则生产效率较低。

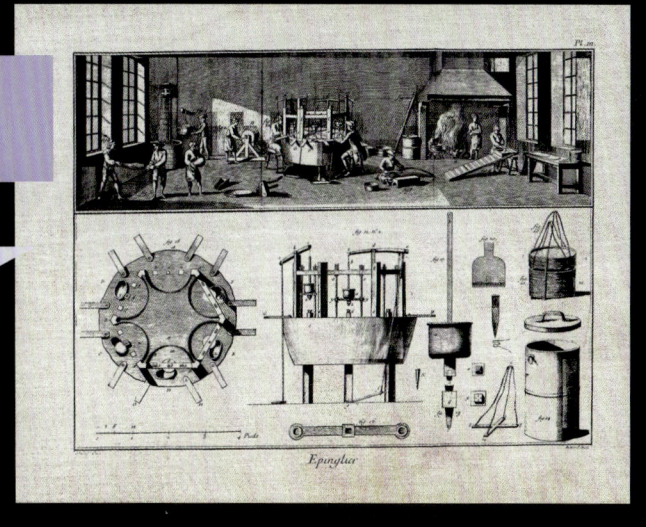

> 重商政策（1539 年），相对优势理论（1817 年），赫克歇尔—俄林模型（1933 年），斯托尔珀—萨缪尔森定理（1941 年），要素价格均等化定理（1948 年）

1776年

特定工作的专门化让工人能更加娴熟地从事某项工作，并且增加产出。这种想法的起源可以追溯到希腊哲学家色诺芬，但是，亚当·斯密让这种劳动分工成为经济增长的关键。为了表明劳动分工的力量，亚当·斯密在《国富论》中列举了大头针制造厂的例子。如果仅由一个工人来完成整套工序，那么，这个工人可能一天都做不了一颗大头针，当然更生产不了二十多颗。而如果实行劳动分工，工人做特定的工作，使用专门化的机器，意味着以 10 个工人为一组，大头针一天产量可以高达 48 000 个！按照斯密的说法，事实上，机器的发明就是劳动分工造成的，因为工人想高效工作，另外"发明家"也成了独立的职业。

与劳动分工相关的专门化是一个关键因素，提升了一个国家的生产力，促进了金融资本的积累从而能够促进经济增长。然而，由于专门化，一个奶农就有了大量的牛奶供应，却几乎没有所需的其他产品。鉴于此，斯密解释道，劳动分工只有在一个条件下可以实现。这个条件就是，人们可以用自己生产的商品交换别人生产的商品。一个产品的市场越大，专门化的动机就越强。

对于斯密来说，国际贸易只是跨国劳动分工。斯密用这个深刻的见解来反驳重商主义。重商政策限制进口并且鼓励出口，因此，资源难以流动到可以发挥最大作用的地方。如果消除了这些壁垒，并且利用跨国劳动分工，那么产出就会增加，价格就会下跌，实现"普遍富裕"，甚至"最底层的民众也能获益"。斯密的论点开始改变自由贸易所面临的重重壁垒的状况。后来，或者大卫·李嘉图详尽论述了相对优势理论，更是让斯密的论点如虎添翼。虽然今天的政府依然会情不自禁地采用保护主义政策，但是，斯密关于自由贸易裨益的真知灼见已成为增长导向型经济思维的一个主要内容。■

经济学之书 The Economics Book

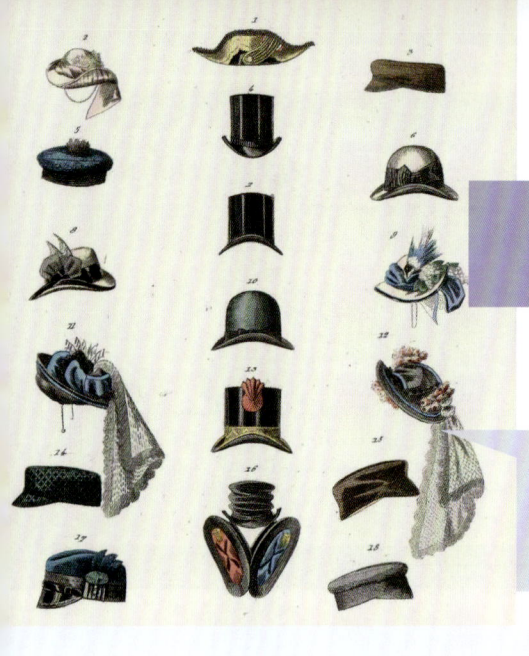

竞争过程

亚当·斯密（Adam Smith，1723—1790）

图为各种各样时尚的帽子，创作于1876年。就像斯密所观察到的那样，和许多商品一样，帽子的价格是由竞争力决定的。

042

1776年

> 重商政策（1539年），供应与需求（1767年），斯密的《国富论》（1776年），瓦尔拉斯的《纯粹经济学要义》（1874年），需求—供应模型（1890年）

为了在《国富论》中证明自由运作的竞争市场系统优于重商政策和重农政策，亚当·斯密不得不描述，如果自由发展的话，市场会如何运行。对于斯密来说，起点是"自然价格"——这个价格足以让资源保持在目前的用途之中。如果劳动、资本、土地都获得了自然价格，那么，劳动、资本、土地所产生的商品也会以这个总数出售。

"市场价格"——任何时间点市场中存在的价格——可能会超过或者低于自然价格；但是由于竞争，市场价格"会一直接近"自然价格。如果帽子（斯密使用的一个例子）的市场价格超过了自然价格，那么，生产帽子的土地、劳动、资本的赢利就会超过其自然价格。这样，资源就会流动到帽子生产之中，因为新的帽子生产者进入帽子市场来寻求这些较高的赢利。帽子供应的增加又会让市场价格跌回自然价格。如果价格低于自然价格，这个动力就会反转，因为帽子生产者会离开市场，转而寻找其他机会；当帽子的供应减少时，市场价格就会上升至自然水平。

按照斯密的说法，只有当存在某种形式的垄断时，价格才会保持在自然价格之上。形成垄断的原因是贸易秘密、对生产某种商品所需资源的专有控制或者政府授予的特许经销权。政府授予的特许经销权尤其让斯密担心，原因在于这是一个普遍的重商政策，牺牲消费者的利益让生意人获益，消费者只能去面对较少的商品和较高的价格。相反，竞争过程会让资源流动到消费者最青睐的商品生产之中。竞争的力量会保证市场以自然价格，而不是较高的垄断价格，出售这些商品。■

043 看不见的手

亚当·斯密（Adam Smith, 1723—1790）

C. 萨维尼（C.Savini）模仿意大利雕刻家萨尔瓦迪（Salvardi）所做的《上帝之眼、上帝之手、圣心》(*The Eye of God, the Hand of God, and the Sacred Heart*)。一些人把亚当·斯密看不见的手这个概念视作上帝之手。

柏拉图、亚里士多德和黄金分割（约公元前 380 年），阿奎那论高利贷（1265 年），重商政策（1539 年），放任主义（1695 年），曼德维尔的《蜜蜂的寓言》（1705 年），斯密的《国富论》（1776 年）

1776 年

在亚当·斯密之前，经济学著作有着一个普遍的观点：个体不应该自行其是。个体行为经常无法实现社会整体利益的最大化。社会整体利益的最大化可能是古希腊人和经院哲学家推崇的公平性，也可能是重商主义者痴迷的真金白银积累，还可能是重农主义者提倡的净产值增长。这些群体相信，需要包括价格控制和进口限制在内的政府行为来限制违背社会利益的活动。

斯密的《国富论》改变了这个想法。在这方面，没人比斯密发挥的作用更大。斯密的"看不见的手"已成为市场系统潜力的简略表达方式，可以实现社会整体利益的最大化。斯密认为，把资本用于可以产生最大赢利的地方，生意人就也能为国家创造最大的赢利——看不见的手会用生意人的自身利益来实现社会利益最大化。

但是，什么是这只"看不见的手"？我们不知道。许多人把斯密与"看不见的手"这个想法联系在一起，但是在《国富论》中，斯密只使用了这个术语一次。一些人认为这是上帝之手，另一些人则提出这是竞争定价系统，还有些人相信这是制定法律让市场运行的国家。

不管斯密是什么意思，人们都已经在用看不见的手来证明放任主义政策理所应当。放任主义政策使得政府在经济系统之中的作用最小化。这有点讽刺意味，因为有大量的证据表明斯密根本不是一个放任主义经济学家。斯密提倡的政府干预包括两点：第一，对利率做出法律上的限制；第二，由政府提供小学教育，以便避免与劳动分工相关的专门化导致的头脑麻木。对于斯密来说，要想让市场系统实现社会利益最大化，就只能把市场系统嵌入法律、习俗、道德所构成的合适框架之中，使政府成为市场系统成功的必要因素。■

生产性劳动和非生产性劳动

弗朗斯瓦·魁奈（François Quesnay, 1694—1774）
亚当·斯密（Adam Smith, 1723—1790）

044

法国画家安托万·华托（Antoine Watteau, 1684—1721）的《梅泽蒂诺》（*Mezzetino*，约1718—1720）。这幅画以画中的人物梅泽蒂塔命名，梅泽蒂塔正在弹吉他。当时的梅泽蒂塔出现在剧院的喜剧之中。弗朗斯瓦·魁奈和亚当·斯密意欲把这种表演归为非生产性劳动的例证。

> 重农主义者（1756年），《经济表》（1758年），斯密的《国富论》（1776年），效用主义（1789年），凡勃伦的《有闲阶级论》（1899年），国民收入核算（1934年）

1776年

经济增长一直是现代经济学研究的中心。亚当·斯密的《国富论》为经济增长提供了一个蓝图。然而，亚当·斯密思维之中有一个观点未能经受住时间的考验：他认为有些东西能为经济增长做出贡献，另一些东西则不能。

大约在《国富论》出现的前20年，弗朗斯瓦·魁奈及其重农主义者信徒宣称，只有农业部门是生产性的；要让劳动力资源具有生产性，唯一的办法就是把劳动力资源用于农业活动。斯密采用不同的标准来区分生产性劳动和非生产性劳动。对于斯密来说，生产性劳动制造了"可售商品"，从而贡献了国家产出量。没有如此产出的就业形式就被认为是非生产性的，原因是这些就业形式不产生额外的价值，不能促进资本积累，从而无法刺激经济增长。比如说，公务员、军人、律师、教士、专业演员、教师，这些人的工作都属于非生产性劳动。如果把钱投入这些非生产性职业，而不是储蓄和投资或者购买有形商品，那么，经济就会受到伤害。

对生产性劳动和非生产性劳动所做的这些划分具有重要的政策意义。无论如何定义，市场过程都不是始终如一地把劳动力资源分配到生产用途之中的。因此，弗朗斯瓦·魁奈和斯密都认为，政府需要鼓励生产性劳动就业，抑制非生产性劳动就业。即便如此，政府也是问题之一，因为政府支持非生产性活动。

19世纪，效用主义的影响把这些划分抛到了一边，把生产性劳动定义为人们愿意购买的产生效用的任何劳动，不论涉及的是演戏的演员，还是盖房子的工人。然而，你可以名正言顺地宣称，非生产性劳动和生产性劳动的划分今天仍在继续。原因是，经济活动的一些衡量标准，比如国内生产总值并不包含做饭和清洁等家务劳动。■

经济学之书 The Economics Book

045

效用主义

杰里米·边沁（Jeremy Bentham，1748—1832）
约翰·斯图尔特·穆勒（John Stuart Mill，1806—1873）

> 1817年，杰里米·边沁用一系列的表格记载了愉悦与痛苦的不同来源。

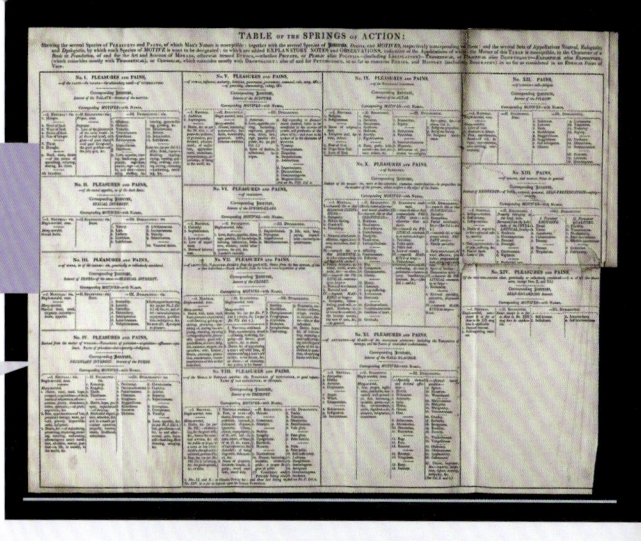

柏拉图、亚里士多德和黄金分割（约公元前380年），放任主义（1695年），斯密的《国富论》（1776年），古典政治经济学（约1790年），穆勒的《政治经济学原理》（1848年），杰文斯的《政治经济学理论》（1871年），序数效用（1893年），庇古的《财富与福利》（1912年），希克斯—艾伦消费者理论（1934年），显示性偏好理论（1938年）

包括亚里士多德和阿奎那在内的最早的那批经济学思想家，都把经济学视作伦理观的一个分支，并以伦理道德为基础来衡量经济成果、法律、政策。虽然在大卫·李嘉图等人的努力下，经济学成为道德哲学之外的一门独立的科学，但是，经济学家想要为政策提供伦理立足点，就需要效用主义发挥作用。

英国人杰里米·边沁在其《道德与立法原则导论》（An Introduction to the Principles of Morals and Legislation，1789）中阐明了效用主义方法。后来，约翰·斯图尔特·穆勒等人又扩充了效用主义方法。效用主义方法表明个体由乐与痛这两种力量所控制。人们会寻求乐，并且力图避免痛，以便增加他们的效用——他们的欢乐或者满足。边沁进一步认为，个体行为的优良程度、政府制定的法律和政策的优良程度，应该根据它们为整个社会提供的效用来判断。这一衡量标准体现在了效用主义名言"为最大多数人追求最大好处"之中。而以前依据某种内在的对错标准来衡量行为的想法早就一去不复返了。

边沁的效用主义从根本上影响了经济思维。其影响体现在两个方面：第一个方面，边沁把个体对乐与痛的计算作为自己系统的中心，有助于使经济学建立在一个信念之上，这个信念就是个体追求自身利益，早在20年前亚当·斯密就强调了这一点。第二个方面，为大多数人追求最大好处的这一效用主义理念为一些政策提供了基础，这些政策会服务整个社会的利益，而不是仅仅服务那些政要阶层。英国哲学家与经济学家约翰·斯图尔特·穆勒是边沁的拥护者，在其极具影响力的《政治经济学原理》（Principles of Political Economy，1848）一书中，把这个效用主义理念作为衡量经济政策的基础。《政治经济学原理》指导经济学教学五十多年。对于穆勒来说，效用主义分析能够揭示，政府干预可以在何处改善与放任主义相关的经济成果。到了20世纪中期，放任主义的局限性越来越明显了。■

1789年

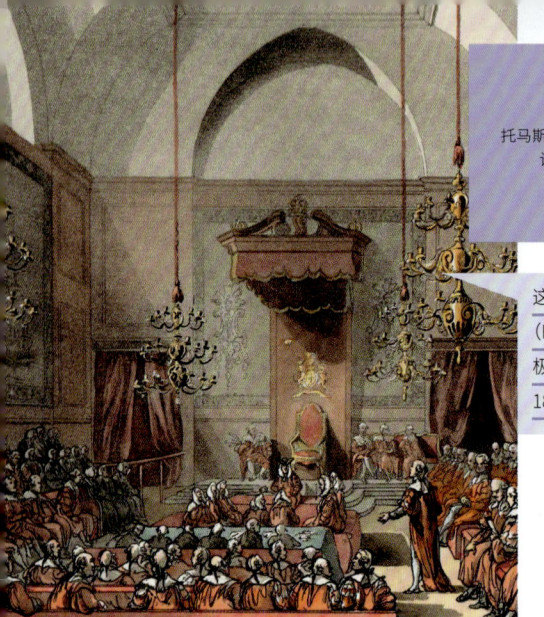

古典政治经济学

托马斯·罗伯特·马尔萨斯（Thomas Robert Malthus, 1766—1834）
让-巴普蒂斯特·萨伊（Jean-Baptiste Say, 1767—1832）
大卫·李嘉图（David Ricardo, 1772—1823）
约翰·斯图尔特·穆勒（John Stuart Mill, 1806—1873）

046

这是一幅1809年所创作的蚀刻画。画中，在上议院（House of Lords）开会的许多古典政治经济学家正在积极参与政策讨论。其中就有大卫·李嘉图。从1819年到1823年去世，大卫·李嘉图一直在议会占有一个席位。

↪ 马尔萨斯人口理论（1798年），萨伊法则（1803年），递减赢利（1815年），李嘉图的《政治经济学及赋税原理》（1817年），政治经济学俱乐部（1821年），利息的节制理论（1836年），穆勒的《政治经济学原理》（1848年），边际革命（1871年）

约1790年

从18世纪90年代到19世纪70年代，古典政治经济学一直统治着经济思维。通常来说，古典政治经济学被视作亚当·斯密《国富论》经济分析的主体。古典政治经济学的领军人物包括T. R. 马尔萨斯（T. R. Malthus）、大卫·李嘉图、让–巴普蒂斯特·萨伊、约翰·斯图尔特·穆勒等。和所有其他经济思想"学派"一样，古典经济学家并不完全意见一致，因此难以就一个特定的经济问题给出明确的古典方法。最明显的例子就是，人们争论卡尔·马克思是否应归入古典阵营；虽然对古典经济学批评最激烈的可能就是卡尔·马克思，但是，卡尔·马克思的理论在很大程度上依赖斯密和李嘉图的理论。

在此期间出现了两个重要趋势。第一个趋势是，经济思维从道德哲学问题中脱离出来了。而此前多个世纪，道德哲学问题都影响着经济思维。古典经济学家更多地着眼于培育一门科学来解释，工业和商业取得重大发展的时候经济如何运行。这批新兴的政治经济学家还致力于充实斯密框架的细节，包括工资和价格决定作用，货币在经济中所扮演的角色，以及机器对生产的影响。这批新兴的政治经济学家朝着新方向扩展了一些部分，同时还挑战和修改了其他部分。

第二个趋势是政治因素。古典政治经济学是一个政策推动型学科，旨在汇编一组可以阐述政府决策的知识。虽然人们讽刺古典政治经济学家是放任主义的坚定拥护者，但是古典政治经济学家最应该被归为实干改革者。古典政治经济学家相信市场经济具有普遍的优点，但也日益认识到市场经济的瑕疵。为了应对失业及其影响，古典政治经济学家建言献策，以弥补市场供应不足的服务，以便稳定货币制度。古典政治经济学家通过自己的著作来实现这一点。一些古典政治经济学家则直接参与到政策制定过程之中，比如，大卫·李嘉图是议会的议员，纳索·西尼尔（Nassau Senior）对英国济贫法进行了改革。■

047

马尔萨斯人口理论

托马斯·罗伯特·马尔萨斯（Thomas Robert Malthus，1766—1834）

> 托马斯·罗伯特·马尔萨斯相信，人口的不断增长会让人们日常生活倍加艰辛，尤其是当人口冲击食品供应限制的时候。

古典政治经济学（约 1790 年），递减赢利（1815 年），定态（1815 年），《政治经济学图解》（1832 年），沉闷科学（1849 年），工资铁律（1862 年），工资资金争议（1866 年），未来资源以及环境经济学（1952 年）

1789 年，当托马斯·罗伯特·马尔萨斯撰写《人口论》（*Essay on Population*）的时候，托马斯·罗伯特·马尔萨斯质疑了一个常见的观点：庞大的且不断增长的人口对国家实力和经济实力至关重要。马尔萨斯还反对乌托邦社会主义者，比如威廉·戈德温（William Godwin）。戈德温相信，废除私有财产就能改善人类的状况，要减少性欲从而减少人口增长。相反，马尔萨斯反驳道，人口增长是不可避免的，而且只能带来苦难和罪恶。

马尔萨斯的论点建立在两个基本假设之上：对食品的需要、"性欲"的持续性。性欲的持续性会导致人口在每一代翻倍。但是，因为新开垦的土地不如已经开垦的土地，所以，食品供应增速会大幅降低。如果不控制人口增长，人口很快就会超过食品供应——这个结果有时被称作"马尔萨斯陷阱"。

马尔萨斯相信自然本身就可以抑制人口增长。他解释道，如果需要降低生活条件才能养家糊口，那么，一个正常心智的人就会不结婚或者延迟结婚。这种"预防性抑制"将约束人口增长，直到状况改善，但也会让人们通过罪恶来满足性欲，进而限制人口增长。不过，马尔萨斯后来赞同了这种"自愿控制"，即节制。抑制人口增长的第二个途径是源自苦难的"积极抑制"，人口给食品供应带来的压力会导致苦难。马尔萨斯说，战争、疾病、饥荒等造成的死亡就足以避免人口超出食品供应，但是，社会会持续遭遇这些限制，使得更加生活艰难。总之，没有乌托邦。

马尔萨斯的人口理论成为古典政治经济学的基础组成部分。收入分配理论和递减赢利法则都是以马尔萨斯的人口理论为基础。马尔萨斯并未预见到农业生产力的提高。一方面，农业生产力提高了；另一方面，社会对计划生育的态度发生了改变。这两个方面结合起来使世界上一些地区的人口过剩问题不那么严重了。但是，关于世界资源的讨论、环境的争论，依然受到马尔萨斯理论的影响。■

1798 年

桑顿的《大不列颠票据信用的性质和作用的探讨》

亨利·桑顿（Henry Thornton，1760—1815）

在詹姆士·吉尔雷（James Gillray，1756—1815）的这幅1797年的政治漫画中，英格兰银行被描绘为针线街上的老女人。威廉·皮特（William Pitt，1708—1778）是当时的英国首相。在这幅画里，威廉·皮特正在盗窃老女人口袋里的黄金，真实反映了皮特的企图：用英格兰银行的黄金资助与法国的战争。此举耗尽了英格兰银行的储备，迫使英格兰银行暂停把钞票兑换成真金白银。

货币的周转率（1668年），约翰·劳和纸币（1705年），物价—金银通货流动机制（1752年），重金主义争议（1810年），真实利率（1896年），维克塞尔的累积过程（1898年），美联储（1913年），加密货币（2009年）

1802年

早期关于货币理论的著作忽略了银行的作用和影响，因而在18世纪90年代一系列金融危机打击英国的时候导致了严重的问题。17世纪，由银行发行并得到金银支持的钞票成为越来越普遍的通货形式。忧心忡忡的储户担心金融危机导致银行破产并让手里的钞票一文不值，因而就在全国的小银行把钞票兑换成金银，使得支撑这些小银行的英格兰银行贵金属储备剧减。作为回应，英格兰银行停止使用金银支付，进一步加剧了恐慌。

亨利·桑顿是位成功的银行家和议会成员，在《大不列颠票据信用的性质和作用的探讨》（An Inquiry into the Nature and Effects of Paper Credit of Great Britain）中确认了票据信用的关键所在。亨利·桑顿解释了公众对银行业系统的信心如何直接影响此种危机。如果人们对银行业系统有信心，那么，人们就不会匆忙提取资金了。英格兰银行停止使用金银支付，而不是继续向可信的借方自由放贷，甚至增加放款，从而走上错误的道路。我们现在认为英格兰银行是一个"中央银行"，而当年的英格兰银行并非"中央银行"。当年，英格兰银行并未监管英国的银行业系统和货币政策，而是充当一个后盾，在必要的时候为小银行提供流动资金。桑顿的提议使英格兰银行成为"最后的放贷人"，负责防止货币危机。这是今天中央银行的关键职能之一。美联储就是这样的中央银行。

桑顿《大不列颠票据信用的性质和作用的探讨》研究的并不仅限于那时的恐慌。桑顿分析了货币供应的变化如何影响国内和国际经济活动，强调货币供应、利率、价格、货币周转率如何联系在一起的方式。桑顿作品的影响直到19世纪末才被超越。19世纪末，欧文·费雪和克努特·维克塞尔（Knut Wicksell）等经济学家的著作问世。■

049

萨伊法则

让-巴普蒂斯特·萨伊（Jean-Baptiste Say，1767—1832）
詹姆士·穆勒（James Mill，1773—1836）

这是弗拉芒画派的伊格内修斯·约瑟夫斯·范·瑞格莫泰（Ignatius Josephus van Regemorter，1785—1873）于 1827 年所绘的安特卫普《鱼市》(The Fish Market)。在这幅画里，鱼贩正在展示当天的渔获。按照萨伊法则，商品的供应创造了商品的需求，保证了总需求绝不会不足。

古典政治经济学（约 1790 年），消费不足（1804 年），投资期限（1890 年），图甘-巴拉诺夫斯基和贸易周期（1894 年），大萧条（1929 年），凯恩斯的《就业、利息和货币通论》(1936 年)

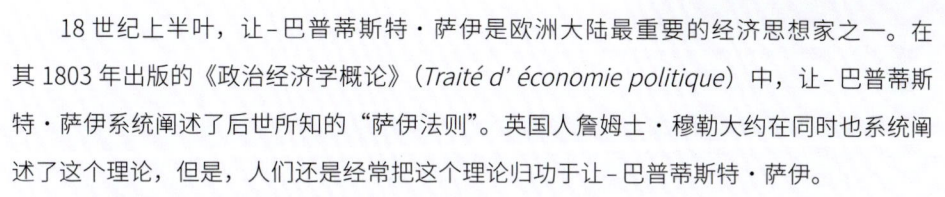

18 世纪上半叶，让-巴普蒂斯特·萨伊是欧洲大陆最重要的经济思想家之一。在其 1803 年出版的《政治经济学概论》(Traité d'économie politique) 中，让-巴普蒂斯特·萨伊系统阐述了后世所知的"萨伊法则"。英国人詹姆士·穆勒大约在同时也系统阐述了这个理论，但是，人们还是经常把这个理论归功于让-巴普蒂斯特·萨伊。

萨伊法则认为"供应创造了自身的需求"，也就是说商品生产产生了足够的收入来购买一切生产出来的东西。这就意味着，商品永远不会生产过度，总需求永远也不会不足。总之，萨伊法则好像排除了衰退的可能性。衰退的原因经常是相对于供应来说的，即对商品的需求减少。

包括大卫·李嘉图在内的大多数古典经济学家都把萨伊法则视作绝对真理。在 1936 年约翰·梅纳德·凯恩斯出版《就业、利息和货币通论》(General Theory of Employment, Interest and Money) 一书之前，萨伊法则一直都是经济思维的核心信条。托马斯·罗伯特·马尔萨斯是个例外。马尔萨斯对萨伊法则的批评引发轩然大波。马尔萨斯承认，商品生产所产生的收入足以购买这些商品。但是，马尔萨斯坚称，假设此笔收入有太多被用于储蓄或者投资于生产，而不是用来消费，供应就会轻易超过需求，那么，市场就会过量供应。这样，价格就会下跌，利润就会减少，失业就会增加。因为用于购买的总收入减少，所以需求的减少会在经济之中四处蔓延。

经过一段时间后，人们认识到，萨伊法则可能从长期来说讲得通，但从短期来说则讲不通。凯恩斯打趣道："从长期来说，我们就都死了。"马尔萨斯表示了对短期状况的担忧。凯恩斯悲叹：在与萨伊及其拥护者的争论中，马尔萨斯未能获胜。20 世纪 30 年代的经济大萧条表明这个短期效应确实可以很长。■

1803 年

经济学之书 The Economics Book

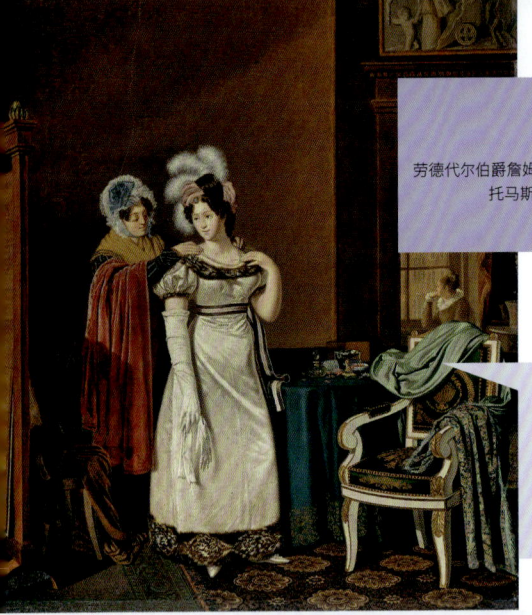

消费不足

劳德代尔伯爵詹姆士·梅特兰（James Maitland, Eighth Earl of Lauderdale, 1759—1839）
托马斯·罗伯特·马尔萨斯（Thomas Robert Malthus, 1766—1834）
约翰·A.霍布森（John A.Hobson, 1858—1940）

050

这是荷兰画家简·劳德维克·兆科斯（Jan Lodewijk Joxis）所绘的《盛装》（*The Toilet*，1830）。在画中，女仆正帮一位女士穿衣。托马斯·罗伯特·马尔萨斯相信，假设富人把更多的钱用于"非生产性"的活动，比如雇用额外的仆人，那么，消费不足就可能避免。

斯密的《国富论》（1776年），萨伊法则（1803年），图甘–巴拉诺夫斯基和贸易周期（1894年），失业（1896年），卢森堡的《资本积累》（1913年），牛津福利方法（1914年），凯恩斯的《就业、利息和货币通论》（1936年）

1804年

亚当·斯密的《国富论》和萨伊法则——供应创造了自身的需求——都没有解释经济下探以及如何应对经济下探。消费不足的意思就是无法在保本的情况下卖出商品，或者无法把商品全部卖出。基于消费不足原理的一系列理论应运而生，填补了亚当·斯密《国富论》和萨伊法则的空白。法国经济思想家巴泰勒米·德·拉夫莫斯（Barthélemy de Laffemas）于1598年第一次提到了消费不足。但是，直到1804年才由第八代劳德代尔伯爵深入研究了消费不足。

关于消费不足的许多理论都把消费不足的原因归为需求缺乏。需求缺乏使得生产缩减和单位裁员，经济之中的总收入减少，加剧了消费不足。虽然这些理论的拥护者被贴上了"消费不足主义者"的标签，实际上消费不足的根源是过度储蓄。过度储蓄不仅减少了消费，还增加了产出，因为这些储蓄被用来投资。那么，太过节俭就会始料不及地使经济陷入衰退。

要解决消费不足就得减少储蓄并且增加消费。因为工人阶级几乎把所有的收入都用来消费，所以，过度储蓄被视作上层阶级所导致的问题。劳德代尔和马尔萨斯都认为收入再分配是个理想的解决方案。马尔萨斯还提倡富人把更多的收入用于非生产性开支——雇用额外的仆人或者看戏和听音乐会——这样就会减少富人的储蓄并把钱转到愿意花钱之人的手中。

消费不足理论吸引了一些经济学家的注意力，其中就包括约翰·A.霍布森。霍布森围绕着20世纪初的消费不足建立起了一个经济波动理论，即经济周期理论。然而，由于萨伊法则占据着支配地位，也由于经济学家重视储蓄，所以，消费不足理论从未在经济对话中占据重要地位。直到1936年，约翰·梅纳德·凯恩斯的《就业、利息和货币通论》出版，关于经济下探才有了不同需求方面的解释。■

051

重金主义争议

亨利·桑顿（Henry Thornton, 1760—1815）
大卫·李嘉图（David Ricardo, 1772—1823）

这是詹姆士·吉尔雷所绘的《弥达斯把一切都变成纸》（*Midas, Transmuting all, into Paper*, 1797）。在这幅画里，英国首相威廉·皮特坐在英格兰银行上，把英格兰银行的黄金储备变成钞票。这个政治漫画讽刺了皮特于1797年暂停把钞票兑换成真金白银的决策。

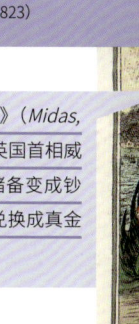

货币数量理论（1568年），约翰·劳和纸币（1705年），金本位（1717年），桑顿的《大不列颠票据信用的性质和作用的探讨》（1802年），维克塞尔的累积过程（1898年），加密货币（2009年）

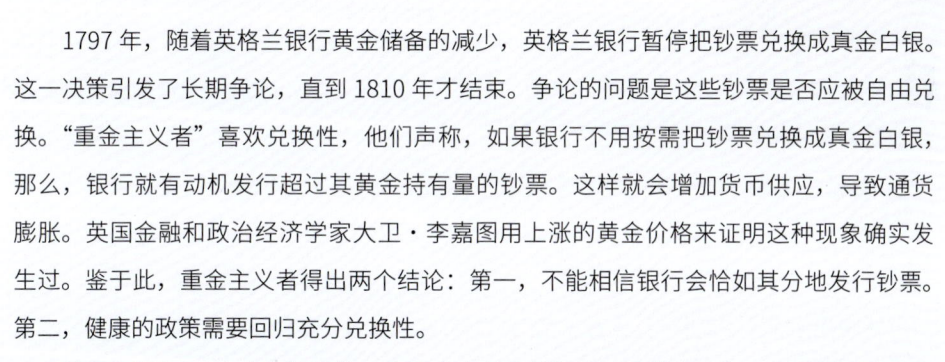

1810年

1797年，随着英格兰银行黄金储备的减少，英格兰银行暂停把钞票兑换成真金白银。这一决策引发了长期争论，直到1810年才结束。争论的问题是这些钞票是否应被自由兑换。"重金主义者"喜欢兑换性，他们声称，如果银行不用按需把钞票兑换成真金白银，那么，银行就有动机发行超过其黄金持有量的钞票。这样就会增加货币供应，导致通货膨胀。英国金融和政治经济学家大卫·李嘉图用上涨的黄金价格来证明这种现象确实发生过。鉴于此，重金主义者得出两个结论：第一，不能相信银行会恰如其分地发行钞票。第二，健康的政策需要回归充分兑换性。

然而，"反重金主义者"相信，市场会自然而然地让钞票发行刹车。因为受到了商业需求的限制，发行的任何钞票都不得不用来资助生产性经济活动——这个想法就是"真实票据学说"。反重金主义者声称，如果不想把货币用于生产性目的，也就没人会借入货币。这样来看，真金白银的价格就与钞票供应无关了。

桑顿既是经济学家，又是经验丰富的议员。桑顿解决了这个争议，并且指出了真实票据学说的错误。桑顿声称，对钞票的需求取决于利润率和钞票利率之间的关系。如果利润率超过钞票利率，那么，人们就会借入货币，希望利用差价牟利，原因是投资于一个工商企业的货币的利润会超过贷款利息。这种借入行为会扩大钞票的供应并且拉升价格。如果利息成本超过了利润率，这个情况就会反转。

在接下来的10年里，议会采取了重金主义立场，并逐步恢复了兑换性。在起草相关报告时，桑顿发挥了主要作用。桑顿描述了货币、利息、价格三者之间的关系，预先考虑了克努特·维克塞尔"累积过程"模型中的诸多因素。克努特·维克塞尔"累积过程"模型使得货币供应和价格水平之间的联系形式化。■

经济学之书 The Economics Book

乌托邦社会主义

克劳德-昂利·圣西门（Claude-Henri de Saint-Simon，1760—1825）
罗伯特·欧文（Robert Owen，1771—1858）
夏尔·傅立叶（Charles Fourier，1772—1837）

052

这幅插图于1838年所绘，展示的是罗伯特·欧文所构思的社会主义社区，位于印第安纳州的新和谐村。

↱ 劳动分工（1776年），《共产党宣言》（1848年），穆勒的《政治经济学原理》（1848年），社会主义计算争论（1920年）

1813年

工业革命宣告了农业社会向工业资本主义的转变，从而导致了社会巨变、经济巨变、较大的不平等。社会主义在这些纷纷扰扰的刺激下产生，提供了一种按照平等主义组织社会生活和经济生活的可能性。社会主义的早期现代形式——被卡尔·马克思称为"乌托邦社会主义"——并没有一套连贯一致的原则。然而，在许多社会主义思想家构思的社会里，集体所有制或者集体控制会取代私有财产，竞争性唯物主义动机给和谐生活让位。

法国社会理论家克劳德-昂利·圣西门把工业化社会视作理想。科学界、工业界、工程界的专家基于一个信念对工业化社会的组织进行规划。这个信念就是，科技为几乎所有的社会问题提供了解决方案。威尔士实业家罗伯特·欧文写了第一本"乌托邦社会主义"巨著《新社会观》（*A New View of Society*，1813），并在苏格兰的新拉纳克建起了一座纺织厂。这座纺织厂的工作条件和生活条件大大超过了普通的工业小镇，而且工人可以享受福利项目。后来，罗伯特·欧文率先进行了一个迅速夭折的实验，在印第安纳州创设了一个乌托邦式合作社社会新和谐村。然后，罗伯特·欧文把注意力转向了合作社和工会。法国人夏尔·傅立叶提出建立由小型合作社协会构成的社会，并强调人际关系。这个社会中的个体做自己喜欢的工作，消除了劳动分工带来的麻木头脑的单调劳动。夏尔·傅立叶的想法在欧洲和美洲得到了实践，促成了几个社区的建立，并对哲学家埃蒂耶纳·卡贝（Étienne Cabet）产生了深刻影响。埃蒂耶纳·卡贝对共产主义（这是卡贝创造的一个名词）的设想又激励了马克思。

这些理想面临着重重困难，比如内讧和行政问题。乌托邦社会主义对这些重重困难无能为力。然而，乌托邦社会主义的遗产在世界上小范围存在，也存在于现代组织管理之中，使工作场所人性化，也赋予了工人权力。■

053

递减赢利

托马斯·罗伯特·马尔萨斯（Thomas Robert Malthus, 1766—1834）
大卫·李嘉图（David Ricardo, 1772—1823）
罗伯特·托伦斯（Robert Torrens, 1780—1864）
爱德华·韦斯特（Edward West, 1782—1828）

这幅油画是英国艺术家约翰·林内尔（John Linnell）所绘，展现的是农民收割小麦的场景。拿破仑的封锁导致 1807—1810 年小麦价格上升了接近 60%。

赢利均等化（1662 年），古典政治经济学（约 1790 年），马尔萨斯人口理论（1798 年），定态（1815 年），戈森的两个法则（1854 年），下降中的利润率（1857 年），工资铁律（1862 年）

1815 年

递减赢利法则由 A. R. J. 杜尔哥（A. R. J. Turgot）率先于 1766 年提出。1815 年，托马斯·罗伯特·马尔萨斯、大卫·李嘉图、爱德华·韦斯特、罗伯特·托伦斯同时提出了递减赢利法则。递减赢利法则告诉我们，如果生产商加大一种投入，比如加大劳动投入，而其他投入保持不变，那么，增加的产出会最终开始减少。就像马尔萨斯在其《人口论》里所描述的那样，土地就证明了这个原理：因为各地肥沃程度不同，所以最好的土地总是被最先耕种。随着耕作面积的增加，每英亩新增产出就开始减少。威廉·配第认为，就不同类型的资源而言，赢利率往往大致相同。结合威廉·配第的这个观点，就自然可以得出一个结论：如果土地赢利下降，那么，其他投入的赢利也会下降。

递减赢利法则表明了事件如何影响想法的提出。拿破仑战争时期，法国封锁英国，限制了英国的食品进口，导致英国农业大幅扩张。不那么肥沃的土地也被开垦，生产成本和食品价格攀升。1814 年，封锁结束，食品开始再度流入英国。但是，英国农民被较高的生产成本所困扰，无法与廉价的进口食品竞争。李嘉图、马尔萨斯、韦斯特、托伦斯，使用递减赢利原理来解释这个问题的来源，并且反对限制进口。他们之所以反对，是因为较高的食品价格会让工资虚高，增加整个经济之中英国生产商的成本，降低出口的竞争力，减少经济增长。

也可以把递减赢利法则应用到生产之外，解释两点：第一，第三片披萨为什么不能像第二片披萨那样令人满意呢？第二，超过某个点之后，额外的学习时间给测试成绩带来的增长越来越少。然而，这个法则的意义经常被错误地解读为：某个活动一旦到达递减盈利点就要立刻停止。如果这样的话，人们就几乎永远不会去吃第二片或者第三片披萨。■

经济学之书 The Economics Book

定 态

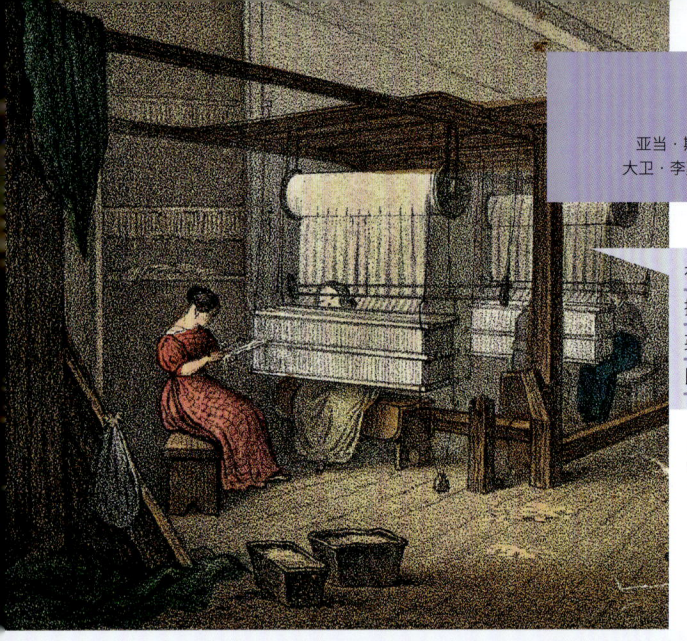

亚当·斯密（Adam Smith，1723—1790）
大卫·李嘉图（David Ricardo，1772—1823）

054

在这个绘制日期不明的彩色石印品中，两个女人正在操作大型织布机。大卫·李嘉图相信自由贸易会延缓英国的定态，因为自由贸易可以让英国出口制成品，比如布料，以便交换食品。

赢利均等化（1662 年），古典政治经济学（约 1790 年），马尔萨斯人口理论（1798 年），递减赢利（1815 年），危机理论（1867 年），哈罗德—多马增长模型（1939 年），索洛—斯旺增长模型（1956 年），内生增长理论（1986 年）

1815 年

按照亚当·斯密的说法，如果一个经济体（尤其是通过国际贸易）实行劳动分工，便利资本积累，让竞争市场把资本引向最有生产性的用途，那么，这个经济体就可以繁荣昌盛。不过最后，亚当·斯密发出了悲观的音符。有利可图的投资机会最终会枯竭，导致资本积累变慢并最终停止。劳动分工的任何进一步延伸都会戛然而止。结果呢？持续的经济停滞将成为一种定态。

19 世纪上半叶，大卫·李嘉图和约翰·斯图尔特·穆勒利用马尔萨斯的人口原理和递减赢利理论来提炼这种定态理念——有了更为严格的定义。农业中的递减赢利会导致食品价格上升，并且导致人们竞相去种植最好的土地，使得农业的利润降到最低点。因为不同部门的赢利趋向于均等化，所以，制造业的赢利也会相应减少。资本积累以及由此而来的经济增长会陷入停顿，而越来越多的人口肯定只能继续获得维持温饱的工资。李嘉图认为，解决方案就是自由贸易。出口制成品，然后用所得款项从美国等国家进口食品，英国就可以推迟定态的到来。在美国等国家，递减赢利的最糟效果还没有表现出来。

定态理论与卡尔·马克思的观点基本上不谋而合。马克思认为，危机令资本主义必然崩溃。定态理论与卡尔·马克思的这个观点都表明，就维持经济增长和提供合理生活水平而言，资本主义的能力会面临不可避免的限制。幸运的是，这些模糊的设想并未成为事实。李嘉图、穆勒以及这个阶段的其他经济学家，都没有认识到技术变化和教育等力量在扩张经济增长机会时具有的重大作用。直到 20 世纪，这个漏洞才被弥补。■

055

《政治经济学对话》
简·马塞特（Jane Marcet, 1769—1858）

从几何学到政治经济学，简·马塞特关于这些学科的入门书籍都大受欢迎，简·马塞特因而声誉卓著。

斯密的《国富论》（1776年），古典政治经济学（约1790年），马尔萨斯人口理论（1798年），李嘉图的《政治经济学及赋税原理》（1817年），《政治经济学图解》（1832年），萨缪尔森的《经济学》（1948年）

19世纪80年代之前，经济学著作较多地着眼于影响公众舆论，而不是影响其他"经济学家"。然而，这些作家对"公众"的定义是有限的，主要是指一些有权有势的人物：国家元首、宗教领袖、政策制定者。英国作家简·马塞特扩大了读者人群，写出了一系列书籍来向女性传授各门科学。每本作品的形式都是一个对话。对话的一方是一个年轻的女学生卡罗琳。另一方是她的老师布赖恩特夫人。马塞特认为，对于初学者来说，这种形式比讲稿友好。《政治经济学对话》（Conversations on Political Economy）出版于1816年，涵盖了政治经济学的基本原理，包括亚当·斯密、托马斯·罗伯特·马尔萨斯、大卫·李嘉图等人的想法。

马塞特是一位受过教育的女性，进入了当时的知识分子圈子和文学社交圈子，深知对于社会经济学在内的科学来说，教育具有种种优势。布赖恩特夫人告诉卡罗琳"政治经济学这门科学与日常生活密切相关"，无论是购物，还是当前的事件。忽视这些基本原理"可能让我们陷入严重的实践错误之中"，尤其是街谈巷议、报纸甚至诗歌会传播关于政治经济学的错误认识和错误信息。《政治经济学对话》向读者全面展示了当时经济著作的关键话题。马塞特解释了劳动分工和资本积累会如何增加国富，论及了价格决定和不同阶级的收入分配，还涉及国际贸易的重要性。

马塞特写这些对话的原始动机是让女性了解政治经济学这门科学，但是，这些书读者广泛，还被翻译成了多国语言。实际上，马塞特和另一位经济想法"普及者"在传播经济知识方面多年都未被超越，直到第二次世界大战后不久，保罗·萨缪尔森写出了历史上最有影响力的经济学入门教材。■

1816年

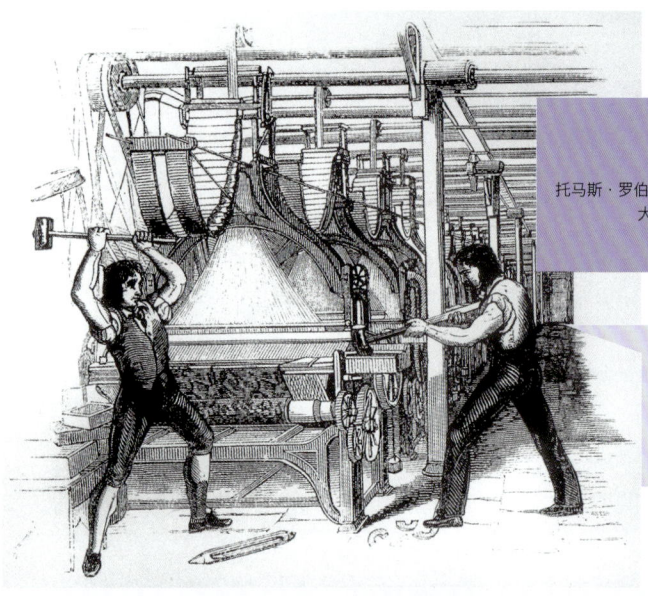

机器问题

托马斯·罗伯特·马尔萨斯（Thomas Robert Malthus，1766—1834）
大卫·李嘉图（David Ricardo，1772—1823）
约翰·巴顿（John Barton，1789—1852）

056

在这幅 1844 年的铜版画中，勒德分子正在破坏一家纺织厂的机器。对于此种蓄意破坏之举，英国政府做出回应，于 1812 年规定故意破坏机器的行为最高可判死刑。

1817 年

李嘉图的《政治经济学及赋税原理》（1817 年），《政治经济学图解》（1832 年），劳动价值理论与剥削理论（1867 年），危机理论（1867 年），投资期限（1890 年），卢森堡的《资本积累》（1913 年），创造性破坏（1942 年）

亚当·斯密关于劳动分工的分析假定劳动和机器是互补的：新机器的开发会让劳动更具生产性并增加对劳动的需求。1817 年，约翰·巴顿质疑了这个想法，并认为，第一，机器基本上只是取代劳动。第二，机器给工人阶级带来了严重的威胁。在其《政治经济学及赋税原理》（*Principles of Political Economy*，第三版，1821）中，大卫·李嘉图表达了相似的观点。

巴顿和李嘉图的思路引起了英国工人阶级的共鸣。随着纺织制造业的机械化和新技术发展的出现，对熟练劳动的需求直线下降。越来越多的工人竞争非熟练工作，导致工资下跌，大批工人失业。卢德分子（Luddites）是英国纺织工人的秘密组织，反对新技术，想让时光倒流。他们在诺丁汉郡和兰开夏郡等工业区攻击工厂，摧毁机器，以便实现自己的目的。

相反，托马斯·罗伯特·马尔萨斯认为，机器降低了成本和价格，刺激了对商品的需求。就这样，再加上制造这些机器所创造的新就业机会，也会吸收被取代的工人。虽然这个观点没有得到工人阶级的共鸣，但是，许多经济思想家都青睐这个观点，原因是这个观点符合他们的信念：市场经济会迅速调整以便重新使用现有资源。

机器问题反映出这一阶段的经济分析具有局限性，未能理解从短期和长期来说经济决策或者经济事件的效果会迥然不同。从短期来说，巴顿和李嘉图的观点肯定是切题的。这里有两个例子可以证明：第一个例子是，在 19 世纪的英国，一项项新发明导致了一波又一波的失业潮。第二个例子是，今天机器人取代了工厂工人。同时，马尔萨斯描述的积极结果往往只会在长期出现，几乎无法安慰被机器取代的工人。■

057 李嘉图的《政治经济学及赋税原理》

大卫·李嘉图（David Ricardo，1772—1823）

大卫·李嘉图出现在这幅1888年创作的铜版画里。大卫·李嘉图是最有影响力的古典经济学家之一，在许多经济问题上做出了重大贡献，包括国际贸易、土地租金的决定因素。

斯密的《国富论》（1776年），古典政治经济学（约1790年），重金主义争议（1810年），机器问题（1817年），相对优势理论（1817年），劳动价值理论（1821年），下降中的利润率（1857年），工资铁律（1862年），工资资金争议（1866年），边际革命（1871年），新古典宏观经济学（1972年）

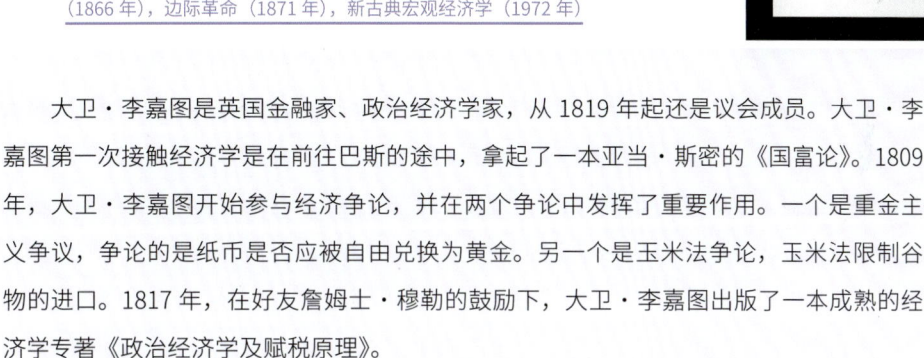

大卫·李嘉图是英国金融家、政治经济学家，从1819年起还是议会成员。大卫·李嘉图第一次接触经济学是在前往巴斯的途中，拿起了一本亚当·斯密的《国富论》。1809年，大卫·李嘉图开始参与经济争论，并在两个争论中发挥了重要作用。一个是重金主义争议，争论的是纸币是否应被自由兑换为黄金。另一个是玉米法争议，玉米法限制谷物的进口。1817年，在好友詹姆士·穆勒的鼓励下，大卫·李嘉图出版了一本成熟的经济学专著《政治经济学及赋税原理》。

李嘉图在价格分析、收入分配、国际贸易、公债这四个方面做出了重要贡献。李嘉图反对斯密的价值理论，试图重建劳动数量之中的价格基础。生产每种商品都需要劳动，李嘉图的概念就是劳动价值理论。李嘉图使用好朋友马尔萨斯的人口增长理论和土地递减赢利理论来提出自己的新理论，描述收入如何在土地所有者、资本家、工人之间分配。作为自由贸易的狂热支持者，李嘉图提出了相对优势理论来解释自由贸易的神益。李嘉图认为，靠债务资助的政府开支对经济需求没有影响，因为此时消费者的回应就是多储蓄，将来就可以通过税收还清所有债务。20世纪70年代，美国经济学家罗伯特·巴罗（Robert Barro）提出了"李嘉图等价定理"。"李嘉图等价定理"是新古典宏观经济学的关键特征。《政治经济学及赋税原理》最显著的特征可能就是李嘉图的分析方法。李嘉图的这本书既抽象又严谨，读起来比较像现代经济学作品。直到19世纪70年代边际革命为止，任何其他经济学专著都不是李嘉图这样的风格。

李嘉图的深刻见解影响广泛，因此，19世纪的古典经济学经常被称作"李嘉图经济学"。但是，李嘉图并不仅是耍耍笔杆子，作为议会的成员，李嘉图也在努力向同事们传授政治经济学基本原理和支持性的自由贸易政策。■

1817年

相对优势理论

大卫·李嘉图（David Ricardo，1772—1823）

058

这幅现代照片展示的是葡萄牙杜罗河谷的葡萄园。为了解释相对优势理论，大卫·李嘉图描述了葡萄牙会如何专注于葡萄酒生产，因为葡萄牙生产葡萄酒的机会成本低于其他国家。

劳动分工（1776年），李嘉图的《政治经济学及赋税原理》（1817年），机会成本（1889年），赫克歇尔—俄林模型（1933年），新贸易理论（1979年）

1817年

就推广自由贸易而言，亚当·斯密可能是最有影响之人。但是，亚当·斯密对自由贸易优点的讨论还有些问题尚未解答。斯密含蓄地假定人们会专门生产比别人拿手的商品，然后跟别人交换自己所需的商品。假设你或者你的国家在每种生产活动中都独占鳌头，那该怎么办呢？从贸易之中你还能得到什么利益吗？利用声名大噪的相对优势理论，大卫·李嘉图给出了肯定答案。

李嘉图的理论出现在《政治经济学及赋税原理》的"论国外贸易（On Foreign Trade）"一章。假设在英国1个单位的劳动可以生产1瓶酒或者1个单位的布料，而在葡萄牙，1个单位的劳动可以生产6个单位的酒或者3个单位的布料。在英国，生产1个单位布料的机会成本是1瓶酒。而在葡萄牙，生产1个单位布料的机会成本是2瓶酒。在生产布料方面，英国就有了相对优势，因为英国生产布料的机会成本较低。葡萄牙在生产酒方面有相对优势，因为此时葡萄牙的机会成本是半个单位的布料，而英国是1个单位的布料。假设每个国家都根据自己的相对优势来生产，专注于可以以较低机会成本制造的商品，那么，这些国家就可以生产较多的酒和较多的布料。与缺乏专门化的情况相比，这些国家之间的自由贸易会让它们拥有较多的酒和布料。

李嘉图的理论看起来是反直觉的。按照李嘉图的理论，甚至是最强大的生产商也可以从国际贸易中获益。李嘉图的相对优势思想促使政策制定者远离了保护主义政策并且走向了自由贸易。现代国际贸易理论在许多方面发展了李嘉图的深刻见解，比如，描述了相对优势理论无法适用的罕见情况。但是，相对优势理论依然是经济学家研究国际贸易的基石。在经济困难的时候，相对优势理论会被忽视。■

经济学之书 The Economics Book

059

需求法则

托马斯·罗伯特·马尔萨斯（Thomas Robert Malthus，1766—1834）

> 需求强度是消费者想得到特定商品的程度。托马斯·罗伯特·马尔萨斯认为，需求强度决定了商品价格。

↳ 供应与需求（1767 年），效用主义（1789 年），古典政治经济学（约 1790 年），边际革命（1871 年），杰文斯的《政治经济学理论》（1871 年），需求—供应模型（1890 年）

1820 年

需求法则可能是最基本的经济学想法。在最基础的层面，需求法则指出，人们想要购买的产品数量与商品价格成反比变化。这个至关重要的真知灼见几乎和经济思维本身一样古老，但是，19 世纪之前，经济学家并未开始认真研究需求概念及其根据。

在《食物价格目前居高不下的原因调查》（*An Investigation of the Cause of the Present High Price of Provisions*，1800）中，托马斯·罗伯特·马尔萨斯提供了第一个巨大进步：使用人们愿意支付的商品价格来衡量需求。20 年之后，在其《政治经济学原理》（*Principles of Political Economy*）之中，马尔萨斯引入了一个概念"需求强度"来解释这个价格为什么会随供应的变化而变化。一个消费者的需求强度反映了消费者为获得商品而愿意牺牲或者支付的数量。这种需求强度越大，消费者愿意支付的价格就越高。如果供应下跌，有较大需求强度的消费者就会哄抬物价。因为只有需求强度较大的消费者才愿意支付较高的价格，所以，只有这些需求才能被满足。然而，需求强度较低的消费者也能购买商品时，增加的供应才能被售出。只有价格降到个体愿意支付的水平时，增加的供应才能被售出。

虽然马尔萨斯为需求法则提供了理论基础，但是马尔萨斯并未解释为什么一些个体有较大的需求强度，一些个体的需求强度较小。一些古典经济学家根据收入进行区分——富人愿意比穷人支付得多——但这只是一个非常片面的答案。这个问题的答案要等到边际革命的提出才能得到解决。边际革命指出，一个新的选择理论会把消费者行为描绘为让效用最大化的努力。这个新的选择理论会把两个方面联系起来：一方面是个体愿意购买某种商品的意愿；另一方面是从中得到的额外效用。■

经济学之书 The Economics Book

政治经济学俱乐部

詹姆士·穆勒（James Mill，1773—1836）
托马斯·图克（Thomas Tooke，1774—1858）

060

政治经济学俱乐部的第一次会议在位于伦敦罗素广场斯温顿·霍兰（Swinton Holland）的家里举行。图片中就是斯温顿·霍兰的家。

古典政治经济学（约 1790 年），《政治经济学对话》（1816 年），利息的节制理论（1836 年），穆勒的《政治经济学原理》（1848 年），杰文斯的《政治经济学理论》（1871 年），埃奇沃思的《数学心理学》（1881 年），经济学的职业化（1885 年），马歇尔的《经济学原理》（1890 年）

1821 年

政治经济学真正成为一门学科的事件就是 1821 年政治经济学俱乐部的形成。政治经济学俱乐部的总部在伦敦，是托马斯·图克脑力劳动的产物。托马斯·图克是英国商人、统计学家、经济学家，把"致力于提升政治经济学知识"和自由贸易的个体聚在了一起。政治经济学俱乐部的创始会员包括了当时英国的经济思想巨擘：大卫·李嘉图、托马斯·罗伯特·马尔萨斯、罗伯特·托伦斯、詹姆士·穆勒，还包括政治人物、公务员、记者。简·马塞特、纳索·西尼尔、约翰·斯图尔特·穆勒、F. Y. 埃奇沃思（F. Y. Edgeworth）、威廉·斯坦利·杰文斯（William Stanley Jevons）、艾尔弗雷德·马歇尔后来都成为政治经济学俱乐部的成员。政治经济学俱乐部是这样一个俱乐部：1847 年之前仅限 30 名成员，此后是 35 名。从这个意义上说，政治经济学俱乐部不同于 19 世纪末在英国和美国成立的职业学会（在某种程度上还被这些学会所取代）。

政治经济学俱乐部在一开始就确立了一套规则。政治经济学俱乐部的会议遵循詹姆士·穆勒立下的严格范式。每次聚会都解决一个成员预先提交的问题。这个成员会以一个开场白开始会议，接下来就是讨论。过了一段时间，这些开场白就成为全本论文读物，其中一些全本论文读物后来会以文章或者小册子的形式发表出版。话题包罗万象，既有经济理论的特殊事例，也有当时的经济问题。成员们讨论的主题包括马尔萨斯的人口原理、货币供应和通货膨胀、贸易限制及童工。

政治经济俱乐部的会议记录显示了一个不够和谐的环境。大多数问题都引发了激烈的争论，甚至主流经济理论家们也对许多问题试图给出截然不同的答案。但正是通过这些争论，古典政治经济学的主要实践者才给出了许多古典政治经济学原理。按照经济学家 D. P. 奥布赖恩（D. P. O'Brien）的说法，政治经济学俱乐部由此才成为英国经济思维的枢纽。■

061 劳动价值理论

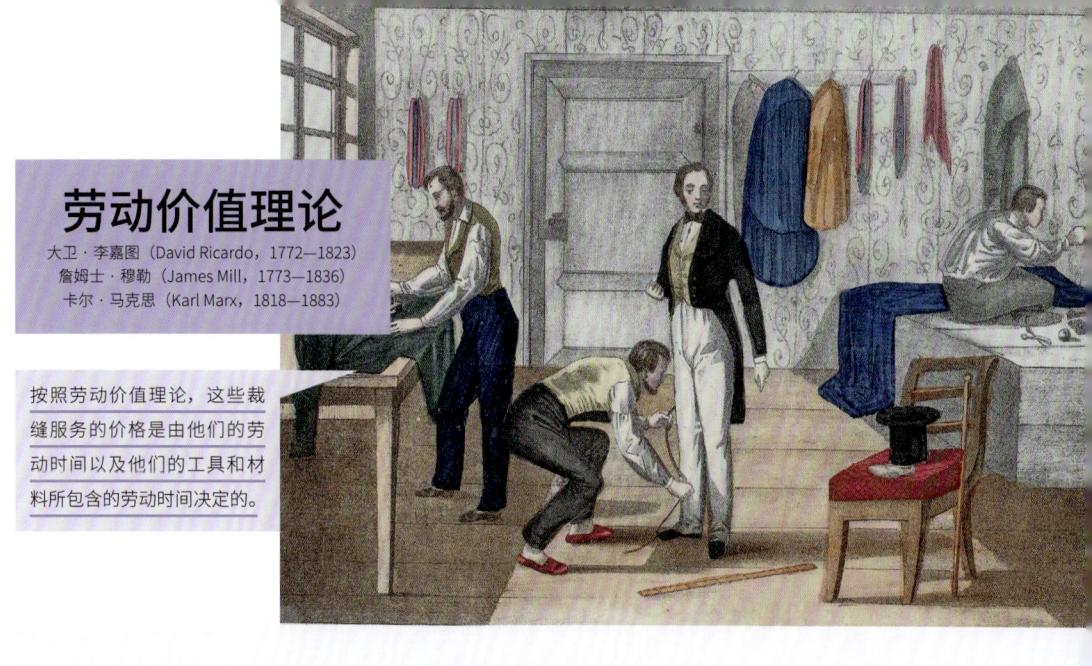

大卫·李嘉图（David Ricardo，1772—1823）
詹姆士·穆勒（James Mill，1773—1836）
卡尔·马克思（Karl Marx，1818—1883）

> 按照劳动价值理论，这些裁缝服务的价格是由他们的劳动时间以及他们的工具和材料所包含的劳动时间决定的。

↳ 交换之中的公平性（约公元前340年），公平的价格（1265年），斯密的《国富论》（1776年），古典政治经济学（约1790年），李嘉图的《政治经济学及赋税原理》（1817年），危机理论（1867年），边际革命（1871年），马歇尔的《经济学原理》（1890年）

1821年

对商品价值或者价格的解释是贯穿经济学历史始终的主线。最早的经济思想家，比如亚里士多德和阿奎那考虑的都是确定公平的价格时的伦理问题，但是，后来的经济学家想解决的是价格实际上是如何被决定的。从17世纪到19世纪末，许多经济学家都认为劳动从根本上决定了价值，包括威廉·配第、亚当·斯密、大卫·李嘉图、詹姆士·穆勒，还有最重要的一个就是卡尔·马克思。

劳动价值理论假设，任何两种商品的相对价格都取决于生产这两种商品所用劳动的相对数量。如果需要10个小时的劳动生产一双鞋，5个小时的劳动生产一件衬衫，那么，一双鞋的价格就会是一件衬衫的两倍。在手工劳动是唯一投入的世界里，劳动价值理论很有道理。但是，生产这种产品的机器和材料怎么算？根据劳动价值理论，机器和材料只是实体化的劳动；包含在机器和材料之中的劳动数量就可以和手工劳动一样计入相对价格。

李嘉图在其《政治经济学及赋税原理》中第一次系统阐述了复杂的劳动价值理论，既适用于手工劳动，也适用于包含机器在内的生产过程。詹姆士·穆勒利用了李嘉图的系统阐述，成为劳动价值理论最重要的拥护者之一。许多古典经济学家继续拥护亚当·斯密的观点：决定价格的是总生产成本，而不是劳动的数量。几十年后，在对资本主义进行分析时，包括预言资本主义必然崩溃的时候，马克思都把劳动价值理论作为中心因素。边际革命强调价格决定消费者需求的重要性。随着边际革命的出现，以劳动和成本为基础的价值理论最终式微，以需求力量和供应力量为基础的解释兴起。■

经济学之书 The Economics Book

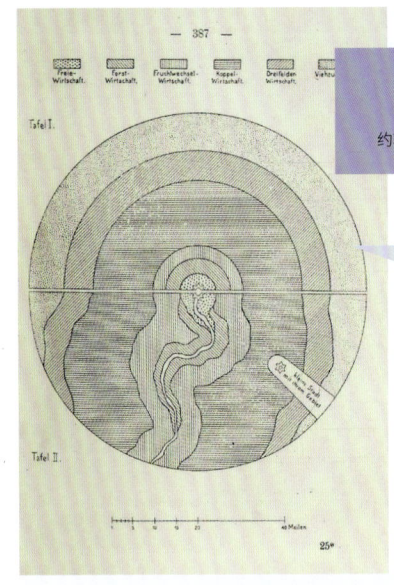

杜能的《孤立国》

约翰·海因里希·冯·杜能（Johann Heinrich von Thünen, 1783—1850）

062

约翰·海因里希·冯·杜能的作品《孤立国》中的这幅示意图表明，不同的生产部门以同心圆组织在一起。杜能设想，这种安排会让土地所有者的地租最大化。

微积分的发明（约 1665 年），古典政治经济学（约 1790 年），边际革命（1871 年），克拉克的《财富的分配》（1899 年），霍特林区位选择模型（1929 年），新贸易理论（1979 年）

1826 年

在 19 世纪的大部分时间里，古典经济学方法统治着英国和美洲，但是，欧洲大陆上的经济思想却多种多样。其结果是，欧洲大陆的思想家提出了几个想法，预料到了很久以后跟边际革命相关的观点，强调了消费者和生产商决策效益—成本分析的作用。其中一个贡献来自德国土地所有者约翰·海因里希·冯·杜能。杜能的主要作品《孤立国》（The Isolated State）分三部分出版于 1826 到 1863 年期间。

杜能提出了农业区位理论，使用微积分来研究一个农业社会之中某些行业的最优地理位置。在农业社会里，土地质量一致，运输成本是唯一的变量。如果土地所有者的目标是让地租最大化，那么，不同的生产部门就需要围绕城市排成一个个同心圆。奶制品和易腐烂食品应放在离城市最近的地方生产。二环种植木材，木材重量大，运输价格昂贵。牛需要大块土地，但是可以自己走到市场上，因此，牛就该在二环之外养殖。实验证据为杜能的理论提供了一些支持，但是，杜能最大的贡献是让人们开始关注经济地理学的研究。就分析国际贸易关系而言，经济地理学已成为一个重要的组成部分。

靠着微积分，杜能发现自己可以衡量一种投入再增加一个单位会带来多少产出增额，从而确定不同生产投入的贡献。杜能证明，每次额外投入的价钱通常都等于其给产出带来的额外价值。这一深刻见解后来经过了约翰·贝茨·克拉克（John Bates Clark）的进一步提炼，成为现在众所周知的边际生产力分配理论。这一深刻见解帮助我们理解了两点：第一，在一个竞争市场系统中，工资、利息、利润、土地赢利是如何被决定的。第二，为什么在有些部门中，工资、利息、利润、土地赢利较高，而在另一些部门之中则较低。■

法国工程传统

克劳德·路易·玛丽·亨利·纳维（Claude Louis Marie Henri Navier，1785—1836）
朱尔·杜普伊（Jules Dupuit，1804—1866）

参与莱萨特高架桥建设的工程师、官员、工人合照。莱萨特高架桥横跨法国西北部的朗斯河。这是在国立路桥学校学习的工程师最早进行的众多项目之一。

古典政治经济学（约 1790 年），劳动价值理论（1821 年），古诺的《财富理论的数学原理的研究》（1838 年），消费者剩余（1844 年），边际革命（1871 年），成本—效益分析（1958 年）

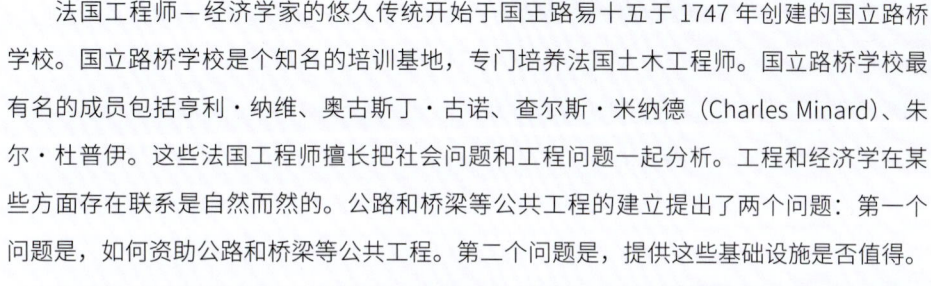

1830 年

法国工程师—经济学家的悠久传统开始于国王路易十五于 1747 年创建的国立路桥学校。国立路桥学校是个知名的培训基地，专门培养法国土木工程师。国立路桥学校最有名的成员包括亨利·纳维、奥古斯丁·古诺、查尔斯·米纳德（Charles Minard）、朱尔·杜普伊。这些法国工程师擅长把社会问题和工程问题一起分析。工程和经济学在某些方面存在联系是自然而然的。公路和桥梁等公共工程的建立提出了两个问题：第一个问题是，如何资助公路和桥梁等公共工程。第二个问题是，提供这些基础设施是否值得。

为了回答这两个问题，工程师需要衡量和分析这些项目的效益与成本。纳维于 1830 年写的文章、杜普伊于 1844 年写的文章，都勾勒出了一些创新型技术，可以让工程师评估这些项目。这些新技术量化了新项目的贸易效益，并且衡量了消费者剩余。消费者剩余是商品实际价格和消费者愿意支付价格之间的差额。这些新技术还评估了劳动成本和材料成本之外的成本，比如税收用于资助新路，消费就缩减了。尤其重要的是精确衡量路桥的效益，从而证明了路桥建设成本理所应当。工程师考虑新基础设施如何便利商业，进而增加税收收入，让新基础设施具备自我资助的潜力。但是，工程师还需要承认，不使用路桥公共工程，即时运输成本较高的一些商业也会发生。如何估计贸易影响并且量化消费者效益，在 19 世纪有许多争论。但是，解决眼前实际问题的需要有利于经济分析的革新。

通过衡量效益与成本，工程师们拒绝接受一个商品的经济价值只是由其生产成本赋予。这个理念是古典经济学的核心信条。工程师们的贡献预示着与边际革命相关的重要的深刻见解，包括边际效用（消费者从额外商品单位之中得到的满足）概念和消费者剩余概念。■

《政治经济学图解》

哈丽雅特·马蒂诺（Harriet Martineau，1802—1876）

064

这幅1879年创作的铜版画展示的是哈丽雅特·马蒂诺。在《政治经济学图解》之中，哈丽雅特·马蒂诺用故事向读者传授政治经济学原理。

↪ 古典政治经济学（约1790年），马尔萨斯人口理论（1798年），《政治经济学对话》（1816年），机器问题（1817年），萨缪尔森的《经济学》（1948年）

1832年

跟所有其他作家相比，简·马塞特在最大限度上促进了经济想法向受教育阶层的传播。但是，把经济知识带给大众的是哈丽雅特·马蒂诺。马蒂诺出生于受人尊敬的纺织制造商家庭。19世纪20年代末，纺织厂破产，马蒂诺不得不帮忙养家糊口。在马塞特的鼓舞下，马蒂诺靠写作养家糊口，撰写了一系列小说性质的论文，叫作《政治经济学图解》(Illustrations of Political Economy)。《政治经济学图解》把市场系统的运作教给了读者。马蒂诺相信"例子胜过规诫"，不仅想呈现给读者关于基本原理的陈述，还想通过故事以"熟悉且实际的形式"解释这些原理。每个故事都强调这些原理是如何帮助读者理解身边的世界的。

马蒂诺的故事经常探索工人阶级为何生活艰辛。马尔萨斯的人口原理认为人口增长有朝一日会超出现有的食品供应。马蒂诺解释了人口增长以及机器的发展会如何压低工资并增加失业。马蒂诺的故事一点都不冷酷无情；在马蒂诺的著作中对工人阶级的同情显而易见。《政治经济学图解》还有两个突出特点：一个特点是把女性描述为理性的经济主体；另一个特点是描述变化中的经济条件如何影响妇女儿童的生活。

马蒂诺决定把小说与政治经济学结合起来，不仅仅是为外行写关于政治理论的解释。马蒂诺之所以这么决定，部分原因是回应当时的社会范式：对于女性作家来说，除了家庭事务之外，其他一律只能用小说的形式书写。对于马蒂诺来说，小说是较为"合适的"工具，可以让马蒂诺表达自己对社会经济政策的看法，并拥有广泛的读者。事实上，马蒂诺《政治经济学图解》的销量超过了查尔斯·狄更斯的小说。马蒂诺还是坚定的废奴主义者。在19世纪30年代，马蒂诺因这一立场引起了许多美国人的愤怒。但是，马蒂诺曾在美国访问了两年，因而就美国社会生活写了几本书，书里包含着对社会学的先驱性贡献。■

经济学之书 The Economics Book

065

利息的节制理论

纳索·威廉·西尼尔（Nassau William Senior，1790—1864）

这幅漫画讽刺了英国富裕阶级的节约行为。图中一个决定"节俭"的贵族女性，"节俭"的方式是不往假发上扑粉。

> 杜尔哥的《关于财富的形成和分配的考察》（1766 年），劳动价值理论与剥削理论（1867 年），庞巴维克的《资本与利息》（1884 年），真实利率（1896 年），凯恩斯的《就业、利息和货币通论》（1936 年）

1836 年

虽然到了 16 世纪末基本不再禁止有利息的放贷行为，但直到 19 世纪，有利息的放贷行为依然受到争议。资本家的利润同样可疑。此外，劳动价值理论表明劳动时所有价值的来源，无法为有利息的放贷行为提供帮助。大卫·李嘉图为利息和利润正名，认为资本家冒了风险，理应获得赢利。但是，这个解释并不充分。如果没有风险，利率或者利润率就应该是零，然而，几乎没人愿意在没有赢利的情况下放贷或者投资。纳索·威廉·西尼尔是牛津大学第一位政治经济学教授，还是英国济贫法的缔造者。正是纳索·威廉·西尼尔提供了解释，把资本描述为一个生产成本，就和劳动一样。

在《政治经济学大纲》（An Outline of the Science of Political Economy，1836）中，西尼尔认为，资本积累是可能的，只是因为资本家选择放弃当前的消费并把自己的那份收入用于投资。这种放弃给资本家带来了成本。因为有了这种成本，利息和利润就成了必要的回报，就好像工资是工作带来的赢利。然而，不幸的是，西尼尔把单词"节制"作为"等待"的同义词。当时，英国的资本家既在努力积累资本并进行再投资，也在享受极高的生活水准。而工人阶级仅能养家糊口，或者接近养家糊口的水平。西尼尔给富人描绘了"节制"形象。这种形象成为嘲讽的对象也就不奇怪了。

后来，欧根·冯·庞巴维克、欧文·费雪、约翰·梅纳德·凯恩斯等人提出了更加细致入微的理论。虽然利息的节制理论被这些理论所取代。但是，利息的节制理论第一次解释了资本短缺。长期以来，人们都认同资本促进了生产。仅这一个认识并不能解释资本的价值。西尼尔着眼于积累资本的机会成本，揭示出为什么在没有危险的情况下，资本的使用也总能获得大于零的收益。■

经济学之书 The Economics Book

经济人

约翰·斯图尔特·穆勒（John Stuart Mill，1806—1873）

066

图中所示为哲学家和政治经济学家约翰·斯图尔特·穆勒。约翰·斯图尔特·穆勒是最早描述"经济人"这种理性生物的人之一。

斯密的《国富论》（1776年），效用主义（1789年），沉闷科学（1849年），短缺和选择（1932年），歧视经济学（1957年），理性选民模型和投票悖论（1957年），公共选择分析（1962年），犯罪和惩罚经济学（1968年），法律的经济分析（1973年），行为经济学（1979年）

1836年

经济学跟其他社会科学的不同之处在于，经济学依赖一种叫作"经济人"的生物。一开始，经济人被描述为一种极为自私的个体，后来，经济人逐渐用来指代那些计算效益和成本来决策之人。人们通常假定经济人具有理性，小心谨慎是经济人在决策过程中的关键特征。

经济人可以被视作效用主义传统的产物，而效用主义传统形成了现代经济学的基础。可以顺理成章地认为亚当·斯密引入了经济人，原因主要是亚当·斯密围绕着一个信念建立起了经济系统，这个信念就是个体在市场之中追求自身利益。但是，约翰·斯图尔特·穆勒在1836年的论文"论政治经济学定义及政治经济学特有的研究方法"中固化了接近现代定义的经济人。穆勒写道："政治经济学随心所欲地预先假定了人类的定义，人类按照现有的认知水平，无一例外地以最少量的劳动和最少量的身体自我否定，去获取最大量的必需品、便利设施、奢侈品。"约翰·拉斯金（John Ruskin）等人批评古典经济学，反对这样描述人类，认为由此形成的针对人性的看法受到了误导，还囿于狭隘。"经济人"标签的起源更加模糊。我们在出版于19世纪80年代的几个作品里发现了"经济人"标签。这些作品包括亨利·西季威克（Henry Sidgwick）影响深远的《政治经济学原理》（Principles of Political Economy，1883）和查尔斯·德瓦斯（Charles Devas）的《经济学基础》（The Groundwork of Economics，1883）。查尔斯·德瓦斯的《经济学基础》使用了"经济人"的拉丁语拼写方法，并在后来成为普遍写法。

这种理性的经济主体成为经济学的基本建筑材料，作为效用最大化型消费者要求得到商品和服务，还生产产品并且作为利润最大化型生产者来使用生产性资源。第二次世界大战之后，经济人这种生物占据了自己的位置，其习惯延伸到了生活的所有方面。这种转变让经济学的范围远远超过了原来的界限。■

067

实证—规范的区别

约翰·斯图尔特·穆勒（John Stuart Mill，1806—1873）
约翰·内维尔·凯恩斯（John Neville Keynes，1852—1949）
莱昂内尔·罗宾斯（Lionel Robbins，1898—1984）

法国画家菲利普·雅克（Philippe Jacques）画的《夜间的煤溪谷》(*Coalbrookdale by Night*，1801)。在画中，夜班工人正在照看一个熊熊燃烧的火炉。对于约翰·斯图尔特·穆勒来说，主宰此种工作的生产法则可以归为实证性陈述，由此而来的财富如何分配问题则属于规范性领域。

短缺和选择（1932 年），逻辑实证主义（1938 年），《实证经济学方法论》(1953 年)

1836 年

实证分析提出理论并利用经验主义工具来分析经济活动。规范分析基于深刻的经济见解确定什么"应该"做。实际上，几乎从一开始，经济学就既涉及实证分析，又涉及规范性分析。英国律师纳索·西尼尔和哲学家—经济学家首先于 1836 年把实证—规范的区别带进了经济学。穆勒在其论说文"论政治经济学定义及政治经济学特有的研究方法"中作出了深入的分析。

和西尼尔一样，穆勒区分了科学发现（比如，自由贸易促进增长）以及基于这些发现的建议（政府应该致力于自由贸易）。穆勒认为，政治经济学力图使用事实或源自假设的演绎来建立法律和统一性。政策提议不是科学的合适部分；相反，政策提议确定什么样的目标才适当，以及怎样才能最方便地实现目标。约翰·内维尔·凯恩斯是约翰·梅纳德·凯恩斯的父亲，在 1891 年进一步研究了细微差别，把经济学"艺术"描述为恰当地使用实证经济学来追求规范性且以政策为导向的目标。

在其《经济科学的性质和意义》(*Essay on the Nature and Significance of Economic Science*，1932) 中，莱昂内尔·罗宾斯最为清楚明了地阐述了实证性—规范性的区别。罗宾斯说，经济科学提供了工具去衡量其他的行动方案。但是，在其他行动方案之中作出选择涉及价值判断，而且经济科学根本没为这种判断提供一个基础。这并不意味着经济学家在政策问题中不能坚持立场；经济学家只是不能把立场裹进"经济科学"的斗篷之中。

经济科学无法解决规范性问题的这个观点代表了跟过去的坚决决裂。在过去，意识形态判断、伦理判断、价值判断是经济思维的中心。然而，这并未剥夺经济学的政策相关性。相反，这迫使经济学家去澄清，政策建议不是来自"经济科学"，而是来自关于政策正面影响的价值判断——谁赢，谁输，有多少——而政策正面影响是由科学分析揭示的。■

经济学之书 The Economics Book

古诺的《财富理论的数学原理的研究》

安托尼·奥古斯丁·古诺（Antoine Augustin Cournot, 1801—1877）

068

这是安托尼·奥古斯丁·古诺的照片，拍摄时间不详。安托万·奥古斯丁·古诺是最早使用高等数学描述经济原理的人之一。

微积分的发明（约1665年），边际革命（1871年），伯特兰德模型（1883年），需求—供应模型（1890年），弹性（1890年），《垄断竞争理论》（1933年），斯塔克尔伯格模型（1934年），非合作博弈和纳什均衡（1950年）

1838年

1838年，安托尼·奥古斯丁·古诺的《财富理论的数学原理的研究》（Researches on the Mathematical Principles of the Theory of Wealth）出版，关于经济问题的最早的那批现代数学方法也问世了。古诺是法国数学家和科学哲学家，他把相当多的时间都用在了大学行政工作上。多年来，古诺多次对经济学展开研究。但是，他的第一部作品《财富理论的数学原理的研究》影响最大。

古诺代表作的独到之处在于，他主要用微积分来解释数学形式之中的政治经济学原理。今天，这本书最出名之处就是寡头垄断——市场由一小撮卖家所控制，古诺的分析还有其他的革新。古诺设想，就需求而言，数量和价格成反比的关系。古诺略知以下内容：需求弹性，也就是应对商品价格变化的敏感性，会因不同产品而异，有力地说明了较高的生产成本等市场条件如何影响消费和生产。古诺还是第一个描述需求与供应之人，第一个使用图表观察了商品税如何影响市场，为需求与供应提供了视觉示例，并让分析变得更为精确。然而，古诺最重要的贡献在于围绕市场结构展开了研究。古诺首先研究竞争市场，并且表明，当你把较多的生产商加入模型时，市场中的商品产出如何变化。古诺双头卖方垄断启发了爱德华·钱伯林（Edward Chamberlin）的垄断竞争理论。垄断竞争理论探索了有大量企业的市场，这些企业出售同一个基本产品的不同版本。约翰·纳什（John Nash）等人把古诺的双头卖方垄断作为跳板，把非合作博弈论用在了经济问题上。

古诺广泛使用微积分，成为这本书的一个疏忽，因为那个时代的经济作家几乎都不懂微积分这门数学。直到几十年后，边际革命的"先锋"提及了古诺的作品，其作品才在经济学界引起了广泛关注。■

069 德国历史学派

威廉·G. F. 罗雪尔（Wilhelm G. F. Roscher, 1817—1894）
卡尔·克尼斯（Karl Knies, 1821—1898）
古斯塔夫·施莫勒（Gustav Schmoller, 1838—1917）
沃纳·松巴特（Werner Sombart, 1863—1941）

德国历史学派的成员遍布德国的学术机构，包括柏林大学（如图所示，这是 1890 年的柏林大学）。古斯塔夫·施莫勒和沃纳·松巴特是柏林大学的教授。

> 古典政治经济学（约 1790 年），边际革命（1871 年），马歇尔的《经济学原理》（1890 年），剑桥经济学荣誉学位考试（1903 年），米切尔的《经济周期》（1913 年），制度经济学（1919 年），《资本主义的法律基础》（1924 年）

一些人对经济学的抽象方法表示担忧，提倡使用更具历史性的方法来研究经济学。德国历史学派在 19 世纪后半叶统治着德国的学术经济学，提供了最为成熟的选择来替代古典观点。

首先且最为重要的是，德国历史学派的成员是经济学家。但是，历史方法要追溯到历史学家兼社会科学家威廉·罗雪尔出版的《历史方法的国民经济学讲义大纲》（*Outline of Lectures on Political Economy*，1843）。在接下来的几十年里，古斯塔夫·施莫勒、卡尔·克尼斯、沃纳·松巴特发挥了主要作用。罗雪尔基本上是反对古典经济学家利用演绎逻辑去寻找放之四海而皆准的经济法则。相反，罗雪尔及其追随者强调地点和时间的作用，并研究了进化力量的影响。罗雪尔及其追随者着重指出了经济现状如何受到经济过往的制约，就经济历史广泛地著书立说。历史分析和统计分析提供了理解经济系统的工具，而不是演绎推理。经济历史学家，尤其是以施莫勒为代表的第二代历史经济学家也批评古典经济之中的放任主义知识。他们希望政府进行较多的干预，以便促进国家经济发展。当时，重商政策经常被视作打造国力的工具。他们认为，重商政策证明政府干预是有益的。

历史学派影响了欧洲的许多地方，尤其是德国。在德国，历史学派的成员在有影响力的大学担任教授，他们的学生主宰着公务员队伍。历史学派既影响了英国，也影响了美国。在 19 世纪末 20 世纪初，英国历史经济学斗争的对象有两个：一个对象是古典经济学，另一个对象是马歇尔经济学。马歇尔经济学的理论有两个中心：一个中心是个体最大化，另一个中心是供应和需求逻辑。这一时期，美国的许多经济学大家，尤其是跟制度学派相关的，都是在德国接受的教育，遵循历史学派的方法去制订研究日程和政策规划。■

1843 年

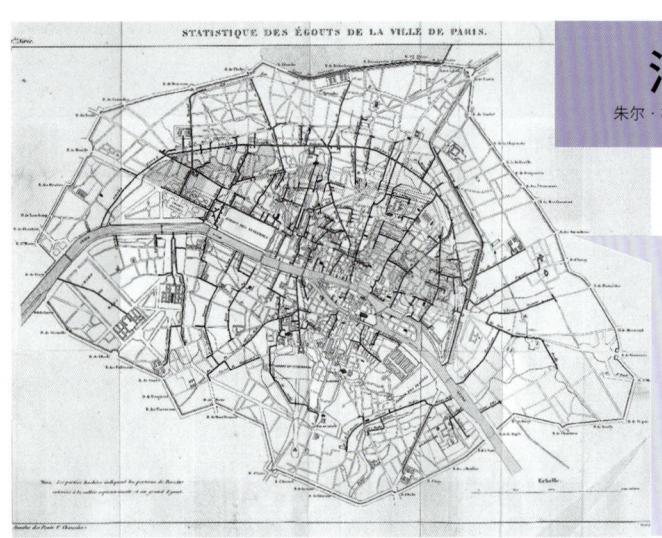

消费者剩余

朱尔·杜普伊（Jules Dupuit，1804—1866）

070

右图：为了估量这种公共工程项目，杜普伊计算了公共工程项目如何增加消费者剩余。在图中，就是需求曲线以下及价格之上的区域。这是杜普伊所画需求曲线图的摹本。左图：杜普伊指导了巴黎排水系统的建设。这张地图表明了地下隧道将要建在何处。

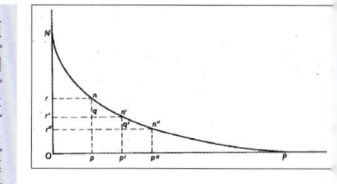

1844 年

> 法国工程传统（1830 年），马歇尔的《经济学原理》（1890 年），帕累托最优与效率（1906 年），庇古的《财富与福利》（1912 年），卡尔多—希克斯效率标准（1939 年）

几个世纪以来，"价值"问题一直困扰着经济学家。"内在价值"（商品中固有的价值）、"使用价值"（当被使用或消费的时候商品具有的价值）、"交换价值"（商品在市场中的价值）等概念散见于各种经济学文献之中。但是，对于消费一个商品的人来说，商品价值是什么？我们应该如何衡量商品为所有消费者提供的总价值？

在《公共工程实用性衡量》（*De la mesure de l'utilite des travaux publics*，1844）中，杜普伊精密地衡量了消费者估价。他是一位杰出的法国土木工程师。杜普伊想量化道路等公共工程项目的收益，而不是简单地依据成本比较项目。当时依据成本比较项目是标准做法。因为效用并不是直接衡量的，所以，杜普伊决定使用货币价值作为一个近似值。但是，杜普伊认识到单是价格不足以显示商品对使用者的价值。

杜普伊的意思是商品的净收益可以根据消费者愿意支付的价格和商品实际价格之间的差额来确定。在一个需求曲线图中，这是需求曲线以下以及价格之上的区域。杜普伊称其为"相对效用（utilité relative）"，后来被艾尔弗雷德·马歇尔称作"消费者剩余"。

杜普伊明白，就商品而言，一条新道路会减少运输成本以及其他与生产相关的成本，从而降低商品价格。一方面，这样可以使现有的消费者获益；另一方面，还可以增加消费。两方面结合起来会增加总剩余。杜普伊说，要确定一个项目是否要推行下去，就需要做两个工作：一是估计项目所产生的消费者剩余的总增量。二是把总增量和项目成本进行比较。直至今日，杜普伊的技术依然是分析税收政策的标准方法。■

071 《共产党宣言》

卡尔·马克思（Karl Marx, 1818—1883）
弗里德里希·恩格斯（Friedrich Engels, 1820—1895）

卡尔·马克思和弗里德里希·恩格斯是一对挚友。他们共同研究学术，共同领导工人运动，共同办报共同起草文件。在这幅图中，可以看到，他们在检查《新莱茵报》（Neue Rheinische Zeitung）的校样。

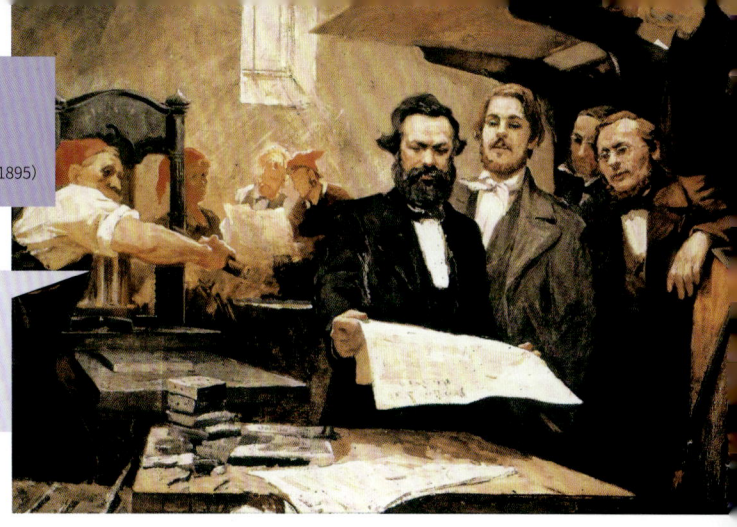

乌托邦社会主义（1813年），马克思的《资本论》（1867年），劳动价值理论与剥削理论（1867年），危机理论（1867年），卢森堡的《资本积累》（1913年）

卡尔·马克思是德国哲学家，受到了格奥尔格·威廉·弗里德里希·黑格尔（Georg Wilhelm Friedrich Hegel）的巨大影响。因观点"极端"，马克思因无法保住在德国的学术职位而转向了新闻业，并最终转向了政治经济学。马克思通过弗里德里希·恩格斯接触到了古典经济学。恩格斯是马克思的朋友、支持者，并最终成为马克思的合作者。恩格斯是位实业家，在德国和英国都有生意。马克思和恩格斯一起著写出《共产党宣言》（The Communist Manifesto）。1848年，共产主义者联盟委托马克思和恩格斯起草了这本小册子。共产主义者联盟是个秘密劳工协会，致力于推翻富裕的统治阶级，并消除私有财产和社会阶级。

当时流行的经济思维乐观地描绘资本主义的经济增长潜力，但是，《共产党宣言》认为，资本主义会被社会主义推翻和取代。《共产党宣言》植根于马克思的历史唯物主义理论。这里的历史就是阶级斗争的故事，而且，历史的每个阶段都是由生产的组织来定义的。在资本主义阶段，包括工人阶级在内的无产阶级与资产阶级展开斗争。资产阶级是资本所有者，剥削工人，以便从生产中榨取最大的利润。无产阶级最终会认识到资产阶级施加的压迫，并通过革命推翻资本家，进入一个共产主义社会。国家会消亡，因为不再需要国家施行等级性资本主义经济关系。

马克思和恩格斯在《共产党宣言》的结尾发出了行动号召——"全世界无产者，联合起来！"——但是，《共产党宣言》一开始的影响相对较小。马克思和恩格斯努力把自己的方法跟现有的社会主义标志区分开来，尤其是对于乌托邦社会主义者来说。乌托邦社会主义者认为应当通过合作以及温和的劝诫来实现目的。19世纪70年代，马克思的想法又引起了人们的注意，《共产党宣言》出现了多个译本，销量极大。在1917年俄国十月革命之后的几十年里，马克思主义的传播使《共产党宣言》成为世界上许多地区的必读之书。《共产党宣言》批判资本主义，憧憬更加平等的社会，因而跟一些人联系了起来。这些人认为资本主义以牺牲多数人为代价让少数人获益。就这样，《共产党宣言》在西方政治思想经典中占据了一席之地。

1848年

经济学之书 The Economics Book

穆勒的《政治经济学原理》

约翰·斯图尔特·穆勒（John Stuart Mill，1806—1873）

072

穆勒的《政治经济学原理》（Principles of Political Economy）第六版的扉页。《政治经济学原理》是综合性最强的古典政治经济学说明文之一。对于20世纪的经济学教授来说，《政治经济学原理》是首选教材。

效用主义（1789年），古典政治经济学（约1790年），定态（1815年），李嘉图的《政治经济学及赋税原理》（1817年），工资资金争议（1866年），赋税效益原理（1896年），庇古的《财富与福利》（1912年），外部经济和外部不经济（1912年），外部性和市场失灵（1958年）

1848年

约翰·斯图尔特·穆勒是经济学家詹姆士·穆勒的儿子，是19世纪最杰出的知识分子之一。穆勒的《自传》（Autobiography）描述了自己不同寻常甚至是遭受折磨的童年，是自传中的经典之作。作为杰里米·边沁的学生，穆勒在哲学方面的贡献甚至比经济学方面的著作影响更大。他在自由主义方面的著作为自己赢得了声誉。自由主义是一个思想学派，促进了个人自由。

穆勒的《政治经济学原理》为接下来几十年的经济思维定下了基调。在20世纪《政治经济学原理》依然是教材推介的参考和来源。《政治经济学原理》广泛发展，更新，并校正了李嘉图的系统，涉及的主题包括需求与供应分析、国际贸易和金融、经济增长、工资理论。

有的地方大卫·李嘉图极为抽象，但是，穆勒小心翼翼地引导读者了解经济学的基本原理及其在社会问题中的应用。穆勒把李嘉图的相对优势理论作为跳板，勾勒出了基于国家间进口需求的不同，贸易收益如何分配。穆勒也把效用主义放在了中心位置，把政策的着眼点放在了"福利"提升上。穆勒虽然确信追求自身利益会给社会带来经济效益，但也指出了在一些领域政府行为能够纠正市场系统的局限性。穆勒解释道，生产法则可能是固定的，但是，分配法则却并非如此。健康的经济政策就有可能做到两点：第一点是，预先防止定态的到来，经济增长会在定态中陷入停滞。第二点是，一旦定态到来，就提供合理的生活条件。穆勒宣扬对自然垄断加以控制。自然垄断是穆勒创造的一个术语，指的是由技术因素或者其他因素所导致的垄断，其他生产商在这种情况下难以进入市场。穆勒还研究了个体行为会在哪些地方影响他人或者整个社会。个体行为包括玩忽职守和科学发现。由此，穆勒的专著研究了古典经济政策的方法在过去半个世纪的发展，也研究了古典经济政策之中最初的放任主义如何逐渐弱化。■

经济学之书 The Economics Book

073

沉闷科学

托马斯·卡莱尔（Thomas Carlyle，1795—1881）
约翰·拉斯金（John Ruskin，1819—1900）

图为托马斯·卡莱尔的肖像。论说文作家托马斯·卡莱尔第一个给经济学贴上了"沉闷科学"（1879年）的标签。

↳ 古典政治经济学（约1790年），马尔萨斯人口理论（1798年），经济人（1836年），《工业革命讲稿》（1884年），牛津福利方法（1914年），加尔布雷思的《富裕社会》（1958年）

在古典政治经济学的反对者之中，卡尔·马克思最为出名。但是，在19世纪，与浪漫主义相关的许多人物也反对古典政治经济学。英国的许多重量级文学艺术人物，包括塞缪尔·泰勒·柯勒律治（Samuel Taylor Coleridge）、罗伯特·骚塞（Robert Southey）、托马斯·卡莱尔、查尔斯·狄更斯、约翰·拉斯金，都反对古典政治经济学从唯物主义的角度强调生产力和增长。政治经济学支持工厂系统及其漫长的工作时间、低工资、恶劣的工作环境，因此，政治经济学好像是把社会带入了贫困。政治经济学有两个基础：一个是个人效用主义。另一个是托马斯·罗伯特·马尔萨斯严酷的预言：世界人口最终会超出世界食品供应。这与浪漫主义者的信念是相悖的，浪漫主义者相信人类的完美性。那么，政治经济学也就顺理成章地被视作"沉闷科学"。这个名词最早出现在卡莱尔的"黑人问题偶论"（Occasional Discourse on the Negro Question，1849）之中，卡莱尔抱怨说政治经济学没有为奴隶制辩护。但是，这个名词最终跟马尔萨斯的沉闷预兆联系在了一起。在这些浪漫主义批评家之中，拉斯金有着最为长久的遗产。拉斯金受到了卡莱尔的启发。卡莱尔批评说，古典经济学家提倡财富的生产，但却没有考虑相应的政治义务和伦理义务。拉斯金批评政治经济学自称科学，认为政治经济学的一个说法存在错误。这个错误说法是自然经济法则以某种方式证实了放任主义政策和贫困境地是理所应当的。政治经济学描述了"经济人"，赞扬了劳动分工，在社会组织中实行个人主义方法，都不符合拉斯金的想法。对于拉斯金来说，人类在本质上具有道德性和社会性，而不是自私唯物主义性。商品价值不应该与生产价格相关，也不应该与市场定价相关，而应该与支持生活的能力相关。用拉斯金的话说，"没有财富，只有生活。生活包括生活中的所有力量：爱、欢乐、崇拜。"虽然这些浪漫主义批评家与工人阶级产生了共鸣，但是，他们几乎没有得到上层阶级读者的任何支持。即便如此，拉斯金的想法还是强力影响了后来的一些经济学家，比如阿诺德·汤因比（Arnold Toynbee）和约翰·A. 霍布森，以及英国工党的建立者。■

1849年

经济学之书 The Economics Book

戈森的两个法则

赫尔曼·海因里希·戈森（Hermann Heinrich Gossen，1810—1858）

戈森的两个法则解释了效用和价格之间的互动如何决定购物者的购买行为。比如，在这幅19世纪的广告海报中，就有各种款式的帽子供消费者选择。

微积分的发明（约1665年），伯努利论预期效用（1738年），递减赢利（1815年），杰文斯的《政治经济学理论》（1871年），需求—供应模型（1890年），显示性偏好理论（1938年）

1854年

莱茵省人赫尔曼·海因里希·戈森曾作为公务员短暂从事保险行业。戈森写出了一本著名的专著《人类交通规则发展》（*Die Entwickelung der Gesetze des menschlichen Verkehrs*，1854），相信自己会像哥白尼给自然科学带来革命一样，也给社会科学带来革命。在此过程中，戈森为消费者行为理论作出了重要贡献。在19世纪末之前，几乎没有人愿意认真分析消费者行为理论。

戈森的第一个主要结论是，投入一项活动的额外资源将逐步产生越来越小的额外欢乐。这个深刻见解听起来像丹尼尔·伯努利的预期价值理论，伯努利说过额外收入带来的欢乐随着收入的增加而降低。这个结论就是"戈森第一法则"，也称为递减边际效用法则。

戈森利用第一法则提出了"第二法则"，描述了个体实现资源利用最优化时发生了什么。这种资源利用最大化出现的条件是，为一项活动分配一个单位资源所得到的额外效用，即欢乐，等于为任何其他活动分配同一个单位资源所得到的欢乐。比如说，一个个体将其效用最大化，表现形式是花在衣服上的最后一美元与花在食品上的最后一美元产生了相同的效用增量。否则，这个个体就可以继续增加效用，方法是在提供较低效用的商品上花费较少的钱，在提供较高效用的商品上花费较多的钱。按照戈森第一法则，欢乐的这些增加量最终会通过开支调整实现均等。

戈森早在约20年前就预料到了W.S.杰文斯（W.S.Jevons）的发现。戈森的消费者行为理论包括边际效用递减原理，加固了现代需求理论的基础。但是，戈森的作品流通有限，所以几乎没有人意识到戈森的贡献。事实上，出版之后不久，戈森本人就把这本书买断了。后来，杰文斯得到了戈森的这本书，并在自己书的第二版中承认戈森的贡献早于自己。直到此时，戈森以及戈森的两个法则才在该领域普遍传播。■

经济学之书 The Economics Book

075

下降中的利润率

卡尔·马克思（Karl Marx，1818—1883）

这是一张拍摄于 1957 年的铸铁厂照片，可以在照片中看到机器设备。1957 年是马克思写出《政治经济学批判大纲》一个世纪之后。这正是当资本家想维护自己的利润时（马克思说资本家无法得逞），机器设备就可以取代工人的例子。

> 租金与剩余理论（1662 年），斯密的《国富论》（1776 年），古典政治经济学（约 1790 年），定态（1815 年），机器问题（1817 年），李嘉图的《政治经济学及赋税原理》（1817 年），危机理论（1867 年），哈罗德—多马增长模型（1939 年），索洛—斯旺增长模型（1956 年），内生增长理论（1986 年）

在《国富论》之中，亚当·斯密从理论上说明，一个资本主义经济之中的利润率往往会下降。在 19 世纪的许多时间里，这一原理依然是经济思维的中心内容。但是，对于这种下降出现的原因有着不同的看法。斯密相信，竞争会让有利可图的新投资机会枯竭。大卫·李嘉图指出了农业递减赢利，这意味着，因为所有行业的利润率趋向于均等化，所以制造业的赢利也会减少。跟斯密和李嘉图不同，卡尔·马克思着眼于竞争力量和技术进步力量，并给出了自己解释。

在《政治经济学批判大纲》（Grundrisse der kritik Politischen Ökonomie，1857）中，马克思描述了两种劳动：由工人完成的"活"劳动，以及体现在机器和材料之中的"死"劳动。马克思认为活劳动创造了所有的新价值，包括成为资本家利润的"剩余价值"。竞争压力使得提升劳动生产力成为必需。新技术的发展可以提升劳动生产力，但是，新机器代替了劳动。活劳动在生产过程中的份额下降，从生产而来的剩余也下降，流向资本家的利润也下降。其他因素，比如由国际贸易带来的廉价生产投入，可以增加利润率，但是这些影响是暂时的，无法阻止下行趋势。对于马克思来说，下降中的利润率是"最重要的政治经济学法则"，因为它导致了技术进步和失业增加，结果就是以暴力推翻资本主义。

有一个事实：平均工商业利润长期强劲。这个事实是一种经验主义证据。经验主义证据以及现代经济增长理论都在很大程度上否定了下降中的利润率。但是，下降中的利润率理论还是在 19 世纪引起了注意，因为机器迅速取代了劳动。对于古典经济学家来说，下降中的利润率是一种力量，位于定态终于开始的幕后。然而，对于马克思来说，下降中的利润率包含着他的危机理论和资本主义最终灭亡理论的种子。■

1857 年

工资铁律

费迪南多·拉萨尔（Ferdinand Lassalle，1825—1864）

根据工资铁律，工人的工资从长期来说会被压低到温饱水平。这些工人包括 19 世纪末煤矿雇用的妇女。

1862 年

斯密的《国富论》（1776 年），古典政治经济学（约 1790 年），马尔萨斯人口理论（1798 年），定态（1815 年），李嘉图的《政治经济学及赋税原理》（1817 年），《政治经济学图解》（1832 年），工资资金争议（1866 年）

李嘉图的经济学为劳动阶级描绘了黯淡的前景。工资会在经济繁荣时期增长，但是，李嘉图以及其他 19 世纪的古典经济学家相信，工资会降回到温饱水平，一个原因是托马斯·罗伯特·马尔萨斯预言的持续人口增长，另一个原因是农业递减赢利。德国社会主义者把这个动力叫作"工资铁律"，并以此作为取代资本主义的全部理由。这个动力也被称为工资温饱理论。然而，拉萨尔不是马克思主义者。马克思彻底否定马尔萨斯的人口原理，并且相信资本主义必然灭亡。相反，拉萨尔赞同实行政治改革，把选举权赋予所有人，而不仅仅是地主阶级。然后，选民就可以对政策制造压力，从而给经济带来结构变化。尤其重要的是，拉萨尔想让国家建立生产商合作社。这些合作社就是让工人除了工资之外还从雇主利润中分享一份，为工人们提供了可以得到合理的生活水平的前景。

可以说拉萨尔误解了马尔萨斯和李嘉图关于工资的看法。虽然马尔萨斯和李嘉图认为资本主义会把工资压制在温饱线上，但是马尔萨斯和李嘉图未把物理温饱视作相关最低值。相反，马尔萨斯和李嘉图提出了心理温饱理念：随着收入在顺境中的增加，人们会喜爱较好的东西，从而提升人们心目中的"温饱"标准。当工资再度下降时，人们就不愿为低于这个最低值的工资提供自己的劳动。因此，如果工资增长可以长期维持，那么工资可以最终降到的最低值依然能够让劳动阶级过着相当体面的生活。

今天的最低工资争论依然有着工资铁律的影子。在经济繁荣时期，法定最低值经常无关紧要，因为对劳动的强烈需求把工资拉到了最低水平之上。但是，当劳动需求弱化时，工资就被压近这个最低值。最低工资能负担得起足够的生活水平吗？关于这个问题的担忧已成为政治争议的爆发点。■

经济学之书 The Economics Book

077

指 数

威廉·斯坦利·杰文斯（William Stanley Jevons，1835—1882）

这是威廉·斯坦利·杰文斯《探明黄金价值的暴跌以及造成的社会影响》（*A Serious Fall in the Value of Gold Ascertained and Its Social Effects Set Forth*，1863）中的一个表格，表明了19世纪中期不同商品的平均价格。杰文斯使用这些数据来确定黄金的购买力是否发生了变化。

> 经验主义和科学（1620年），边际革命（1871年），杰文斯的《政治经济学理论》（1871年），国民收入核算（1934年），消费者价格指数（1946年）

威廉·斯坦利·杰文斯的出名之处就在于其提出了以效用为基础的消费者选择理论，另外，他还是一位有深厚造诣的统计学家。1863年，杰文斯想确定美国加利福尼亚和澳大利亚新发现的黄金是否让黄金的价值减少。当时没有一种方法来确定此种变化。黄金供应的增加是否让黄金相对于其他商品出现价格下降，影响其他商品市场的因素是否让其他商品相对于黄金出现价格上升？在两个世纪里，经济思想家都无法给出一个固定的尺度，去区分商品价值变化和价格水平的普遍变化。

杰文斯以一个假设作为开始，这个假设是，黄金价值是由黄金所能购买其他商品的数量赋予的。一段时间内黄金购买力的变化会表明黄金价值的变化。要表明黄金购买力已经弱化，杰文斯需要弄清楚价格是否已经普遍上升。杰文斯使用从杂志和报纸中搜集的数据，汇集了1845到1862年间39种产品的价格信息，这39种产品包括铜、木材、羊毛以及牛肉。对于每种产品，杰文斯都计算出了基准年价格和在研年价格之间的比例。这个数字就可以表明这些产品平均价格逐年的变化。计算之后，杰文斯发现，按照平均数来说，价格上升了百分之九，意味着自从发现新的黄金之后，黄金价值相应下降了百分之九。

埃蒂恩·拉斯贝尔（Étienne Laspeyres）、赫尔曼·派许（Hermann Paasche）、欧文·费雪等经济学和统计学家很快研究出了价格指数，使用较为复杂的统计技术来较好地衡量通货膨胀和通货紧缩。70年后，约翰·梅纳德·凯恩斯撰文指出，首先，就促进学科进步来说，杰文斯的贡献大于后来所有的努力；其次，杰文斯的贡献为后来的许多工作提供了灵感，后来的许多工作就包括消费者价格指数。■

1863年

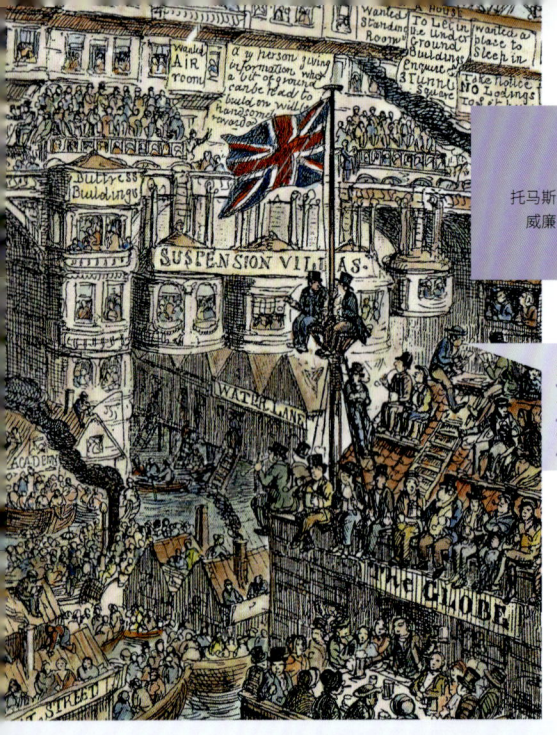

工资资金争议

078

托马斯·罗伯特·马尔萨斯（Thomas Robert Malthus，1766—1834）
威廉·托马斯·桑顿（William Thomas Thornton，1813—1880）
弗朗西斯·D. 朗格（Francis D.Longe，1831—1910）

这幅 1851 年的蚀刻画受到了托马斯·罗伯特·马尔萨斯人口增长著作的启发。蚀刻画里是拥挤的伦敦。

↳ 斯密的《国富论》（1776 年），马尔萨斯人口理论（1798 年），李嘉图的《政治经济学及赋税原理》（1817 年），穆勒的《政治经济学原理》（1848 年），工资铁律（1862 年），克拉克的《财富的分配》（1899 年）

1866 年

古典经济学家相信供应力量和需求力量决定了产品价格。但是，古典经济学家关于工资决定的看法则走上了完全相反的方向。亚当·斯密相信，一个经济之中的工资总额是由工资资金决定的。工资资金是雇主留下用于支付工资的积累资本份额。这种想法反映了工资在农业社会的支付方式，土地所有者使用上一季庄稼销售所得款项来支付下一个种植季节的工人薪水。

随后，大卫·李嘉图、托马斯·罗伯特·马尔萨斯、约翰·斯图尔特·穆勒等 19 世纪的经济学家把斯密的工资资金和马尔萨斯的人口激增预言结合了起来，从而创造了一个新的理论。因为在一个新生产时期刚开始时，工资资金就已经有了，所以，工资要取决于人口规模；平均工资就等于所有工资除以劳动适龄人口数。虽然经济增长可以逐年提升工资资金，但是人口增长会把工资压低到温饱水平——费迪南多·拉萨尔称其为工资铁律。工资铁律是对工会的强力反驳，原因是固定规模的工资意味着没有足够的钱来涨工资。实际上，穆勒认为人口控制可能是让工人阶级工资摆脱寒酸水平的唯一方式。

1866 年，弗朗西斯·朗格和威廉·托马斯·桑顿出版了一本小册子，质疑工资资金学说。朗格和桑顿认为，零售业和制造业等许多行业的工资实际上来自持续收入，意味着工资资金是可以变化的，还意味着工会可以理所应当地要求较高的工资。众所周知，穆勒承认了这个质疑的有效性，并且撤回了对工资资金学说的支持。就这样，在三十多年的时间里，经济学领域都没有一个成熟的工资决定理论，直到 1899 年约翰·贝茨·克拉克给出了一个新的理论。克拉克的理论认为，工人工资是由其生产的产出价值决定的，克拉克的理论成为现代工资决定分析的基础。■

经济学之书 The Economics Book

079 马克思的《资本论》

卡尔·马克思（Karl Marx, 1818—1883）

在《资本论》中，卡尔·马克思生动描述了支撑资本主义的力量，并追踪了资本主义通往毁灭的道路。

斯密的《国富论》（1776年），古典政治经济学（约1790年），李嘉图的《政治经济学及赋税原理》（1817年），《共产党宣言》（1848年），穆勒的《政治经济学原理》（1848年），劳动价值理论与剥削理论（1867年），危机理论（1867年），卢森堡的《资本积累》（1913年）

按照卡尔·马克思的构想，要用暴力推翻资本主义，用共产主义取而代之，生产工具和生产赢利属于所有人。但是马克思的《共产党宣言》和18世纪中叶的革命并没能实现这一变革。随后，马克思开始深入研究政治经济学，并最终写出《资本论：政治经济学批判》（Das Kapital: kritik der politischen Ökonomie）。马克思原本打算写六卷，但在他去世前的16年里仅出版了第一卷。马克思的朋友与合作者弗里德里希·恩格斯根据马克思的笔记安排了第二卷和第三卷的出版。

在《资本论》中，马克思的目标是"揭示现代社会经济运行法则"。作为一个经济决定论者，马克思相信每个历史阶段的经济环境决定了生活和思想，这种观点被称作历史唯物主义。就这样，经济条件塑造了品位、态度和行为，法则和政治组织，甚至还有个体精神。对于马克思来说，古典经济学只是资本主义环境的产物和为资本主义所做的辩解。甚至不能因剥削工人而指责资本家，因为在资本主义环境下，这是唯一的选择。虽然马克思相信资本主义会自我毁灭，且认为资本主义的自我毁灭是一种有益的力量，因为资本主义的自我毁灭会成倍地增加生产力，并铺平通向更高生活水平的道路，迎接共产主义的到来。

正如副标题所表明的那样，《资本论》是"对政治经济学的批判"，是对斯密、李嘉图、穆勒作品的回应。除了其他内容之外，《资本论》还阐明了马克思关于价值和分配、生产、货币和利息、资本积累的理论。与同时代的人相比，马克思就资本主义道路得出了大不相同的结论，他从古典传统中汲取了许多东西。虽然马克思是批评古典传统最激烈的人，但是一些人还是认为马克思是最后一位伟大的古典经济学家。《资本论》影响巨大。在《资本论》的刺激下，苏联等国家建立起了计划经济，资本主义国家建立起了福利体系。一方面，《资本论》探讨了进化论。另一方面，《资本论》也表达了对机器的担忧，机器具有节约劳动力的巨大潜力。■

1867年

经济学之书 The Economics Book

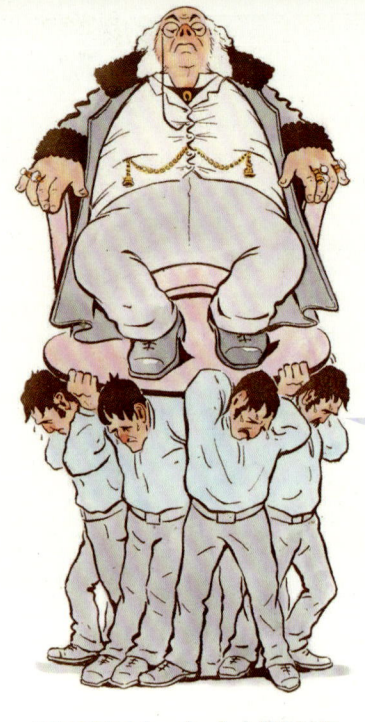

劳动价值理论与剥削理论

卡尔·马克思（Karl Marx, 1818—1883）

080

对于马克思来说，资本家通过剥削工人阶级来获取利润。维多利亚时代的这幅漫画就描绘了这一动力。

↳ 租金与剩余理论（1662 年），古典政治经济学（约 1790 年），马尔萨斯人口理论（1798 年），劳动价值理论（1821 年），《共产党宣言》（1848 年），马克思的《资本论》（1867 年），卢森堡的《资本积累》（1913 年）

CAPITAL & LABOUR.

1867 年

在《资本论》中，卡尔·马克思批判了古典政治经济学的许多方面，就劳动价值理论而言，马克思跟许多古典作家一致。对于马克思来说，劳动既是商品（商品实际上是劳动结晶）的本质，也是所有价值的来源。生产中产生的任何剩余自然都属于提供劳动的工人，但是，资本家能够使用自己在劳动市场中的权力为自己攫取剩余。马克思清楚明了地阐述了剥削理论来解释资本家如何攫取剩余。

在资本主义社会，劳动阶级依赖资本家提供生产工具。为了获得工资，工人必须把劳动提供给资本家雇主。虽然一天工作 6 个小时就足以让工人养活自己和家人，实现马克思所说的"必要劳动"，但是，资本家可以驱使工人一天工作 10 个小时，否则就让工人失业。这额外的 4 个小时就是马克思认为的"剩余劳动"。资本家为工人提供足以维持温饱的收入，把工人创造的其余价值——剩余——作为自己的利润。

虽然对劳动需求的不断增长拉动了工资增长，但这却驱使资本家用机器代替工人，以便保持在市场上的竞争力。机器替代工人使"失业大军"越来越庞大，强化了资本家规定劳动条款的权力。即使工人不喜欢资本家提供的工资，但仍然有大批失业工人乐于按照现在的条款接受工作，这就把工资压低到了温饱水平。对于马克思来说，托马斯·马尔萨斯在其《人口论》中描述的剩余人口并不是真的人员剩余，相反是资本主义内在动力所导致的劳动力"剩余"。而资本家则会从中获益。马克思理论的这一方面影响深远，并且产生了一种见解和一种担忧。一种见解是中产阶级正在消失，一种担忧是财富日益集中。而这一问题已成为经济学领域讨论和争论的话题。■

危机理论

卡尔·马克思（Karl Marx, 1818—1883）

马克思描述了资本主义的毁灭，对许多人产生了震撼，但也成为被批评的目标。这幅漫画描绘的是批评者的观点。批评者相信，共产主义会摧毁一个可能带来繁荣的系统。

斯密的《国富论》(1776年)，古典政治经济学（约1790年），萨伊法则（1803年），消费不足（1804年），机器问题（1817年），下降中的利润率（1857年），图甘–巴拉诺夫斯基和贸易周期（1894年）

1867年

今天的大多数经济学家都相信，在健康经济政策的支持下，市场经济可以不停地无限增长，虽然在此过程中会有起起伏伏。但这并不总是事实。亚当·斯密和古典经济学家勾勒出了两点：第一点是经济增长过程的最终结束；第二点是定态的开始。马克思的历史观得出了甚至更为戏剧性的结论：越发严重的危机最终会导致资本主义系统被共产主义所取代。

虽然马克思的《资本论》没有明确说明资本主义如何终结，但他描述了两个起作用的特别动力。第一个特别动力是一个成熟资本主义系统的各个部分经常是彼此高度依存的，所以，一些经济部门下行的影响会迅速传播。这会导致越发严重和频繁的经济周期——经济扩张阶段和收缩阶段反复出现。

起作用的第二个特别动力是资本主义生产日益集中。控制市场的企业规模越来越大，但数量越来越少，失业人口增多，保有工作的人们则条件恶化，因此"悲伤、压抑、奴役、堕落和剥削"开始盛行并蔓延。工人阶级最终会反抗资本家老爷。"资本家私有财产的丧钟会敲响"，而且，"剥夺者被剥夺"，从而进入共产主义。在共产主义社会，人们集体拥有包括土地和工厂在内的生产资料，可以自由获得所需的任何商品。

对于马克思来说，资本主义系统控制着历史进程的宏大自然法则，两者结合起来，使得资本主义不可避免地被推翻。为改善工作条件所做的努力，甚至还具有加速资本主义灭亡的潜力，比如旨在提升工资的法律，根本毫无作用，因为这些努力会促使雇主用机器代替劳动。

然而，随着时间的流逝，马克思的追随者观察到资本主义依然具有生命力，所以就修改了马克思的理论，相信收入分配可以让资本家安抚劳动阶级并扼杀革命。即便如此，马克思的一些追随者仍称，最近的公司外包和工资停滞不前证明了马克思对资本主义动力的理解，帮助社会主义想法在今天的政治领域仍很受欢迎。■

经济学之书 The Economics Book

边际革命

莱昂·瓦尔拉斯（Léon Walras，1834—1910）
威廉·斯坦利·杰文斯（William Stanley Jevons，1835—1882）
卡尔·门格尔（Carl Menger，1840—1921）
艾尔弗雷德·马歇尔（Alfred Marshall，1842—1924）
约翰·贝茨·克拉克（John Bates Clark，1847—1938）

082

边际革命转换了经济分析的焦点。自此，经济领域开始研究市场中的个体消费者和个体生产商会如何作出决定。

1871年

微积分的发明（约1665年），斯密的《国富论》(1776年)，古典政治经济学（约1790年），政治经济学俱乐部（1821年），杜能的《孤立国》(1826年)，戈森的两个法则（1854年），杰文斯的《政治经济学理论》(1871年)，门格尔的《经济学原理》(1871年)，奥地利学派（1871年），瓦尔拉斯的《纯粹经济学要义》(1874年)，马歇尔的《经济学原理》(1890年)，克拉克的《财富的分配》(1899年)

1876年，伦敦政治经济学俱乐部聚会以庆祝《国富论》出版100周年。伦敦政治经济学俱乐部认为把政治经济学发展为科学的伟大工作已基本实现。实际上，这一乐观主义掩盖了新一代思想家的不满。虽然新一代思想家并不是彻底藐视古典思维，但是，新一代思想家日益认识到，无论是在解释价格决定时，还是在宣扬放任主义政策时，古典政治经济学都缺乏其他科学领域的精确性，有时甚至还指示了错误的方向。到了1876年，对于经济学的许多核心问题来说，一种不同的方法问世了。

这场转变被称为"边际革命"，始于19世纪70年代，最先问世的就是威廉·斯坦利·杰文斯的《政治经济学理论》(*The Theory of Political Economy*，1871)。包括杰文斯、卡尔·门格尔、莱昂·瓦尔拉斯、艾尔弗雷德·马歇尔、约翰·贝茨·克拉克在内的学者基于个体消费者和个体生产商的最大化选择构建了一个理论框架。这些学者经常使用现在已经被广泛理解的微积分，他们的作品表明，在动机之中，甚至边际性或者极微小的变化也会对个体生产决策和个体消费决策以及市场活动产生影响。就这样，这些学者的作品就许多核心经济问题给出了深刻的见解。这些核心经济问题包括工资和价格决定、生产商和消费者如何就市场条件的变化做出回应。

边际主义方法的革命程度究竟如何？现代历史学家存在着一些争议。奥古斯丁·古诺、约翰·海因里希·冯·杜能以及赫尔曼·海因里希·戈森等学者已经预料到了边际主义方法的一些发展。甚至那些直接提出边际主义方法的学者也对边际主义方法和古典传统之间的差异持不同意见。不过，边际主义方法是需求与供应基本经济学的新基础，植根于数学逻辑之中，使经济学有了更坚固的科学立足点，也为当代经济分析打下了基础。■

083 杰文斯的《政治经济学理论》

威廉·斯坦利·杰文斯（William Stanley Jevons, 1835—1882）

> 威廉·斯坦利·杰文斯是边际革命的代表人物，他勾勒出了消费者行为理论，消费者行为理论植根于效用最大化微积分之中。

微积分的发明（约1665年），伯努利论预期效用（1738年），效用主义（1789年），劳动价值理论与剥削理论（1867年），边际革命（1871年），瓦尔拉斯的《纯粹经济学要义》（1874年），马歇尔的《经济学原理》（1890年），序数效用（1893年），希克斯—艾伦消费者理论（1934年）

1871年，威廉·斯坦利·杰文斯靠自己《政治经济学理论》一书开创了英国的边际革命。杰文斯的兴趣还包括气象学和化学，他试图为经济学找到一个更为科学的立足点，把微分学以及其他数学方法与效用主义结合起来，以便把市场中的个体行为理论化。杰文斯最著名的成就是给出了消费者效用最大化时的条件。对于消费者来说，重要的是从商品中得到"最终效用程度"（现在叫作边际效用）。要实现效用最大化，两个商品之间边际效用的比例必须等于它们的相对价格——这就是戈森第二法则的翻版。

对于杰文斯来说，这种分析最重要的结果就是一个新的价值理论。他证明了任何两个商品的相对价格都是严格地由消费者从这两个商品中得到的边际效用决定的。杰文斯认为，这就证明了生产成本不能直接决定商品价格。古典价值理论认为劳动和成本基本上就决定了价格，古典价值理论应该被取代。杰文斯使用边际效用框架发展出最早的劳动供应理论之一。额外的劳动时间产生正效用，原因是个体可以使用劳动收入购买商品，而劳动本身产生负效用。只要劳动带来的效用增额大于效用成本，那么，工人就会提供额外的劳动时间。

《政治经济学理论》是匆忙写就的，并不比其他的古典边际革命文本更加成熟。因此，杰文斯的价格决定理论有几处缺陷，比如，杰文斯坚持认为生产成本对价格影响不大。马歇尔、瓦尔拉斯等人的作品就超过了杰文斯的理论。即便如此，杰文斯的效用最大化基本经济学依然是今天的消费者行为理论的核心。杰文斯坚持认为经济学是一门数学科学，这为边际革命定下了基调。■

1871年

084

门格尔的《经济学原理》
卡尔·门格尔（Carl Menger, 1840—1921）

卡尔·门格尔的主观价值理论解释了人们为何认为钻石的价值远大于水。图中这颗38克拉的钻石产自印度尼西亚。

1871年

效用主义（1789年），古典政治经济学（约1790年），边际革命（1871年），杰文斯的《政治经济学理论》（1871年），奥地利学派（1871年），方法论之争（1883年），社会主义计算争论（1920年），哈耶克的《知识在社会中的运用》（1945年）

　　卡尔·门格尔是维也纳大学的教授。和威廉·斯坦利·杰文斯一样，门格尔对古典价值理论持尖锐批评态度，古典价值理论认为价值是由生产成本决定的。门格尔的《经济学原理》（Principles of Economics）出版于1871年，试图纠正这个已被发现的错误，并提出了主观价值理论。按照主观价值理论，商品价格取决于消费者对产品的欲望。

　　和杰文斯不同的是，门格尔避开了数学，也避免提及效用。为此，门格尔按照"未满足需求"和"欲望强度"详尽阐述了自己的分析。如果缺乏最后一个单位的商品，消费者可能会失去一定数量的满足感。由上文可以推断，任何商品的价值都是由这种满足感的数量所决定的。从分析上来说，这个结果非常像杰文斯的理论：对于消费者购买的所有商品来说，"最终效用程度"与价格的比例都是相等的。另外，门格尔就这样解决了困扰经济学家多个世纪的问题：钻石—水悖论。钻石—水悖论提出了一个问题：为什么钻石的价值大于水，但在维持生命方面又远不如水重要。因为钻石非常稀缺，所以消费者具有大量的未满足需求，这就意味着钻石的额外价值极高。相反，跟未满足需求相比，水是充足的，因此额外数量的水价格就低。

　　门格尔也使用这一理论来解释生产过程中投入的价值。门格尔认为，投入的价值来自投入助力创造的商品的价值。比如说，一个鞋匠的价值等于一种满足感。如果鞋匠不生产鞋子，消费者就会失去这种满足感。那么，总而言之，一个经济之中所有的价值都来自消费者消费商品时的主观估价。这个价值则存在于消费者的头脑之中，因而无法在市场之外查明。主观价值方法成为奥地利学派的中心信条，门格尔则被尊奉为创立者之一。■

经济学之书 The Economics Book

085 奥地利学派

卡尔·门格尔（Carl Menger, 1840—1921）
欧根·冯·庞巴维克（Eugen von Böhm-Bawerk, 1851—1914）
弗里德里希·冯·维塞尔（Friedrich von Wieser, 1851—1926）

这是维也纳大学的彩色照片。奥地利学派的许多创立者就在维也纳大学研究、工作和教学。

↳ 边际革命（1871年），门格尔的《经济学原理》（1871年），方法论之争（1883年），庞巴维克的《资本与利息》（1884年），机会成本（1889年），马歇尔的《经济学原理》（1890年），社会主义计算争论（1920年），奈特的《风险、不确定性与利润》（1921年），哈耶克的《通往奴役之路》（1944年），哈耶克的《知识在社会中的运用》（1945年）

1871年，卡尔·门格尔《经济学原理》一书的出版是经济学奥地利学派的开端。之所以这么称呼，是因为这个学派始于维也纳。在早期，奥地利学派最重要的成员包括门格尔、欧根·冯·庞巴维克、弗里德里希·冯·维塞尔。庞巴维克和维塞尔影响了路德维希·冯·米塞斯（Ludwig von Mises）在内的后面几代研究者，一个真正的思想"学派"诞生了。其成员推进了边际分析，同时也推进了一个背离其他边际主义思想家提出设想的方向。

许多古典经济学家和现代经济学家都相信，价值是可以衡量的，并且反映在价格和成本之中，但是，奥地利学派采取了"主观主义"方法：奥地利学派坚持认为，只有个体才知道自己加在商品上的价值，而且市场价格只是反映这些主观价值的集合体。这些个体的主观价值则被机会成本所支配。机会成本是后来由冯·维塞尔提出的一个概念，指的是个体认为在追求特定行动方案中什么可以被牺牲。外界观察者无法区分机会成本以及个体加在商品身上的价值。

奥地利学派的主观主义让他们质疑政府对市场的干预。市场从不同个体的行为之中提炼出了秩序，竞争通常保证市场结果符合个体利益。他们承认，不确定性等力量会使市场运行不够完美。因为政府当局无法知道个体确切的估价和成本，所以，即使是旨在提高市场业绩的政策也存在问题。

奥地利学派的思想包括：机会成本的重要性、庞巴维克的资本理论。这些思想影响或者发展成了现代主流经济学。但是，其主观主义方法并未延续到今天。跟威廉·斯坦利·杰文斯、莱昂·瓦尔拉斯、艾尔弗雷德·马歇尔的客观主义方法不同，主观主义方法并未被用于数学分析。许多人认为主观主义方法并不能提供科学的精确性，但对于精密的经济思维来说，科学的精确性必不可少。■

1871年

瓦尔拉斯的《纯粹经济学要义》

莱昂·瓦尔拉斯（Léon Walras，1834—1910）

086

这是《纯粹经济学要义》的节选。虽然莱昂·瓦尔拉斯的作品具有开创性意义，但是，一开始的影响有限，因为当时的大多数学者发现数学方法太难，无法理解。

古诺的《财富理论的数学原理的研究》（1838年），边际革命（1871年），马歇尔的《经济学原理》（1890年），福利经济学的基本定理（1943年），《经济分析基础》（1947年），证明一般均衡的存在（1954年），德布鲁的《价值理论》（1959年）

1874年

莱昂·瓦尔拉斯是法国经济学家，学术生涯的许多时间都是在瑞士的洛桑大学度过的。瓦尔拉斯的父亲也是洛桑大学的经济学家。奥古斯丁·古诺鼓励莱昂·瓦尔拉斯加入经济学行业。1874年，莱昂·瓦尔拉斯的《纯粹经济学要义》（Éléments d' Économie Politique Pure）为边际革命作出了贡献，把经济理论化带到了前所未有的精密水平。与威廉·斯坦利·杰文斯、卡尔·门格尔、艾尔弗雷德·马歇尔、古诺的其他作品相比，《纯粹经济学要义》的特点在于其"一般均衡"方法。

瓦尔拉斯明确表明了各个市场之间的相互依存，解释了一个市场需求的改变不仅影响市场中的价格和产出，还影响其他市场之中的价格和数量。然后，这些"次要"效果就会影响各个市场之中的供应或者需求。比如，钢铁不足不仅拉升了钢铁价格，还影响了生产过程中使用钢铁的产品市场、钢铁替代品、钢铁工人的劳动市场。经济系统达到新的平衡，只有一种情况，那就是价格进行了调整，使所有市场之中的供应和需求相同。这就是"全面"平衡。瓦尔拉斯想象了平衡过程的实现：效用最大化型消费者让自己的需求被别人所知，利润最大化型生产商产生供应，来回应比喻"拍卖商"喊出的一组价格。"拍卖商"不断调整价格，直到各个市场实现平衡。

尽管瓦尔拉斯作出了前无古人的贡献，但是，直到20世纪，瓦尔拉斯在英语国家里都未对经济分析产生多大影响。《纯粹经济学要义》没有英语译本，而且，《纯粹经济学要义》中的复杂的数学使得大多数经济学家都无法理解。同时，马歇尔及其追随者坚持认为，孤立地看待个体市场的片面平衡分析，是研究大多数经济问题的充分框架。第二次世界大战之后，经济分析越来越数学化。保罗·萨缪尔森、肯尼斯·阿罗（Kenneth Arrow）、吉拉德·德布鲁（Gérard Debreu）等人都把瓦尔拉斯的方法带入了经济理论化的中心，给予了瓦尔拉斯有生之年都未得到的认可和影响。■

087

单一税

亨利·乔治（Henry George，1839—1897）

亨利·乔治提议根据未改良土地价值征收单一税，这在一定程度上给这幅19世纪的漫画带来了灵感。在这幅画中，乔治是一位骑士，正拿着长矛刺向象征着地主土地所有制的龙。

租金与剩余理论（1662年），重农主义者（1756年），马尔萨斯人口理论（1798年），李嘉图的《政治经济学及赋税原理》（1817年），赋税效益原理（1896年），最优税收理论（1971年），供给学派经济学（1974年）

1879年

许多批评政治经济学的人都把目标对准伴随工业资本主义而来的巨大贫富差距。19世纪的后三十年，美国百分之二的人口控制着百分之三十的国家财富并且掌控着更大份额的财产，而接近一半的人口根本没有财富或掌控着极少的财产。美国记者和政治经济学家亨利·乔治吸引了公众的想象力，因为亨利·乔治提出对税收系统进行极端重构以便解决不平等。那时，税收主要是针对商品、财产和进口产品；在1913年之前，美国还没有永久的联邦所得税。

在他的《进步与贫困》（Progress and Poverty，1879）一书中，乔治拒绝了以马尔萨斯主义为基础对低工资和失业作出的解释，马尔萨斯主义认为这些问题的原因都是过度的人口增长。真正的原因是土地集中到了少数人手中。对土地及其资源的控制让土地所有者可以把土地的赢利留给自己。对于土地出产的商品来说，这些赢利构成了一大块价值，同时也促进了广泛的土地投机。许多土地所有者并未把土地投入使用，而是喜欢让自己的财产闲置着，以便靠日增的土地价值赚钱。

对于乔治来说，土地是公众信托，土地的赢利属于公众。因此，乔治提议，政府征收的税收要等于百分百的未改良土地价值。因为税收不适用于土地所有者改良土地带来的价值，所以土地所有者就会保留自己所做的任何改良带来的赢利。这种税收与所得税和商品税不同，并不减少提高土地生产力的动机；另外，税收收入会为政府运作提供足够的资金。这样，工人阶级就不需要交税了。

乔治的提议得到了美国和英国公众的极大支持。在接近一个世纪之后，甚至是质疑许多税收方案的米尔顿·弗里德曼也指出乔治的单一税优于大多数其他方案。乔治的提议经常被称为乔治主义（Georgism）。虽然乔治主义从未付诸实践，但直到如今，乔治主义都在吸引着其支持者。■

经济学之书 The Economics Book

埃奇沃思的《数学心理学》

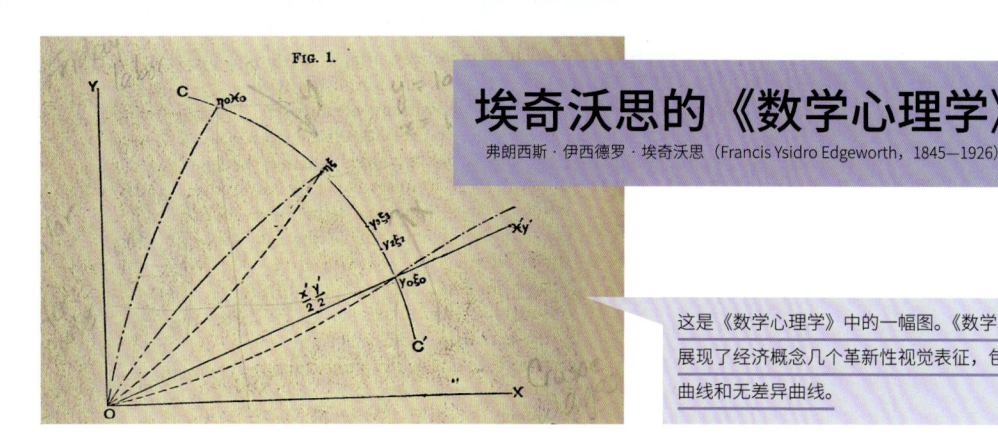

弗朗西斯·伊西德罗·埃奇沃思（Francis Ysidro Edgeworth，1845—1926）

088

这是《数学心理学》中的一幅图。《数学心理学》展现了经济概念几个革新性视觉表征，包括合同曲线和无差异曲线。

杰文斯的《政治经济学理论》（1871年），各种经济学杂志（1886年），序数效用（1893年），无差异曲线（1906年），希克斯—艾伦消费者理论（1934年），博弈论进入了经济学（1944年），非合作博弈和纳什均衡（1950年）

1881年

弗朗西斯·伊西德罗·埃奇沃思是爱尔兰人，在都柏林圣三一学院和牛津大学接受的教育，于19世纪末在经济学和统计学方面做出了重大贡献。埃奇沃思的《数学心理学》（Mathematical Psychics）出版于1881年。与威廉·斯坦利·杰文斯一样，埃奇沃思着眼于把数学用于效用研究之中。埃奇沃思特别注意两个经济主体之间的商品交换，即以货易货。他相信，杰文斯过度简化了交换过程从而得出了错误结论：解释竞争市场环境中价格决定的那个力量也适用于少数主体之间的讨价还价。

埃奇沃思证明，有大量潜在的讨价还价可以提升两个主体的效用，无独有偶，也有各种可能的销售价格可以让你和卖给你车的车商都改善生活。经过一系列的讨价还价，即埃奇沃思所说的"重订合同"，各个主体最终就会耗尽现有的交换收益。埃奇沃思强调，有各种各样潜在的平衡点分布在他所说的"合同曲线"上。各个主体最终达到的特定平衡要取决于这种讨价还价如何进行。因此，竞争市场环境之外以货易货商品的相对价格和每个主体消费的数量，都是难以确定的。竞争市场环境之外，决定价格的力量是个体无法控制的，讨价还价并不能决定价格。

埃奇沃思在《数学心理学》一书中的分析做出了许多开天辟地的贡献，尤其是通过引入无差异曲线概念来表明为消费者提供具体效用水平的商品组合。英国经济学家艾尔弗雷德·马歇尔赞扬了《数学心理学》，说《数学心理学》表现出了"明显的天才迹象"。在《数学心理学》的影响下，埃奇沃思于1891年被任命为《经济学杂志》（The Economic Journal）的第一编辑。后来关于国际贸易理论、赋税、垄断定价的作品都表明埃奇沃思有能力在整个经济学领域做出重要的理论贡献。然而，《数学心理学》中一些最为重要的含义几十年里都无人问津，直到博弈论的提出为经济学家提供了一些工具才就讨价还价的结果得出更确切的结论。■

财政学

马费奥·潘塔莱奥尼（Maffeo Pantaleoni，1857—1924）
安东尼奥·德维蒂·德马尔科（Antonio de Viti de Marco，1858—1943）
乌戈·马佐拉（Ugo Mazzola，1863—1899）

这是罗马卡比托利欧广场的照片（1890年）。安东尼奥·德维蒂·德马尔科在罗马这座城市教授公共财政。

> 杰文斯的《政治经济学理论》（1871年），瓦尔拉斯的《纯粹经济学要义》（1874年），赋税效益原理（1896年），理性选民模型和投票悖论（1957年），公共选择分析（1962年）

1883年

作为一门政策科学，经济学依赖政治过程来把其真知灼见付诸实践。统治者、立法者、选民，助力把经济政策的想法和理想用于真实世界的经济政策。尽管如此，在19世纪末之前，经济理论基本上都忽视了政策制定过程。19世纪末，包括马费奥·潘塔莱奥尼、安东尼奥·德维蒂·德马尔科、乌戈·马佐拉在内的一群意大利经济学家，构建了新的理论，并把政府运作考虑在内。这个新的分析领域就是财政学——（公共）财政之科学。

潘塔莱奥尼的"为公共开支分配理论所做的贡献"（Contribution to the Theory of the Distribution of Public Expenditure，1883）描述了一个挑战：把政府预算作为一个最优化配置问题。这类似威廉·斯坦利·杰文斯的消费者问题，消费者努力在一个预算之内让效用最大化。政府必须权衡两样东西：一样东西是提供公共商品和服务的边际效益；另一样东西是用于资助公共商品和服务的税收的边际成本。为了高效地提供这些商品，政府必须供应一个等于边际效益和边际成本的数量。

同时，马佐拉和德维蒂·德马尔科把政治过程描述成政府及其公民之间的交换。国家供应公共商品的价格由纳税决定，而消费者对公共商品的需求与消费者对食品杂货或者衣服的需求一样。如果政治过程就像平稳运作的市场一样运转，那么这种供应和需求之间的互动就会带来高效的赋税水平和公共商品数量。

这些学者并非全都对国家持乐观态度。阿米凯尔·普维亚尼（Amilcare Puviani）、乔瓦尼·蒙泰马丁尼（Giovanni Montemartini）认为，立法者倾向于夸大效益并掩饰成本，立法者还倾向于操控政治过程以便服务于自身利益，因此，也就难以实现高效的结果。虽然财政学在意大利之外没多大的影响，但是财政学坚持把经济政策分析与政治过程运转结合起来，从而助力激发了现代公共选择分析。现代公共选择分析是研究政治的经济方法，把立法者、官僚、选民描述成自私自利的效用最大化者而不是仁慈的公仆。■

伯特兰德模型

约瑟夫·伯特兰德（Joseph Bertrand，1822—1900）

这是约瑟夫·伯特兰德的画像。约瑟夫·伯特兰德是声誉卓著的法兰西公学院的教授。约瑟夫·伯特兰德还在26年的时间里担任了巴黎科学院常务秘书一职。

古诺的《财富理论的数学原理的研究》（1838年），霍特林区位选择模型（1929年），斯塔克尔伯格模型（1934年），博弈论进入了经济学（1944年），非合作博弈和纳什均衡（1950年）

1883年

1883年，也就是奥古斯丁·古诺的《财富理论的数学原理的研究》出版大约45年以后，法国数学家约瑟夫·伯特兰德对《财富理论的数学原理的研究》做出了评论。除了严厉批评古诺的作品之外，伯特兰德还挑战了古诺的双寡头垄断分析。双寡头垄断的意思就是一个市场之中有两个卖家。"伯特兰德模型"后来与古诺模型一起，成为现代寡头垄断理论的一个支柱。伯特兰德模型可能也是唯一一个书评对经济理论做出重大贡献的例子。

古诺的分析证明，与高度竞争的市场相比，双寡头垄断型市场会有较高的价格和较低的产出。古诺假定，公司就产量展开竞争，根据自己预计的其他公司的产量生产出一定数量的产品来争取自己利润的最大化。两个公司的产出不足，无法与竞争性企业众多的市场相比，因而，价格也就高于竞争性价格。伯特兰德得出了不同的结论，认为两个公司就价格展开竞争是较为普遍的现状。伯特兰德指出，如果两个公司就价格展开竞争，市场实际上就会复制竞争结果。伯特兰德的推理非常简单：假设公司A是个垄断者，以2美元的价格出售瓶装水，而一瓶的生产成本是1美元。公司B有动机进入市场并要价1.95美元，把所有的消费者都拉到自己这一边。那么，公司A就会作出回应，削价至1.90美元。这种削价过程会继续下去，直到价格降到足以负担成本的水平。如果市场上有许多卖家展开竞争，那结果也是一样的。

虽然伯特兰德觉得自己反驳了古诺的发现，但实际上并非如此。他们的不同结论取决于企业是否将其战略选择的价格或产出作为变量。然而，伯特兰德确实提供了第一个示例：假设市场上只有为数不多的几个卖主，企业有许多战略选择来使利润最大化，并且不一定索要高于竞争性价格的价格。到了20世纪，博弈论引入了经济分析，伯特兰德的这一深刻见解也就得到了更充分的体现。■

方法论之争

古斯塔夫·施莫勒（Gustav Schmoller, 1838—1917）
卡尔·门格尔（Carl Menger, 1840—1921）

这是古斯塔夫·施莫勒的半身像。古斯塔夫·施莫勒与卡尔·门格尔发生了冲突：源于一批假设的基于演绎推理的理论是否能够提供有用的经济学真知灼见。

德国历史学派（1843年），边际革命（1871年），门格尔的《经济学原理》（1871年），奥地利学派（1871年）

在大约两个世纪的时间里，经济话语都面临着抽象主义与现实主义的尖锐对立。一方面，抽象理论分析使得有效分析复杂经济现象成为可能。另一方面，有看法认为抽象演绎建模把现实的太多方面都推到了一边，因而无法清楚明了地阐述经济问题。有时，这些相反视角之间的对立达到了白热化程度，引起了激烈的争议。卡尔·门格尔于1883年出版的《关于社会科学、尤其是政治经济学方法的探讨》（*Untersuchungen über die Methode der Socialwissenschaften, und der politischen Ökonomie insbesondere*）就体现了这一点。

门格尔的《关于社会科学、尤其是政治经济学方法的探讨》开创了方法论之争，这是关于方法上的争议，使得门格尔以及奥地利学派的其他成员与古斯塔夫·施莫勒以及德国历史学派对立了起来。古斯塔夫·施莫勒著书立说，对门格尔的《关于社会科学、尤其是政治经济学方法的探讨》进行了严厉的批评。奥地利学派相信，要在经济分析方面取得进展，就必须基于演绎提出理论，而且理论还要依赖一批基本的假设。逻辑会阐明关系，并且助力评估变化中的环境如何影响经济活动和业绩。历史经济学家不认为基于演绎的理论可以跨越时间、空间和环境，提供重要的真知灼见。理论建构必须采用归纳法，基于详细的历史和数据分析。

方法论之争的影响大大超出了学术文献之中为期十年的争议。古斯塔夫·施莫勒既是德国历史学派的领袖，也是德国经济学中最为强大的人物。古斯塔夫·施莫勒利用自己的影响把奥地利学派排除出了德国大学的师资队伍。因此，与许多其他欧洲国家相比，德国很晚才感受到边际革命的影响。最终是奥地利学派的思想产生了较大的长期影响，历史方法消退，奥地利人的演绎方法成为经济分析的宠儿。即便如此，在经济学之中，抽象演绎分析依然在遭受着反对。对抽象演绎分析持批评态度的人认为，之所以会出现大萧条，部分原因是经济理论与现实世界缺乏联系。■

1883年

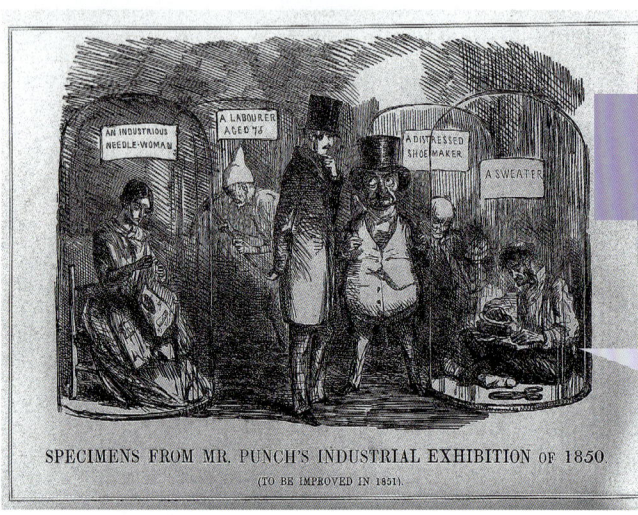

《工业革命讲稿》

阿诺德·汤因比（Arnold Toynbee，1852—1883）

092

阿诺德·汤因比非常关注工业革命的人力成本。机器取代了工人，能找到工作的人工资收入也很低。《笨拙》（*Punch*）杂志 1851 年一期上的一幅漫画也反映了这一点。

1884 年

工业革命（1760 年），斯密的《国富论》（1776 年），古典政治经济学（约 1790 年），德国历史学派（1843 年），沉闷科学（1849 年），马歇尔的《经济学原理》（1890 年），剑桥经济学荣誉学位考试（1903 年）

与德国一样，英国在 19 世纪末提出了经济学的历史方法。在经济学的历史方法研究中，最有学术影响力的是阿诺德·汤因比的《工业革命讲稿》（*Lectures on the Industrial Revolution*）。这批讲稿是 1881—1882 年向牛津大学本科现代历史学生讲授时使用的，于阿诺德·汤因比死后的 1884 年出版。《工业革命讲稿》全面剖析了 18—19 世纪经济生活和思想的变革，让"工业革命"一词在英语词汇之中流行起来。汤因比的讲稿从历史的角度记录了这一重要变革，并同时呼吁进行社会改革。事实上，汤因比一开始是想要完善自己认为已经破碎的系统，所以才开始研究经济学。

汤因比把蒸汽机的发明和斯密的《国富论》描述成变化和动乱的主要驱动因素，其中一些是有益的，但是，汤因比认为许多推手都是有害的。汤因比观察到竞争如何成为市场的普遍特质，也回应了马克思，观察到了机器生产和竞争市场如何开始把劳动和所有制分割开来。受约翰·拉斯金的影响，汤因比抛弃了古典经济学及其放任主义学问。汤因比给古典经济学贴上的标签是"残酷的、无人性的、杀害婴儿的凶手"。汤因比认为，放任主义学问好像支持着残忍无情的工业化。他认为，要研究资本主义的运行方式，就必须利用过去来理解现在和未来。汤因比相信，对于任何人来说，只有采用历史方法，提出的政策和改革才能解决工业革命的困难，包括低工资、工作环境恶劣、大量失业、生活水平低下。汤因比说，古典经济学无法解决这些难题。

汤因比的著作在大众中大受欢迎，但对当时的经济学影响不大。汤因比采取改革主义态度，还让人注意到了工人阶级的困境，许多慈善组织因而建立，其中就包括伦敦汤因比馆，其建立的宗旨就是缓解贫困。■

费边社会主义

乔治·萧伯纳（George Bernard Shaw，1856—1950）
比阿特丽斯·韦布（Beatrice Webb，1858—1943）
西德尼·韦布（Sidney Webb，1859—1947）
H.G. 威尔斯（H.G.Wells，1866—1946）

左图：这是一块牌匾，位于伦敦费边主义学会成立的地方。

右图：比阿特丽斯·韦布和西德尼·韦布是费边主义学会的两个重要人物。

古典政治经济学（约 1790 年），乌托邦社会主义（1813 年），《共产党宣言》（1848 年），马克思的《资本论》（1867 年），危机理论（1867 年），牛津福利方法（1914 年），供给学派经济学（1974 年）

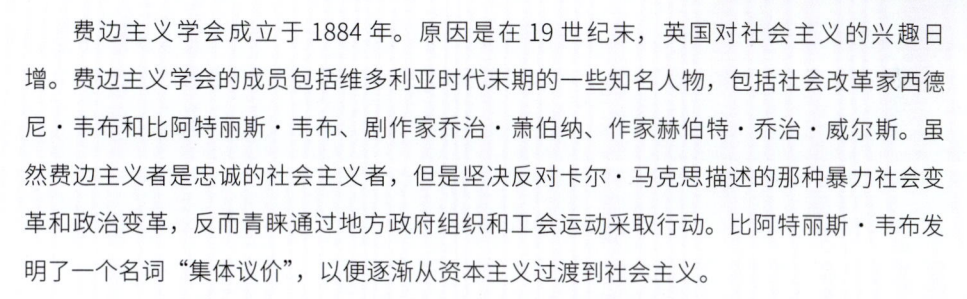

费边主义学会成立于 1884 年。原因是在 19 世纪末，英国对社会主义的兴趣日增。费边主义学会的成员包括维多利亚时代末期的一些知名人物，包括社会改革家西德尼·韦布和比阿特丽斯·韦布、剧作家乔治·萧伯纳、作家赫伯特·乔治·威尔斯。虽然费边主义者是忠诚的社会主义者，但是坚决反对卡尔·马克思描述的那种暴力社会变革和政治变革，反而青睐通过地方政府组织和工会运动采取行动。比阿特丽斯·韦布发明了一个名词"集体议价"，以便逐渐从资本主义过渡到社会主义。

费边主义者对英国经济生活和社会生活产生了深远的影响。1895 年，费边主义者成立了伦敦政治经济学院，利用一个成员的遗赠来促进费边主义思想的传播和"社会进步"。1913 年，韦布夫妇创办了《新政治家》（New Statesman）杂志。虽然跟费边主义学会不再有联系，但是，《新政治家》依然是英国左翼人士的重要喉舌。费边主义学会的成员还积极组建英国工党，并为工党服务。

韦布夫妇是费边主义运动的中心人物。韦布夫妇著作中的观点是，以放任主义为导向的古典政治经济学想法已经过时，英国应当予以摒弃。韦布夫妇的改革提议是基于对三项内容的研究：第一项内容是工业化的危害；第二项内容是英国济贫法（这是当时的福利系统）；第三项内容是国际政策。韦布夫妇以及其他费边主义者的作品探讨了最低工资、工作时长规章、普遍健康护理和国家教育系统。然而，提出的这些改革并不都那么吸引人。与当时英美的许多知识分子一样，大量早期的费边主义者都被优生学所吸引，包括绝育手术（作为一种机制来提高人口质量）。虽然费边主义改革举措在费边主义者的有生之年只带来了微不足道的影响，但是，英国在第二次世界大战后建立的福利系统却包含了半个世纪之前韦布夫妇宣扬的多项改革。■

1884 年

经济学之书 The Economics Book

庞巴维克的《资本与利息》

欧根·冯·庞巴维克（Eugen von Böhm-Bawerk，1851—1914）

094

欧根·冯·庞巴维克引入了"迂回曲折"概念，来描述需要较长时间完成的生产过程。比如，左图是法国艺术家费力克斯·齐耶姆（Félix Ziem，1821—1911）绘制的一幅油画（大约绘于1860年）。在油画里，制造的船和网增加了金枪鱼渔夫的渔获。

阿奎那论高利贷（1265年），新教改革运动（1517年），利息的节制理论（1836年），劳动价值理论与剥削理论（1867年），奥地利学派（1871年），真实利率（1896年），维克塞尔的累积过程（1898年）

1884年

在早期的奥地利学派，最重要的人物之一是欧根·冯·庞巴维克。庞巴维克在因斯布鲁克大学和维也纳大学担任教授，同时也是公务员。他的《资本与利息》（*Capital and Interest*）一书公开发行于1884年。《资本与利息》最为出名之处就是勾勒出了生产和交换理论，解释了时间的流逝如何影响商品的价值。

按照庞巴维克的说法，人们有着积极的时间偏好：人们珍惜当前的收入和商品，而不太青睐未来的收入和商品。为了推迟消费商品的满足感，人们会要求额外补贴，来弥补推迟的消费。这个额外补贴是以利息的形式存在的。

为了解释利息在生产中的重要性，庞巴维克引入了"迂回生产"概念。庞巴维克解释道，资本增加了特定数量土地和劳动的产出。然而，这种资本拉长了创造收入的时间。如果用手的话，十个渔夫一天可能抓到十条鱼。如果资本家订购船和网并用这种资本装备这十个渔夫，这十个渔夫可能会抓到500条鱼。造船和网需要时间，组成了生产过程的迂回曲折部分，原因是就在造船和网的时候，资本家原本可以把钱用于其他的生产目的。因为人们更珍惜现在，而不太青睐未来，所以，只有当个体可以靠自己的投资得到利息时，个体才会利用金融资本为这些迂回曲折过程融资。

庞巴维克的时间偏好理论是克努特·维克塞尔的累积过程分析的重要组成部分，联系起了三个方面：利率、货币供应和价格水平。庞巴维克的时间偏好理论也提出了影响广泛的论点，来反对卡尔·马克思的劳动价值理论。即使船和网的价值可以最终被削减为造船和网的劳动价值，如果没有资本家创造的迂回曲折生产方法，渔夫额外捕到的鱼也就不会存在。因为这些方法需要支付利息，而利息是生产商品的成本，所以迂回生产就会导致价格超过劳动价值，表明资本家的赢利并不仅仅是靠对劳动的剥削。■

095

经济学的职业化

这是美国经济学会五位早期会长的肖像。这五位会长是理查德·E.埃利（Richard E.Ely，左上角）、杰里迈亚·W.詹克斯（Jeremiah W.Jenks，右上角）、西米恩·N.帕滕（Simeon N.Patten，右下角）、约翰·贝茨·克拉克（John Bates Clark，左下角）、弗兰克·W.陶西格（Frank W.Taussig，中间）。

政治经济学俱乐部（1821年），各种经济学杂志（1886年），剑桥经济学荣誉学位考试（1903年）

在19世纪的最后二十年里，同许多其他学科一样，作为一门学术学科的经济学在美国和英国变得专业化起来。哲学家、亚当·斯密和大卫·李嘉图等受过良好教育的外行曾为经济学的发展做出至关重要的贡献，但是这样的日子已经一去不返了。假以时日，专业的经济学家就会统治经济学，训练崭新的一代专门化人才的项目，比如剑桥经济学荣誉学位考试，在大学里越来越普遍。

面向经济学家的职业化学会的出现，表明经济学领域越来越重要，也增加了经济学领域的声望。美国经济学会（American Economic Association，AEA）成立于1885年，旨在"鼓励经济研究"并且"完善经济讨论的自由"。美国经济学会意欲扩张学术经济学，并且提倡经济知识在政策争论中的使用，对任何特定系列的学说或者政策都不持立场——这种不持立场的立场一直延续至今。1890年，英国也想拥有一个与美国经济学会相媲美的学会，英国经济学会（British Economic Association）由此成立，后来更名为英国皇家经济学会（Royal Economic Society，RES），这一学会的宗旨是"促进经济科学研究"。

和许多职业化的学会一样，美国经济学会和英国皇家经济学会在成立之初都面临着许多问题，尤其是会员制度问题。学会应当是由学术经济学家组成的"学术型"学会，还是应将大众吸纳在内？最终，美国经济学会和英国皇家经济学会都采用了开放会员制度，允许对经济学感兴趣的任何人加入。即便如此，学术经济学家从一开始就控制了这两个学会，而且，学术经济学家的会议和出版物都继续以学术受众为目标。

在20世纪，经济学领域和经济学家人数都得到了扩张。由此，新的职业化学会出现了。一些新的职业化学会，比如劳动经济学家学会（Society of Labor Economists）、经济学历史学会（History of Economics Society），都符合学术分科。还有一些新的职业化学会，比如全美工商业经济学协会（National Association for Business Economics）和全国法证经济学协会（National Association of Forensic Economics），都支持经济学家投身工商业和咨询行业。■

1885年

各种经济学杂志

这是《经济学季刊》创刊号的目录页。《经济学季刊》是最早的经济学杂志之一。

重农主义者（1756 年），经济学的职业化（1885 年）

1886 年

最早的经济著作通常会包含哲学和神学等学科许多大部头专著里的一些小段落，甚至还包含小册子里的一些小段落。这些小册子探索的是跟政策相关的特定问题。18—19 世纪，学者开始构建较大且较为详细的框架用于经济分析。学者们用长篇专著来分享经济知识。到了 20 世纪初，学术杂志迅速成为散播新型经济知识的流行媒介。

第一批新型杂志——《经济学季刊》（Quarterly Journal of Economics）由哈佛大学经济学教师出版，《美国经济学会出版物》[Publications of the American Economic Association，后更名为《美国经济评论》（American Economic Review）]——于 1886 年创刊。随后，英国皇家经济学会出版了《经济学杂志》（The Economic Journal，1890），芝加哥大学的经济学教师出版了《政治经济学杂志》（Journal of Political Economy，1892）。在下一个世纪里，这些文献从为数不多的几份杂志变成了几百份杂志，许多都着眼于狭窄的分支学科，比如货币经济学、公共财政、劳动经济学。这些杂志根本不是第一批专注于经济学科的杂志。重农主义者的杂志《公民列表》（Éphémérides du Citoyen，1765）、《经济学家杂志》（Journal des Économistes，1841）、《普通国家医学杂志》（Zeitschrift für die Gesamte Staatswissenschaft，1844），都远远早于现代的经济学杂志。但此时最有影响力的作品都是以书的形式出现。

又过了半个世纪，杂志才完全超过以书为形式的作品，成为经济学领域重要贡献的表现形式。杂志崛起为学问的论坛，表明经济学研究转向了更为精深的问题。杂志崛起也反映了一种愿望：更快地把最新进展传递给这个蒸蒸日上的职业。这样就避开了出版以书为形式的作品所需的漫长构思过程。由此，也靠着强大的分析方法，经济学采用了已经在更为知名自然科学中盛行的做法。■

097

机会成本

弗里德里希·冯·维塞尔（Friedrich von Wieser，1851—1926）

酒馆老板用免费的午餐来吸引顾客在酒馆买酒。美国艺术家查尔斯·达纳·吉布森（Charles Dana Gibson）画了三个正在吃饭的主顾。

效用主义（1789 年），古典政治经济学（约 1790 年），边际革命（1871 年），杰文斯的《政治经济学理论》（1871 年），门格尔的《经济学原理》（1871 年），奥地利学派（1871 年），短缺和选择（1932 年）

你可能听说过一句话"世上没有免费的午餐"。这句话起源于 19 世纪末。因为美国的酒馆提供"免费"午餐来吸引酒客，这句话就是反其道而行之。现在，许多人使用这句话表达的意思是生活中没有真正免费的东西，这体现在"机会成本"这个经济理论之中。

传统的成本经济方法，有时被称为"真正成本"方法。其观点是，之所以有价格，实际上是出于消费商品或者生产商品所需的投入，价格就为成本提供了精确的尺度。奥地利经济学家弗里德里希·冯·维塞尔于 1889 年在其书《自然价值》（*Natural Value*）中采取了一个大不相同的方法——这个方法符合奥地利学派所信奉的主观主义价值方法。接替卡尔·门格尔成为维也纳大学教授的维塞尔认为，一项活动的真正成本反映了次优抉择的价值，为了实行选定的活动而牺牲了次优抉择。那么，这份午餐并不是真的免费，原因是为了得到这份午餐，你就不能把自己的时间投入其他事项之中。维塞尔把次优抉择叫作"择机成本"，但是"择机成本"很快就以"机会成本"而闻名。对于维塞来说，所有的价值最终都是由效用决定的。因此，机会成本就等于个体追求一个行动方案而放弃另一个行动方案时所牺牲的效用，维塞尔称其为"边际效用"。这翻转了古典观点。古典观点是成本决定价格。边际效用则认为效用决定价格。

边际效用和机会成本的这种关系改变了经济分析的基础。在以前，基础是较为笼统的供应和需求概念。而到了这个时候，基础是供应和需求概念之下的短缺和选择原理。包括菲利普·威克斯蒂德（Philip Wicksteed）和莱昂内尔·罗宾斯（Lionel Robbins）在内的学者使用这种关系翻新了经济学这门学科的定义，扩大了 20 世纪头三分之一时间里经济分析的范围。■

1889 年

经济学之书 The Economics Book

马歇尔的《经济学原理》

艾尔弗雷德·马歇尔（Alfred Marshall，1842—1924）

艾尔弗雷德·马歇尔（拍摄于1921年）不仅介绍了需求—供应模型和弹性等关键的经济概念，还让大众可以理解这些概念。

↳ 斯密的《国富论》（1776年），边际革命（1871年），瓦尔拉斯的《纯粹经济学要义》（1874年），需求—供应模型（1890年），其他变量不变的情况下（1890年），弹性（1890年），投资期限（1890年），庇古的《财富与福利》（1912年），博弈论进入了经济学（1944年），非合作博弈和纳什均衡（1950年），供给学派经济学（1974年）

1890年

艾尔弗雷德·马歇尔的《经济学原理》（*Principles of Economics*）出版于1890年。在边际革命的先驱性作品之中，《经济学原理》代表着最高水平。在当时，《经济学原理》可能是最有影响的著作。作为剑桥大学的政治经济学教授，马歇尔靠着自己的著作，尤其是靠着《经济学原理》，同时也通过自己的个性力量，马歇尔塑造了经济学未来的方向。得益于马歇尔的影响，剑桥大学多年来一直保持着经济学研究的中心地位。

马歇尔给经济学下的定义是"针对生活中日常工商业之中的人类所展开的研究。"这种研究"旨在考察与生产生活必需品获得和使用关系最为密切的个体行为和社会行为"。马歇尔的《经济学原理》着眼于实践，反映出虽然马歇尔是位著名的数学家，但是，他使用简单易懂的图表来表达自己的想法，就算外行也能理解，主张把数学放在书的附录里。

马歇尔的《经济学原理》提出并进一步凝练了经济学家们自从亚当·斯密时代以来研究基本经济问题的工具，也带给了我们许多概念，这些概念已成为现代经济学的中心。马歇尔创造了一个模型来解释需求与供应的运行方式，提出了弹性概念，表明在做经济预测时区分长期和短期的重要性，研究如何提高生产水平可以提供成本优势进而促成规模经济。靠着这些工具，马歇尔深刻认识到了市场系统的运行方式，以及进行消费者剩余分析来衡量经济政策的效益和成本。

在20世纪，一般均衡复活了，博弈论也被提了出来，表明马歇尔的框架存在一定的局限性。马歇尔的《经济学原理》着眼于孤立的个体市场，忽视了一个可能性：一个市场的卖家可以通过制定战略来增加利润。然而，马歇尔《经济学原理》的方法简单精确，是过去一个世纪经济学许多进展的关键，也继续为经济学家的研究和教学提供着信息。■

需求—供应模型

艾尔弗雷德·马歇尔（Alfred Marshall，1842—1924）

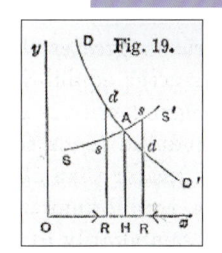

左图：马歇尔使用这幅图来说明自己的需求—供应模型。右图：艾尔弗雷德·马歇尔把供应与需求比作剪刀的锋刃来说明供应与需求之间的互动。

供应与需求（1767年），工资资金争议（1866年），边际革命（1871年），其他变量不变的情况下（1890年），弹性（1890年），投资期限（1890年），《垄断竞争理论》（1933年），《不完全竞争经济学》（1933年），芝加哥学派（1946年）

供应和需求这两个概念和经济思维本身一样古老。但是，直到经济学家于边际革命之时开发出数学工具和图表工具时，经济学家才深刻理解了供应和需求如何决定市场价格和生产者产出。1870年，英国工程师弗莱明·詹金（Fleeming Jenkin）对需求与供应进行图表分析。艾尔弗雷德·马歇尔以此为跳板，在《经济学原理》中提出了更为充分的需求—供应模型。

多个世纪以来，经济思想家都在争论价格是由需求决定还是由生产成本决定。如果价格是由需求决定的，卖家就会索要消费者愿意支付的最高价格。如果价格是由生产成本决定的，卖家就会回应竞争，索要较低的价格来吸引买家购买其产品。马歇尔认为，这两个视角都被误导了。他指出"如果我们争论主宰价值的是效用还是生产成本，那么，我们也可以合情合理地争论到底是一把剪刀的哪条锋刃剪开了一张纸"。马歇尔承认，如果你抓住一条锋刃且只移动另一条锋刃，你依然可以使用剪刀。但是，马歇尔最终得出结论，就像价格决定于一样，剪切最终要取决于两种力量的互动。马歇尔在如今已经名扬天下的需求与供应曲线之中描绘了这种互动。

靠着需求—供应模型，马歇尔探索了市场处于平衡之时，改变需求与供应的力量如何影响被买卖商品的价格和数量。很快，事实表明，这个模型有助于分析经济政策，让经济学家可以把税收、补助、规章等作为影响需求与供应的变量。

从大的方面来说，马歇尔最大的贡献就是证明了这个模型可以被卓有成效地用于所有的市场之中，包括劳动市场、资本市场、货币市场。马歇尔为各种各样的经济分析提供了一个统一的框架。马歇尔的需求与供应基本模型依然是经济思维的核心，既催生了入门级经济学教材，也催生了美联储制定货币政策时所使用的模型。∎

1890年

其他变量不变的情况下
艾尔弗雷德·马歇尔（Alfred Marshall, 1842—1924）

100

艾尔弗雷德·马歇尔的其他变量不变的情况下概念让经济学家可以使用供应与需求分析，以便计量。如果其他商品价格为衡量，这个加利福尼亚杂货店一种商品需求的减少会如何影响这种商品的价格。

↳ 瓦尔拉斯的《纯粹经济学要义》（1874 年），马歇尔的《经济学原理》（1890 年），需求—供应模型（1890 年）

1890 年

艾尔弗雷德·马歇尔的《经济学原理》构思了需求—供应模型，假定在特定的时间点，消费者所需产品的数量与卖家供应产品的数量是产品价格的函数。能够影响需求与供应的所有其他变量，比如收入、生产成本、买家和卖家数量，都被假定为恒量。马歇尔用其他变量不变的情况下这个术语来进行假定，源自拉丁语，意为"其他条件不变"，或者为恒量。

使用这个假设做出的分析是静态的，而不是动态的，原因是这种分析忽视了时间的流逝，而且这种分析跟一般均衡分析不同，研究的只是单个市场，或者为数不多的市场。因此，马歇尔的"片面平衡"方法并未解释反馈效应（一个市场价格和数量的变化会影响其他市场的价格和数量）。然而，马歇尔并不认为这些局限性是缺点。对于马歇尔来说，因为经济现实纷繁复杂，所以其他变量不变的情况下这个假设是必要的抽象。"需要研究的力量如此繁多，"马歇尔说，"因此，最好一次择出几个，得出大量片面解答作为我们主要研究的辅助。"并不是其他这些力量无关紧要。比如说，为了观察消费者收入变化或者销售税变化如何影响一个市场，我们为了实现眼前的目的，就必须把其他这些力量设为恒量。马歇尔并不认为这一方法不同寻常，也不认为这一方法是经济学所特有的。马歇尔称其为"科学手段"，从人类刚开始处理复杂问题时，就在使用这一方法。

马歇尔也并不认为基于其他变量不变的情况下的分析就是终点。当你继续进行经济分析时，你可以放松一些假设，最后的结果就是，你发现了跟一般均衡和时间流逝相关的影响。今天，经济学家继续使用以马歇尔的其他变量不变的情况下作为基础的方法，特别是在相关研究中，跨市场反馈效果相对不重要时，或者研究对象只针对特定市场。■

101

弹 性
艾尔弗雷德·马歇尔（Alfred Marshall, 1842—1924）

这是 1916 年 10 月 1 日《纽约论坛报》（*New York Tribune*）某一版面上刊登的商品需求价格弹性。可以看出价格大不相同。比如，跟咖啡和鞋子相比，黄金珠宝和三角钢琴有较大的弹性需求。

供应与需求（1767 年），需求法则（1820 年），古诺的《财富理论的数学原理的研究》（1838 年），马歇尔的《经济学原理》（1890 年），需求—供应模型（1890 年），其他变量不变的情况下（1890 年），柯布—道格拉斯函数（1928 年），计量经济学学会（1930 年），哈维莫的"概率论"（1944 年）

1890 年

需求法则告诉我们，人们想要购买的产品数量会随着产品价格剧烈变化。为了分析价格变化的影响，就需要理解产品数量导致价格变化时的灵敏性。需求导致价格变化时的灵敏性取决于诸多因素，比如，这种商品的替代品以及在研时间段。还需要知道供应的商品数量会如何回应价格变化，以及如何回应需求和消费者收入之间关系的量值。实际上，1857 年，统计学家恩斯特·恩格尔（Ernst Engel）指出，随着收入的增加，用在食品上的收入比例会下降——这个真知灼见就是著名的恩格尔法则（Engel's Law）。

在《经济学原理》中，马歇尔引入了弹性概念以便探索这些关系。马歇尔解释道，当对商品的需求具有较大价格弹性时，如果出现价格变动，所需数量就会变化得较为猛烈；如果对一件商品的需求无价格弹性，那么所需数量对价格变化就不会变化。如果一件商品有许多替代品或者其他选择，那么这件商品通常具有弹性需求。如橙汁价格上涨，许多人会转而选择其他果汁或者饮料。相反，人们对汽油的需求基本是无弹性的，原因是大多数机动车都只能靠一种燃料驱动。事实上，当价格上升一两个百分点的时候，汽油消费仅会轻微变化。以上所有的假设都没有其他变量发生变化，比如其他商品的价格。也就是说，应用了马歇尔的其他变量不变的情况下这一概念，否则，任何被观察到的需求变化都不能仅仅归因于商品价格变化。

计量经济学的发展，即统计技术用在了经济数据之中，使得经济学家可以准确地估计弹性价值。这些估计方便了经济预测和政策分析，经常被用来预测两种情况：一种情况是关税对进口商品需求的影响；另一种情况是提升工资建议会如何影响对劳动和就业率的需求。■

投资期限

艾尔弗雷德·马歇尔（Alfred Marshall，1842—1924）

就易腐商品而言，冷藏和运输的进步大大增加了可能短期供应调整的范围。比如，这里一块块的肉就是易腐商品。图为英国画家詹姆士·伯拉德（James Pollard）的《卖肉市场》（*The Meat Market*，1819）

背景知识

古典政治经济学（约1790年），萨伊法则（1803年），机器问题（1817年），边际革命（1871年），马歇尔的《经济学原理》（1890年），其他变量不变的情况下（1890年），菲利普斯曲线（1958年），自然失业率（1967年）

1890年

众所周知，约翰·梅纳德·凯恩斯打趣道："从长期来说，我们就都死了。"凯恩斯的话强调了短期来说及时校正市场系统错误的重要性，尽管市场系统会在一定时间内自行校正其问题。在19世纪末之前，大多数经济学家并未认识到，受到审查的时间段会对市场结果产生重大影响。如果你在思考市场力量如何在漫长时期之内展示出来，那古典经济学的许多方面，比如萨伊法则和托马斯·罗伯特·马尔萨斯对机器问题的看法，就都有意义了；但是，如果你开始考虑它们如何在短期产生效果，那么，就会得到全然不同的结果。

在《经济学原理》中，马歇尔首次深入解释了投资期限的重要性。艾尔弗雷德·马歇尔区分了"短期"和"长期"，人们一般认为这是其最重要的革新。就"短期"而言，一些生产性投入都是固定的，因此，当市场条件变化的时候，企业就难以按照最划算的方式调整产出。就"长期"而言，企业可以调整任何投入，企业可以更灵活地回应变化中的市场条件，既可以进入市场也可以退出市场。

我们可以观察这些不同的时间框架，在特定时间段内，商品需求的变化如何影响市场平衡的价格和产出，以及货币供应增长如何影响价格水平。比如，如果房屋供应相对固定，新房需求的增加可以在短期大幅推升新房价格；但是，如果房屋建造者因房价较高而扩大生产，那么房价往往会略微下降。因此，对房价的长期影响不会像短期影响那么极端。如果再把马歇尔的其他变量不变的情况下假设考虑在内，对投资期限的关注就让我们可以区分两者。一者是长期力量的影响，二者是短期干扰的即时影响。■

反托拉斯法

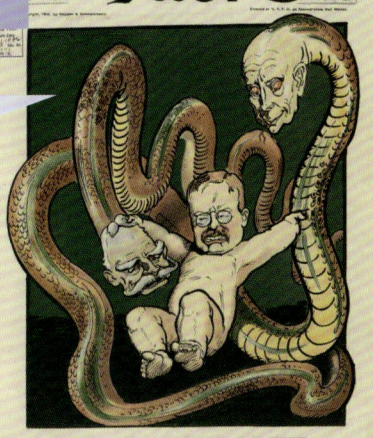

美国总统西奥多·罗斯福（Theodore Roosevelt，1858—1919）赢得了"托拉斯破坏器"的美誉，原因是西奥多·罗斯福总统凭借谢尔曼反托拉斯法拆散了垄断企业。在这幅1906年的漫画中，西奥多·罗斯福正与代表了约翰·D. 洛克菲勒（John D. Rockefeller，1839—1937）和参议员纳尔逊·W. 奥尔德里奇（Nelson W. Aldrich，1841—1915）的蛇斗争。约翰·D. 洛克菲勒是标准石油公司的首脑。

竞争过程（1776年），制度经济学（1919年），《资本主义的法律基础》（1924年），法律的经济分析（1973年）

在19世纪末，美国垄断企业崛起，尤其是在石油和钢铁行业尤为普遍。比如在制造业之中，规模经济使得大企业可以以较低的成本生产产品，从而把较小的企业赶出这个行业。在其他行业之中，企业相互勾结商定价格并划分市场，或者通过兼并、不公的定价行为来垄断市场，比如，标准石油公司（Standard Oil）与铁路公司密谋，以便确保运价远低于提供给竞争对手的运价，这样，标准石油公司就可以碾压对手并控制油价。

公众强烈地反对这些行为，因此，一些旨在遏制垄断的法律出台了。1890年，国会通过了《谢尔曼反托拉斯法》。《谢尔曼反托拉斯法》是"综合性经济自由宪章，旨在将自由无限竞争作为贸易法则"，它规定，企业相互勾结以及组建托拉斯垄断行业的行为是非法的。托拉斯是一系列独立的公司，由一个受托人委员会管理，可以有效地作为单个公司运营。1914年，国会又通过了两项法律，强化了政府的力量，以便限制垄断企业的壮大。《克莱顿法》禁止可能阻碍竞争的兼并，规定捆绑合同非法。按照捆绑合同，买家如果要购买一家公司的产品，就要购买另一个不相关的产品。《克莱顿法》还规定价格歧视违法。价格歧视指的是，在生产成本没有区别的情况下，卖出同一种商品，却向不同的买家索要不同的价格。《联邦贸易委员会法》禁止欺诈交易行为，并建立了联邦贸易委员会，与美国司法部反垄断司一起来保护消费者并促进竞争。

在与一些公司的诉讼中，美国公司取得了胜利，或者达成了有利的庭外和解。这些公司包括标准石油公司、柯达公司、美国电话电报公司、微软公司。美国政府还禁止了大量提出的兼并，原因是认为这些兼并反竞争。虽然反托拉斯行动表明政府干预可以促进竞争，但是，经济学家并未就何时限制垄断力量的出现达成一致。事实上，我们通常可以发现，一个反托拉斯案件的双方都有自己的证据。原因是，竞争行为和反竞争行为经常难以区分。■

1890年

序数效用

维尔弗雷多·帕累托（Vilfredo Pareto, 1848—1923）
安德烈亚斯·沃格特（Andreas Voigt, 1860—1940）

104

保罗·塞尚（Paul Gezanne, 1839—1906）所画的《苹果和橙子》（*Pommes et Oranges*, 1899）。有了序数效用理论，经济学家无须知道消费者对于苹果的偏好程度超出橙子多少，就可以排列出消费者对两者的偏好。

微积分的发明（约 1665 年），效用主义（1789 年），边际革命（1871 年），杰文斯的《政治经济学理论》（1871 年），瓦尔拉斯的《纯粹经济学要义》（1874 年），埃奇沃思的《数学心理学》（1881 年），无差异曲线（1906 年），希克斯—艾伦消费者理论（1934 年）

1893 年

在 19 世纪末，包括 W.S. 杰文斯（W.S.Jevons）、莱昂·瓦尔拉斯（Léon Walras）、F.Y. 埃奇沃思（F.Y.Edgeworth）在内的经济学家，把微积分和杰里米·边沁的效用主义人类行为方法融合在了一起，效用主义人类行为方法表明个体想要增加欢乐并且避免痛苦。从此，正式的消费者行为理论出现了，把消费者描述为一个小心衡量其他行为效益和成本的效用最大化者。这个理论允许经济学家更好地理解价格和收入水平等经济变体的变化如何影响个体决策和市场结果。然而，并不是所有的经济学家都接受这种新方法。一些经济学家拒绝接受效用主义，指出效用主义未能精确描述人类行为。他们认为，科学需要衡量，而效用无法衡量，所以，效用理论不是针对消费者行为的合格的科学方法。

1893 年，德国的经济学和数学家安德烈亚斯·沃格特首次对认为效用无法衡量的批评家做出了回应。安德烈亚斯·沃格特利用最近的数学作品，区分了"基数"和"序数"效用，把这两个名词引入了经济话语之中。基数效用的意思是，效用可以用单位来表达，把两个产品提供的相对满足感表达为比例；比如，跟橙子相比，苹果能带给一个人两倍的效用。杰文斯、瓦尔拉斯、埃奇沃思在自己的作品之中都使用了这个效用思想。序数效用则是指，你只能确定跟另一个产品相比，一个产品能给消费者提供较大还是较小的效用，而且你不能确定这种差额的程度。这就意味着，当用效用函数来描述消费者偏好并得出需求曲线时，你不需要担心效用能否被衡量。

沃格特区分了基数和序数效用。但在许多年里，这种区分基本不为人所知。人们通常认为，意大利经济学家维尔弗雷多·帕累托于 1900 年第一次基于序数效用得出了消费者理论。沃格特的基数—序数区分只有在 20 世纪 30 年代约翰·希克斯和 R.G.D. 艾伦（R.G.D.Allen）为消费者行为理论作出开创性贡献后才重新出现。■

图甘-巴拉诺夫斯基和贸易周期

米哈伊尔·I. 图甘-巴拉诺夫斯基（Mikhail I. Tugan-Baranovsky, 1865—1919）

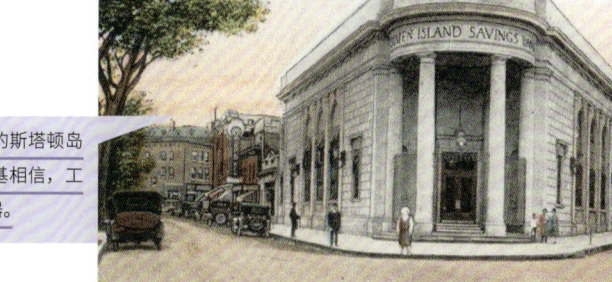

105

这幅插图是一张老式明信片，图中是纽约的斯塔顿岛储蓄银行。米哈伊尔·图甘-巴拉诺夫斯基相信，工商业借入行为波动是经济周期的重要驱动器。

> 萨伊法则（1803 年），危机理论（1867 年），米切尔的《经济周期》（1913 年），康德拉捷夫长波（1925 年），数学动力（1933 年），丁伯根模型（1936 年），乘数—加速数模型（1939 年），真实经济周期模型（1982 年）

1894 年

在 19 世纪，萨伊法则强力控制着经济思维。经济学家相信整个经济体不会出现供应超过需求的情况，经济学家缺乏一个成熟的理论来解释经济周期——经济之中的上行和下行。经济学家通常把这些周期归因于外部震荡，比如银行危机、国家出口需求的变化、技术革新等。虽然法国的历史学和经济学家让·查尔斯·德·西斯蒙第（Jean Charles Léonard de Sismondi）首先于 1819 年观察到了这些周期的存在，但直到 19 世纪 90 年代末，俄国经济学家米哈伊尔·I. 图甘-巴拉诺夫斯基才解释了一点：就算没有如此震荡，这些波动依然会发生。

巴拉诺夫斯基认为经济周期的起源在经济本身——尤其是在于两者之中：一是工商业投资，二是金融资本集中在少数资本家手中时。当经济活跃的时候，利润增加。资本家用赚的钱购买有形资本，在资金耗尽的情况下即使借款也要为进一步扩张筹措资金。这样就拉升了利率。更重要的是，这样还导致生产制造其他产品的资本商品（如机器）过度供应，这些投资的赢利就会下降。企业的反应就是减少投资和借款，削减对资本商品的需求。这最终导致了经济下探。经济如何才能重回上行道路呢？图甘-巴拉诺夫斯基假定经济低迷不会大幅影响储蓄行为。当个体持续存钱的时候，可贷资金的供应就会增加，直到利率下跌到足以鼓励新工商业投资的地步，从而刺激经济增长。巴拉诺夫斯基的理论表明，经济周期是资本主义内在的。巴拉诺夫斯基不仅揭露了萨伊法则的错误，还对马克思的危机理论产生了挑战。资本主义并未导致毁灭，而是包含着自我纠错的力量，使得资本主义起起伏伏，循环往复。巴拉诺夫斯基的分析将会启发韦斯利·克莱尔·米切尔（Wesley Clair Mitchell）、尼古拉·康德拉捷夫（Nikolai Kondratiev）、拉格纳·弗里希（Ragnar Frisch）进一步的经济周期研究。这三人试图衡量这些周期并且让我们深入理解为什么这些周期一直存在。■

经济学之书 The Economics Book

赋税效益原理

克努特·维克塞尔（Knut Wicksell，1851—1926）
埃里克·林达尔（Erik Lindahl，1891—1960）

106

这张 1902 年的照片展示的是纽约卡茨基尔山的一个公路收费站。收费公路通常被视作实行效益原则的例子。

租金与剩余理论（1662 年），斯密的《国富论》（1776 年），穆勒的《政治经济学原理》（1848 年），单一税（1879 年），公共选择分析（1962 年），最优税收理论（1971 年）

1896 年

从古代开始，政府官员就在思虑为政府服务筹措资金的最好方法。一个方法涉及基于支付能力分配税负，约翰·斯图尔特·穆勒把支付能力描述成"均等牺牲"。然而，亚当·斯密认为，个体纳税应当反映个体从政府商品和服务之中得到的效益。这个赋税"效益原则"促使人们就自己得到的效益撒谎，从而减少自己的税负。鉴于此，应该如何决定政府开支和资助政府开支的税收？

1896 年，瑞典经济学家克努特·维克塞尔在他的《公共财政理论研究》（Studies in the Theory of Public Finance）一书中给出了答案，建议投票决定所有的税收开支提案。只有当选民的预期效益至少等于其税收成本时，选民才会支持一个提案。这就意味着，如果税负根据效益原则分配，只要总利润大于社会总成本，任何政府行为都会得到一致赞同。因此，只能实行得到一致赞同的开支提案。维克塞尔反驳道，如果社会收入分配是公平的，税负分配也会是公平的。1919 年，另一位瑞典经济学家埃里克·林达尔证明，如果每个个体支付的税收都等于所获政府商品和服务的边际效益，那么这个结果也会是高效的。

维克塞尔意识到，获得一致同意是不可能的。维克塞尔因此建议通过税收开支政策需要多数选民。他认为此举会基本遵循效益原则的思想并且最小化一个可能性：部分选民迫使他人为其无法获益的服务付钱。把整个税收系统置于效益原则之上依然是无法实行的。但是，收费公路、打猎和捕鱼执照费，就是应用效益原则基本思想的两个例子，收入通常被用于资助服务，而服务就提供给支付这两项费用的人。■

107

失 业

约翰·A. 霍布森（John A.Hobson，1858—1940）

这是19世纪80年代的一幅铜版画，描绘的是向伦敦的失业工人分发粥券。

> 萨伊法则（1803年），消费不足（1804年），卢森堡的《资本积累》（1913年），牛津福利方法（1914年），凯恩斯的《就业、利息和货币通论》（1936年）

1896年

严重的失业贯穿了整个19世纪，同时也出现在许多经济著作中。但是，直到19世纪80年代，经济学家才开始把失业作为经济生活的事实看待。失业会在萧条时期变得严重，会给工人阶级带来严重的困难。1896年，英国作家约翰·A. 霍布森在其《失业问题》（The Problem of the Unemployed）一书中着重强调了前所未有的失业问题。

或许，就霍布森关于失业的作品而言，最著名之处就是他给失业下的定义："工人阶级遭受的各种形式的非自愿休闲"。霍布森认为失业工人想要工作但无法工作，而不是自愿选择不工作。这样，霍布森就转移了关于失业的话题。以前对话的内容是关于个人道德缺陷的忧虑，比如懒惰就是一种个人道德缺陷。现在，话题的内容是社会经济原因。

霍布森把失业的原因定位于消费不足。虽然后世把下个观点跟约翰·梅纳德·凯恩斯（John Maynard Keynes）联系在了一起，但是霍布森较早提出了这个观点：经济衰退是源于过度储蓄导致的总需求不足。虽然储蓄可能对个体有好处，但是，太多的储蓄会导致整个经济消费不足。为了矫正这种情况，霍布森提出了收入再分配项目，把富裕储蓄者的钱交给下层阶级去花，以便促进消费和就业，把失业扼杀在萌芽之中就能降低失业率。

按照萨伊法则，过度生产和消费不足不可能在市场中存在。在萨伊法则的统治之下，当时的经济学家觉得霍布森关于消费不足的观点是旁门左道。但是，霍布森并未退缩。"新自由主义者"团体相信，放任主义原则未能提供稳定的经济和长久的繁荣。作为团体的一员，直到20世纪30年代，在一系列广泛诵读的著作之中，霍布森都在继续抨击古典经济学及其经济政策方法。霍布森推崇实施"最低生活工资"，并谴责针对帝国殖民企业展开的金融投机。霍布森认为，这些投机资金本可以有更好的用途：处理国内的失业问题和消费不足问题。■

经济学之书 The Economics Book

真实利率

欧文·费雪（Irving Fisher, 1867—1947）

108

这是一幅欧文·费雪的肖像（1927）。欧文·费雪关于利率的作品阐明了个体和工商企业如何做出储蓄和投资决策。

1896年

> 货币数量理论（1568年），桑顿的《大不列颠票据信用的性质和作用的探讨》（1802年），利息的节制理论（1836年），穆勒的《政治经济学原理》（1848年），庞巴维克的《资本与利息》（1884年），马歇尔的《经济学原理》（1890年），维克塞尔的累积过程（1898年）

欧文·费雪曾任耶鲁大学数学教授，后来又担任经济学教授，可能是20世纪初最有影响力的美国经济学家。欧文·费雪以其对货币经济学的贡献而闻名，用数学形式表达了货币数量理论，描述了货币供应与价格水平之间的直接关系，公式如下：$MV=PT$，其中，M是货币供应，V是周转率（货币流通速度），P是价格水平，T是经济中交易量或者产出。

更重要的是费雪区分了真实利率和票面利率以及二者如何影响储蓄和投资决策。票面利率是货币在市场借出时的利率。在其《增值与利息》（*Appreciation and Interest*，1896）一书中，费雪认为，对于借方、储蓄者、放贷人来说，真正重要的不是票面利息。真正重要的是真实利率，真实利率等于票面利率减去通货膨胀率。如果一笔贷款的票面利率是百分之六，通货膨胀率是百分之三，那么，交给放贷人的真实利率只有百分之三。通货膨胀消磨了这笔资金一半的购买力。因为通货膨胀提高了借方的收入，所以支付利息的真实成本也下降了一半。另外，真实利率和价格一样，是由供应和需求支配的；人们偏好当前消费而不是未来消费，影响了可贷资金的供应，而投资的生产率则打击了需求。

就利率在经济中的作用而言，费雪的真知灼见解决了大量的困惑。当工商业前景黯淡的时候，即使票面利率极低，也不足以鼓励投资，原因是借方在两个方面进行了比较。一方面是真实利率，另一方面是贷款投资的预期赢利。自从大萧条以来，真实利率一直近乎零，甚至为负数，原因是美联储希望让人更廉价地融资以便刺激投资和经济增长。■

维克塞尔的累积过程

克努特·维克塞尔（Knut Wicksell，1851—1926）

在20世纪初，银行把所需准备金存放在如图这样的保险库之中。这种保险库用来存储储户的贵重物品。

货币数量理论（1568年），桑顿的《大不列颠票据信用的性质和作用的探讨》（1802年），重金主义争议（1810年），图甘-巴拉诺夫斯基和贸易周期（1894年），米切尔的《经济周期》（1913年），康德拉捷夫长波（1925年），数学动力（1933年），丁伯根模型（1936年），乘数—加速数模型（1939年），真实经济周期模型（1982年）

自16世纪以来，经济思想家就在使用货币数量理论来解释货币供应、价格水平、经济产出之间的关系。在19世纪初，亨利·桑顿指出，货币供应改变之后，利率会影响价格上涨的程度。1898年，瑞典经济学家克努特·维克塞尔的"累积过程"模型巩固了这种联系。

维克塞尔从理论上说明，有一个"自然"利率可以把消费者的储蓄决策与生产商的投资决策统一起来。自然利率反映了工商业投资的长期平均生产力，只能被估计。如果银行设定的市场利率等于自然利率，那么就不会有通货膨胀了。但是，如果市场利率低于这个门槛，以低于自然盈利率的利率借入资金则有利可图，工商企业就会转向银行寻求信贷，以便开展新的投资。新投资增加了经济中对资源的需求，推升了价格。维克塞尔所说的"累积过程"中价格螺旋上升，可以无限进行下去，只要满足一个条件：市场利率依然低于自然利率，并且银行有无限的信贷供应。

当市场利率低于自然利率时，持续的通货膨胀可以归于信贷货币供应所带来的影响。一些国家要求银行保持一份消费者储蓄存款作为准备金，这样有助于限制困扰维克塞尔的通货膨胀螺旋。"准备金的要求"最终导致银行减少放款来限制信贷，从而推升了市场利率。维克塞尔观察到了这一动力，从而得出了经济周期理论。维克塞尔详细论述了市场利率和自然利率之间的差异如何促成储蓄动机和借入行为动机，从而导致经济波动。对于货币决策者来说，估算自然利率至关重要，因为货币决策者想让利率接近自然水平以便控制通货膨胀。■

1898年

凡勃伦的《有闲阶级论》

索尔斯坦·凡勃伦（Thorstein Veblen，1857—1929）

110

这幅插图由艾伯特·利弗林（Albert Levering，1905）所绘，表明的是凡勃伦所说的有闲阶级在参加一个舞会。

↱ 赫西俄德的《工作与时日》（约公元前700年），生产性劳动和非生产性劳动（1776年），马克思的《资本论》（1867年），边际革命（1871年），制度经济学（1919年），行为经济学（1979年）

1899年

有些人把边际主义方法用于经济分析。一些批评家就此展开了批评。在这些批评家之中，最著名的就是美国经济学家索尔斯坦·凡勃伦。在一系列的书和文章中，凡勃伦勾勒出了研究经济事务的进化方法。进化方法以制度的重要性作为基础。这些制度包括法律、习惯和习俗，以及技术。凡勃伦的真知灼见为制度经济学打下了一定的基础。制度经济学将在20世纪头三分之一的时间里居于美国经济思想的重要位置。

凡勃伦最有影响力的贡献是通过其讽刺之书《有闲阶级论》（The Theory of the Leisure Class）实现的。《有闲阶级论》出版于1899年，把社会学和经济分析联系在了一起。凡勃伦把边际主义者描述的生产商和消费者视作理性效用最大化者，凡勃伦认为社会地位的推动力刺激了人类行为。在最基本的层面，社会分成"有闲阶级"和工人阶级，"有闲阶级"的组成部分是商人、律师以及其他专业人士，而工人阶级通过劳动为"有闲阶级"制造财富。工人阶级的生产力允许上层阶级把精力用在休闲活动和商品的"炫富消费"上，"炫富消费"会强化上层阶级成员的社会地位。休闲活动和商品包括体育运动、社会活动、精美的衣服；体育活动包括网球、赛马等；社会活动包括电影和歌剧。正如凡勃伦所说，"昂贵商品的炫富消费是休闲绅士名望的来源。"同时，下层阶级致力于"地位效仿"，一有机会就模仿上层阶级的消费行为，表现出较高社会地位才有的形象。

凡勃伦使用《有闲阶级论》作为批评资本主义的基础。卡尔·马克思因资本主义的生产力而赞扬资本主义，但凡勃伦认为，资本主义的生产活动和攫取活动造成了社会资源的浪费，把较为实用商品生产中的资源转移到了别的地方。当代关于疯狂消费主义的讨论回应了凡勃伦对资本主义的批评。当代行为经济学也在努力构建人类行为理论，该理论吸纳了凡勃伦观察到的一些广泛力量。■

克拉克的《财富的分配》

约翰·贝茨·克拉克（John Bates Clark，1847—1938）

1895年，两个女人在曼彻斯特的鞋厂里准备原料。约翰·贝茨·克拉克的边际生产力理论解释了一点：在完美竞争的市场之中，工人工资是由工人生产的产出价值决定的。

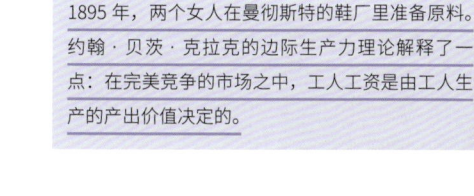

↳ 杜能的《孤立国》（1826年），工资资金争议（1866年），劳动价值理论与剥削理论（1867年），边际革命（1871年），《不完全竞争经济学》（1933年）

19世纪末，美国经济学家做出了许多贡献，从而赢得国际声望。这批经济学家先驱之中就有哥伦比亚大学的教授约翰·贝茨·克拉克。一开始，经济学家克拉克反对资本主义，但最终成为资本主义最坚定的捍卫者之一。1899年，克拉克出版了《财富的分配》（*The Distribution of Wealth*）一书，书中就市场竞争过程中的优点提供了极具影响力的理论依据。

克拉克提出了收入分配理论来解释工资、生产利润、土地租金在竞争系统中是如何被决定的。靠着边际主义者的数学工具，克拉克证明，在竞争条件下，劳动、资本、土地三者的赢利会等同于最后一个单位投入所生产的额外产出价值。众所周知，这种额外产出就是投入的边际产品。比如，劳动者的工资就等于工商企业少雇一个工人所牺牲产出的价值，而资本家的投资赢利就等于直接归于这笔投资的额外产出价值。如果所有的生产投入都是根据其边际产品付款，那么，这些付款就会耗尽产出的价值。

克拉克使用这个理论来从伦理上为竞争资本主义体制辩护。生产投入的所有者得到的赢利应该等于他们生产的价值；克拉克指出，任何其他分配都是不公的。批评家认为，在经济日益不平等的时期，克拉克的理论几乎只是就资本家所得高利润道个歉而已。然而，当社会主义思潮逐步流行的时候，克拉克的理论也是反对社会主义的高效论据，原因是克拉克的理论反驳了卡尔·马克思的观点：生产产生了剩余，而资本家可以从劳动之中偷走剩余。经济学家想要搞懂在资本主义经济之中生产投入价格如何被决定，边际生产力理论在这方面发挥着核心作用。后来，克拉克的理论得到了发展，澄清了当市场不像克拉克假定的那样具有高度竞争性的时候，这种价格会以哪些方式偏离。■

1899年

剑桥经济学荣誉学位考试

艾尔弗雷德·马歇尔（Alfred Marshall，1842—1924）

112

剑桥大学国王学院。国王学院集聚了著名的经济学家，包括约翰·梅纳德·凯恩斯、阿瑟·塞西尔·庇古、理查德·卡恩、尼古拉斯·卡尔多、理查德·斯通。

德国历史学派（1843年），经济学的职业化（1885年），马歇尔的《经济学原理》（1890年）

1903年

在19世纪，政治经济学这门科学逐渐形成。政治经济学开始出现在大学课程之中，最终成为成熟学位项目的研究对象。伦敦大学于1901年提供了第一个本科经济学学位项目，其他几所大学也在接下来的几年里群起效仿。1903年，剑桥大学创建了经济学荣誉学位考试，成为其中最有影响力的一个。剑桥大学从中受益，在20世纪头些年强化了自己在经济学领域的中心地位。

"荣誉学位考试"是剑桥使用的一个术语，指的是获得特定学科或者一批学科的学士学位的研究项目，虽然学生可以在剑桥大学把经济学作为"道德科学"的一部分来学习，但是，政治经济学教授艾尔弗雷德·马歇尔想让这门学科有一个独立的学位项目，以便提供"关于经济学基本原理的系统训练，服务未来的学者、商人、公共行政人员"。艾尔弗雷德·马歇尔的目标并不具有太多的实践性，而是要用专门的推理方法——经济推理来训练学生。一开始被经济学荣誉学位考试录取的学生沉浸在经济分析之中，但他们也研究一些学科：政治理论、国际法、经济历史。这个学习广度与今天充斥着数学和统计学的经济学课程形成了鲜明的对比。

在接下来的几十年里，经济学荣誉学位考试修改了几次，以便在牺牲政治和法律的情况下进一步强调理论经济学。经济学荣誉学位考试的学生有幸得到了世界顶级经济学家的教诲，包括琼·罗宾逊（Joan Robinson）、A.C.庇古（A.C.Pigou）、约翰·梅纳德·凯恩斯。直到20世纪50年代，学生才开始广泛要求得到专门化的经济学学位。但是，此前的教学过程就已经广泛复制了马歇尔的观点：训练学生开发经济推理能力。在此基础上，经济学发展成为一个学术学科，并最终应用于政策制定、工商业和金融。■

113 帕累托最优与效率

维尔弗雷多·帕累托（Vilfredo Pareto，1848—1923）

维尔弗雷多·帕累托的"最大满足感"概念成为衡量经济结果是否高效的基石。

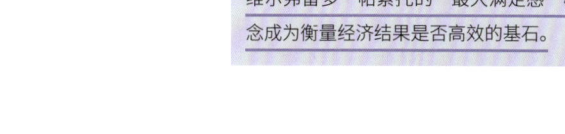

消费者剩余（1844年），埃奇沃思的《数学心理学》（1881年），伯格森社会福利函数（1938年），卡尔多—希克斯效率标准（1939年），福利经济学的基本定理（1943年），次优理论（1956年）

意大利经济学家维尔弗雷多·帕累托于1893年接替了莱昂·瓦尔拉斯在洛桑大学担任教授。在世纪之交，跟其他经济学家相比，只有瓦尔拉斯在最大限度上发展了瓦尔拉斯的理论系统并强调了一般均衡分析的重要性。帕累托接受的训练是要成为数学家和工程师，这种训练有助于形成帕累托的经济学方法，把数学和强烈的经验主义验证兴趣结合了起来。1906年，帕累托出版了《政治经济学手册》(Manual of Political Economy)，展示了自己这两个方面的兴趣。

帕累托的效率思想——现在通常被称作"帕累托最优"（Pareto optimality）——是帕累托最有影响力的贡献。弗朗西斯·伊西德罗·埃奇沃思已经于1881年提供了一个原始效率思想，这个原始效率思想涉及一些情况：在给定他人的效用水平的情况下，每个个体的效用都被最大化了。在其《政治经济学手册》，帕累托把埃奇沃思的理念延伸到涉及生产和交换的经济之中。帕累托认为最优态——或者，用帕累托的话说，最优态是社会的"最大满足感"（这是帕累托本人创造的一个名词）——实现的条件是，发现就当时的状态不可能做出一点小的改变来使一个个体好转或者恶化。换句话说，在帕累托高效状态下，只有让他人恶化，才可能使一个人好转，否则就无法让一个人好转。假设在没有减少他人福利的情况下就可以改善至少一个人福利，那么，这种结果就是低效的。

这个效率思想直接有效地避免了一个伦理问题：比较获得效用之人与失去效用之人。原因是，如果有人恶化了，就不能说这种变化是个提高。虽然被广泛用来评估福利经济学之中的效率，但是，"帕累托最优"的实用性非常有限。因为大多数经济变化涉及胜利者和失败者，所以这些经济变化都无法通过帕累托检验。从这个角度出发，帕累托标准有效地强化了现状。经济学家们的回应就是提出了其他的方法，比如，卡尔多—希克斯效率标准，以便评判结果是否高效。经济学家们还提出了社会福利函数，以便同时考虑不同的公平问题。■

1906年

无差异曲线

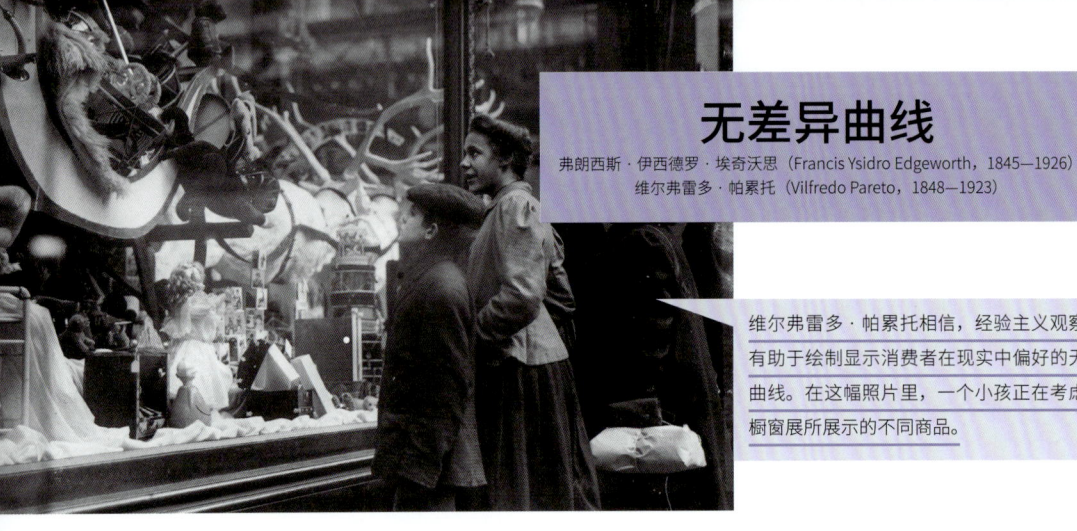

弗朗西斯·伊西德罗·埃奇沃思（Francis Ysidro Edgeworth，1845—1926）
维尔弗雷多·帕累托（Vilfredo Pareto，1848—1923）

114

维尔弗雷多·帕累托相信，经验主义观察资料有助于绘制显示消费者在现实中偏好的无差异曲线。在这幅照片里，一个小孩正在考虑假日橱窗展所展示的不同商品。

↳ 埃奇沃思的《数学心理学》（1881 年），序数效用（1893 年），收入效应和替代效应（1915 年），希克斯—艾伦消费者理论（1934 年），显示性偏好理论（1938 年）

1906 年

序数效用思想认为，消费者可以把能买到的各种商品按照偏好程度从高到低排列。序数效用思想为引入新的图表工具铺平了道路。这个新的图表工具就是无差异曲线。与消费者偏好程度较低的一类商品相比，消费者偏好程度较高的一类商品能提供较大的效用。虽然商品多种多样，但只要每类商品都能提供同等水平的效用，消费者就会觉得并无差异。在一幅图中，无差异曲线代表了这批商品。在其《数学心理学》（1881）之中，弗朗西斯·伊西德罗·埃奇沃思详细阐述了这些曲线的原始数学起源以及图示。但是，意大利经济学家和社会学家维尔弗雷多·帕累托的《政治经济学手册》（1906）以自己的方式展示了这些曲线，今天任何研究经济学的人熟悉的都是这种方式。

埃奇沃思认为，无差异曲线是个有用的理论观念，可以用来分析价格变化和收入水平变化所带来的影响。但是，帕累托相信，利用观察到的个体行为而不是专门的关于效用本质的假设，可以按照经验主义构建无差异曲线。这意味着，如果无差异曲线图可以反映提供特定水平效用的那批商品，那么无差异曲线图就能代表现实中消费者的偏好，并表明消费者是如何基于潜在商品产生的满足感去判断与其他商品的不同，判断出这个商品是优、劣还是均等。帕累托认为，无差异曲线图提供了"消费者品位众生相"。这些品位与消费者面临的限制共同决定了消费者实际选择的商品和服务。凭借无差异曲线图，经济学家可以追踪约束的变化给消费者选择带来的影响。

无差异曲线成为序数效用分析的重要组成部分，并揭示了偏好理论。偏好理论认为，个体偏好可以由不同环境下消费者做出的消费选择来揭示。偏好理论与基数效用方法一起成为经济学分析的重要方法。虽然后来用数学表示这些关系变得更为普遍，但是在向学生展示消费者选择过程和需求曲线基础时，无差异曲线一直是标配。■

115

庇古的《财富与福利》
阿瑟·塞西尔·庇古（Arthur Cecil Pigou, 1877—1959）

这是雅各布·里斯（Jacob Riis, 1849—1914）拍摄的"《五美分床位》(*Five Cent a Spot*)"。在这幅照片里，房客住在纽约城拥挤的经济公寓之中，描述的这种情形让人质疑市场系统能否实现社会利益最大化。

斯密的《国富论》（1776 年），看不见的手（1776 年），马歇尔的《经济学原理》（1890 年），外部经济和外部不经济（1912 年），伯格森社会福利函数（1938 年），阿罗的不可能性定理（1951 年），公共商品（1954 年），外部性和市场失灵（1958 年），《集体选择和社会福利》（1970 年）

1912 年

自从 1776 年《国富论》出版以来，亚当·斯密对日益增长的国家财富担忧一直是经济学的焦点，而国家财富是根据社会产出的价值来衡量的。然而，效用主义认为，除了财富之外，还要考虑其他因素。经济学家越来越关心如何衡量"福利"以及"福利"如何受到外部环境变化的影响。在 20 世纪，这种关心促成了"福利经济学"的诞生。在其 1912 年的专著《财富与福利》（*Wealth and Welfare*）中，剑桥大学经济学家阿瑟·塞西尔·庇古最先提出了"福利经济学"的基本轮廓。

庇古担心，如果任由市场体系各行其是的话，市场体系会无法实现福利最大化。虽然庇古不能设法衡量超越国家财富的福利，但庇古认为，垄断企业的出现、失业、污染、灯塔和科学研究等特定重要商品和服务的生产不足，都是市场结果的例子，使得一个国家无法最大化其福利。对于庇古来说，这些问题的重要性表明，政府可以去干预市场以便增加经济福利。

庇古绝对不是第一个确认市场体系和放任主义潜在缺点的人。在大约一个多世纪的时间里，经济学家削弱了斯密"看不见的手"思想。根据"看不见的手"思想，生产商和消费者追求自身利益就能实现社会利益。然而，庇古把这些忧虑置于其老师艾尔弗雷德·马歇尔的成本—效益分析的边际主义框架之中。这样，庇古就能较为正式地说明私人利益和社会利益在何处产生差异，也能较为正式地说明为什么市场结果无法实现福利的最大化。庇古也使用这些工具来说明，不同形式的政府干预可以如何纠正这些市场失灵。政府干预包括公共道路、赋税或者污染规章。在 20 世纪 30 年代，包括艾布拉姆·伯格森（Abram Bergson）和保罗·萨缪尔森在内的经济学家开始提出社会福利理论，研究较为广泛的福利思想，包括全社会效用函数或者福利函数，从而可以较为重视特定的结果，例如穷人的福祉。■

外部经济和外部不经济

阿瑟·塞西尔·庇古（Arthur Cecil Pigou，1877—1959）

116

这幅油画名为《伯利恒钢铁厂》（*Bethlehem Steel Works*，1881），出自美国艺术家约瑟夫·彭内尔（Joseph Pennell）之手，展示的是一家工厂在向大气中排污。这就是外部不经济的一个例子。

↳ 看不见的手（1776 年），马歇尔的《经济学原理》（1890 年），凡勃伦的《有闲阶级论》（1899 年），庇古的《财富与福利》（1912 年），未来资源以及环境经济学（1952 年），外部性和市场失灵（1958 年），科斯定理（1960 年），排放权交易（1966 年）

1912 年

经济活动涉及个体在较大的社会背景之中进行决策，而且，这些选择经常相互影响。例如，钢铁的生产可能产生污染，破坏环境或者损害工厂周围居民的健康。教育提高了工人的生产力，从而为整个社会提供了效益。有时，一个市场系统并未迫使个体决策时考虑这些外部效益与成本。如果太多的活动具有负面溢出效应，而具有正面影响的活动又太少，那么就会出现无效结果。

在《经济学原理》中，艾尔弗雷德·马歇尔首先提出了外部经济（正面溢出效应）和外部不经济（负面溢出效应）理论。艾尔弗雷德·马歇尔发现，一个行业的扩张可能改变所有生产商的生产成本。比如，如果一个行业是小型行业，那么，省成本机器的发明或者铁路等交通网络的发展就可能并不值得；但如果这个行业规模较大，那就可能从省成本机器的发明或者铁路等交通网络的发展之中得到回报。但是，广泛应用外部经济和外部不经济理论的是马歇尔的学生阿瑟·塞西尔·庇古。阿瑟·塞西尔·庇古在《财富与福利》中广泛应用了外部经济和外部不经济理论。"外部性"逐渐为人所知，这些"外部性"代表了"看不见的手"失灵，无法产生最大化社会财富的结果。庇古认为，政府如果能有效纠正这些弱点的话，就应该及时纠正。庇古认为，最好的策略就是使用税收来减少具有负面溢出效应的活动，并且补贴具有正面溢出效应的活动。这些措施后来被称作"庇古税"。

后来，罗纳德·科斯挑战了外部经济和外部不经济理论。罗纳德·科斯认为，庇古低估了计算核实的税率和补贴率的困难。但是，庇古的外部性理论依然是现代经济分析和政策的中心内容。今天，政府利用"庇古税"或补贴来解决大范围的外部性，包括应对污染的碳税、高等教育补贴等。事实上，2018 年，威廉·诺德豪斯（William Nordhaus）之所以获得诺贝尔经济学奖，部分原因在于他估计了跟碳税相关的效益。■

经济学之书 The Economics Book

117 米切尔的《经济周期》

韦斯利·克莱尔·米切尔（Wesley Clair Mitchell，1874—1948）

图为雇员在生命统计学分部工作。生命统计学分部是美国人口普查局的分支机构。韦斯利·克莱尔·米切尔使用美国人口普查局以及其他来源的数据，来用图表说明经济周期并且分析经济周期。

图甘—巴拉诺夫斯基和贸易周期（1894 年），凡勃伦的《有闲阶级论》（1899 年），制度经济学（1919 年），美国国家经济研究所（1920 年），康德拉捷夫长波（1925 年），考尔斯委员会（1932 年），数学动力（1933 年），凯恩斯的《就业、利息和货币通论》（1936 年），丁伯根模型（1936 年），乘数—加速数模型（1939 年），真实经济周期模型（1982 年）

在 20 世纪前半叶，经济学家把注意力放在了经济周期成因之上。经济周期是一种趋势：经济在扩张和收缩之间波动。美国经济学家韦斯利·克莱尔·米切尔是索尔斯坦·凡勃伦的学生。米切尔的出名之处就在于用当时新奇的方法研究经济学。

米切尔并未构建一个周期理论并找证据来支撑或者驳斥这个理论，而是先从经济数据入手。米切尔相信，经济周期影响着整个经济并且高度复杂，没有一个单一的因果解释。因此，要解释这些盛衰周期，就需要搜集和分析关于价格、效益、就业等变量的大量数据。米切尔及其许多学生致力于统计工作之中，始于准备 1913 年出版的米切尔的《经济周期》（*Business Cycles*）一书，直到 1948 年米切尔去世。米切尔的数据来自工商业期刊和政府档案。米切尔工作的年代里，计算机还未盛行，因此，米切尔分析数字的方法是把数字编辑成图表，以便评估一段时间之内的变化。这种归纳方法——让理论从数据中产生——是当时制度经济学家的通行做法。1920 年，米切尔被任命为美国国家经济研究所（National Bureau of Economic Research）第一任所长，这项任命进一步推进了米切尔的研究，他把美国国家经济研究所的许多精力都用在了这项研究之中。

通过米切尔的努力，经济周期经验主义研究成为经济研究的当务之急，并引起了政治家和工商业领袖的兴趣。政治家和工商业领袖想了解经济周期的成因，并用来预测未来的经济活动。米切尔从未根据分析而构建出普遍的经济周期理论。但是，米切尔 1913 年的《经济周期》一书为接下来的 30 年经济周期研究定下了基调。考尔斯委员会经济学家后来轻视米切尔的统计方法，原因在于，他们依赖一个基本的经济理论来指导数据分析过程。但是，米切尔让人注意到了经济周期，打下了凯恩斯主义理论和真实经济周期理论的基础。后来，在 20 世纪，凯恩斯主义理论和真实经济周期理论逐渐统治了经济学。■

1913 年

经济学之书 The Economics Book

美联储

这是埃克尔斯大楼的一幅照片。埃克尔斯大楼是美联储（理事会）的所在地，位于首都华盛顿。该建筑于 1937 年完工。

桑顿的《大不列颠票据信用的性质和作用的探讨》（1802 年），大萧条（1929 年），《美国货币史》（1963 年），大衰退（2007 年）

1913 年

公认的第一家中央银行是瑞典中央银行，它成立于 1668 年。英格兰银行是当时最为不同凡响的中央银行，成立于 1694 年。这些早期中央银行的任务是为政府债务筹措资金，并且管理国家的货币供应和信贷。今天，这些功能依然是现代中央银行业的核心业务。

美国银行业历史曲折。18 世纪末，美国第一任财政部部长亚历山大·汉密尔顿（Alexander Hamilton）想要建立一家重要银行，但遭受了巨大的阻力。虽然亚历山大·汉密尔顿最终获得了胜利，但是，1811 年，美国第一银行的许可证未能续期。在接下来的一个世纪里，州立银行发行的不同货币越来越多，重建中央银行的努力也起起伏伏。储户害怕银行破产，蜂拥去提取资金，金融恐慌因而成为普遍现象。虽然许多人意识到需要稳定货币，但是，人们却无法接受由中央控制国家的货币供应。在 1907 美国大恐慌中，股市下跌接近 50%，最终让决策者断然采取了行动。

1913 年的《联邦储备法》建立了美联储。美联储由 12 个地区银行组成，支撑着美国银行业系统，方法是当私有银行无法从其他来源获得所需资金时，美联储就把钱借给私有银行。众所周知，到了 20 世纪 20 年代，美联储强化了自己货币决策者的角色，购买了政府证券（美国财政部发行的债务凭证），表明美联储愿意影响货币供应和信贷市场。大萧条第一次检测了美联储应对经济危机的能力。虽然美联储未能阻止银行业崩溃，但是在大萧条之后，美联储得到了两项权力：一是管理银行业系统；二是监视银行的健康。后来，米尔顿·弗里德曼（Milton Friedman）和安娜·施瓦茨（Anna Schwartz）认为，如果美联储没收缩货币供应，应可以避免大萧条。大萧条之后，美联储继续管理着美国的货币储备，并在面临大衰退时，拉了身处困境的银行一把，从而助力应对银行业危机。■

119 卢森堡的《资本积累》

罗莎·卢森堡（Rosa Luxemburg, 1871—1919）

1907年，社会主义者组织第二国际召开了第七次代表大会。罗莎·卢森堡在向群众发表演说。

消费不足（1804年），马克思的《资本论》（1867年），失业（1896年），凯恩斯的《就业、利息和货币通论》（1936年）

1913年

波兰出生的德国经济学家罗莎·卢森堡提出质疑：假如工人阶级生活水平恶化且失业持续增加，那么资本家如何才能为自己的产品找到市场。如果工人阶级买不起商品，那么不光工商业利润下降，购买省力机器所需的资本也难以积累。省力机器是马克思危机理论的关键，原因是省力机器会使失业增加，并创造出一种状况。这种状况最终会刺激无产阶级起来反抗工商业主。

在1913年出版的《资本积累》（*Accumulation of Capital*）一书中，卢森堡为这种矛盾做出了解答，把马克思的资本主义分析与关于帝国主义的解释结合了起来。卢森堡认为，国内消费不足刺激了殖民帝国向非资本主义地区扩张，非资本主义地区为该国的产品提供了市场。随着消费不足在大后方越演越烈，致力于扩张殖民版图的国家展开了日趋激烈的竞争。在此过程中，这些非资本主义地区被拉入了资本主义的轨道——有时是和平的，其他时候则是靠暴力。但是，到了一定时候，这些殖民地喂养资本主义机器的能力也会弱化。此时，资本主义系统就会开始崩溃，马克思预言的危机到来了。

卢森堡的资本主义消费不足理论使其进入了一个传统之中。这个传统之中包括托马斯·罗伯特·马尔萨斯、约翰·A.霍布森。不久，约翰·梅纳德·凯恩斯也加入进来。殖民资本主义的强制本性和穷兵黩武本性，让卢森堡成为坚定的反战活动家，也成为德国社会主义革命的鼓动家。卢森堡跟革命者聚在了一起，因此，于1919年被德国政府处决。虽然《资本积累》的一些细节遭到了马克思主义者和非马克思主义者的批评，但是，《资本积累》还是得到了广泛称赞，被认为是自《资本论》以来对马克思主义文献做出的最重要贡献之一。■

牛津福利方法

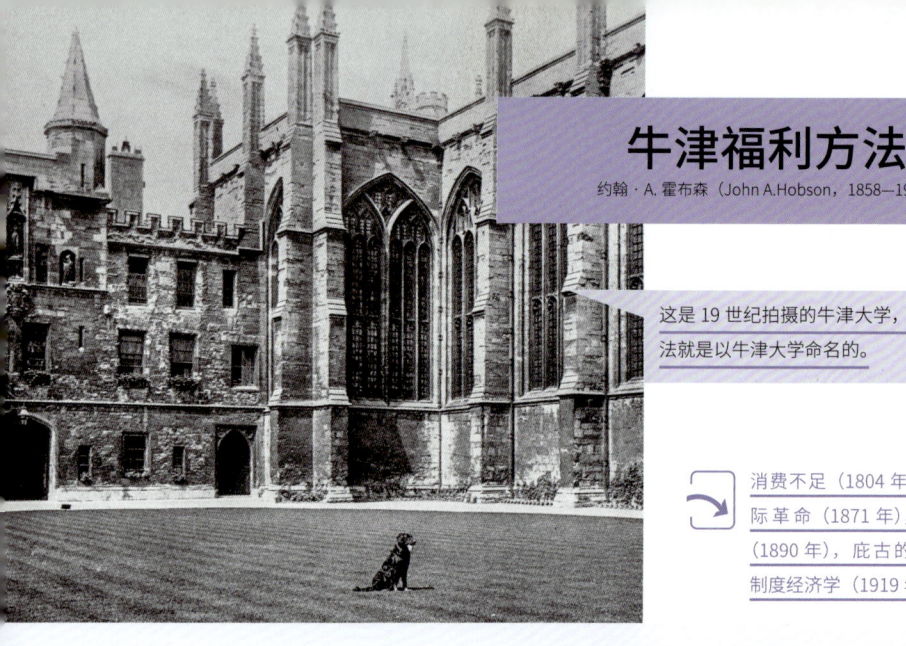

约翰·A.霍布森（John A.Hobson，1858—1940）

这是19世纪拍摄的牛津大学，牛津方法就是以牛津大学命名的。

消费不足（1804年），沉闷科学（1849年），边际革命（1871年），马歇尔的《经济学原理》（1890年），庇古的《财富与福利》（1912年），制度经济学（1919年）

120

1914年

英国经济学家约翰·A.霍布森相信富人消费不足减少了生产和消费，并且他还拒绝接受边际革命的几个信条，约翰·A.霍布森自称"经济异端"。事实上，霍布森关于福利经济学的主要作品《工作和财富》（Work and Wealth）反对庇古的《财富与福利》。《财富与福利》代表了边际主义的成本—效益分析方法，而霍布森反对的就是这个。霍布森尤其反对把财富跟有形商品等同起来，他相信此举会把经济分析的焦点局限在有形商品之上。他设计了一个经济福利方法超越了这个局限，这个方法便是日后大名鼎鼎的牛津福利方法。

艾尔弗雷德·马歇尔认为经济学这门科学不涉及下列内容：旨在增加国家财富且以市场为基础的经济所产生的政治影响、社会影响、伦理影响。霍布森对此表示反对。霍布森提倡"有机"福利思想，认为整个社会的福祉要比个人欲望优先。社会应当为社会成员提供过上"好日子"的能力，让健康、公平性、自由、创造性都发扬光大。边际主义理念认为经济福利是可以衡量的。霍布森拒绝接受这一理念，呼吁在一个基础之上评估结果。这个基础是"对生活和主体特性的总体影响"，尤其是劳动的人力成本。霍布森支持所有人都能接受教育，以及更为平等地分配财富。

由霍布森、约翰·拉斯金、阿诺德·汤因比、R.H.托尼（R.H.Tawney）等人构想的牛津福利方法跟剑桥的福利思想不同。剑桥福利思想统治着英国经济学，并且把福利与生产出来的商品价值联系在一起。即便如此，牛津福利方法还是轰动了英国。牛津福利方法的基本原理指引了19世纪初英国国家福利设计。英国国家福利设计包括针对富人的高额税收和国家失业保险。许多美国制度主义者对霍布森的作品推崇备至，使之成为他们课程的必读之书。当代存在着一个趋势：以牺牲经济增长为代价，去实行较大程度的财富再分配、最低生活工资、环境保护。这个趋势表明，牛津思想家提出的那些问题今天依然与我们同在。■

121

收入效应和替代效应

昵称"尤金"的叶夫根尼·伊夫基尼奇·斯卢茨基（Evgeny "Eugen" Evegenievich Slutsky，1880—1948）

咖啡和茶叶就是替代品的例子。一个产品价格的升高会让替代性产品的需求增加。

需求法则（1820年），无差异曲线（1906年），希克斯—艾伦消费者理论（1934年），显示性偏好理论（1938年）

1915年，俄国经济学家、数学家、统计学家尤金·斯卢茨基在意大利经济学杂志《经济学家》（*Giornale delgi Economisti*）上发表了一篇文章，发展了对效用和需求的研究。早在二十多年之前，维尔弗雷多·帕累托就在同一份杂志上构思了效用和需求。虽然斯卢茨基的文章在20年里都默默无闻，但是，在打造自己影响深远的消费者需求理论时，约翰·R.希克斯和R.G.D.艾伦"再次发现了"尤金·斯卢茨基的贡献。

斯卢茨基证明，价格变化的总体影响可以拆分成收入效应和替代效应。让我们考虑一下橙子价格上涨10%所造成的影响。即使人们的收入相应增加，人们也会买较少的果汁，买较多的其他饮料比如牛奶，原因只是果汁价格现在相对较高。这就是替代效应。因为价格较高的果汁吞噬人们较多的收入，人们用于购买其他商品的钱就变少了；因此，需要的果汁数量就会进一步减少。这就是收入效应。

斯卢茨基表明，价格变化的整体效应是这两种效应之和，由此创造了现在所谓的"斯卢茨基方程式"。今天，"斯卢茨基方程式"依然是现代需求理论的中心。一方面，确认替代效应的能力让经济学家可以更为深入地研究需求法则；另一方面，也让经济学家可以衡量税收和关税导致的效率损失。税收和关税扭曲了消费者的选择。

斯卢茨基还区分了"相对必要商品"和"相对非必要商品"。"相对必要商品"的消费随着收入增加。而"相对非必要商品"的消费则随着收入减少。"相对必要商品"现在一般叫作"正常商品"，"相对非必要商品"现在一般叫作"次要商品"。虽然大多数产品属于"正常商品"，但是一些此类商品，比如盒装通心粉和奶酪或者无商标食品的消费却随着收入增加而减少。如果与"次要商品"相关的收入效应足够大时，那么商品需求甚至会随着价格一起上升，经济学家称其为"吉芬商品"，这是以苏格兰经济学家罗伯特·吉芬（Robert Giffen，1837—1910）的名字命名的，但是，经济学家通常相信"吉芬商品"并不存在，因为"吉芬商品"违背了需求法则。■

1915年

经济学之书 The Economics Book

制度经济学

约翰·R.康芒斯（John R.Commons，1862—1945）
韦斯利·克莱尔·米切尔（Wesley Clair Mitchell，1874—1948）
沃尔顿·H.汉密尔顿（Walton H.Hamilton，1881—1958）
约翰·莫里斯·克拉克（John Maurice Clark，1884—1963）

法律，包括美国最高法院对法律作出的解读，经常强烈影响市场运行方式。所以，制度经济学家考虑把法律体系研究作为经济分析的重要部分。

↳ 边际革命（1871年），维克塞尔的累积过程（1898年），凡勃伦的《有闲阶级论》（1899年），克拉克的《财富的分配》（1899年），米切尔的《经济周期》（1913年），《资本主义的法律基础》（1924年），逻辑实证主义（1938年），凯恩斯主义革命（1947年）

1919年

制度经济学代表了第一个脱颖而出的美国经济思想学派。1919年，制度经济学应运而生，沃尔顿·汉密尔顿为经济学"制度方法"发表了宣言。经济学"制度方法"研究的是法律和社会范式等制度如何塑造人类行为。制度主义早期最著名的支持者有汉密尔顿、约翰·莫里斯·克拉克（约翰·贝茨·克拉克的儿子）、韦斯利·克莱尔·米切尔。他们的作品拒绝了不断计算效益和成本的经济人的存在，强调法律、风俗、技术如何影响经济结果。

边际主义者从静态的视角分析经济。跟边际主义者不同，制度经济学家认为经济是一个演变中的有机体，掌握经济权力的人可以不成比例地控制收入分配和财富分配。公民和工商业利益对影响经济活动的法律变化和社会变化制造了压力，而工业化等技术进步则改变了经济的基本结构。制度经济学家借鉴了心理学、社会学、法学等其他学科的真知灼见，以便更好地理解经济。制度经济学家还采用了更为"科学的"、由数据驱动的方法来研究经济问题。制度经济学家还关心"控制问题"，"控制问题"的意思是制定政策来处理市场系统和公司权力增长所导致的经济问题。比如，康芒斯研究了在限制企业对工人的控制力的方面，工会发挥了什么作用。而克拉克探究了控制垄断企业时所面临的挑战。制度主义者的调查方法与边际主义者青睐的抽象数学理论化形成了鲜明的对比。

制度主义迅速在经济学中占据了重要位置。制度方法的追随者到了美国首都华盛顿，帮助美国政府制定劳动和社会福利政策，包括罗斯福新政。第二次世界大战以后，凯恩斯主义崛起，经济学理论化的数学方法越来越受偏爱，制度主义失宠了。■

美国国家经济研究所

韦斯利·克莱尔·米切尔（Wesley Clair Mitchell，1874—1948）

1939年社会科学研究建筑落成十周年纪念日这一天，韦斯利·克莱尔·米切尔（右边）在芝加哥大学发表演讲。

> 米切尔的《经济周期》（1913年），计量经济学学会（1930年），考尔斯委员会（1932年），数学动力（1933年），国民收入核算（1934年），丁伯根模型（1936年），消费者价格指数（1946年），《美国货币史》（1963年）

直到第二次世界大战结束时，经济学还主要是一门理论科学。到这个时候，经济学家已经从一系列假设着手，基于逻辑——最终是数学——演绎提出了理论，虽然他们的大部分分析是通过观察身边事件得来的。比如，艾尔弗雷德·马歇尔说："参观几个城市最为贫穷的区域……看着最穷之人的脸"，作为成为一名经济学家的灵感。然而，经济学不只是一门基于数据搜集和分析的科学。

1920年，情况发生了改变，在哥伦比亚大学经济学家韦斯利·克莱尔·米切尔的指导下，美国国家经济研究所成立了。和其他参与经济研究所成立的人员一样，米切尔相信，只有基于稳固的量化立足点才能提出合理的理论和政策。这就需要学者广泛关注经济数据，使用统计技术。米切尔特别关注经济周期，美国国家经济研究所早期的大量精力都用来强化理解推动经济起伏的力量。美国国家经济研究所汇集了一批志同道合的经济学家，扩充了经济学经验主义分析的数量，使这项工作更为高效。

早些年，美国国家经济研究所经济学家的研究远远超出了经济周期。经济研究所的论著主要是关于国民收入决定因素、收入分配、价格变化。经济研究所就如何进行复杂的量化分析做出了表率，促进了量化分析在经济学领域的推广应用。今天，经济周期分析依然是经济研究所的关注重心；经济研究所的经济周期确定委员会为确定美国各个衰退的起止时间提供了信息来源。现在，美国各大学中的相关研究者有数百人，几乎涉及经济分析的每个角落。但是，美国国家经济研究所依然是经济学研究的主要力量。■

1920年

社会主义计算争论

路德维希·冯·米塞斯（Ludwig von Mises, 1881—1973）
弗雷德·M.泰勒（Fred M.Taylor, 1855—1932）
奥斯卡·兰格（Oskar Lange, 1904—1965）
阿巴·勒纳（Abba Lerner, 1903—1982）
弗里德里希·A.哈耶克（Friedrich A.Hayek, 1899—1992）

124

1912年在纽约城的联合广场，一群社会主义者聚在一起进行"五一"国际劳动节示威。"五一"国际劳动节在世界上许多国家都是一个公休日。

↪ 《共产党宣言》（1848年），马克思的《资本论》（1867年），奥地利学派（1871年），瓦尔拉斯的《纯粹经济学要义》（1874年），帕累托最优与效率（1906年），哈耶克的《通往奴役之路》（1944年），哈耶克的《知识在社会中的运用》（1945年），线性规划（1947年），计算：奥科特回归分析仪和菲利普斯机器（1948年）

1920年

19世纪末20世纪初，工业资本主义获得了发展，马克思主义兴起，社会主义重新引起了人们的兴趣。但这种兴趣也带来了问题：如何运转社会主义经济。在社会主义经济之中，公众或者政府拥有生产资料。那么，社会主义经济的业绩能否等于或者超过资本主义？虽然马克思和恩格斯就此基本保持沉默，但实际上，赞同社会主义之人想当然地认为中央经济计划提供了较好的选择。

1920年，奥地利经济学家路德维希·冯·米塞斯对社会主义的可能性提出了全面质疑。路德维希·冯·米塞斯认为，当政府拥有生产资料时，价格就无法引导资本向最有价值的用途分配。因此，社会主义生产效率低下。社会主义的捍卫者并未被米塞斯的批评吓到。经济学家弗雷德·泰勒、阿巴·勒纳、奥斯卡·兰格等人都是社会主义的捍卫者。社会主义的捍卫者反驳道，分配不需要市场价格，反而认为计划者可以使用经济的数学模型来决定价格，这种模型就跟莱昂·瓦尔拉斯展示的模型差不多。尤其是，兰格认为，政府可以扮演瓦尔拉斯拍卖人的角色，调整价格，直到获得稳定高效的平衡。线性规划是一个数学方法，用来解决复杂的最优化问题。之所以提出线性规划，部分是为了给苏联经济计划提供帮助。线性规划表明兰格对行为有着深刻见解。

在出版于20世纪四十年代的著作中，弗里德里希·A.哈耶克证明，政府计划者不可能掌握关于商品需求、质量、存量的所有信息。而定价系统则可以传达商品需求、质量、存量。资源不可避免地会被错误配置。而且，在这种情况下，社会主义永远无法复制资本主义的高效。然而，这个论点不足以说服一些社会主义者。社会主义经济不佳，苏联即是如此，历史好像证明批评社会主义的人是正确的。但是，一些社会主义者依然认为，计算的发展表明高效的社会主义计划是很有可能的。■

125 奈特的《风险、不确定性与利润》

弗兰克·H. 奈特（Frank H. Knight，1885—1972）

1914 年，托马斯·爱迪生（Thomas Edison）在使用一个口述记录机。奈特相信利润是给企业家的回报。比如，在面临不确定性的时候，爱迪生在市场中进行革新。

伯努利论预期效用（1738 年），杜尔哥的《关于财富的形成和分配的考察》（1766 年），奥地利学派（1871 年），芝加哥学派（1946 年），永久收入假说（1957 年），信息经济学（1961 年），公共选择分析（1962 年）

1921 年

弗兰克·H. 奈特建立了一个学派——芝加哥经济学派。芝加哥经济学派既受人喜爱，又遭人谩骂，因为芝加哥经济学派相信竞争市场，怀疑政府对经济的干预。奈特 1921 年出版的《风险、不确定性与利润》(Risk, Uncertainty, and Profit) 一书探讨了竞争市场之中利润的来源，依然是现代经济学之经典。尽管在几个世纪的时间里，风险被视作一个因素，这个因素证明获取利润理所应当并有助于确定可以获取多少利润。但是，奈特深入解释了这种关系。

奈特发现两个方面存在着矛盾：一个方面是支撑完美竞争市场的假设；另一个方面是赚取利润的能力。根据完美认知假设，买家和卖家充分了解现在和未来。完美认知假设尤其有问题。在完美认知之下，企业不可能赚取利润，原因是价格会等于生产成本。即使获利机会增加，新的卖家也会立即进入市场，把价格推回正好等于生产成本的位置。要想获取利润就只有一个办法：背离完美竞争。比如，如果认知不完美，就可以背离完美竞争。

为了解释不完美认知可能造成什么影响，奈特对风险和不确定性进行了区分。风险是可以计算的，原因是风险是基于已知的事件发生概率，允许生产商在计算最好方法实现利润最大化时把风险考虑在内。比如，农民可能购买干旱保险，以便弥补干旱造成的损失，即把风险转嫁给了保险公司。另一方面，不确定性是不可知的。比如，在 20 世纪 90 年代无法预测，在几年之后，人们愿意花 4 美元来购买咖啡风味的饮品而且咖啡馆行业会迅速发展。那么，利润就是置身于不确定性世界中带来的赢利，从本质上是在拿成功冒险。事实上，奈特区分风险和不确定性为企业家树立了在经济之中的角色：面临不确定性的情况下把资源用于生产，同时接受失败的可能。■

经济学之书 The Economics Book

《资本主义的法律基础》
约翰·R. 康芒斯（John R.Commons，1862—1945）

126

1937 年，在沃尔沃斯商店，工会化的工人举行罢工，争取每周工作 40 个小时。这是工人摆出姿势照合照。约翰·R. 康芒斯认为，工会就是"集体行为"的例子，会对经济条件产生影响。

> 边际革命（1871 年），杰文斯的《政治经济学理论》（1871 年），马歇尔的《经济学原理》（1890 年），反托拉斯法（1890 年），凡勃伦的《有闲阶级论》（1899 年），制度经济学（1919 年），法律的经济分析（1973 年）

1924 年

约翰·R. 康芒斯是美国经济学家和社会改革家，属于制度经济学学派。约翰·R. 康芒斯关于经济理论的两个重要作品《资本主义的法律基础》（*Legal Foundations of Capitalism*，1924）和《制度经济学》（*Institutional Economics*，1931）试图让经济分析超越古典和边际主义方法的个人主义。康芒斯框架的核心是对"集体行为"的强调。"集体行为"描述的是社会如何塑造个体行为，并如何通过法律、习俗和其他制度来改变经济环境和社会环境。

康芒斯认为，如果不考虑基础性的法律体系，就无法理解支配经济活动的力量。康芒斯的《资本主义的法律基础》试图解释法律力量和经济力量之间的互动。20 世纪初的工业资本主义具有如下特点：大企业成长、低工资、艰难且危险的工作环境。康芒斯认为，之所以出现这些情况，并不只是由于个体对利润和效用的计算、技术发展和规模经济；法律结构的变化也起着至关重要的作用。此时，法庭重新定义或者修改了一些现行法律，这些现行法律涉及财产、定价实践、工会、公司资产估价。这些变化改变了三组交易的条款：第一组是买家和卖家之间的交易，第二组是投资者和工商业经理之间的交易，第三组是雇主和雇员之间的交易。接下来，生产、价格、收入和财富分配、经济增长道路也会发生翻天覆地的变化。

康芒斯相信，这些变化使大企业占据了有利态势，验证了伤害消费者的定价实践，削弱了工会保护工人权益的力量。康芒斯经常担任州政府和联邦政府顾问，起草了大量重要文件，内容涉及工业关系渐进立法、工作场所安全规章、公众效用规章、失业保险。然而，康芒斯的教训超越了政策范畴。康芒斯还相信，稳固的经济分析和持续的经济进步都需要密切关注法律体系。∎

127 康德拉季耶夫长波

尼古拉·康德拉季耶夫（Nikolai Kondratiev，1892—1938）

图为1918年铁路工人坐在火车头上。尼古拉·康德拉季耶夫相信，铁路交通的扩张和钢铁生产的革新于1850年左右发起了一个长波。

> 图甘-巴拉诺夫斯基和贸易周期（1894年），米切尔的《经济周期》（1913年），计量经济学学会（1930年），数学动力（1933年），创造性破坏（1942年）

研究经济周期的研究者想要弄懂经济短期波动的原因和范式，通常需要7～11年。然而，1925年，苏联经济学家尼古拉·康德拉季耶夫使用19世纪的数据指出，经济行为是由更为漫长的周期支配的，这个更为漫长的周期就是长波，持续时间会达到五六十年，并包括一些较短的经济周期。奥地利经济学家约瑟夫·熊彼特是康德拉捷夫想法的主要支持者之一，他把这些周期命名为"康德拉捷夫长波"。

康德拉季耶夫是经济周期分析先驱米哈伊尔·图甘-巴拉诺夫斯基的学生，康德拉捷夫在20世纪20年代投入了大量时间研究经济周期，然后康德拉季耶夫的生涯——最终还有康德拉季耶夫的生命——都被斯大林的政权终结。康德拉季耶夫研究了美国、英国、德国、法国长达150年的各类数据。这些数据是关于零售价格，批发价格，利率，煤、铅、生铁等商品的生产。康德拉季耶夫确定长波可以拆分为三个阶段：扩张、停滞、衰退。每个阶段都在历史周期之中延续相当长的一段时间。康德拉季耶夫认为，在过去的150年里，该周期被下列因素所触发。这些因素是工业革命，蒸汽机的发明，铁路扩张，钢铁、电、工程学的发展。一些经济学家认为，在20世纪还有两个长周期。触发这两个长周期的是汽车和大生产的出现、计算和电信的发展。

康德拉季耶夫的著作迅速被翻译成其他语言，并引起了争议。但是，经济周期分析大师大力支持康德拉季耶夫。计量经济学学会极力推崇他的作品，因此，于1933年把康德拉季耶夫选入计量经济学学会的第一批会员。康德拉季耶夫相信，理解长波及其成因有助于预测未来经济趋势。但是，康德拉捷夫的发现是否反映了真实经济力量，他的发现是否源自统计不规则？这两个问题还未可知。今天，主流经济学家拒绝接受长波理论，原因是主流经济学家找不到足够的证据来证明这些长波的存在，而且也无法预言未来的经济活动。然而，在一些异端经济学家之中，长波理论依然流行。异端经济学家相信这些周期表明了资本主义从长期来说是不稳定的。■

1925年

柯布—道格拉斯函数

查尔斯·W.柯布（Charles W.Cobb，1875—1949）
保罗·H.道格拉斯（Paul H.Douglas，1892—1976）

128

1938年参议院举行失业听证会之前，保罗·道格拉斯（图右）和哈佛经济学家阿尔文·汉森（Alvin Hansen，图左）在审核图表。

弹性（1890年），赋税效益原理（1896年），维克塞尔的累积过程（1898年），计量经济学学会（1930年）

1928年

柯布—道格拉斯函数广泛应用于为生产过程和消费者效用建模。虽然一开始是由瑞典经济学家克努特·维克塞尔提出来的，但柯布—道格拉斯函数的名字来自数学家、经济学家查尔斯·柯布和经济学家（最终成为美国参议员）保罗·道格拉斯。他们1928年的论文《生产理论》（*A Theory of Production*）证明了柯布—道格拉斯函数对计量经济学分析有用。

柯布—道格拉斯函数源于道格拉斯对美国制造业数据的分析。道格拉斯发现以下两者存在着稳定的关系。一者是生产中使用的劳动和资本投入。另一者是由此而来的产出水平。在和柯布商量了之后，二人决定衡量劳动和资本对生产过程的贡献。首先，二人采用了维克塞尔的生产函数，并表达为下列形式：$P=bL^{k}C^{1-k}$，P表示产量，L和C分别指的是劳动和资本投入，b和k是常数项，k和$(1-k)$衡量的是投入水平和产出之间的关系。然后，二人使用统计分析、产出数据、劳动数据、资本数据来估计b和k。结果表明，二人的生产函数与数据严丝合缝，因而能够精确预计制造业产出。

经济学家迅速认识到这个函数可以用在制造业之外。道格拉斯本人用这个函数来估计工资和工人生产力之间的关系。经济学家很快建立起了消费者效用模型，方法是把柯布—道格拉斯函数与消费者预算限制结合起来，以便获得不同商品的需求函数。这些需求函数之中的系数表明了两方面的关系：一方面是消费数量；另一方面是价格、收入、消费者品位和偏好。这些系数可以用经济数据来估计，表明当价格和收入等因素发生改变时，需求如何回应。

虽然柯布—道格拉斯函数有些我们在此无须关心的局限性，但是，柯布—道格拉斯函数还是能在广泛的领域进行精确估计。这些领域包括生产力研究，经济增长分析以及对劳动、保育和汽车等所有一切的需求。至今，柯布—道格拉斯函数依然是经济学家理论和实证工具箱中必不可少的部分。■

霍特林区位选择模型

哈罗德·霍特林（Harold Hotelling, 1895—1973）

根据霍特林区位选择模型，快餐店会彼此紧紧挨在一起，以便实现利润最大化。

> 杜能的《孤立国》（1826年），古诺的《财富理论的数学原理的研究》（1838年），伯特兰德模型（1883年），中间选民定理（1948年），理性选民模型和投票悖论（1957年）

1929年

寡头卖方垄断就是只有为数不多卖家的市场。关于寡方卖方垄断情况下的竞争分析无法解释这个普遍情况：当卖家以不同的价格提供相同的商品时，消费者并不都是从出价最低的卖家手中购物。1929年，斯坦福大学经济学家哈罗德·霍特林解释了这一现象，并引入了区位选择经济分析。

霍特林工作的起点是把市场描述为一个扩展区域。卖家并不是集聚在一个点上，而是散布在这个区域之中：比如，沿着"大街"。每个消费者都会从能够出净价最低的卖家手中购物，以便抵偿来去卖家区位的成本。那么，只要卖家B的价格低到足以抵消交通成本的程度，住址临近卖家A的消费者就只会从卖家B手中购物。为了让利润最大化，卖家据此调整价格，有了达成平衡的可能。在这种平衡之中，每个卖家都以不同的价格提供相同的商品。

霍特林指出，当企业能够调整区位时，每家企业都可以通过向另一家企业移动来增加利润，吸引那些以前没有光顾的消费者。当两家企业继续调整区位来提升利润时，两家企业最终会在大街的中心彼此相邻。有时，这个想法被称作"最小差异化原理"或者"霍特林法则"。这个想法解释了一点：你为什么会看到某些类型的企业会紧紧挨在一起，比如快餐店。霍特林的真知灼见也构成了现代区位理论的基础。现代区位理论研究的是为什么特定的经济活动会位于特定的区域之中。霍特林的真知灼见超出了工商业实践。霍特林的理论刺激了安东尼·唐斯（Anthony Downs）去研究中间选民定理。中间选民定理认为，在大多数选举系统之下，选举的结果是由某些个体决定的。这些个体的偏好位于政治范围的中间。■

大萧条

130

1936年大萧条时期，男人们在施食处排队领取免费食物。

工业革命（1760年），美联储（1913年），第二次世界大战（1939年），《美国货币史》（1963年），大衰退（2007年）

1929年

作为工业革命之后最严重的经济下探，大萧条名副其实。大萧条开始于美国。1929年10月29日，股市暴跌。这便是著名的"黑色星期二"。

因为经济迅速增长，消费者和企业信心暴涨，所以，在咆哮的20世纪20年代，股市极度繁荣，掩盖了不健康的经济。到了1929年，工资和生产力下降，而失业和消费者债务水平攀升。投资者陷入恐慌之中，担心市场大反转，便开始批量抛售股票，市场进入了失控状态。很快就出现了下岗浪潮；1933年萧条达到顶峰时有1500多万美国人失业。因为人们担心存款的安全开始挤兑银行，提取自己的资金。尽管美联储支持一些银行，恐慌还是导致美国接近一半的银行破产。更糟糕的是人力成本。许多人失去了家园和农场，陷入饥饿之中。"吃光，用尽，要么保住命，要么完蛋"成为人们的座右铭。

富兰克林·D. 罗斯福于1932年担任美国总统，实行了罗斯福新政。罗斯福新政是一组经济政策，是美国有史以来第一次由政府大规模助推启动经济。工作项目和大型公共工程解决了失业问题，格拉斯–斯蒂格尔法案（Glass-Steagall Act）和证券交易法案（Securities Exchange Act）则提供了银行业规章和金融规章，有助于稳定市场。这些政策由美国公共工程管理局（Public Works Administration，PWA）、联邦储蓄保险公司（Federal Deposit Insurance Corporation，FDIC）和美国社会保障管理总署（Social Security Administration，SSA）等联邦机构监管。在这些"林林总总的机构"之中，有些今日依然在运行。

大萧条一直持续到1939年第二次世界大战爆发。第二次世界大战对产出和人力产生了巨大的需求，减轻了一系列经济问题，但又导致了一系列新的问题。大萧条持续时间长，烈度大，留下了许多深刻教训：首先，需要管理金融市场；其次，美联储作为最后的放贷人有着重要的作用；最后，赤字开支能够刺激经济复苏。■

经济学之书 The Economics Book

计量经济学学会

欧文·费雪（Irving Fisher，1867—1947）
拉格纳·弗里希（Ragnar Frisch，1895—1973）
查尔斯·F. 鲁斯（Charles F. Roos，1901—1958）

图为瑞士洛桑的鸟瞰图。计量经济学学会在瑞士洛桑召开了第一次年度会议。

边际革命（1871年），真实利率（1896年），考尔斯委员会（1932年），数学动力（1933年）

虽然边际革命让数学成为经济分析的强大工具，但是在第二次世界大战之后，使用复杂数学和统计方法的经济学家尽管在增加，但也为数不多。到了1930年，人们开始想建立一个学会，从而把经济理论、数学和统计学结合起来。挪威经济学家拉格纳·弗里希把这种结合的产物叫作"计量经济学"。很快，计量经济学学会诞生了。

计量经济学学会是弗里希、欧文·费雪、查尔斯·鲁斯脑力劳动的产物，三人把志同道合的经济学家们聚在一个组织里，来促进这种类型的分析，定期召开会议，让对此项工作感兴趣的学者有一个沟通的渠道。在得到热情的回应之后，他们于1930年12月在俄亥俄州的克利夫兰召开组织会议。当时，美国经济学会、美国统计学会、美国科学促进会刚刚在克利夫兰召开了会议。虽然此时的大多数经济学职业学会都按照国籍来组织，但是计量经济学学会积极从世界各地招募学者。在最初的173名会员之中，有很多欧洲科学家。而且，阿尔及利亚、中国、日本的经济学家也是计量经济学学会的会员。计量经济学学会的第一次年度会议于1931年9月在瑞士洛桑举行。

费雪、弗里希、鲁斯为计量经济学学会规划的目标是"推进经济理论与统计学和数学之间的关系"，并且促使经济学家去使用这些方法研究现实世界的经济问题。就这样，经济学就可以提供"一个建设性的精确思维方法，这个方法跟逐渐统治自然科学的方法类似"。有了美国金融家艾尔弗雷德·考尔斯三世的资金支持，计量经济学学会于1933年发行了一份新的杂志《计量经济学》（*Econometrica*），以便传播计量经济学。在接下来的几十年里，计量经济学学会和致力于推进计量经济学分析的研究机构——考尔斯委员会一起助力把经济学变成了数学科学和量化科学。现在，计量经济学学会是世界上最大的经济学学会之一。计量经济学学会继续推动着依赖精确数学方法和量化方法的研究。■

1930年

经济学之书 The Economics Book

乘 数

理查德·卡恩（Richard Kahn，1905—1989）

132

1934年，工人在压实巨砾大坝（后来更名为胡佛大坝）的混凝土。巨砾大坝位于亚利桑那州和内华达州交界处。卡恩的乘数表明，用于此种公共工程项目的每一个美元都会促成一美元以上的国家产出。

大萧条（1929年），循环流动示意图（1933年），凯恩斯的《就业、利息和货币通论》（1936年），乘数—加速数模型（1939年），凯恩斯主义革命（1947年），大衰退（2007年）

1931年

大萧条提出了一个问题：政府投资于公共工程，比如建造公路、大坝、学校，能否增加就业和收入。没人设法估计这些收益的量值，直到剑桥大学经济学家理查德·卡恩想出了一个概念"乘数"，以便衡量一美元的额外开支会如何影响国家的产出和收入。

1931年，卡恩写了一篇文章《国内投资与失业的关系》（The Relation of Home Investment to Unemployment），提出了一个实践问题：假设一个筑路项目雇用了额外的工人，而且工人用收入来购买其他部门的商品和服务，那么，就整个经济而言，额外雇用了多少工人？卡恩的答案得先确定工人购物的开支占了工人收入的多大份额。卡恩系统阐述了乘数。乘数取决于边际消费倾向，即在增加的收入之中，消费者想用于开支而不是储蓄的百分比。卡恩发现，边际消费倾向越大，对总就业的推动就越大。总就业是雇用那个额外的工人所导致的。

虽然卡恩着眼于公共投资的就业效应，但是，卡恩的作品帮助其剑桥大学同事约翰·梅纳德·凯恩斯证明赤字开支可以让经济走出衰退。当政府开支增加时，生产也增加，与生产相关人员的收入也增加。这就推动了额外消费者开支，甚至进一步促进了总需求、产出、收入的提高，并最终让经济再次进入上行轨道。

经济学家继续争论乘数的量值。一些经济学家甚至说乘数的量值接近于零，意思是一美元的额外政府开支导致接近一美元的私人产出消失。决策者还是经常援引卡恩的乘数来辩称，政府开支增加或者税收减少可以刺激经济活动。实际上，美国政府正是因此对大衰退做出了回应，美国政府庞大的财政刺激一揽子计划包罗万象："旧车换现金"项目（鼓励买新车）、为大型公共工程项目提供资助，此举带来的效益遍布经济之中。■

经济学之书 The Economics Book

133

短缺和选择

莱昂内尔·查尔斯·罗宾斯（Lionel Charles Robbins, 1898—1984）

莱昂内尔·罗宾斯的经济学研究的是短缺条件下的选择。比如，这个购物者在决定每个星期自己的预算之中有多少要用于购买水果和蔬菜。

赫西俄德的《工作与时日》（约公元前700年），色诺芬的《经济论》（约公元前370年），斯密的《国富论》（1776年），马歇尔的《经济学原理》（1890年），逻辑实证主义（1938年），《实证经济学方法论》（1953年），歧视经济学（1957年），公共选择分析（1962年），法律的经济分析（1973年）

随着时间的流逝，经济学的定义发生了巨变，这表明经济学家和其他人概念化这个学科的方式发生了改变。古希腊人把经济学定义为家庭管理诀窍。亚当·斯密认为，政治经济学是"政治家和立法者科学的一个分支"，旨在增加国家财富。1890年，艾尔弗雷德·马歇尔把这门学科的注意力转移到了人的身上，将这门学科改名为"经济学"，定义为"针对生活中日常工商业之中的人类所展开的研究"。对于马歇尔来说，这种研究的对象是，"与生产生活必需品获得和使用关系最为密切的个体行为和社会行为"。

到了20世纪30年代，还没有哪个定义充分体现了经济学家正在做什么以及如何做。边际革命改变了许多解决经济问题的方法，认为消费者和生产商在决定如何才能最好地分配资源时，理性计算了效益和成本。因此，伦敦政治经济学院当时的年轻教授罗宾斯提出了另一个定义，在其《经济科学的性质和意义》（Essay on the Nature and Significance of Economic Science，1932）中，罗宾斯把经济学描述为"一门研究人类行为的科学，研究目的和具有替代用途的短缺资料之间的关系，这个想法可以追溯到古希腊诗人赫西俄德，赫西俄德强调短缺是一个基本经济问题。

罗宾斯的经济学研究的是短缺条件下的选择。今天，罗宾斯的经济学是经济学本体的中心。罗宾斯的定义被广泛使用了20年的时间。然而一些人拒绝接受罗宾斯的经济学，原因是其未排除政治等学科，而政治是在经济学的传统边界之外。罗宾斯开启了研究一些特定情况的大门。这些情况涉及做出选择，把经济学扩张到了法律、政治、结婚、离婚甚至宗教等领域。这个举动有时被称作"经济学帝国主义"，表明经济学家在竭力"接管"其他社会科学。虽然"接管"并未发生，但是，得益于罗宾斯的定义，经济分析确实涉足了这些领域。■

1932年

经济学之书 The Economics Book

考尔斯委员会

艾尔弗雷德·考尔斯（Alfred Cowles，1891—1984）

134

1937年，在科罗拉多泉市，艾尔弗雷德·考尔斯（图中伏案就座的那位）正在会见，从左到右，赫伯特·E.琼斯（Herbert E.Jones）、哈罗德·T.戴维斯（Harold T.Davis）、格哈德·丁纳（Gerhard Tintner）、迪克森·H.莱文斯（Dickson H.Leavens）。在考尔斯委员会初创的年代，琼斯、戴维斯、丁纳、莱文斯都做出了重要的贡献。

1932年

↪ 计量经济学学会（1930年），哈维默的"概率论"（1944年），线性规划（1947年），投资组合精选理论（1952年），证明一般均衡的存在（1954年），大型宏观计量经济学模型（1955年），莫迪利安尼—米勒定理（1958年），德布鲁的《价值理论》（1959年），拍卖理论（1961年）

大萧条开始前后的工商业和经济预测工具经常无法准确预言股市运动。美国投资顾问艾尔弗雷德·考尔斯三世对这些现有的方法不满，开始寻找具有强大量化背景的经济学家来加以改善。有人建议艾尔弗雷德·考尔斯三世联系计量经济学学会成员以便满足自己的兴趣，于是考尔斯联系了计量经济学学会的欧文·费雪和查尔斯·鲁斯。在接下来的几个月里，二人为考尔斯委员会草拟了一系列的计划。考尔斯委员会是一个新的研究组织，由计量经济学学会监管，考尔斯出资。

考尔斯委员会早期的许多研究都围绕着金融市场的量化分析。考尔斯委员会还赞助了一系列会议，给世界各地的顶尖数学经济学家和计量经济学家提供一个非正式场所来讨论工作。1939年，考尔斯委员会从较为闭塞的科罗拉多泉市搬到了芝加哥大学，其研究领域也随之扩大了，囊括了数学经济理论和计量经济学分析。

考尔斯委员会搬到芝加哥，也就吸纳了芝加哥大学的一些经济学教师。这次搬迁也有助于吸引新的天才和经济支持。考尔斯委员会在雅各布·马尔沙克（Jacob Marschak）和特亚林·科普曼斯（Tjalling Koopmans）的指导下扩张业务。雅各布·马尔沙克人称"计量经济学之父"，于1943年被任命为考尔斯委员会研究总监。特亚林·科普曼斯最终接替了雅各布·马尔沙克的职务。考尔斯委员会的研究在促进一般均衡理论、宏观经济预测模型、新数学和统计技术三方面内容的发展上发挥了关键性作用。在20世纪四五十年代，考尔斯委员会的研究人员包括未来诺贝尔奖得主特里夫·哈维默（Trygve Haavelmo）、科普曼斯、劳伦斯·克莱因（Lawrence Klein）、莱昂尼德·赫维奇（Leonid Hurwicz）、肯尼斯·阿罗、吉拉德·德布鲁、弗兰科·莫迪利安尼（Franco Modigliani）、哈里·马科维茨（Harry Markowitz）、詹姆士·托宾（James Tobin）。1955年，考尔斯委员会搬到了耶鲁大学，继续以考尔斯经济学研究基金会存在，致力于"促进精确逻辑、数学、统计分析方法的发展和应用"。■

《现代公司和私有财产》

阿道夫·A. 伯利（Adolf A.Berle, 1895—1971）
加德纳·C. 米恩斯（Gardiner C.Means, 1896—1988）

图为1965年的阿道夫·伯利。虽然阿道夫·伯利最出名的是关于现代公司的作品，但是，阿道夫·伯利把许多年的时间都用在了政府公职上，他有一段时间曾任美国驻巴西大使。

> 反托拉斯法（1890年），制度经济学（1919年），《资本主义的法律基础》（1924年），大萧条（1929年），代理理论（1973年），新制度经济学（1997年）

在20世纪初的美国，重工业、石油、铁路甚至零售业等部门都出现了大型企业，挑战了现有的竞争市场理论。理论假定在竞争市场中，利润最大化的小企业无法控制价格。在《现代公司和私有财产》（The Modern Corporation and Private Property，1932）中，律师阿道夫·伯利和经济学家加德纳·米恩斯研究了公司的组织结构如何威胁其股东，甚至威胁民主的基础。

股份公司出售可以由投资者买卖的流通股份，是现代公司的先驱。这些股份经常发行给几十个人，为公司提供了大量融资。伯利和米恩斯描述了《公司法》如何为股份公司提供便利，从而把所有权和控制权分开。股东通常远离公司的日常事务，而经理则基本上决定了生产什么，生产如何组织以及价格如何确立。经理和董事会成员的报酬经常与企业利润无关。而股东持有的股票会在利润增加的情况下增加。当双方利益出现分歧时，问题就出现了。因为股东未涉足公司的日常事务，所以，股东经常无法监管经理是否真的在为股东利益而经营公司——当公司规模扩大，股东人数增加时，这个问题就恶化了。

伯利和米恩斯认为，所有权和控制权的分离让经济权力掌握在了一小撮人的手中，这一小撮人控制着大公司。最终，在美国，为自己服务的公司经理的影响力会比肩政治权力。伯利和米恩斯认为，要解决这个问题，只能赋予股东较大的权力。代理理论在后来的发展表明，所有者可以订立合同，以避免这些利益冲突，但是，伯利和米恩斯提出的问题依然在今天的争论中存在。今天争论的是，如果要进行公司治理并且限制公司内部人员的影响，需要采取什么措施。■

1932年

循环流动示意图

弗兰克·海尼曼·奈特（Frank H. Knight，1885—1972）
保罗·A. 萨缪尔森（Paul A. Samuelson，1915—2009）

136

左图：保罗·萨缪尔森用压水机的图像来表明投资如何流入经济之中并增加国家收入。
右图：一个简单循环流动示意图的例子。

1933年

坎蒂隆的《商业性质概论》(1755年)，《经济表》(1758年)，奈特的《风险、不确定性与利润》(1921年)，乘数(1931年)，国民收入核算(1934年)，凯恩斯的《就业、利息和货币通论》(1936年)，萨缪尔森的《经济学》(1948年)

循环流动示意图描绘的是收入和产品如何在经济中流动。对于每个初学经济学的学生来说，循环流动示意图都是熟悉的画面。在18世纪50年代，理查德·坎蒂隆讨论了为维持经济运转需要让多少数量的货币处于流通之中，就收入和商品的流动给出了直观描述。不久，弗朗斯瓦·魁奈的《经济表》提供了关于收入和产品流动的初步示意图。虽然经济学家在继续讨论经济部门之间的资源流动，但是过了接近两个世纪之后，第一幅循环流动示意图才出现在芝加哥大学经济学家弗兰克·奈特的小册子——《经济组织》（The Economic Organization，1933）之中。

奈特把自己的循环流动示意图称作"财富之轮"。奈特版的示意图表明了企业和家庭如何用劳动以及财产使用权等生产性投入去交换消费者商品。循环流动示意图也追踪了相应的货币兑换。对于奈特来说，这个财富之轮不仅代表着商品和收入的流动，还展示了个体与企业之间的市场互动如何决定社会组织方式以及生产和消费的相互依存关系。

奈特的学生保罗·萨缪尔森设计出了人们所熟知的循环流动示意图，使用了一个压水机图像来说明货币、投资，商品就像水一样被注入整个经济之中。在最简版本中，萨缪尔森的示意图表明了国家核算的组成部分：生产性投资从公众流向企业作为对收入的回报，而消费者商品和服务从企业流向公众以便得到付款。在较为复杂的版本之中，投资被"注入"经济系统，储蓄从经济系统"渗出"，既表明了乘数，也表明了基本的凯恩斯主义假设。按照乘数理念，一美元的额外开支带来的产出会超过原始开支。按照基本的凯恩斯主义假设，当储蓄等于投资时，经济就处于平衡。近年来，对循环流动的描述给系统增加了更多的细节，将银行业部门和政府部门当作了注入和渗出区域。在展示资源如何在复杂的经济系统之中流动时，循环流动示意图依然是不可替代的工具。■

经济学之书 The Economics Book

137 移民经济学家

在照片中，弗兰科·莫迪利安尼（Franco Modigliani，1918—2003）正在打电话。就在这一天，弗兰科·莫迪利安尼得知自己获得了 1985 年诺贝尔经济学奖。1938 年，弗兰科·莫迪利安尼逃离法西斯统治的意大利，移民美国，并在新学院大学获得博士学位。

考尔斯委员会（1932 年），第二次世界大战（1939 年），诺贝尔经济学奖（1969 年）

1933 年

当希特勒和德国纳粹党崛起时，北欧和东欧处处是法西斯运动和反犹太运动。许多经济学家因为具有犹太血统或者有可疑的政治倾向而失去了学术就业机会。从 1933 到 1939 年，3000 多位学者失去了德语国家的工作岗位，其中包括 200 多位经济学家。因为国内就业前景渺茫，甚至连生命都受到了威胁，所以，这些经济学家移民到了较为友善的国家，尤其是移民到英国和美国，这种移民有时甚至要冒着巨大的生命危险。这些移民的落脚点包括伦敦政治经济学院和哈佛大学。在纽约城，"流亡大学"后来更名为新学院大学政治与社会科学研究生院。在美国，聚集在"流亡大学"的移民学者最多。

正是这一批 20 世纪 30 年代的移民经济学家给经济学带来了无数开创性的贡献。这批移民经济学家包括当时欧洲一些最有天赋的经济学家，另外，还有几个孩子在日后成为经济学大师。未来的诺贝尔奖得主西蒙·库兹涅茨（Simon Kuznets）、华西里·列昂惕夫（Wassily Leontief）、弗兰科·莫迪利安尼、莱昂尼德·赫维奇、特亚林·科普曼斯、特里夫·哈维默、罗伯特·奥曼（Robert Aumann），以及考尔斯委员会的研究总监雅各布·马尔沙克都在其列。到了 1945 年第二次世界大战结束时，《美国经济评论》上出现的一半文章的作者都符合以下两种情况：第一，在国外出生；第二，在美国的大学或学术机构拥有教职。虽然为数不多的移民经济学家在战后回到了祖国，但大多数留在了美国和英国。这种移民活动使经济思想焦点在第二次世界大战后从欧洲转移到美国，给美国带来了举足轻重的经济学家骨干，他们熟谙数学技术和量化技术，注定要重塑经济分析的特点。■

《垄断竞争理论》

爱德华·H. 张伯伦（Edward H.Chamberlin，1899—1967）

138

1931年的苏打水广告。广告是一种工具，企业可以用广告来区分产品。

古诺的《财富理论的数学原理的研究》（1838年），伯特兰德模型（1883年），马歇尔的《经济学原理》（1890年），《不完全竞争经济学》（1933年），芝加哥学派（1946年），新凯恩斯主义经济学（1977年），新贸易理论（1979年）

1933年

到了20世纪30年代，马歇尔经济思维的鸿沟出现了。马歇尔及其门生提出了描述完全竞争的理论。一方面，大量卖家出售相同的产品。另一方面是一个企业垄断着市场。"垄断竞争"理论有助于填补这两个极端之间的鸿沟。1933年，哈佛大学的爱德华·张伯伦和剑桥大学的琼·罗宾逊各自工作，出版作品来解释为什么蓝色牛仔裤或啤酒等市场跟小麦和玉米市场运行方式不同。这种想法因张伯伦的《垄断竞争理论》（Theory of Monopolistic Competition）而得名。

马歇尔的市场分析假设、大量企业在出售相同的商品，而且竞争只是基于这种商品的价格。张伯伦相信马歇尔的市场分析假设是不现实的，指出大多数市场都是以寡头卖主垄断开始的。在寡头卖主垄断的市场里只有少量卖家，每家企业的行为都取决于其他企业的行为。当更多的卖家进入市场时，企业越来越不遗余力地把自己的产品与竞争者的产品区分开来。企业让自己商品与众不同的方式有两种：第一种是改变产品的细节，比如啤酒的配方或者蓝色牛仔裤的装饰。第二种是打广告，这样卖家就可以把特定的形象跟自己的产品联系在一起。市场中的每个企业都突出自己产品的与众不同之处，保持一定程度的垄断力量，并且还能在涨价的情况下留住更多顾客。但是，如果有其他卖家提供类似的产品，那么每家企业也必须展开竞争。

张伯伦的著作主要教给大家的是很多情况介于完全垄断和完全竞争之间。如果经济学家想让理论精确反映现实，那么，经济学家就必须在作品之中考虑这些情形。芝加哥学派的成员质疑这个理论的必要性，声称完全竞争模型为大多数市场提供了非常接近的近似值。然而，垄断竞争依然是市场结构分析的中心。■

赫克歇尔—俄林模型

伊莱·赫克歇尔（Eli Heckscher，1879—1952）
贝蒂·俄林（Bertil Ohlin，1899—1979）

在这幅 20 世纪 30 年代的插图之中，总部设在新奥尔良的货站正在处理新运来的香蕉。赫克歇尔—俄林模型假设，厄瓜多尔和哥斯达黎加等国家专门生产香蕉，因为足够的劳动力和优越的气候让这两个国家可以以低成本生产香蕉。

贸易差额争议（1621 年），劳动分工（1776 年），古典政治经济学（约1790 年），相对优势理论（1817 年），瓦尔拉斯的《纯粹经济学要义》（1874 年），斯托尔珀—萨缪尔森定理（1941 年），要素价格均等化定理（1948 年），新贸易理论（1979 年）

大卫·李嘉图的相对优势理论认为，各国应该专注于生产可以以最低机会成本制造的商品。在一个多世纪的时间里，相对优势理论构成了古典国际贸易理论的基础。尽管具有持久力，相对优势理论还是有一个大的局限性。李嘉图解释说，之所以会出现相对优势，是因为各国的生产能力不同。然而，相对优势理论并不能解释为什么具有相同生产能力的国家之间还有贸易存在。瑞典经济学家伊莱·赫克歇尔及其学生贝蒂·俄林解决了这个问题，他们解释道，相对优势源于一国相对于另一国的生产投入量。1919 年，俄林提出了最初的见解。并在自己 1933 年出版的《区际贸易与国际贸易》（Interregional and International Trade）一书中将其扩张成一般均衡框架。这一理论被命名为赫克歇尔—俄林模型。

要制造商品，生产商需要各种各样的劳动、资本、材料、土地。这些投入量在各个国家会大不相同。如果某些国家一种资源丰富，那么，在制造大量使用这种资源的商品时，这些国家就会有成本优势。比如，中东国家等石油资源丰富，这些国家往往专注于石油密集型商品的生产。比如，美国等国家熟练劳动充足，这些国家往往专注于熟练劳动密集型商品的生产。这两类国家就会出口这些商品，赚取国内投入相对较少的商品。

赫克歇尔—俄林模型让俄林在 1977 年分享了诺贝尔经济学奖（赫克歇尔当时已经去世），并为一些理论打下了基础，这些理论旨在探索国际贸易如何导致经济发展和增长。即便如此，经济学家马克斯·科登（Max Corden）和皮特·内亚里（Peter Neary）于 20 世纪 80 年代初做出的研究还是发现，赫克歇尔—俄林模型的专业化具有破坏性。假设一个国家发现自然资源矿床，收入增加，那么，这个国家的货币升值，使这个国家其他的出口产品竞争力下降，对这个国家的工业具有潜在破坏力。这种现象就是"荷兰病"：1959 年，荷兰的海岸线附近发现了天然气，荷兰制造业因而衰退。■

1933 年

《不完全竞争经济学》

琼·罗宾逊（Joan Robinson, 1903—1983）

140

这幅照片是 20 世纪 20 年代的琼·罗宾逊。她写出了开天辟地的不完全竞争分析。

> 古诺的《财富理论的数学原理的研究》（1838 年），劳动价值理论与剥削理论（1867 年），马歇尔的《经济学原理》（1890 年），克拉克的《财富的分配》（1899 年），庇古的《财富与福利》（1912 年），《垄断竞争理论》（1933 年），凯恩斯的《就业、利息和货币通论》（1936 年）

1933 年

和大多数学术学科一样，经济学传统上是由男性统治的。简·马塞特、哈丽雅特·马蒂诺等作家让经济想法受到了大众的欢迎。玛丽·佩利·马歇尔（Mary Paley Marshall）是艾尔弗雷德·马歇尔的妻子，有时也和艾尔弗雷德·马歇尔一起写作，同时她还是剑桥大学的第一位女性经济学讲师。但是，除了玛丽·佩利·马歇尔之外，别的女性并未在这个领域做出突出贡献。原因在于，直到 20 世纪，女性通常还无法接受教育。没有教育，在这个领域的贡献就基本上无从谈起。剑桥大学教授琼·罗宾逊异军突起，靠着自己的《不完全竞争经济学》（The Economics of Imperfect Competition，1933）成为大幅改变经济分析进程的第一个女性。

同时，爱德华·张伯伦提出了垄断竞争理论。和爱德华·张伯伦一样，罗宾逊相信经济学家犯了错误：聚焦于完全竞争。罗宾逊把自己的书作为一个"工具箱"，扩大分析的范围，去分析存在不完全竞争的市场。罗宾逊并没有像钱伯林那样把分析植根于生产区分之中，而是采取了一个较为宽泛的方法，聚焦于出售某些商品的卖家，这些商品可以不完全地替代其他企业生产的商品。为了说明这些市场之中垄断过程和竞争过程之间的相互作用，罗宾逊引入了下倾边际收入曲线，追踪了另一单位商品销售带来的额外收入。一个种植小麦的农民可以按照当时的市场价格出售自己种植的每一蒲式耳小麦（1 蒲式耳 =26.309 千克），而洗洁精生产商必须压低价格，以便吸引更多的顾客来增加销量。结果就是，销售额外单位产品的额外收入低于商品的价格，这就影响了不完全竞争企业的生产决策。

罗宾逊还根据自己的分析为经济福利得出了结论，着重关注不完全竞争条件下的生产效率低下和劳动剥削。罗宾逊创造了一个名词"买方独家垄断"来描述两种状况。第一种状况，市场中只有少量买家，而卖家众多。第二种状况，如果劳动市场中只有为数不多的雇主，而潜在的工人众多，那么，"买方独家垄断权力"就会是个特别的问题，因为在确定工资时雇主就有了极大的权力。■

141

数学动力

拉格纳·弗里希（Ragnar Frisch, 1895—1973）

在这幅20世纪初的照片里，孩子们坐在木马上。拉格纳·弗里希创造了经济周期"木马"模型，来解释对经济产生的震荡为什么最终会消散。

> 图甘-巴拉诺夫斯基和贸易周期（1894年），米切尔的《经济周期》（1913年），美国国家经济研究所（1920年），计量经济学学会（1930年），凯恩斯的《就业、利息和货币通论》（1936年），丁伯根模型（1936年），希克斯的《价值与资本》（1939年），乘数—加速数模型（1939年），《经济分析基础》（1947年），真实经济周期模型（1982年）

1969年第一次颁发诺贝尔经济学奖时，诺贝尔奖委员会表彰了数学经济学和计量经济学方面的两个先驱，即挪威的拉格纳·弗里希和荷兰的简·丁伯根（Jan Tinbergen）。弗里希放弃了家族贵金属行业的工作职位，去攻读经济学学位，最终于1926年获得了数学统计学博士学位。弗里希毕生都在奥斯陆大学钻研经济学的数学基础，他是计量经济学学会的创始人，创造了"计量经济学"这个名词。并且，作为计量经济学学会会刊《计量经济学》的第一编辑，弗里希为经济学家们提供了职业舞台，来传播这些量化方法。

1933年，弗里希发表了一篇论经济周期的经典论文——《动态经济学的传播和推动问题》（Propagation Problems and Impulse Problems in Dynamic Economics），提出了一个方法来为经济波动建模，并且引入了两个名词。一个名词是"宏观"经济学，用来描述对总体经济的研究。另一个名词是"微观"经济学，用来描述对个体消费者、企业、市场的研究。弗里希指出，经济的钟摆形运动是周期性"冲击"的产物，这种"周期性"冲击是从外部对经济产生的震荡，比如技术革新。然后，冲击通过传播机制传遍整个经济，弗里希称其为经济内在的运行法则。弗里希通过自己的模型来模拟这些过程，产生现实的周期。弗里希称其为"木马"模型，原因是初始冲击导致的运动最终会消亡，就像运动中的木马最终会停下来一样。

弗里希对经济周期的理论分析旗帜鲜明地背离了韦斯利·米切尔和美国国家经济研究所侧重经验主义的分析。弗里希的方法并未搜集和分析数据，而是表明经济学家通过建模展示经济之中如何出现经济周期。弗里希把复杂的数学分析应用于计量经济学之中，开发出了一个模型，对这些周期提供了相对现实的模拟，表明这种方法如何用于深化理解重要的经济问题。不久，凯恩斯的《就业、利息和货币通论》就对我们加以告诫。弗里希和凯恩斯的作品相结合，使经济学进入了一个宏观经济分析的新时代。■

1933年

斯塔克尔伯格模型

海因里希·冯·斯塔克尔伯格（Heinrich von Stackelberg，1905—1946）

142

1938年，在宾夕法尼亚州的匹兹堡，汽车停在阿勒格尼河边。20世纪中期的美国汽车行业经常被视作斯塔克尔伯格模型的鲜活示例，通用汽车公司扮演了领袖角色。

↳ 古诺的《财富理论的数学原理的研究》（1838年），伯特兰德模型（1883年），博弈论进入了经济学（1944年），非合作博弈和纳什均衡（1950年）

1934年

1933年，爱德华·张伯伦和琼·罗宾逊等人创造了垄断竞争模型，解决了一系列背离完全竞争的问题。在完全竞争市场之中，大量卖家提供同一产品的不同版本。但是这些模型并未解答一批状况，比如，因为市场被为数不多的卖家所主导，所以竞争可能并不太强。德国经济学家海因里希·冯·斯塔克尔伯格1934年出版的《市场结构和平衡》（*Market Structure and Equilibrium*）一书填补了我们理解上的这个空白，该书提出了一种新的模型来研究这些状况。

斯塔克尔伯格模型描述了双头卖主垄断，双头卖主垄断的意思就是一个市场之中有两个卖家，额外的企业无法进入市场。一个卖家凭借着自身的规模主宰着市场，且是公认的业界领导。较小的那家企业根据领袖的行为作出决策。斯塔克尔伯格和古诺一样，假定企业基于产品数量展开竞争，且商品价格由供求力量决定。在这种情况下，两个企业的决策过程就成了策略博弈。领导者肯定知道，追随它的另一家企业会基于领导的产出来选择自己的产出。领导会利用这个认知，考虑追随者将要采取的行为来确定生产水平，以便最大化其利润。那么，要实现利润最大化，追随者最好的抉择，就是如领导所愿去生产——只能这么做。斯塔克尔伯格表明，由此实现的平衡就是领导保持支配地位。

博弈论的真知灼见把斯塔克尔伯格的作品延伸到许多环境中。以下四种环境都属于这种环境。第一种，在一些市场之中，有多个追随者和领导；第二种，在动态环境之中，企业之间的"博弈"长期存在；第三种，一家企业掌握的信息比其他企业多；第四种，追随者可以对领导产生确实有效的威胁。虽然现实世界中没有情况与斯塔克尔伯格模型完全相符，但是，斯塔克尔伯格模型解释了通用汽车公司在20世纪60年代如何主宰美国汽车行业以及微软公司如何在近些年效仿通用汽车公司的做法。■

143

国民收入核算

西蒙·库兹涅茨（Simon Kuznets, 1901—1985）
詹姆士·E. 米德（James E. Meade, 1907—1995）
理查德·N. 斯通（Richard N. Stone, 1913—1991）

1937年，姐妹二人在洗早饭吃过的盘子。国内生产总值等国家收入官方定义，并未统计清洁、抚养孩子以及其他形式家务劳动的价值。

↳ 美国国家经济研究所（1920年），大萧条（1929年），循环流动示意图（1933年），希克斯的《价值与资本》（1939年），发展经济学（1954年）

1934年

自18世纪以来，经济增长已经成为主要的分析对象。但直到20世纪，经济学家还未想出办法来衡量国家收入。最初针对解决这一问题的努力经常是出于征税目的，因此是不完全的，并且最初做出这些努力的个体缺乏精确核算所需的数据和人力。后来，这种情况发生了改变。因为第一次世界大战和大萧条之后，经济面临重构的挑战，以及全球冲突存在再次爆发的可能。这使得美国参议院决定要估算1929年以来的国家收入。西蒙·库兹涅茨被委派去完成这一工作，原因是西蒙·库兹涅茨在20世纪20年代已经收集了此类数据。库兹涅茨以及和他一起工作的研究者在一年之后给出了这些估算。

衡量国家收入的过程是复杂的，因为没有公认的"国家收入"定义。为了解决这个问题，库兹涅茨及其团队准备了两套方案，一套衡量生产的所有商品和服务的价值（基于市场价格），另一套衡量得到的收入。然而，他们忽略了一个大项目，那就是家务劳动的价值，包括居家父母提供的房屋清洁和保育——库兹涅茨坚决否认忽略了这个问题，今天衡量国民收入和产出的时候都要考虑这个大项目。

库兹涅茨的方法还有另一个重大缺陷：缺乏经济理论基础。英国经济学家和未来的诺贝尔奖得主詹姆士·米德和理查德·斯通在20世纪40年代解决了这个问题。约翰·希克斯提出：国民生产总值等于消费、投资、政府开支三者之和（$Y=C+I+G$）。在约翰·希克斯观点的基础上，米德和斯通使用复式记账法创造了详细的国家生产和开支记录。因为各栏的数字必须收支平衡，所以，这种记账法保证了较为可靠的结果，并且反映了一个凯恩斯主义假设：在一个特定年份里，总需求必须等于总供应。就这样发展出了今天标准的国家核算体系，可以用来比较各国之间的国家收入。■

经济学之书 The Economics Book

希克斯—艾伦消费者理论

约翰·R. 希克斯（John R.Hicks, 1904—1989）
R.G.D. 艾伦（R.G.D.Allen, 1906—1983）

144

1948年，一个女人在美国超市购物。希克斯—艾伦消费者理论深刻探讨了一点：为什么购物者选择特定的那包商品，为什么这些选择会变化。

1934年

效用主义（1789年），杰文斯的《政治经济学理论》（1871年），埃奇沃思的《数学心理学》（1881年），马歇尔的《经济学原理》（1890年），序数效用（1893年），无差异曲线（1906年），收入效应和替代效应（1915年），显示性偏好理论（1938年）

基数效用概念认为效用是可以衡量的。艾尔弗雷德·马歇尔使用基数效用概念来证实其影响深远的需求理论。虽然效用无法衡量，但是，直到20世纪，马歇尔的理论依然在统治着经济思维。序数效用方法避免了衡量性问题，用选择的好坏来阐述消费者偏好。序数效用方法在19世纪末就出现了。但是，序数效用方法成为消费者行为新方法的基础要等到1934年。在1934年，英国经济学家约翰·R. 希克斯、R.G.D. 艾伦构建了自己的需求理论。

马歇尔的需求理论是基于边际效用分析的，有以下两点缺陷：未能解释商品之间的互补性，比如从杜松子酒等商品中获得的满足感可能取决于消费的奎宁水等商品的数量；也未能充分解释需求曲线为何向右下倾。希克斯和艾伦借鉴了弗朗西斯·伊西德罗·埃奇沃思和维尔弗雷多·帕累托先前的作品，基于无差异曲线和边际替代率创造了一个框架，彻底改变了马歇尔的理论。边际替代率指的是消费者愿意用一种商品换掉另一种商品的比率。

使用这种方法，希克斯和艾伦表明需求曲线可以由无差异曲线和预算限制推导出来。这些曲线表明消费者可以靠自己的收入购买商品。当价格变化时，消费者买得起的商品也发生了变化，从而影响了消费者的购买习惯。希克斯和艾伦证明，价格变化的影响可以分为两部分：一部分是替代效用，另一部分是收入效用。先前，尤金·斯卢茨基就发现了这两部分影响，但却直到此时才为人所知。希克斯和艾伦还勾勒出了一些情况。在这些情况下，商品可以被视作彼此的补充或者替代品。希克斯—艾伦理论可以解释为什么当工资增加时，收入较高的工人会工作较少，而低收入的工人则工作较多，还可以解释为什么与食品券等商品补贴相比，面向穷人的直接收入转移更可能改善穷人的福祉。■

145 凯恩斯的《就业、利息和货币通论》

约翰·梅纳德·凯恩斯（John Maynard Keynes, 1883—1946）

图中约翰·梅纳德·凯恩斯正在懒洋洋地躺着。这幅照片发现于作家弗吉尼亚·伍尔夫（Virginia Woolf, 1882—1941）家中的一个笔记本里。照片大约拍摄于 1939 年。凯恩斯和伍尔夫都是布鲁姆斯伯里团体的成员，布鲁姆斯伯里团体的成员由英国作家、艺术家、知识分子组成。

> 斯密的《国富论》（1776 年），古典政治经济学（约 1790 年），萨伊法则（1803 年），大萧条（1929 年），乘数（1931 年），凯恩斯主义革命（1947 年），菲利普斯曲线（1958 年），自然失业率（1967 年），新古典宏观经济学（1972 年），政策无效命题（1975 年），新凯恩斯主义经济学（1977 年），大衰退（2007 年）

如果还有一部现代作品像亚当·斯密的《国富论》一样有影响力，那么，这部作品就是约翰·梅纳德·凯恩斯的《就业、利息和货币通论》。《就业、利息和货币通论》是大萧条的产物，其尖锐地批评了依然占据统治地位的古典宏观经济学方法。另外，《就业、利息和货币通论》汇编了第二次世界大战前夕剑桥大学经济学学术圈的作品。

古典经济学植根于萨伊法则中，宣称工资和价格会随着经济震荡而调整，并且迅速解决失业问题。大萧条证明这种论调极难成立。凯恩斯方法的核心是总需求——消费、投资、政府开支三者之和（写作 $C+I+G$）。凯恩斯认为，决定产出和就业的是总需求，而不是价格。失业是源于总需求不足——而且就像大萧条所体现的那样，这种不足会长期存在。凯恩斯指出，政府可以在刺激中发挥作用，与古典观点形成了鲜明的对比。古典观点认为，政府干预一方面是不必要，另一方面还可以利大于弊。凯恩斯表明，靠债务资助的政府开支和税收削减可以提升总需求，进而提升产出和就业。同样，政府可以通过增税或者削减开支来助力平复过热的经济。

虽然有人贬低《就业、利息和货币通论》，但是，依然有人赞扬《就业、利息和货币通论》，因其提供了宏观经济理论和政策的一个新方法。另外，经济学课本中基本的总需求—总供应模型就来自《就业、利息和货币通论》所做的创新。到了 20 世纪 50 年代末，凯恩斯的想法改变了经济思维，成为做出经济决策时的重要依据。虽然 20 世纪 70 年代的阿拉伯石油禁运和衰退好像证伪了凯恩斯理论的关键成分，但是，大衰退又一次将凯恩斯的真知灼见坚定地拉到焦点之中，表明了政府政策如何在经济衰退之中促进经济。■

1936 年

流动性偏好和流动性陷阱

约翰·梅纳德·凯恩斯（John Maynard Keynes，1883—1946）

146

当面临未来收入的不确定性时，消费者会避免购买昂贵的东西，比如冰箱以及其他家用设备。

真实利率（1896年），美联储（1913年），凯恩斯的《就业、利息和货币通论》（1936年），菲利普斯曲线（1958年），理性预期假说（1961年），自然失业率（1967年），新古典宏观经济学（1972年），政策无效命题（1975年），大衰退（2007年）

1936年

在《就业、利息和货币通论》中，凯恩斯表明预期和不确定性在经济活动中至关重要，原因是预期和不确定性因素既影响着生产商投资，又影响着消费行为。从消费者方面来说，对未来收入的不确定性会导致人们推迟开支，尤其是推迟购买昂贵的东西。如果消费者相信损失货币的短期风险太大，消费者就会避免投资于金融资产。相反，消费者会紧紧攥着手里的货币，直到他们足够乐观，重拾典型的储蓄和投资范式。就像凯恩斯所说的那样，这样持有货币就能让消费者在一段时间之内保持货币的价值，并且满足消费者在动荡时期对流动性的偏好，也就是自己的资产触手可及。这种增加流动性的欲望会恶化经济下探，原因是消费者储存的货币既不能被花销，也不能被用来资助工商业投资。另外，这种欲望进一步放缓经济，最终减少了储蓄——这种现象叫作"节约悖论"。

这个流动性偏好会把经济推入"流动性陷阱"之中。衰退时期，真实利率可能接近于零。当真实利率接近于零时，人们就越来越偏好持有现金。银行同样偏好持有现金，而不是借出。中央银行通过增加货币供应来刺激经济，但是就鼓励开支或者减少利率的效果来说，并不能吸引额外投资。在对付衰退时，货币政策成为无效手段。财政政策的形式是增加靠债务资助的政府开支，其成为把经济推出流动性陷阱和衰退的唯一手段。

虽然流动性陷阱概念得到广泛传颂，但是，没有任何经验主义证据证明流动性陷阱的存在，因此，流动性陷阱概念的真实性遭到了质疑。直到日本于20世纪90年代出现萧条，美国于2007年触发大衰退，才证明流动性陷阱确实存在。日本于20世纪90年代出现的萧条叫作"失去的十年"。在这十年里，真实利率几乎为零，企业不愿投资，银行不愿借出，扩张性货币政策无效。■

丁伯根模型

简·丁伯根（Jan Tinbergen，1903—1994）

1960年，简·丁伯根在自己的办公室里。

图甘-巴拉诺夫斯基和贸易周期（1894年），维克塞尔的累积过程（1898年），数学动力（1933年），凯恩斯的《就业、利息和货币通论》（1936年），大型宏观计量经济学模型（1955年）

1936年

1936年，荷兰经济学家简·丁伯根为整个荷兰经济设计了第一个计量经济学模型。丁伯根接受的是物理学教育，但却改行研究经济学，因为他认为经济学更有利于解决社会问题，比如失业。丁伯根的模型体现了物理学和经济学的双重影响。丁伯根想让自己的模型具有经验主义相关性。同时还要现实，非常简单，易于操控，且以复杂的经济理论为基础。结果就是产生了一系列的方程式来描述经济，使用经济数据估计的变量之间的关系。现在，我们称其为"宏观计量经济学"模型。

在20世纪20年代末，丁伯根一直在荷兰中央统计局分析经济周期。虽然一开始丁伯根是在沿用拉格纳·弗里希的经济周期动态模型，但是，丁伯根超越了弗里希。后来，丁伯根和弗里希共同获得了1969年诺贝尔经济学奖。弗里希的模型仅使用三个方程式和部分变量，丁伯根用了24个方程式和31个经济变量，这样，丁伯根就可以捕捉较多实实在在的经济复杂性。对于自己方程式之中的系数，弗里希使用了自认为可行的猜测。而丁伯根使用统计技术来估计许多系数。丁伯根表明自己的模型不仅产生了符合荷兰经济数据的经济周期，还估计了旨在稳定经济周期的政府开支和税收政策的效果。三年之后，丁伯根发布了关于美国经济的更大模型，这是国际联盟（League of Nations）委托的项目。

丁伯根的著作表明，宏观计量经济学模型可以为经济理论和决策提供信息。丁伯根的模型揭示了现有的理论可能是有缺陷的。他得出结论：要实现多个政策目标——比如，低通货膨胀和较大的出口——就需要同时使用多个政策工具。因此，如果政府单位只能使用一个政策工具，那么，它就不能有效地追求所有的目标。今天较为复杂的宏观计量经济学模型源自丁伯根模型，并被全球的政府和中央银行广泛应用于经济预测之中。■

经济学之书 The Economics Book

投资储蓄—流动性偏好货币供应模型

阿尔文·汉森（Alvin Hansen, 1887—1975）
约翰·R. 希克斯（John R.Hicks, 1904—1989）

148

主图：这幅 1935 年的漫画取笑了罗斯福政府的倾向。罗斯福政府的倾向是在大萧条期间创设烧钱的新政府机构和救济项目。投资储蓄—流动性偏好货币供应模型可以被用来表明增加的政府开支如何刺激经济。**图中图**：这幅图表明投资储蓄曲线向右移位，体现了政府开支增加对产出和利率的影响。

> 古典政治经济学（约 1790 年），凯恩斯的《就业、利息和货币通论》（1936 年），希克斯的《价值与资本》（1939 年），凯恩斯主义革命（1947 年），大型宏观计量经济学模型（1955 年），永久收入假说（1957 年），菲利普斯曲线（1958 年），新古典宏观经济学（1972 年），政策无效命题（1975 年）

1937 年

约翰·梅纳德·凯恩斯的《就业、利息和货币通论》一开始让经济学家感到困惑，因为书中描述的经济跟前人大不相同。并且约翰·梅纳德·凯恩斯系统的各个部分如何衔接在一起也不太清楚。为了拨开迷雾，一些经济学家把约翰·梅纳德·凯恩斯的分析转换成了数学形式。约翰·希克斯的作品之所以脱颖而出，不仅因为他提出了一个数学模型来契合凯恩斯的想法，而且把这个模型解读为投资储蓄—流动性偏好货币供应示意图。哈佛经济学家阿尔文·汉森是美国凯恩斯信徒里的领导者，在后来也著书立说为约翰·希克斯提供了帮助。

投资储蓄—流动性偏好货币供应模型分析了总需求如何通过产出和利率之间的关系影响经济，其抓住了凯恩斯系统的中心变量：投资（I）、储蓄（S）、流动性偏好（L）、货币供应（M）。投资储蓄曲线表明，产出与利率的结合产生了一种平衡：储蓄等于投资，进而总需求也就等于总供应。投资储蓄曲线下倾是因为投资随着利率的下降而增加。流动性偏好货币供应曲线表明产出与利率的结合导致了货币市场的平衡。流动性偏好货币供应曲线上扬是因为利率必须随着产出的增加而增加，以便保持货币市场的平衡。

希克斯使用这个示意图来证明凯恩斯并没有推翻古典经济学，凯恩斯只是表明了古典经济学的预言何时不成立。政府开支增加拉升了总需求。如果流动性偏好货币供应曲线表明货币需求对利率敏感，那么，结果就是像凯恩斯预言的那样产出增加。但是，如果流动性偏好货币供应曲线表明货币需求对利率完全不敏感，那么，增加的开支只会像古典方法表明的那样导致较高利率。在通常情况下，货币需求对利率一般比较敏感，政府开支就会提高产出和利率。

投资储蓄—流动性偏好货币供应模型能够抓住几乎所有由经济条件变化所产生的影响，因此，投资储蓄—流动性偏好货币供应模型迅速成为标准工具，用以展示宏观经济学的运转以及宏观经济政策的潜在影响。但是到了 20 世纪 70 年代，凯恩斯主义方法遭到了质疑。■

科斯的"企业本质"

罗纳德·H. 科斯（Ronald H. Coase，1910—2013）

科斯的企业理论解释了为什么一些啤酒公司选择自己制造瓶子和罐子。比如，这里展示的罐子就是科罗拉多州的库尔斯啤酒厂自己制造的。

制度经济学（1919年），《资本主义的法律基础》（1924年），科斯定理（1960年），代理理论（1973年），新制度经济学（1997年）

企业使用劳动、材料和机器来生产商品和服务。自亚当·斯密的《国富论》出版以来，这种企业成了经济分析的基本特征。自从20世纪30年代以来，企业成为"黑匣子"一样的东西——假定企业存在，但不太关注企业如何组织生产。打个比方说，为什么生产商会选择自己进行一些生产投入以及在市场上购买其他的投入？

英国经济学家罗纳德·科斯在其1937年的文章《企业的性质》中回答了这个问题。科斯认为，公司运作的规模归结于成本—效益计算。公司选择交易——商品和服务的交换——有时在内部进行，有时通过市场进行，其依据是哪个选项成本较低。经济学家通常假定市场交易不需要成本；但是，科斯指出，企业在此种情况下不可能存在：所有的生产都要在一个网络之中进行，网络由独立的承包商组成，每个人都为生产过程做出贡献，然后交给下一个承包商。事实上，通过市场购买投入就会使买家承受交易成本。寻找合适的供应方需要时间；可能难以通过谈判达成合同或者调整订单；供应方可能无法按时交货。生产商可以靠自行生产商品来消除一些交易成本。一家自己投入生产的企业在投入需求增加的情况下，只需要加大生产。如果企业需要另一种颜色的配件，经理只需要命令工人染上另一种颜色即可。雇用经理监控工人涉及一些成本，但总比通过市场购买投入便宜。

科斯的文章一直默默无闻，直到20世纪70年代，奥利弗·威廉姆森（Oliver Williamson，1932— ）使用科斯的文章作为跳板来研究企业的内在运行方式。科斯的文章催生了大量研究成果。这些研究成果不仅仅研究生产组织。奥利弗·哈特（Oliver Hart，1948— ）等经济学家还利用科斯的文章来研究合同设计，以便解决与交易成本相关的一些问题。这些贡献最终助力科斯（1991）、威廉姆森（2009）、哈特（2006）获得诺贝尔经济学奖。■

1937年

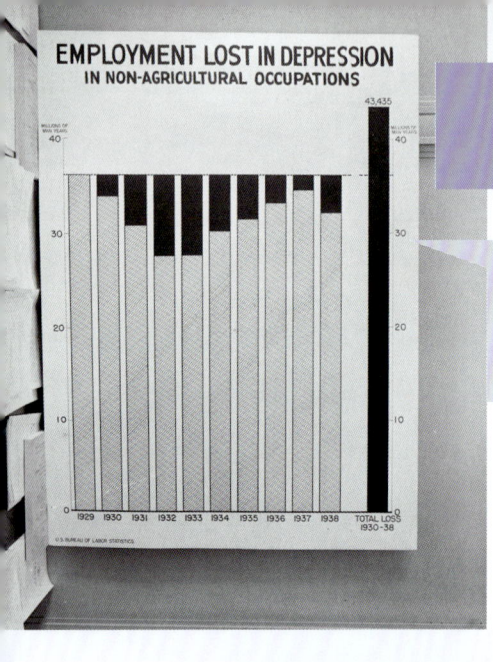

逻辑实证主义

特伦斯·W. 哈奇森（Terence W.Hutchison，1912—2007）

150

这是大萧条期间非农业职业的就业图，由美国劳工统计局绘制于 1938 年。逻辑实证主义强调提出经得起相关数据验证的理论，以便保证理论可用于现实世界。

↪ 实证性-规范性的区别（1836 年），瓦尔拉斯的《纯粹经济学要义》（1874 年），奈特的《风险、不确定性与利润》（1921 年），短缺和选择（1932 年），博弈论进入了经济学（1944 年），《实证经济学方法论》（1953 年），经济学有了应用性（1970 年），自然实验（1990 年）

1938 年

经济方法论面临着一个重大问题：支撑经济推理的原则是什么？自 19 世纪以来，经济学家就在争论，是否应该基于当前和历史证据进行抽象理论化或者提出理论。1932 年，莱昂内尔·罗宾斯把经济科学描述为，依靠分析短缺条件下个体选择进行的一系列演绎。特伦斯·哈奇森反其道而行之，试图靠自己 1938 年的书《经济理论的意义和前提》（*On the Significance and Basic Postulates of Economic Theory*）为经济方法论重新找准方向。

哈奇森在剑桥大学研究经济学，强烈反对罗宾斯的两个观点：一是罗宾斯对纯理论日益流行的重视；二是罗宾斯认为，经济学是一门纯粹的演绎科学。相反，哈奇森支持的方法较为强调以证据为基础的科学立足点。哈奇森的书把逻辑实证主义引入了经济学。逻辑实证主义认为只有通过经验主义验证才能发现终极知识。哈奇森认为与其说纯理论是科学，不如说纯理论是哲学。纯理论从假设之中得出合乎逻辑的结论。哈奇森的书在一定程度上告诉了人们在假定条件下所讨论的变量之间的关系，但没有告知人们这个理论是否能应用于现实世界之中。哈奇森认为，一个理论要有价值，必须满足由这个理论而来的假说禁得起相关数据的验证。作为一门科学，如果经济学想要取得进步，就需要先去寻找可以得到经验主义验证的假说，放弃几乎是冗词的理论。这些冗词来自假设，并没有论及现实世界。

虽然哈奇森的书并没有让经济学家把纯理论放在一边，但却引起了激烈的争论。第二次世界大战之后的经济学历史表明，这些观点互相争论，一直冲突不断。虽然经济学家越来越多地去构建模型，参与经验主义验证，但许多经济学家还是坚持认为，博弈论模型等理论虽然并不能充分经受经验主义验证，但还是就千变万化的经济环境提供了有用的真知灼见。■

151 伯格森社会福利函数

艾布拉姆·伯格森（Abram Bergson，1914—2003）

1939年，一个美国政府雇员操作一台机器在社会保障支票上签字。伯格森的社会福利函数为经济学家提供了一个工具来衡量社会保障和国家健康保险等政策的相对价值。

消费者剩余（1844年），帕累托最优与效率（1906年），庇古的《财富与福利》（1912年），卡尔多—希克斯效率标准（1939年），《经济分析基础》（1947年），阿罗的不可能性定理（1951年），次优理论（1956年），成本—效益分析（1958年），《集体选择和社会福利》（1970年），最优税收理论（1971年）

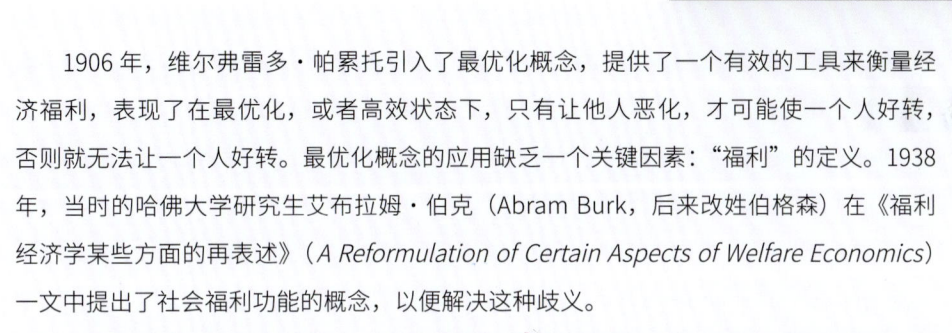

1906年，维尔弗雷多·帕累托引入了最优化概念，提供了一个有效的工具来衡量经济福利，表现了在最优化，或者高效状态下，只有让他人恶化，才可能使一个人好转，否则就无法让一个人好转。最优化概念的应用缺乏一个关键因素："福利"的定义。1938年，当时的哈佛大学研究生艾布拉姆·伯克（Abram Burk，后来改姓伯格森）在《福利经济学某些方面的再表述》（*A Reformulation of Certain Aspects of Welfare Economics*）一文中提出了社会福利功能的概念，以便解决这种歧义。

伯格森把社会福利表述为一个数学函数，包含了分析者认为社会福利所依赖的因素。社会福利函数可以把社会福利表述为社会成员效用的函数，或者不同商品（还有"有害物质"，比如污染）总消费水平的函数。分析者甚至可以给一些群体（比如穷人）的状况加权。然后，分析者就使用函数对结果分类，看哪个结果较为可取，哪个结果不那么可取。

这好像并不能清楚明了地解决福利的模糊性，但是，非特定性确实是其特点。伯格森表述的主要优点就是普遍性：你可以随心所欲地定义社会福利，并且按照这个定义来分析任何潜在政策和经济变化的影响。你可以使用单一的衡量标准来解决效率（比如，得到社会资源的大多数产出）以及收入分配问题。你可以基于不同的价值判断或者伦理标准衡量收入—税收增加或者进口关税的影响。

伯格森的朋友保罗·萨缪尔森在《经济分析基础》（*Foundations of Economic Analysis*，1947）中进一步发展了伯格森的真知灼见，表述了伯格森—萨缪尔森社会福利函数，伯格森的真知灼见成为福利经济学的中心。后来他还提出了其他类型的福利函数，把一些概念融合在一起，比如公平、收入平等、自由、个体义务等。社会福利函数通常被用于评估许多政策的影响，比如与税收、收入再分配、环境、健康护理相关的政策。■

1938年

显示性偏好理论

保罗·A. 萨缪尔森（Paul A.Samuelson，1915—2009）

这是1899年希尔斯公司目录本。保罗·萨缪尔森提出，要确定消费者在现有众多商品中的偏好，可以观察消费者在价格变化和收入变化等不同环境下的选择。

效用主义（1789年），杰文斯的《政治经济学理论》（1871年），埃奇沃思的《数学心理学》（1881年），序数效用（1893年），无差异曲线（1906年），收入效应和替代效应（1915年），希克斯—艾伦消费者理论（1934年），《经济分析基础》（1947年），索洛—斯旺增长模型（1956年）

1938年

1970年诺贝尔经济学奖得主保罗·萨缪尔森是经济学历史中的重要人物。萨缪尔森在哈佛大学接受了教育，学术生涯的头几年也是在哈佛大学度过的。1940年，保罗·萨缪尔森去了麻省理工学院。保罗·萨缪尔森的到来使得麻省理工学院的经济学系在20世纪50年代末成了世界上举足轻重的系之一。

1938年，保罗·萨缪尔森在自己的文章《消费者行为之纯理论注记》（A Note on the Pure Theory of Consumer's Behaviour）中勾勒出了显示性偏好理论。显示性偏好理论是萨缪尔森做出的第一个开创性贡献。效用和无差异曲线是无法观察的。消费者会使效用最大化的假设也无法精确地反映消费者的思维，因此，以效用为基础的理论构成了分析消费者行为的脆弱基础。萨缪尔森则设法替换了以效用为基础的方法，推测个体在不同环境下做出的消费选择会显示消费者的偏好。萨缪尔森的理论基础是"脆弱的显示性偏好公理"，只是假定消费者行为是一成不变的。假设消费者考虑自己的收入和任何特定系列的价格去选择商品包A，放弃商品包B，那么，在同样的条件下，消费者就不会选择商品包B，放弃商品包A。就这样，只要你观察消费者对商品价格和收入水平的变化，你就可以洞悉所有的消费者偏好。

萨缪尔森使用显示性偏好理论得出了需求曲线，抓住了商品价格和人们需求数量之间成反比的关系。另外他还揭示了一点：对一件商品的需求取决于相关商品的价格。因为结果并不取决于无法观察的现象，所以，结果可以进行经验主义检验。亨德里克·霍撒克（Hendrik Houthakker，1924—2008）后来表明，萨缪尔森的方法符合序数效用理论，还表明无差异曲线可以从这些偏好中得到。这意味着，经济学家可以根据使用方便性而自由选择使用序数效用或者显示性偏好的方法。萨缪尔森的作品让经济学家相信，显示性偏好理论有着强大的经验主义基础。■

希克斯的《价值与资本》

约翰·R.希克斯（John R.Hicks，1904—1989）

约翰·希克斯及其妻子库尔苏拉·希克斯（Ursula Hicks）。库尔苏拉·希克斯是著名的公共财政经济学家。拍摄这张照片的时候，希克斯刚刚得知自己获得了1972年诺贝尔经济学奖。

> 斯密的《国富论》（1776年），瓦尔拉斯的《纯粹经济学要义》（1874年），马歇尔的《经济学原理》（1890年），帕累托最优与效率（1906年），收入效应和替代效应（1915年），数学动力（1933年），希克斯—艾伦消费者理论（1934年），凯恩斯的《就业、利息和货币通论》（1936年），丁伯根模型（1936年），哈罗德—多马增长模型（1939年），凯恩斯主义革命（1947年），《经济分析基础》（1947年）

莱昂·瓦尔拉斯在19世纪70年代凭着一般均衡理论引起轰动，用一长串数学方程式把经济描述为一大批相互联系的市场。然后，关于这个学科的工作就处于了休眠状态。一些著名经济学家，比如维尔弗雷多·帕累托、瑞典的古斯塔夫·卡斯尔（Gustav Cassel，1866—1945）延伸了瓦尔拉斯的作品，但是，欧洲大陆之外的经济学家基本没有接触过瓦尔拉斯的作品，而且大多数一般均衡分析都极为抽象。一般均衡分析还未证明自己在研究具体经济问题上的用处。

1939年，情况发生了改变。当时的曼彻斯特大学教授约翰·R.希克斯出版了《价值与资本》（*Value and Capital*）。希克斯证明，从消费者和生产商行为到资本理论再到宏观经济分析，整个经济学都可以被纳入一般均衡的范围之中。这样，希克斯就实现了亚当·斯密在《国富论》中的成就。希克斯把许多作家各种各样的想法与新的真知灼见结合了起来，创造了一个更加普遍的分析系统。这些作家包括瓦尔拉斯、艾尔弗雷德·马歇尔、帕累托、尤金·斯卢茨基、约翰·梅纳德·凯恩斯。希克斯的一般均衡方法改变了经济学家研究诸如经济周期等动态过程的方式。凭着希克斯的方法，经济学家可以观察消费者行为和生产商行为，以便追踪外部冲击造成的影响。价格、产出水平、就业的变化都表明了这些冲击在一段时间内作用于经济系统时所产生的影响。

最重要的是，希克斯用单词和一些示意图把一般均衡理论翻译成了英语，并把数学公式放在了附录里。当年，马歇尔解释《经济学原理》之中复杂理论时也是把数学公式放在了附录里。因此，《价值与资本》简单易读，读者群超出了可以理解瓦尔拉斯和帕累托的那一小批经济学家。在经济学这个学科之中，《价值与资本》读者众多。《价值与资本》还鼓励经济学家把一般均衡方法加到自己的分析工具箱之中。■

哈罗德—多马增长模型

罗伊·F.哈罗德（Roy F.Harrod, 1900—1978）
叶夫·多马（Evsey Domar, 1914—1997）

154

一对夫妇在当地银行的橱窗前驻足，查看储蓄账户的广告。在哈罗德—多马增长模型中，储蓄率是国家经济增长的重要决定因素。

凯恩斯的《就业、利息和货币通论》（1936年），发展经济学（1954年），索洛—斯旺增长模型（1956年），内生增长理论（1986年）

1939年

凯恩斯在《就业、利息和货币通论》一书中提出了一个实现充分就业的路线图，但并未解释如何在时间之内保持充分就业。凯恩斯着眼于处理短期波动，并未详述维系长期增长所需的条件，而是他开发出了符合凯恩斯基本宏观经济见解的增长模型，尤其是储蓄和投资对经济稳定的重要性。

英国经济学家罗伊·哈罗德于1939年，美国经济学家叶夫·多马于1946年，分别做出了第一个凯恩斯主义增长模型。哈罗德—多马增长模型表明经济增长取决于两个因素：储蓄水平和资本—产出比例。资本—产出比例表明了资本转化为产出的比率。高储蓄为更多的投资提供了便利，低资本—产出比例意味着经济从数量有限的资本中得到了较多的产出。哈罗德把经济的"有保证增长率"定义为所有储蓄用于投资时出现的增长；用储蓄率除以资本—产出比例就可以得到"有保证增长率"。比如，如果人们把自己收入的20%用于储蓄，资本—产出比例是5，那么，经济就可以增长4%。哈罗德把经济的"自然增长率"定义为劳动力增长率。这两个增长因素的互动表明了经济为何不能一直增长。如果储蓄率太低，使得有保证增长率低于自然增长率，那失业就会逐渐增加。另一方面，如果有保证增长率超过了自然增长率，那劳动力短缺就会抑制产出，导致通货膨胀。如果有保证增长率等于自然增长率，经济就会稳步增长。

哈罗德—多马模型对于某些政策有重大意义，这些政策促进了发展中国家的发展。储蓄率越高，一个国家的资本储备就越有生产力，经济增长的可能性就越大。由于贫穷和极为低劣的有形资本，欠发达国家往往呈现低储蓄率。贫穷和极为低劣的有形资本这两个问题必须得到逆转才能刺激经济。■

155 第二次世界大战

左图：这是第二次世界大战期间物价管理局发行的配给券，凭券可以购买肉、脂肪、鱼和奶酪。右图：战时经济计划涉及配给，原因是军方和平民消费者对商品的需求增加了。这幅海报把配给描绘为爱国活动。

↳ 大萧条（1929年），移民经济学家（1933年），哈耶克的《通往奴役之路》（1944年），博弈论进入了经济学（1944年），布雷顿森林协定（1944年），经济顾问委员会（1946年），兰德公司与冷战（1948年）

在大萧条时期，经济学家证实了自己作为政策顾问的奋斗精神。在第二次世界大战期间，经济学家的影响爆发了。尤其是在美国和英国，经济学家在首都华盛顿、伦敦或者自己供职的母校，参与了战时计划。归功于经济学家的刻苦钻研，经济学产生了丰硕成果。

美国和英国的经济学家为第二次世界大战做出了很多贡献，其中包括约翰·梅纳德·凯恩斯、约翰·肯尼斯·加尔布雷思以及未来的诺贝尔经济学奖得主，比如保罗·萨缪尔森、米尔顿·弗里德曼、詹姆士·米德、西蒙·库兹涅茨。一些经济学家把注意力转到了计划经济上。经济学家制订政策以便管理工资和商品价格，资助战争活动，分配劳动和材料促进军事硬件的生产，同时还要保证稳定的消费者商品供应。最后一点尤其具有挑战性：大量男性劳动力在军队中服役，许多女性进入了工厂，而且对供应和装备的巨大军事需求意味着国内的商品有时要配给供应。还有些经济学家推动战争活动的方式，从表面上看跟经济学没多大关系。他们把数学技能和统计技能用到各种领域，比如弹药检验、雷达系统开发、航班天气研究等。

经济学家不得不开拓创新。他们提出了新的想法，开发出新的工具，其中包括抽样技术（用来检验一批军火的质量），以便满足紧迫的战争需要。有时，这些新发展源自经济学家与数学家、统计学家和其他领域科学家的互动。在第二次世界大战之后，他们中的许多人都从事了经济分析。无论是在国内还是在国外，他们都在经济计划方面取得了成功，比如，旨在重振欧洲经济的马歇尔计划（Marshall Plan）、旨在重构国际货币制度的布雷顿森林计划（Bretton Woods Plan）。这些计划的成功强化了经济学家作为政府政策顾问的关键地位。■

1939年

经济学之书 The Economics Book

乘数—加速数模型

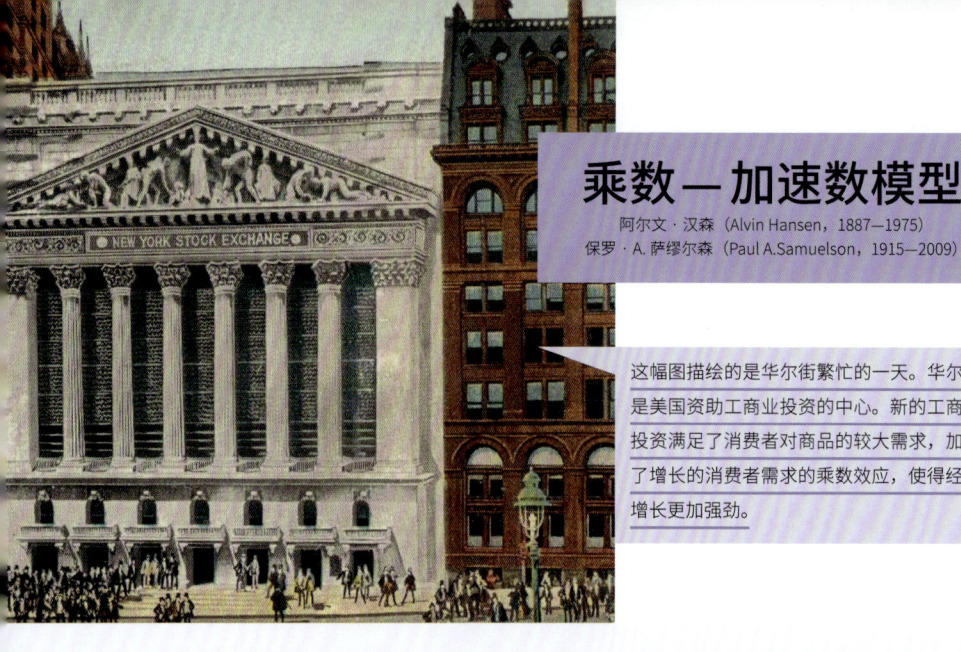

阿尔文·汉森（Alvin Hansen，1887—1975）
保罗·A. 萨缪尔森（Paul A.Samuelson，1915—2009）

这幅图描绘的是华尔街繁忙的一天。华尔街是美国资助工商业投资的中心。新的工商业投资满足了消费者对商品的较大需求，加速了增长的消费者需求的乘数效应，使得经济增长更加强劲。

图甘-巴拉诺夫斯基和贸易周期（1894年），维克塞尔的累积过程（1898年），乘数（1931年），数学动力（1933年），凯恩斯的《就业、利息和货币通论》（1936年），哈罗德-多马增长模型（1939年），凯恩斯主义革命（1947年），新古典宏观经济学（1972年），真实经济周期模型（1982年）

1939年

1939年，保罗·萨缪尔森将两种理论相结合，系统地阐述了现代经济周期理论。一种理论是理查德·卡恩的乘数。另一种理论是艾伯特·阿夫塔利翁（Albert Aftalion）和约翰·莫里斯·克拉克于20世纪初构思的加速原理。两者结合的结果就是乘数—加速数模型。乘数过程是凯恩斯《就业、利息和货币通论》分析的核心。乘数过程表明，消费者、政府或者其他工商业投资增加的一美元开支会如何让经济之中的产出和收入增加一美元以上。开支的大力推动会对国内生产总值产生更大的效果。然而，基本乘数假定，经济具有足够的资本制造产出，从而满足增加的需求。如果经济已经在开足马力运行，就需要新投资——有时叫作"衍生投资"——来增加生产。增加的消费对投资的影响就是加速原理。和一开始的投资一样，这种衍生投资也有着乘数效应，其更进一步地刺激了需求和收入。对于萨缪尔森来说，单是乘数效应或者加速原理都无法充分解释新投资的影响，两者必须结合起来。

萨缪尔森把这个认识归功于自己的哈佛大学导师阿尔文·汉森。萨缪尔森的模型赋予了凯恩斯主义经济学一个动态因素，并且解释了短期经济波动。因为投资决策是基于先前的经济活动，所以，当乘数效应开始消散的时候，增长最终会导致过度投资。然后，企业缩减投资，乘数效应推动经济下行，直到相应的投资不足促使经济活动再度上扬。随着时间的流逝，这些周期可能变得越发严峻或者弱化，这要取决于加速机制的力量。

乘数—加速数模型表明了经济周期如何自然出现于两个基本经济力量的互动之中，因此，经济学家开始把乘数—加速数模型植入战后开发的其他宏观经济模型和增长模型中。■

卡尔多—希克斯效率标准

约翰·R. 希克斯（John R.Hicks, 1904—1989）
尼古拉·卡尔多（Nicholas Kaldor, 1908—1986）

卡尔多—希克斯效率标准表明，如果效益超过成本，那么，一个变化就能提高效率。但是，正如这个罗斯福新政漫画所展示的那样，想要精确预测这些效益和成本通常并不容易。

消费者剩余（1844年），帕累托最优与效率（1906年），伯格森社会福利函数（1938年），成本—效益分析（1958年）

帕累托最优概念指出，只有让他人恶化，才可能使一个人好转，否则就无法让一个人好转。帕累托最优概念提供了效率的精确定义，符合新的经济学数学方法。然而在实践中，帕累托最优概念面临着一个严重的问题：提出的经济政策之中几乎没有一个符合帕累托标准的福利改善条件——至少一个人改善，而且没人恶化。任何政策变化不可避免地会让一些人获益，并把成本强加到另一些人头上。这意味着帕累托标准无法为决策提供太多实质性指导。

约翰·希克斯和尼古拉·卡尔多提供了解决这个问题的一个办法，这个办法保留了帕累托方法的一些优点。1939年，约翰·希克斯和尼古拉·卡尔多提出使用"补偿检验"来衡量效率。假设从变化中收益之人充分补偿失败者所有的损失，自己还能改善，那么，这种变化就可以被视作一种提高。倘若这种变化是不可能的，那么现有状态就会被视作是高效的。卡尔多—希克斯效率标准比帕累托标准低，原因是卡尔多—希克斯效率标准不需要个体支付这种"假设性"补偿，因而允许导致一些人改善而另一些人恶化的变化发生。总之，卡尔多—希克斯效率标准有两点：第一点，如果总效益超过成本，那么一个变化就能提高效率。第二点，如果成本超过效益，那么一个变化就降低了效率。

跟艾布拉姆·伯格森的社会福利函数不同，卡尔多—希克斯效率标准只衡量效率，并不关心这些变化带来的收益如何分配。一方面，卡尔多—希克斯效率标准未考虑分配问题，另一方面，假设性补偿并未真正支付。一些人认为这是卡尔多—希克斯效率标准的两个重大缺陷。卡尔多—希克斯效率标准影响巨大。许多经济学家使用卡尔多—希克斯效率标准来评估税收效率、工商业规章、国际贸易政策以及法律。而且，美国政府需要使用成本—效益分析（采用卡尔多—希克斯效率标准）来估量所有新提出的政策法规。■

1939年

斯托尔珀—萨缪尔森定理

沃尔夫冈·F.斯托尔珀（Wolfgang F.Stolper, 1912—2002）
保罗·A.萨缪尔森（Paul A.Samuelson, 1915—2009）

在这张明信片里，加利福尼亚的工人在手工摘橙子。因为摘橙子属于劳动密集型产业，所以，斯托尔珀—萨缪尔森定理预言，对进口橙子征收关税会增加国内该行业工人的工资。

贸易差额争议（1621年），赢利均等化（1662年），相对优势理论（1817年），赫克歇尔—俄林模型（1933年），要素价格均等化定理（1948年），新贸易理论（1979年）

1941年

20世纪30年代，伊莱·赫克歇尔和贝蒂·俄林的国际贸易模型针对国家间提供生产投入的情况，分析了各个国家的相对优势。伊莱·赫克歇尔和贝蒂·俄林分析所产生的最重要结果之一就是斯托尔珀—萨缪尔森定理。1941年的文章《保护主义和真实工资》（Protection and Real Wages）提出了斯托尔珀—萨缪尔森定理。在这篇文章中，沃尔夫冈·斯托尔珀和保罗·萨缪尔森考虑了一个具有两种商品和两种生产要素的世界，当其中一种商品的相对价格上升时，密集地应用于该商品生产的要素价格上升，而不太密集的要素价格下降。

农业表明了斯托尔珀—萨缪尔森定理的敏锐洞察力和意义。针对农产品征收关税，就会拉升农产品价格，增加农业工人的真实工资，减少资本的真实赢利。同样，如果采取农业自由贸易措施，就要削减关税，减少工资，增加资本赢利。之所以会对投入价格造成这些不同的影响，原因就在于生产的要素密集度。农业生产属于劳动密集型，所以农产品价格变化会对劳动赢利造成不成比例的影响，意味着资本赢利会朝相反方向运动。

斯托尔珀—萨缪尔森定理表明，贸易政策会大大影响收入分配。虽然斯托尔珀—萨缪尔森定理仅仅适用于具有两种商品和两种生产要素的世界，但是一个较为普遍的版本表明，如果一个国家向自由贸易迈进，那么至少一个生产要素会经历真实收入的下降。失败者可能是在进口商品生产中扮演最重要角色的要素。比如，斯托尔珀—萨缪尔森定理预言，如果从中国购买更多的劳动密集型产品，就会伤害国内这些部门工人的工资，一些证据也证实了这个预言。也就是说，包括教育补贴在内的政策，让工人可以开发新技能，以在面对这些变化时得到缓冲。■

159

投入—产出分析

华西里·列昂惕夫（Wassily Leontief，1906—1999）

图中表格比较了做不同品种面包所需的原料。菜谱表明了做一个面包所需每种原料的量。和菜谱一样，投入—产出表表明在经济之中生产一个单位每种商品所需的每种投入。

《经济表》（1758 年），瓦尔拉斯的《纯粹经济学要义》（1874 年），移民经济学家（1933 年），计算：奥科特回归分析仪和菲利普斯机器（1948 年）

莱昂·瓦尔拉斯的一般均衡理论无法衡量一个部门的变化如何影响其他部门。哈佛大学经济学家华西里·列昂惕夫 1941 出版的《1919—1929 年美国经济结构》（The Structure of the American Economy, 1919—1929）一书展示了美国经济的投入—产出表，填补了这个空白。

列昂惕夫从弗朗斯瓦·魁奈的《经济表》中汲取了灵感。和先前的表一样，列昂惕夫的表格聚焦于生产，追踪每个经济部门的产出如何被用于其他部门的投入。有五个行业的经济投入—产出表为五行和五列，每个单元表示多少单位的某行业产出（比如轮胎）需要用于生产一个单位的其他行业产出（比如汽车）。列昂惕夫把这个表格比作菜谱，表明做一块面包需要多少量的各种原料。比如，有了这个表，你就可以追踪汽车消费的增加会如何影响汽车行业的投入，还可以追踪汽车消费的增加如何影响供应汽车生产投入的其他行业。你就可以预测伴随汽车消费增加而来的整个经济领域的生产需求。

事实证明，投入—产出模型对政策分析和计划是有用的，因此，列昂惕夫在 1973 年获得了诺贝尔经济学奖。关于工业生产细节的数据有限，早期要用手持计算器进行复杂的计算，这个过程非常缓慢。到了第二次世界大战末，美国劳工统计局开发了 400 个部门（而列昂惕夫的表格是 44 个）的投入—产出表，来分析美国战后的就业，而且还有早期的计算机来进行计算。经济合作与发展组织以及世界银行使用这种分析来制订经济发展项目，并研究国际贸易的影响和生产对环境的影响等问题。■

1941 年

创造性破坏

约瑟夫·A.熊彼特（Joseph A. Schumpeter，1883—1950）

160

创造性破坏在交通领域力量强大。在交通领域，新的交通方式，比如商用飞机，取代了较为传统的方式，比如铁路。

↱ 伊本·赫勒敦的《历史绪论》（1377 年），机器问题（1817 年），马克思的《资本论》（1867 年），庞巴维克的《资本与利息》（1884 年），失业（1896 年），康德拉捷夫长波（1925 年），内生增长理论（1986 年）

1942 年

从卡尔·马克思到约翰·A.霍布森，许多批评资本主义的人都注意到了工业化留下的伤疤，比如工资降低，有时还导致了大规模失业。这些批评者提出的补救措施包括政府管理、社会福利项目、以某种形式的社会主义取代整个资本主义系统。最为有名的是马克思预言，这些伤疤是资本主义内在的，只会随着时间的流逝而加剧。资本主义是无法维系的，工人最终会推翻资本主义压迫者。

欧根·冯·庞巴维克于 1932 年移民到了美国。哈佛经济学家约瑟夫·熊彼特是庞巴维克的学生。在 1942 年出版的《资本主义、社会主义与民主》（Capitalism, Socialism, and Democracy）一书中，熊彼特以一种大不相同的方式解读了这个破坏性动力，这种方式略显正面一些。熊彼特认为资本主义是一个进化过程。他描述了一个"工业毁坏，不断从内部革命经济结构，不断破坏旧经济结构，不断创新经济结构"。这个工业毁坏可能来自新的交通方式、新消费者商品或者扰乱现有秩序的工业集团的成长。熊彼特把这一过程叫作"创造性破坏"，认为这一过程是"资本主义的关键事实"。

熊彼特认为，创新是资本主义变化的源头，但是，创新破坏了旧的生产方法和消费习惯。新技术取代了工人，而一些商品，甚至整个行业都消失了。这种破坏性动力后面的推动力是企业家，企业家利用了创新机会，并由此持续推动经济上扬。资本主义的灭亡并不是因为马克思所说的暴力革命，而是因为官僚主义愈发严重，企业家精神逐渐消失。对平等、保障、规章的渴求更符合社会主义。这种渴望会改变资本家的态度。

之所以类似马克思的危机理论并不是偶然的——熊彼特正是在仔细研读马克思作品的基础上提出的自己的理论。熊彼特对该问题的观点比马克思乐观，他得出了一个重要的结论：经济增长伴随成本和痛苦，包括手工织布机工人被动力织布机抛到了一边，还是当代汽车工人被机器人取代，抑或是社交媒体网站改变我们现有的生活方式。■

福利经济学的基本定理

维尔弗雷多·帕累托（Vilfredo Pareto，1848—1923）
莫里斯·阿莱（Maurice Allais，1911—2010）
肯尼斯·J. 阿罗（Kenneth J. Arrow，1921—2017）
吉拉德·德布鲁（Gérard Debreu，1921—2004）

> 这是 1992 年的莫里斯·阿莱照片。莫里斯·阿莱与众不同之处在于他对市场效率进行了精确的数学分析。

↪ 斯密的《国富论》(1776 年)，竞争过程 (1776 年)，看不见的手 (1776 年)，帕累托最优与效率 (1906 年)，伯格森社会福利函数 (1938 年)，公共商品 (1954 年)，次优理论 (1956 年)，蒂布特模型 (1956 年)，外部性和市场失灵 (1958 年)，德布鲁的《价值理论》(1959 年)，信息经济学 (1961 年)

1943 年

有观点认为市场竞争可以让资源发挥最好的作用。这个观点也是《国富论》的主题。自 1776 年《国富论》出版以来，经济学家就耗费了大量时间和精力来探索竞争市场的趋势，并得出经济福利结论。其中的两个结论体现在了福利经济学的基本定理之中。

这些定理之中的第一条源自 1906 年的维尔弗雷多·帕累托，他指出一个竞争市场经济产生帕累托最优化平衡，意思就是只有让他人恶化，才可能使一个人好转，否则就无法让一个人好转。第二条基本定理断言，假设有合适的收入再分配，而且竞争也完全，那么就可以实现任何帕累托最优平衡。1988 年诺贝尔经济学奖得主法国经济学家莫里斯·阿莱在自己 1943 年出版的《经济学研究》(*A La Recherche d' une Discipline Économique*) 一书中提供了这些定理的数学证明。肯尼斯·阿罗和吉拉德·德布鲁于 20 世纪 50 年代对此进行了提炼。

这些定理为什么是"基本定理"？一些人认为第一条基本定理证明了亚当·斯密"看不见的手"在大行其道。虽然这个看法有点牵强，但是，第一条基本定理确实告诉我们完全竞争市场产生了高效的结果，还树立了一个基准来衡量现实世界市场的业绩，同时在一定程度上证明了促进竞争理所应当。第二条基本定理告诉我们，在不牺牲效率的前提下，社会可以自行解决分配目标。社会只需要在许多可能的帕累托最优化结果中选择，方法——就像一个大受欢迎的课本所说的那样——"合适地再分配财富，然后让市场发挥作用。"

尽管现实世界市场无法满足这些定理所假定的完全竞争条件，但对于许多经济学家而言，这些定理就是强有力的证据，证明了使用竞争市场来分配社会资源的合理性。■

经济学之书 The Economics Book

哈耶克的《通往奴役之路》

弗里德里希·A. 哈耶克（Friedrich A.Hayek，1899—1992）

1931年，苏联的购物者在面包店前排起了长队。弗里德里希·哈耶克在书中警告读者中央计划社会主义制度是危险的。苏联就是使用中央计划社会主义制度来组织经济的。

《共产党宣言》（1848年），移民经济学家（1933年），第二次世界大战（1939年），哈耶克的《知识在社会中的运用》（1945年），供给学派经济学（1974年）

1944年

在20世纪初，经济学成了日益专门化的学术学科。经济学家有时也为大众写作。弗里德里希·哈耶克就写了一本广受欢迎的大众读物——《通往奴役之路》（Road to Serfdom，1944）。这本书上架时，知识分子和非专业人员都开始对社会主义感兴趣。按照战时计划，政府控制着整个经济之中的生产和价格，具有强烈的社会主义色彩。战时计划的成功表明，科学专业知识可以用来提升经济业绩。当西方在大萧条之中挣扎的时候，苏联的社会主义计划者宣称实现了经济增长。

1931年，哈耶克从祖国奥地利移民到英国并任教于伦敦政治经济学院。在《通往奴役之路》一书中，哈耶克提出警告：希特勒的法西斯国家社会主义和苏联的社会主义政体是同一枚硬币的两面。后来，希特勒的法西斯国家社会主义成了西欧大部分地方的灾难。而苏联的社会主义政体则日益引起西方知识分子的兴趣。这两面都是反对民主的；把许多人操控的政府交到了少数人手里，政府因而去限制经济自由和个人自由。哈耶克认为，向社会主义中央计划的迈进会逐步陷入极权主义。当然，这并不意味着政府没有作用，而是，政府的主要目标应该是创造一个环境，让经济和个人都能享受自由。政府可以实现这个目标。实现的方法有两种：一种是建立法律体系，支持以市场为基础的经济获得成功。另一种是提供市场无法充足供应的商品和服务。

缩写版本的《通往奴役之路》曾被收入许多流行刊物之中，比如《读者文摘》（Reader's Digest），让数百万读者了解了哈耶克的观点。《通往奴役之路》很快引起了民众对价格管控、各行业国有化等政策的反对。哈耶克为资本主义所做的辩护现在依然引人注目，比如许多人担心的规模不断扩张的政府行为。事实上，自2007年出版以来，最近出版的《通往奴役之路》"定本"已售出了四万多本。■

163 博弈论进入了经济学

奥斯卡·摩根斯顿（Oskar Morgenstern, 1902—1977）
约翰·冯·诺伊曼（John von Neumann, 1903—1957）

约翰·冯·诺伊曼从室内博弈中得到了灵感。在室内博弈中，玩家使用战略来助力自己赢得博弈。

伯努利论预期效用（1738年），伯特兰德模型（1883年），希克斯的《价值与资本》（1939年），《经济分析基础》（1947年），兰德公司与冷战（1948年），非合作博弈和纳什均衡（1950年），囚徒困境（1950年），沙普利值（1953年），机制设计（1972年），实验转折（1986年）

1944年

直到20世纪，经济理论依然以竞争为基础，假定主体决策之时未参考竞争对手的做法。事实上，许多经济互动并不是在孤立的个体之间发生，而这些个体也并不仅仅对市场价格作出反应。许多经济互动涉及深度的相互依赖，每个主体都对竞争对手的行为作出反应，并努力去影响竞争对手的行为。博弈论提供了一系列工具来为这些战略行为建模。

匈牙利出生的数学家约翰·冯·诺伊曼提出了现代计算，是曼哈顿项目（Manhattan Project）的关键参与者。冯·诺伊曼系统阐述了数学工具，以便为宏大背景下的战略决策建模，从而开创了博弈论。冯·诺伊曼的"室内博弈理论"从象棋和扑克等博弈中得到了灵感。"室内博弈理论"为博弈论打下了基础，但是，普林斯顿大学经济学家奥斯卡·摩根斯顿促使冯·诺伊曼把博弈论用在了经济问题之中。他们在1944年出版的《博弈论与经济行为》（*The Theory of Games and Economic Behavior*）一书阐明了战略互动理论如何用于经济学，从而使这种分析有了新的方向。

冯·诺伊曼和摩根斯顿的书吸引了国防战略家和数学家的注意力，其中包括未来的诺贝尔经济学奖得主约翰·纳什、理查德·泽尔滕（Richard Selten）、罗伯特·奥曼。《博弈论与经济行为》最重要的贡献是把效用理论与伯努利的风险分析结合起来，提出了期望效用理论，期望效用理论成为不确定性条件下经济决策分析的基础。一些重要的经济学杂志发表了针对《博弈论与经济行为》的几篇热切的书评，经济学家们非常缓慢地接受了博弈论，原因是经济学家们对数学不感兴趣，而且经济学家们相信除了军事战略领域之外，博弈论仅存在有限的应用性。许多经济学家也认为《博弈论与经济行为》攻击了约翰·希克斯和保罗·萨缪尔关于一般均衡理论的作品，一般均衡理论强调竞争市场并且其已经开始主导经济学。直到20世纪70年代，经济学家才开始认为博弈论是一种有用的方法，可以用来研究一些经济问题：例如，卡特尔（Cartel）、欧佩克（OPEC）在立法结构中打造投票联盟等。■

经济学之书 The Economics Book

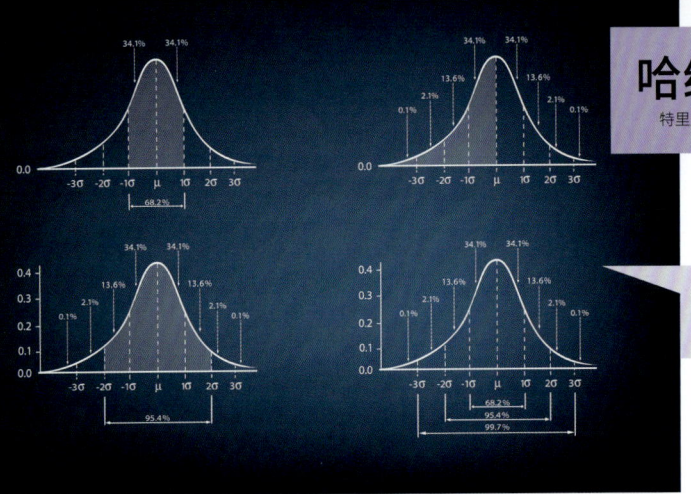

哈维默的"概率论"

特里夫·哈维默（Trygve Haavelmo，1911—1999）

164

> 这是正态分布，经常被用于计量经济学分析之中。

1944年

考尔斯委员会（1932年），数学动力（1933年），逻辑实证主义（1938年），《实证经济学方法论》（1953年），大型宏观计量经济学模型（1955年），经济学有了应用性（1970年），自然实验（1990年）

特里夫·哈维默的"概率论"不同凡响，是现代计量经济学的奠基之作，为改善经验主义分析以及由经验主义分析得出的结论提供了蓝图。在奥斯陆，挪威人哈维默是拉格纳·弗里希的学生。第二次世界大战刚开始时，哈维默就来到了美国。哈维默计划在继续研究一年统计学和经济学然后返回挪威。结果，在将近十年的时间里，哈维默都没有回挪威。正是待在美国的这段时间里，哈维默写下了"概率论"。

哈维默贡献的核心是一个基本问题：我们如何才能判断经济模型与现实之间的关系？活跃在那时的经济学家认为他们模型里的方程式描述了支配经济活动的自然法则，那么经验主义工作还需要做的就是衡量方程式变量的系数。哈维默相信这个方法受到了误导。这些模型是从现实世界抽象而来的，模型跟现实世界从来都不是恰好相符的。比如，对汽车的需求、影响需求的价格和消费者收入，二者之间从来都没有一个确切的关系，因此，就必须评估在多大程度上可以精确代表这些变量之间的关系的概率。只有这样，人们才能知道可以对这些估计抱有多少信心。人们可以估计新的关税对国内就业水平的影响或者所得税率变化对消费者开支的影响。

对于哈维默来说，理论在本质上就是统计假说，计量经济学是假说检验方法。有了概率论方法，经济学家就可以用统计方法来检验理论。只有这样，经济学家才能发现理论在多大程度上与数据相符，并且与其他自称解释同一现象的理论作比较。要让经济分析更为科学，采用概率论是关键。哈维默的研究成果对计量经济学贡献巨大，他也因此获得了1989年的诺贝尔经济学奖。其作品永久地改变了计量经济学实践，也永久地改变了经济学家看待经济理论的方式。■

布雷顿森林协定

约翰·梅纳德·凯恩斯（John Maynard Keynes，1883—1946）
哈里·德克斯特·怀特（Harry Dexter White，1892—1948）

美国财政部长小亨利·摩根索（Henry Morgenthau,Jr.，1891—1968）向联合国货币金融会议上的 730 名代表讲话。

金本位（1717 年），大萧条（1929 年），凯恩斯的《就业、利息和货币通论》（1936 年），第二次世界大战（1939 年），浮动汇率：布雷顿森林协定的终结（1971 年），欧佩克和阿拉伯石油禁运（1973 年）

第一次世界大战和大萧条揭示了金本位的严重问题。虽然每个国家的通货价值都是按照黄金设定的，但是，政府忽视了这个限制，随心所欲地印刷纸币以便资助战争活动或者复苏经济。这表明，按照国际标准统一货币政策可以稳定汇率，并且促进经济增长。1944 年 7 月，在联合国货币金融会议上，44 个盟国代表齐聚新罕布什尔州的布雷顿森林，协商出了一个计划以实现稳定汇率和促进经济增长的目标。布雷顿森林协定诞生了。

布雷顿森林协定的主要设计师是英国的约翰·梅纳德·凯恩斯和美国的哈里·德克斯特·怀特。在这个系统下，每个签约国都保持一个固定汇率系统跟美元挂钩。为了保证对美元的信心，将由黄金支持美元，因为美国控制着世界上大约四分之三的黄金供应；这就有效地让美元替代了黄金，成为国际通货标准。每个国家都要调整货币供应，以便使汇率保持在布雷顿森林协定规定的范围之内。如果本国货币价值对美元太低，就大量买进外汇市场的本国货币；如果本国货币价格太高，就增加货币供应。根据布雷顿森林协定，两个主要国际金融机构建立了起来：国际货币基金组织（International Monetary Fund，IMF）和国际复兴开发银行（International Bank for Reconstruction and Development，IBRD）。国际货币基金组织监控汇率，并且把储备借给国际收支逆差的国家，允许这些国家偿还与国际贸易相关的债务。国际复兴开发银行现在是世界银行集团（World Bank Group）的一部分，为战后重建提供资金。

经济合作精神帮助重新稳定了世界经济，直到 20 世纪 60 年代，由于对美元的信心削减，布雷顿森林体系不堪重负。布雷顿森林协定在 1971 年终止。1971 年，美国停止了美元兑换为黄金，从而开始了汇率自由浮动系统。■

1944 年

哈耶克的《知识在社会中的运用》

弗里德里希·A. 哈耶克（Friedrich A. Hayek，1899—1992）

166

在第二次世界大战期间，通用汽车公司的经理们在更新一个控制板，以便追踪战时生产所需的材料。

> 放任主义（1695年），看不见的手（1776年），《共产党宣言》（1848年），马克思的《资本论》（1867年），奥地利学派（1871年），帕累托最优与效率（1906年），社会主义计算争论（1920年），第二次世界大战（1939年），哈耶克的《通往奴役之路》（1944年），信息经济学（1961年），"次品"市场（1970年），信号标志（1973年），供给学派经济学（1974年），筛选，或者聚集与分离均衡（1976年）

1945年

20世纪二三十年代的社会主义计算争论让人们质疑中央计划能否改进或者甚至复制竞争市场经济的业绩。第二次世界大战期间美国和英国的中央经济计划获得了成功，政府控制价格和生产以便支持战争活动和公民的需要，由此，中央计划这一理念获得了新生。为了应对这股舆论潮流，伦敦政治经济学院的经济学家弗里德里希·A. 哈耶克于1945年写了《知识在社会中的运用》（The Use of Knowledge in Society）。当时，哈耶克是以放任主义为导向的奥地利学派的知识分子领袖。

哈耶克解释说，要让一个经济系统正常运行，就需要关于成本、价格、商品质量和存量的大量信息。经济学家构建的模型假定完美信息，从而掩盖了这一事实。完美信息的意思就是每个人都知道关于任何事物的一切。

哈耶克说，事实上，信息传遍数百万个体，时时都在变化，需要生产商和消费者不断适应。所有这些变动的部分都使得中央计划委员会难以拥有所需信息，也就无法对特定时刻的环境做出恰当的反应。哈耶克认为，一个运转良好的经济体系需要去中央决策，尤其是通过市场定价系统。只有去中央，才能"保证特定时空环境的知识可以迅速得到利用"。虽然市场无法确保所有这些信息可以用来让经济增长最大化，但是，与中央计划者相比，市场在这方面较为有效。

首先，虽然哈耶克的文章针对的是社会主义，但他的文章也在20世纪后半叶启动了信息经济学的发展。信息经济学研究的是信息问题对个人行为和市场结果的影响。其次，哈耶克认为本地化知识通常优于中央知识。这个观点也在一定程度上刺激了吉米·威尔士（Jimmy Wales）创立了维基百科。■

167 经济顾问委员会

经济顾问委员会成员与内阁成员和白宫工作人员一起工作，编撰杜鲁门总统的 1949 年年中经济报告。

↳ 大萧条（1929 年），第二次世界大战（1939 年），凯恩斯主义革命（1947 年）

1946 年

在大萧条和第二次世界大战期间，美国经济学家接到了一个任务：为美国总统提供建议。美国经济学家们基本上都是仓促上阵。在此期间的"头脑托拉"顾问团就是如此，这个顾问团围绕着富兰克林·罗斯福总统。即使在严重的经济紧急情况之中，经济顾问也经常及时给出提案。显然，在处理这些危机时，经济学家扮演着重要角色。因此，就需要经济学家在政府行政机构中扮演较为正式的永久角色。国会满足了这个需要，在 1946 年的《就业法》中规定了建立经济顾问委员会。

国会要求三人组成的经济顾问委员会提出经济政策，以便使经济波动最小化，并且"在自由竞争企业制下"促进就业、生产和低通货膨胀。经济顾问委员会评估当前的政府政策和项目，并且提供为总统提供政策抉择建议。经济顾问委员会还帮助准备年度"总统经济报告"，年度"总统经济报告"提供了关于美国经济状况的数据和见解。总统任命经济顾问委员会的成员，这些人"经受过训练，有经验，有成果，非常适于分析和解读经济发展，非常适于估量政府的项目和活动"。经济顾问委员会通常由请假离开大学的资深学术经济学家组成。经济顾问委员会成立时，总统是哈里·杜鲁门。哈里·杜鲁门几乎不怎么依赖经济顾问委员会，但是，这个颇具特色的美国机构在艾森豪威尔（Eisenhower）总统和肯尼迪（Kennedy）总统的统治之下显示出了影响力。经济顾问委员会巩固了自己的地位，对经济决策过程发挥了重要的影响力。肯尼迪总统采纳了经济顾问委员会的建议，进行减税，从而把经济拉出了衰退。

因为是由总统任命经济顾问委员会的成员，所以经济顾问委员会的历史直接反映：经济智慧如何产生以及政治风向如何改变。在 20 世纪六七十年代，坚定的凯恩斯主义者控制着经济顾问委员会。到了里根和布什担任总统时，主张限制政府干预的经济学家主宰了经济顾问委员会。经济顾问委员会不仅是经济智慧的宝库，还是不同见解的来源。这些不同的见解是关于赤字开支、货币政策、政府在经济中的合适角色。■

经济学之书 The Economics Book

芝加哥学派

弗兰克·海尼曼·奈特（Frank H. Knight, 1885—1972）
乔治·J. 斯蒂格勒（George J. Stigler, 1911—1991）
米尔顿·弗里德曼（Milton Friedman, 1912—2006）
加里·S. 贝克尔（Gary S. Becker, 1930—2014）

168

芝加哥大学的经济学机构位于社会科学研究大楼内。在这幅照片里，可以看到社会科学研究大楼在哈珀方庭的对面。

马歇尔的《经济学原理》(1890年)，奈特的《风险、不确定性与利润》(1921年)，凯恩斯的《就业、利息和货币通论》(1936年)，《实证经济学方法论》(1953年)，歧视经济学（1957年），永久收入假说（1957年），人力资本分析（1958年），信息经济学（1961年），自然失业率（1967年），犯罪和惩罚经济学（1968年），新古典宏观经济学（1972年），法律的经济分析（1973年）

1946年

第二次世界大战之后，影响最大的经济学机构在芝加哥大学。芝加哥学派也因为下列观点而声名远扬：旗帜鲜明地要在经济政策中实行自由市场方法，试图将经济学的范围扩展到生活的方方面面之中。芝加哥学派的方法可以追溯到20世纪20年代，弗兰克·奈特在20世纪20年代到了芝加哥。但是，关键时刻在1946年，米尔顿·弗里德曼成了芝加哥大学的经济学教师，成了经济学的公众人物和专业巨擘。

芝加哥学派拒绝接受一般均衡分析、不完全竞争理论、凯恩斯主义宏观经济学。也就是说，拒绝接受20世纪中叶的一切统治性学说。芝加哥学派青睐艾尔弗雷德·马歇尔的简单价格理论。简单价格理论的基础是竞争市场中的供求片面平衡分析，简单价格理论认为货币供应是影响宏观经济业绩的最重要因素。通过诺贝尔奖得主乔治·斯蒂格勒和加里·贝克尔的作品，芝加哥学派扩张了经济学的范围，涵盖了广泛的主题，比如，信息、法律、政治、家庭生活。就政策而言，芝加哥学派反对政府对市场所做的许多形式上的干预，包括对定价方法和生产方法的干预。芝加哥学派相信大多数市场都是竞争性的，因而是高效的。

芝加哥学派的方法，尤其是芝加哥宏观经济学方法，发生了极大的演变。米尔顿·弗里德曼的货币主义提出警告：日益增加的货币供应会导致通货膨胀。米尔顿·弗里德曼的货币主义已经让位给了一些理论，这些理论的基础是理性预期和一般均衡分析。芝加哥学派聚集了顶尖学者，分享经济分析方法，在一个较为保守的政治气候中工作，这个政治气候青睐他们的政策建议。就这样，芝加哥学派产生了无与伦比的影响。芝加哥学派的13位教师获得了诺贝尔奖，全世界的经济学家采用了芝加哥学派方法中的许多要素。虽然芝加哥学派的方法是作为异端运动出现的，但是，芝加哥学派的方法现在已成为经济思维主流的一部分。■

经济学之书 The Economics Book

消费者价格指数

1962年，美国劳工统计局的雇员在手工画图。后墙上挂的是一幅线形图，反映的是消费者价格指数的变化。

指数（1863年），美国国家经济研究所（1920年），国民收入核算（1934年）

1946年

　　显然，严重的通货膨胀会极大地伤害消费者。19世纪末，经济学家和统计学家研究出了有效的方法来衡量通货膨胀。但在19世纪末之前的几个世纪里，严重的通货膨胀就极大地伤害消费者了。在第一次世界大战期间，通货膨胀严重，工资好像没有跟上战争相关领域增加的生产，包括美国在内的许多国家开始提高自己措施的质量。在美国，消费者价格指数（Consumer Price Index，CPI）体现了一定时间之内平均个体消费的特定商品价格的变化，它们包括食物、住房、交通。消费者价格指数起源于1890年的《关税法》。在1890年，国会要求劳工局[后来更名为劳工统计局（Bureau of Labor Scatistics，BLS）]评估《关税法》对工业生产的影响。劳工统计局在第一次世界大战期间创造的"生活成本指数（Cost of Living Index，CLI）"为如今的消费者价格指数打下基础。1946年，"生活成本指数"被命名为消费者价格指数。

　　消费者价格指数的演化反映了其政治目的、经济目的、数据搜集目的。最早的指数涉及范围有限的商品，有几十个，而最近的指数考虑了几百个价格。早先，基于消费者预算中不同物品的加权是片面的，衡量的只是白人家庭的开支范式。跟非裔美国人家庭和拉美裔美国人家庭相比，白人家庭通常收入较高，购买习惯也不同。作为通货膨胀的尺度，消费者价格指数帮助我们理解了经济状况及其变化。但因为消费者价格指数被用来调整工资以及社会保障等政府转移支付，所以，消费者价格指数也影响了其反映的经济状况。这样就出现了争议，比如说，集体议价合同中的工资调整通常都是跟消费者价格指数绑定在一起的。这成为第二次世界大战期间的争论。在这期间，许多商品的价格大幅增加，但是，消费者价格指数并未增加。部分原因是消费者价格指数之中衡量的一些商品根本没有供应，比如设备和汽车。今天，劳工统计局继续修订其方法，并发布了几个版本的消费者价格指数来捕捉价格变化的不同方面。■

经济学之书 The Economics Book

凯恩斯主义革命

阿尔文·汉森（Alvin Hansen，1887—1975）
约翰·R.希克斯（John R.Hicks，1904—1989）
劳伦斯·R.克莱因（Lawrence R.Klein，1920—2013）

170

凯恩斯主义经济思维助力促成了许多基础设施项目，比如美国州际公路系统的建设。德怀特·戴维·艾森豪威尔（Dwight D. Eisenhower, 1890—1969）总统签署了《1956年联邦援助高速公路法》旨在以该项目创造工作岗位并减少失业。

↳ 大萧条（1929年），乘数（1931年），凯恩斯的《就业、利息和货币通论》（1936年），投资储蓄—流动性偏好货币供应模型（1937年），希克斯的《价值与资本》（1939年），乘数—加速数模型（1939年），萨缪尔森的《经济学》（1948年），大型宏观计量经济学模型（1955年），菲利普斯曲线（1958年），自然失业率（1967年），新古典宏观经济学（1972年），新凯恩斯主义经济学（1977年）

1947年

凯恩斯的《就业、利息和货币通论》开创了宏观经济分析的新时代。《就业、利息和货币通论》解释了经济为何会陷入长期衰退，以及政府如何使用赤字开支和减税来刺激经济增长，从而引发了经济分析和决策革命。经济学家开始充实凯恩斯的理论，有时还会修改凯恩斯的理论。约翰·R.希克斯把凯恩斯的概念转化成了数学形式。而阿尔文·汉森赢得了一个绰号——"美国凯恩斯"，原因是阿尔文·汉森真诚无比、不遗余力地推崇凯恩斯主义思想。劳伦斯·R.克莱因甚至把自己的博士论文命名为《凯恩斯的革命》(The Keynesian Revolution)，于1947年出版，将之前十年关于《就业、利息和货币通论》的作品系统化。

从某些方面来看，说凯恩斯的想法具有革命性是言过其实。和亚当·斯密的《国富论》一样，《就业、利息和货币通论》把许多已经存在的想法融合在了一起。当《就业、利息和货币通论》出版时，对于凯恩斯的观点，经济学领域之内也没有统一的行动。保罗·萨缪尔森指出，年青一代热切地接受凯恩斯的想法，但是他们的许多年长同事依然坚持传统思维并且尖锐地批评凯恩斯的理论。凯恩斯主义政策助力对抗了大萧条，但在美国的麦卡锡时期，凯恩斯主义者与其他颠覆分子被归为一类。

然而，从20世纪40年代到70年代中期，宏观经济分析从基本的凯恩斯主义模型中获得了灵感。诺贝尔奖授予了萨缪尔森、克莱因、理查德·斯通、詹姆士·托宾、弗兰科·莫迪利安尼、埃德蒙·菲尔普斯（Edmund Phelps），因为他们基于凯恩斯的作品提出了看法。就政策而言，政府成功采用了凯恩斯主义的见解，比如，肯尼迪政府实施了减税，把经济拉出了衰退。减税是凯恩斯推荐的两个关键刺激工具之一。在大衰退期间，美国和欧洲的经济刺激项目取得了效果，也让凯恩斯主义思维再度引起了关注。■

经济学之书 The Economics Book

171

《经济分析基础》
保罗·A. 萨缪尔森（Paul A.Samuelson, 1915—2009）

保罗·萨缪尔森在麻省理工学院的教室里。在经济学演变为一门数学科学的过程中，萨缪尔森的《经济分析基础》（*Foundations of Economic Analysis*）扮演了重要的角色。萨缪尔森身后的黑板就证明了这一点。

> 毕达哥拉斯和次序关系社会（约公元前 530 年），微积分的发明（约 1665 年），瓦尔拉斯的《纯粹经济学要义》（1874 年），马歇尔的《经济学原理》（1890 年），数学动力（1933 年），伯格森社会福利函数（1938 年），线性规划（1947 年）

1947 年

虽然自 19 世纪初，一些经济学家一直在使用数学来探索经济问题，但直到 19 世纪中叶，大多数经济学著作都跟数学绝缘。保罗·萨缪尔森写了《经济分析基础》一书，率先让经济学成为一门数学科学。《经济分析基础》一书源自保罗·萨缪尔森 1941 年的哈佛博士论文。《经济分析基础》声称，几乎所有的经济分析都可以归结到普通数学结构之下。更重要的是，这个结构允许学者得出"具有操作意义的定理"。也就是说具有一种潜在可能性：用数据辩驳关于世界的假说。

萨缪尔森的方法依赖两个原理：第一，平衡——经济力量，比如供应和需求——是个体最优化问题（利润或效用最大化或成本最小化）的结果；第二，只要系统不发生改变，那么这种平衡必须是稳定的（或者持续的）。稳定的平衡让你能够使用比较性静态，也就是说把一个平衡状态跟另一个平衡状态相比较，以便评估在一段时期之内，政策变化或者系统遭受的其他震荡如何影响经济结果。萨缪尔森分析了生产、消费、收入分配、国际贸易、经济周期、福利经济学，表明了有多少现有理论可以被纳入这个统一的框架之中。萨缪尔森向新的方向延伸了这些领域，尤其是通过其对动态原因的探索。

《经济分析基础》对经济学家产生了直接影响。经济学的推理方法正在由言语转为数学时，《经济分析基础》展示了学者如何才能卓有成效地把复杂的数学工具应用到数学问题之中。而在当时，艾尔弗雷德·马歇尔的《经济学原理》——用文字和图表展示了一些概念，并把数学放到了简短的附录之中——依然是教授经济理论的第一选择。公平地说，萨缪尔森的《经济分析基础》引导经济学家把数学用作分析的发动机，并且提供了分析工具，影响了接下来四分之一世纪里的许多重要的经济分析方面的进展。■

经济学之书 *The Economics Book*

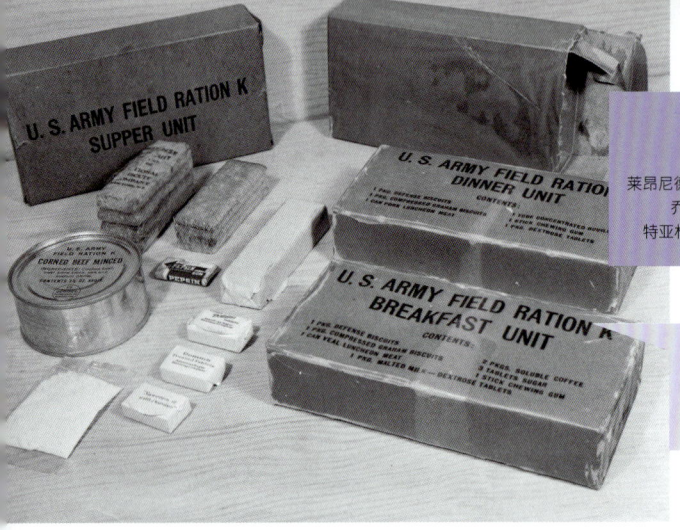

线性规划

莱昂尼德·V. 康托罗维奇（Leonid V.Kantorovich, 1912—1986）
乔治·B. 丹齐格（George B.Dantzig, 1914—2005）
特亚林·C. 科普曼斯（Tjalling C.Koopmans, 1910—1985）

172

这张 1943 年的照片表明 K 种口粮的构成，包括罐装咸牛肉、饼干、口香糖。后来，线性规划被用来确定士兵战斗口粮的构成。

微积分的发明（约 1665 年），考尔斯委员会（1932 年），第二次世界大战（1939 年），投入—产出分析（1941 年），兰德公司与冷战（1948 年），投资组合精选理论（1952 年）

1947 年

第二次世界大战让经济学取得了许多进展，包括博弈论和统计方法，线性规划为经济学家和企业提供了重要工具。俄国的莱昂尼德·V. 康托罗维奇、美国的特亚林·科普曼斯和乔治·丹齐格分别提出了线性规划，为解决高度复杂的最优化问题提供了方法。最优化问题探讨如何才能更好地实现一个特定的目标。比如一个公司每天需要发送 100 个包裹，有 8 辆货车可用，那么要把包裹送到目的地，最划算的方法是什么？线性规划让你假定问题之中变量的关系是线性的——货车可以按照直线从一个目的地驶向另一个目的地。与通常涉及非线性关系的基于微积分演算的最大化技术不同，线性规划技术可以进行数值计算。

康托罗维奇、科普曼斯、丹齐格于 20 世纪 30 年代末提出了自己的技术，以便计划战时生产、运输、商品采办。丹齐格从哈佛经济学家华西里·列昂惕夫投入–产出分析之中获得了灵感，扩张了其应用，于 1947 年提出了"单纯形方法"，成为解决线性规划问题的标准方法。兰德公司资助的出版物《线性规划和经济分析》（*Linear Programming and Economic Analysis*，1958）的作者是罗伯特·多夫曼（Robert Dorfman）、保罗·萨缪尔森、罗伯特·索洛。《线性规划和经济分析》勾勒出了线性规划在经济学中的应用范围，包括交通和福利经济学。

最早的实践应用之一就是所谓的"饮食问题"。"饮食问题"研究的是，基于不同食品的营养数量，如何才能以最低的成本提供主食，以满足不同的营养需要。虽然一开始提出这个问题是为了想出用低成本方法来满足美国士兵的饮食需要，但是，这个问题阐述了当前的决策：如何才能更好地筹措资金，以便为社会福利接受者提供充足的饮食。线性规划也成了企业不可替代的工具。线性规划可以解决 4 个方面的问题：第一个方面，企业内部人事组织；第二个方面，最优化生产技术；第三个方面，交通物流；第四个方面，营销。■

173 萨缪尔森的《经济学》

保罗·A. 萨缪尔森（Paul A. Samuelson，1915—2009）

一摞摞保罗·萨缪尔森的经典教材《经济学》。

《政治经济学对话》（1816年），《政治经济学图解》（1832年），穆勒的《政治经济学原理》（1848年），马歇尔的《经济学原理》（1890年），循环流动示意图（1933年），凯恩斯的《就业、利息和货币通论》（1936年），凯恩斯主义革命（1947年），《经济分析基础》（1947年）

在20世纪40年代末，经济学教学依然由半个世纪之前出版的艾尔弗雷德·马歇尔《经济学原理》所统治。1948年，情况发生了改变，保罗·萨缪尔森出版了经典的入门教材《经济学》（Economics）。当时，萨缪尔森30岁出头，是麻省理工学院教授，写出了《经济学》一书来助力麻省理工学院经济学课程的现代化。虽然相对年轻，但是萨缪尔森出类拔萃。因为萨缪尔森已经在经济学的研究做出了许多重要贡献，远远超出了较为年长的同事。

萨缪尔森的教材不仅为麻省理工学院工程学学生的经济学课程提供了基础，而且迅速影响了全世界数百万学生的经济学教育，并在随后的几十年里依然如此。《经济学》等书籍最早从英国引入凯恩斯主义想法并介绍给了美国本科大学生，书中解释了两点：导致国家收入波动的力量以及如何使用政府政策工具解决这些变化。《经济学》展示了循环流动示意图，表明了资源如何在经济之中流动，还表明了宏观经济分析和微观经济分析如何洞悉重要的经济问题，这些重要的经济问题包括失业和工商业规章。《经济学》的开创性还体现在其教学方法上。萨缪尔森把理论上的精确和历史上的细节结合在一起：每一章都有真实和虚构的插图以及案例分析供学生欣赏。虽然萨缪尔森的学术作品具有高度的数学特征，但其引人入胜的写作风格还是令人吃惊。

《经济学》采用的是凯恩斯主义宏观经济分析和决策方法以及萨缪尔森愿意承认政府管理可能（而且可能改善）自由企业制，这两点引起了轩然大波。麻省理工学院知名校友要求管理者敦促萨缪尔森删除《经济学》中的这些"极端"想法，或者至少更多地关注其他的经济思维学派。但是，麻省理工学院支持萨缪尔森。

时至今日，《经济学》依然是广大经济学专业学生的必读书目。自1948年出版以来，它被译为四十多种语言，在全球销量超过千万册。■

1948年

经济学之书 The Economics Book

要素价格均等化定理

保罗·A. 萨缪尔森（Paul A.Samuelson，1915—2009）

174

这个尼泊尔妇女正在田地里收割小米。要素价格均等化定理表明，自由贸易会让各国农业工人的工资均等化。

重商政策（1539 年），贸易差额争议（1621 年），赢利均等化（1662 年），杜尔哥的《关于财富的形成和分配的考察》（1766 年），克拉克的《财富的分配》（1899 年），赫克歇尔—俄林模型（1933 年），斯托尔珀—萨缪尔森定理（1941 年），新贸易理论（1979 年）

1948 年

反对自由贸易者认为，自由贸易会让劳动成本较低的国家受益，而工人挣高工资的国家则处于不利地位。国内的高工资使得公司生产出的商品难以与来自低工资国家的进口品相竞争，因而导致了失业。早在 16 世纪，这个论点就用来证明贸易壁垒以及压低国内工资的政策理所应当。在伊莱·赫克歇尔和贝蒂·俄林见解的基础上，保罗·萨缪尔森在其 1948 年的文章《国际贸易与要素价格均等化》(International Trade and the Equalisation of Factor Price) 证明这个论点在竞争市场中站不住脚。根据保罗·萨缪尔森的要素价格均等化定理，自由贸易会导致劳动和资本等生产投入的价格在各国之间均等化。

萨缪尔森的发现应用了一个原理。自从威廉·配第的著作在 17 世纪 60 年代问世以来，这个原理就一直是经济思维的一个主要内容。这个原理是：虽然用途不同，但是生产投入的赢利率会均等化。生产要素从低工资国家向高工资国家的流动受到了限制。乍一看，这些限制好像防止了劳动和材料等生产要素价格的均等化，但是，萨缪尔森的研究表明事实并非如此。比如，如果欧洲工资低于美国，欧洲就可以出售廉价商品，使得世界对欧洲商品的需求增加并且降低对美国商品的需求。接下来，又会增加对欧洲劳动的需求，降低对美国劳动的需求。欧洲的工资被推升，美国的工资被压低，直到在平衡情况下，工资比率相同。

这个定理在国际贸易理论中扮演着重要角色。虽然这个定理略微依赖受限的假设，比如强力竞争、国家间有着相同的生产科技，但是，经验主义证据表明要素价格趋向于收敛。比如，日本汽车工人的工资从 20 世纪 80 年代起增加，而美国工资的下降压缩了日本汽车厂家在日本生产汽车的成本优势，这就鼓励了日本汽车厂家在美国等地建造生产设施。■

175

中间选民定理

邓肯·布莱克（Duncan Black, 1908—1991）
安东尼·唐斯（Anthony Downs, 1930— ）

图为各种美国总统候选人的竞选像章。安东尼·唐斯得出结论：竞选职位的候选人如果迎合中间选民并因此组织相应的竞选活动，那么，这个候选人就会大获全胜。

霍特林区位选择模型（1929 年），阿罗的不可能性定理（1951 年），理性选民模型和投票悖论（1957 年），公共选择分析（1962 年）

哈罗德·霍特林提出其区位选择模型时，指出政治候选人的地位趋向于收敛，就像提供类似产品的卖家区位都向"大街"中心移动。在其 1948 年的文章《论集体决策的逻辑依据》（On the Rationale of Group Decision Making）中，苏格兰经济学家邓肯·布莱克为霍特林的言论提供了解释，即中间选民定理。

布莱克着眼于根据多数选票决策的委员会。他发现，假设委员会在就一个问题考虑不同的决策，委员们喜欢的不是两个极端，而是中位，那么，委员会就会做出中间选民青睐的决策。比如，假设委员会需要决定为陆军提供多少辆坦克。鲍勃（Bob）青睐 10 辆坦克，苏珊（Susan）青睐 20 辆，弗雷德青睐 30 辆。布莱克表明，苏珊的选择会胜出；要在 20 辆和 10 辆坦克之间做出选择，或者在 20 辆和 30 辆坦克之间做出选择，那么，在这两场选择中，大多数选民都会选择 20 辆坦克。

布莱克分析的是代议制民主制里的政治选举。安东尼·唐斯扩张了布莱克的分析理论，表明在少数服从多数的制度里，能抓住中间选民的候选人会胜利。如果选民从自由到保守均匀地分布，那么中间派候选人就会抓住大多数人。如果选举在保守地区举行，那么中间选民就会相当保守，而且那个地区会选出一个观点相似的候选人。中间选民定理对于政治行为有着重要的意义。候选人往往为自己定位以便抓住中间选民，立法者或者立法提案发起者通常会组织提案的语言以便迎合中间选民。中间选民定理成为公共选择理论的中心。公共选择理论是针对政治过程所做的经济分析，诞生于 20 世纪六七十年代。当时，一些经济学家开始质疑政治过程产生的结果是否能实现社会利益最大化。■

1948 年

兰德公司与冷战

176

1958年,兰德公司的经济学家和研究人员南希·尼米兹(Nancy Nimitz)在翻阅一份苏联报纸。

考尔斯委员会(1932年),博弈论进入了经济学(1944年),线性规划(1947年),非合作博弈和纳什均衡(1950年),阿罗的不可能性定理(1951年),投资组合精选理论(1952年),沙普利值(1953年),有限理性(1955年),索洛—斯旺增长模型(1956年),机制设计(1972年)

1948年

和第二次世界大战一样,冷战让经济学家接触到了数学家以及自然科学家,从而让经济分析有了新发展。有几个机构给这种合作提供了便利,兰德公司就是其中之一。兰德公司的出名之处在于影响广泛,旗下有众多杰出经济学家,尤其是在20世纪50年代。

兰德公司是研究与发展公司的简称,一开始由道格拉斯飞行器公司创建,旨在为美国空军进行研究。1948年,兰德公司成为一个独立非营利公司。虽然兰德公司的主要使命是为防止核战争而计划和提出战略,但是兰德公司的研究领域迅速扩大,其研究人员在太空项目、计算、博弈论、线性规划、人工智能、经济学这7个方面都做出了贡献。兰德公司的研究人员和考尔斯委员会一起工作研究一些主题,比如交通、健康护理、国防经济学、技术变化经济学、政府预算过程。诺贝尔奖得主肯尼斯·阿罗、约翰·纳什、莱昂尼德·赫维奇、哈里·马科维茨、劳埃德·沙普利、赫伯特·西蒙、罗伯特·索洛只是供职于兰德公司的一部分顶级经济学家。兰德公司经济学团队做出了一些最有影响力的研究,其中两项研究是阿罗的《社会选择和个体价值》(Social Choice and Individual Values,1951)一书、查尔斯·丁希契(Charles J. Hitch)和罗兰·N.麦基恩(Roland N.McKean)合著的《核时代的国防经济学》(The Economics of Defense in the Nuclear Age,1960)。《社会选择和个体价值》向我们呈现了不可能定理。《核时代的国防经济学》成为肯尼迪政府冷战计划的基础。

更重要的是,兰德公司是尖端数学技术的热点,让经济学家了解了博弈论、线性规划、运筹学,而在当时只有该领域的极少数人使用甚至理解了这些方法。把这些工具整合在一起的是理性选择理论。理性选择的意思就是在一系列限制之下根据逻辑去追寻自身利益。兰德公司的研究人员提炼了理性选择理论,并拓展了理性选择理论的极限。如果经济学就像现在许多人描述的那样是"理性选择之科学",那么,这个演化就得益于兰德公司对经济学研究的影响而获得动量。■

经济学之书 The Economics Book

计算：奥科特回归分析仪和菲利普斯机器

A. W. 菲利普斯（A. W. Phillips，1914—1975）
沃尔特·纽林（Walter Newlyn，1915—2002）
盖伊·H. 奥科特（Guy H. Orcutt，1917—2006）

这是1993年复原的菲利普斯机器，展示的是由水柜和水管组成的系统，菲利普斯用这个系统来表明经济之中的货币流动。

计量经济学学会（1930年），循环流动示意图（1933年），凯恩斯的《就业、利息和货币通论》（1936年），投入—产出分析（1941年），凯恩斯主义革命（1947年），菲利普斯曲线（1958年），经济学有了应用性（1970年），个人电脑（1981年）

1948年

为了让经济学更具有经验主义科学的性质，需要三个关键因素：所需数据的可用性、开发这些数据的数学技术和统计学技术的发展、可以利用数学技术和统计学技术的计算工具已存在。第三个关键因素的实现耗时最长。直到19世纪中期才第一次生产和销售了机械计算机器，可以进行大额加、减、乘、除运算。20世纪四五十年代电子计算的出现才最终使得复杂计算得以实现。

20世纪40年代，华西里·列昂惕夫使用最早的电子-机械计算机哈佛马克二号（Mark II），进行投入-产出分析。马克二号比马克一号运算速度快得多，可以进行许多高级计算，包括涉及平方根和对数的高级计算。在其1944年的密歇根大学博士论文里，盖伊·奥科特设计了一个机器，盖伊·奥科特把这个机器叫作"回归分析仪"，可以在涉及几个变量的系统里计算相关系数和回归系数。在其1948年的文章（文章中包含一些照片）"一个新的回归分析仪"中，盖伊·奥科特介绍了自己的工作版本"回归分析仪"，一个个组成部分就像盒子一样，正好可以放在一张桌子上。

在这些早期的计算设备中，最不同寻常的就是货币性国家收入模拟计算机，通常被称作"菲利普斯机器"。这个机器是1949年由A.W. 菲利普斯（以菲利普斯曲线而闻名）和沃尔特·纽林发明的。实际上是个循环流动装置，通过水柜（代表经济部门）和水管压水，为收入流和开支流建模。这个循环流动装置是一个自给自足的凯恩斯主义系统，根据消费、投资、政府开支、贸易来区分经济活动，允许使用者模拟经济变化——全部都是通过调整那些决定水流的阀门。

随着现代计算的演化，这些装置已经过时了，但是，这些装置证明了计算方法的研究能力和教学力量。以前需要几个小时甚至几天才能完成的计算现在经济学家几分钟就可以完成，从而做出更加精确的经济预测。■

经济学之书 The Economics Book

非合作博弈和纳什均衡

小约翰·福布斯·纳什（John Forbes Nash, Jr., 1928—2015）

178

约翰·纳什把博弈论研究扩张到了非合作博弈，比如象棋。在非合作博弈中，玩家独立行动，彼此不能达成一致。

↳ 古诺的《财富理论的数学原理的研究》（1838 年），伯特兰德模型（1883 年），霍特林区位选择模型（1929 年），斯塔克尔伯格模型（1934 年），博弈论进入了经济学（1944 年），囚徒困境（1950 年），搭便车问题（1965 年），筛选，或者聚集与分离均衡（1976 年）

1950 年

约翰·冯·诺伊曼和奥斯卡·摩根斯顿的先驱性作品让博弈论领域出现了，博弈论分析主体之间战略互动的情况。但是，20 世纪 50 年代早期约翰·纳什的作品赋予了这个学科更广的应用。纳什是普林斯顿大学培养出来的数学家，在 20 岁就完成了博士论文。纳什的博士论文把非合作博弈从合作博弈中区分出来，并以自己的名字命名使均衡概念化。

冯·诺伊曼和摩根斯顿着眼于合作博弈。在合作博弈中，个体可以达成一致，并且组成联盟。买汽车和通过法律就是两个例子。纳什把注意力转向了非合作博弈。在非合作博弈中，玩家相互独立，不能达成合同。非合作博弈的例子不仅包括扑克牌、体育竞赛，还包括经济学中的古诺的双头卖方垄断模型、囚徒困境、搭便车问题。

更为重要的是，纳什为非合作博弈描绘了一个均衡。这个均衡后来被称作"纳什均衡"。在这个均衡中，博弈中的每个玩家都考虑了其他玩家采取的战略，并采用自己的最优化战略。因此，任何玩家都不能通过改变自己的战略来改善处境；每个人都在考虑其他玩家做法的同时竭尽所能。一个博弈可以有多个纳什均衡，或者一个纳什均衡都没有。经济学家以及其他社会科学家使用纳什均衡概念来预测不同战略互动的结果。

非合作博弈论清楚明了地解释了一点：假设难以知晓是否违反协议也难以实施惩罚，为什么一些国家有时会违反限制军备条约和减少污染条约。非合作博弈论也解释了现有的渔业资源和矿产资源为什么会被过度开发，还帮我们理解了公司的定价实践和营销实践。虽然这些状况好像并不与剪刀石头布、井字棋、象棋等不同，但纳什以及其他博弈论先驱的贡献向我们表明，同样的内在力量控制着这些迥然不同事态中的行为。■

囚徒困境

梅里尔·弗勒德（Merrill Flood, 1908—1991）
梅尔文·德雷舍（Melvin Dresher, 1911—1992）

囚徒困境解释了一点：在保持沉默好像较好的情况下，为什么罪犯群体会坦白自己的罪行。

博弈论进入了经济学（1944 年），兰德公司与冷战（1948 年），非合作博弈和纳什均衡（1950 年），沙普利值（1953 年），实验转折（1986 年），公地治理（1990 年）

囚徒困境揭示了一点：个体追求自身利益时，做出理性决策，但为何结果是大家都恶化。这个著名的思想实验来自梅里尔·弗勒德和梅尔文·德雷舍，两位于 1950 年在兰德公司工作，当时冷战刚开始。普林斯顿数学家艾伯特·塔克后来依据囚徒的坦白命名和解释了这个问题。艾伯特·塔克的学生包括诺贝尔奖得主约翰·纳什和劳埃德·沙普利。

假设，两个人被指控犯罪，关进了监狱，无法彼此交流。如果两个人都保持沉默，每人将获刑 5 年。如果一人坦白，另一人保持沉默，则坦白者获刑两年，另一人获刑 20 年。如果两人都坦白，则每人获刑 10 年。显然，如果两个人都保持沉默，对两个人最好。然而，为了自身利益，还是坦白好。假设辛迪（Cindy）坦白，那么如果山姆保持沉默的话就会获刑 20 年，如果山姆坦白的话就会获刑十年。假设辛迪保持沉默，那么如果山姆坦白的话就会获刑两年，如果山姆保持沉默的话，就会获刑五年。辛迪面临着同样的问题。不管另一方如何选择，每一个主体在坦白的情况下都可以获刑较短。假设没有强迫合作的事物，比如知道你的犯罪团伙会在你坦白的情况下伤害你的家人，那么，群体的理性选择并不是每个个体的理性选择。

卡特尔行为是指生产商合谋提高价格。卡特尔行为证明了市场运行的囚徒困境。当卡特尔合谋达成协定去限制产出从而提高价格时，卡特尔可以保持这个协定，但是有一个条件：卡特尔成员不会提高产出水平进行欺骗。但是，欺骗的动机是强大的，导致协定最终崩溃。同样的逻辑解释了为什么各个政党无法就立法进行合作，各个国家为什么继续建造和保持核武库，而不是消除核武库，甚至还解释了使用约会应用程序时的刷屏策略。■

1950 年

经济学之书 The Economics Book

阿罗的不可能性定理

肯尼斯·J.阿罗（Kenneth J.Arrow，1921—2017）

180

妇女们在清点位于马萨诸塞州伍斯特的一个投票站的选票。阿罗的不可能性定理提出了一个质疑：我们在多大程度上可以从选举过程中得出关于社会偏好的结论。

↳ 伯格森社会福利函数（1938年），希克斯的《价值与资本》（1939年），福利经济学的基本定理（1943年），中间选民定理（1948年），证明一般均衡的存在（1954年），理性选民模型和投票悖论（1957年），《集体选择和社会福利》（1970年）

1951年

社会福利函数一开始是由艾布拉姆·伯格森提出的。社会福利函数是一个理论工具，用来汇总个体偏好，然后为可供选择的世界状态评级。但在现实中，我们如何才能达到这些评级？一个答案是以投票作为工具把个体偏好表达为社会选择。肯尼斯·阿罗在其哥伦比亚大学博士论文里研究了这种程序的可行性。后来，这篇博士论文作为《社会选择和个体价值》一书出版。

阿罗认为，任何社会选择过程都必须遵循一系列基本的标准。这些选择包括可递性（如果对A的偏好超过了B，且对B的偏好超过了C，则对A的偏好也超过了C）、"非独裁"（一个人的偏好不应支配任何其他人的偏好）、"帕累托原理"（如果人人对A的偏好都超过了B，那么就应该选A）、"非相关选择的独立性"（如果人人对A的偏好都超过了B，C的变化并不影响社会对A的偏好都超过B）。阿罗证明，任何投票过程都不能同时满足两点：第一点是满足上述假设；第二点是为不同的选择提供唯一的评级。这个结果就是阿罗的不可能性定理。要想得到唯一的评级，只能放宽其中的一个假设：比如，你可以让一个人成为"独裁者"，这样，他的偏好就能决定结果。

一些人认为，阿罗的不可能性定理表明社会福利函数这个想法是站不住脚的，原因是在不违反其中一个假设的情况下难以汇总个体偏好。其他人认为，阿罗的不可能性定理证明了在一个民主社会中无法进行理性集体决策。这两个解读存在争议。还有一个存在争议的地方：坚持让选择过程满足阿罗所有的假设是否合理？社会选择分析源自阿罗的作品。社会选择分析把大量注意力都用在了这些问题上，尤其是关注那种投票系统——简单多数、相对多数（赢者通吃）投票法，以及其他评级方法——最有可能在特定选举形势下产生与选民偏好相符的结果。■

未来资源以及环境经济学

艾伦·V. 肯尼斯（Allen V.Kneese，1930—2001）
约翰·V. 克鲁梯拉（John V.Krutilla，1922—2003）

1972年，在加利福尼亚的弗雷斯诺，一袋袋打开的杀虫剂，将于空中撒播。

↳ 古典政治经济学（约1790年），机会成本（1889年），外部经济和外部不经济（1912年），卡尔多—希克斯效率标准（1939年），公共池塘问题（1954年），外部性和市场失灵（1958年），成本—效益分析（1958年），排放权交易（1966年），经济学有了应用性（1970年）

早在19世纪，环境问题和自然资源问题就困扰着经济思想家。当时，约翰·斯图尔特·穆勒认为，不能由市场去保护自然环境。把经济方法应用于环境问题真正开始于20世纪50年代初。环境经济学研究最为重要的制度跳板是1952年未来资源研究所的成立以及未来资源研究所旗下两大经济学家的作品。未来资源研究所是第一个从事环境问题研究的智囊团。这两大经济学家是艾伦·肯尼斯和约翰·克鲁梯拉。蕾切尔·卡森（Rachel Carson）《寂静的春天》（*Silent Spring*，1962）出版了，人们对大规模空气污染和水污染表示担忧。由此，环境问题成为20世纪60年代的当务之急，环境经济学研究迎来了爆发阶段。

未来资源研究所以及学术领域的许多早期环境经济学家都把经济学视为一个工具，认为经济学有助于保护自然资源并且减少对环境的损害。然而，经济学家跟其他研究环境问题之人是不同的。不同之处在于经济学家以效益和机会成本来估量污染的减少。这就导致了一个极具争议的问题：超过某一个点之后，进一步减少污染所带来的效益不及成本。环保主义者认为自然是无价之宝，认为像经济学家一样评估环境影响是不妥的。

经济学家的建议一开始被忽视了。但是，在最近几十年，经济学家对环境政策争论产生了巨大的影响。几个国家开始征收碳税。经济学家一直以来都宣传说碳税优于污染规章。而且，经济学家促进了排放权交易制度的提出。经济学家还就经济和环境对气候变化的影响建模，并取得了巨大的进步。2018年，耶鲁大学的经济学家威廉·诺德豪斯因其在可持续发展增长研究领域做出的突出贡献而被授予诺贝尔经济学奖。■

1952年

经济学之书 The Economics Book

投资组合精选理论

哈里·M. 马科维茨（Harry M.Markowitz, 1927— ）

182

1958 年，纽约布鲁克林的股民和经纪人在观看反映股价变化的板子。哈里·马科维茨的投资组合精选理论解释了一点：对风险的承受力和对较高赢利的渴望是如何创建了最优化投资组合。

↳ 考尔斯委员会（1932 年），资本资产定价模型（1962 年），有效市场假说（1965 年），布莱克—斯科尔斯模型（1973 年）

1952 年

1952 年，芝加哥大学的研究生兼考尔斯委员会成员哈里·马科维茨，写了《投资组合选择》（Portfolio Selection）一文，标志着金融经济学的诞生，并为哈里·马科维茨赢得了诺贝尔奖。当时，大多数投资者都相信，你可以在未减少赢利的情况下消除金融投资组合风险，方法是实行资产多样化——将股票与债券混合起来，确保你的股票投资组合包括不同经济部门的各种各样的公司。马科维茨用数学证明通常只有分散投资才能在不影响回报的情况下降低风险。

马科维茨在 1952 年的文章中和 1959 年的同名书中都指出了投资者必须在高盈利和低风险之间做出选择。这就让投资组合精选变成了一个最优化配置问题，利用经济分析解决这个问题。马科维茨认为，理性投资者会在最大化投资组合的预期赢利同时最小化投资组合的差异。投资者的最优化投资组合取决于其对风险的态度——因为人们对风险的厌恶程度各异，所以投资组合的构成也会在投资者之间各不相同。

马科维茨也认为，影响投资者的不是特定股票、债券或者其他金融工具的风险，而是单个股票、债券或者其他金融工具对投资组合总体风险的影响。理性的投资者不会观察特定证券相较于其他证券的风险和赢利，相反地会去调查跟投资组合中的其他项目相比，这个证券的赢利会如何随着变化中的市场条件变化。

马科维茨的作品为投资者提供了规则，可以根据自己想要多大的赢利以及能承受多大的风险去构建最优化投资组合。1958 年，马科维茨在考尔斯委员会的同事詹姆士·托宾使用投资组合理论去解释对货币的需求，持有了货币就减少了投资组合总体风险。这些见解为金融经济学的其他重要贡献提供了基础，其中就包括资本资产定价模型。马科维茨为理性投资者做出的规定成了金融经理的信条。金融经理把现代投资组合理论与复杂的计算机模型结合起来，以便构建符合客户偏好的投资组合。■

183

沙普利值

劳埃德·S. 沙普利（Lloyd S.Shapley，1923—2016）

一方面，沙普利值建议修建机场跑道的成本应该如何分配。另一方面，沙普利值还可以用来帮助机场决定向降落飞机的航空公司收多少钱。

↳ 博弈论进入了经济学（1944 年），非合作博弈和纳什均衡（1950 年），投资组合精选理论（1952 年）

数学家兼诺贝尔奖得主经济学家劳埃德·沙普利被认为是有史以来最伟大的博弈理论家。沙普利初次接触博弈论是在兰德公司。1954 年，沙普利完成了在普林斯顿的数学研究生学业，来到了兰德公司，并一直待在兰德公司，直到 1981 年接受加州大学洛杉矶分校（UCLA）的职位。沙普利做出的最为重大的贡献就是沙普利值。

合作博弈论研究了玩家联盟（或者群体）之间的互动。在合作博弈论之中，沙普利值表明说服玩家相互协作的预期收益。沙普利值等于玩家为博弈中随机被选联盟所做出的预期边际贡献。沙普利值体现了一个想法：每个联盟成员获得的都应该等于其边际贡献。从这个角度出发，沙普利值抓住了经济学家对边际效益和成本的重视，并且反映了社会公平范式。

假定 3 个相邻的镇需要一条飞机跑道，但每个镇需要的跑道长度不等。芙拉沃维尔镇需要 1/3 英里，纽唐镇需要 2/3 英里，欧德唐镇需要 1 英里。每 1/3 英里的跑道成本为 1000 万美元。这 3 个镇可以各自修建自己的跑道，也可以合作修建一条跑道，跑道的长度可以满足每个镇的需要。因为每个镇都需要头 1/3 英里，所以，这 3 个镇均分这部分成本。第二个 1/3 英里只有纽唐镇和欧德唐镇需要，所以，这两个镇均分这部分成本。最后的 1/3 英里只有欧德唐镇需要，所以，欧德唐镇独自承担这部分成本。沙普利认为，芙拉沃维尔镇应贡献 330 万美元，纽唐镇应贡献 830 万美元，欧德唐镇应贡献 1830 万美元。这 3 个镇付出的成本远低于独自修建跑道的成本。而且，每个镇的成本份额都反映了其给项目成本带来的增量。

合作博弈有许多可能的结果，这要取决于玩家以及玩家组成的联盟如何互动。沙普利值并未预言会发生什么，而是表明了公平的解决方案。经济学家已经在使用沙普利值计算机场降落费，确定金融投资组合的风险，甚至根据《塔木德经》的规则来划分破产事件中的资产。■

1953 年

经济学之书 The Economics Book

《实证经济学方法论》

米尔顿·弗里德曼（Milton Friedman，1912—2006）

这是米尔顿·弗里德曼的照片。米尔顿·弗里德曼塑造了经济方法论。米尔顿·弗里德曼断言，经济学家只需要关注理论的预言能力，不用管理论的假设是否现实。

古典政治经济学（约 1790 年），瓦尔拉斯的《纯粹经济学要义》（1874 年），米切尔的《经济周期》（1913 年），制度经济学（1919 年），美国国家经济研究所（1920 年），短缺和选择（1932 年），国民收入核算（1934 年），逻辑实证主义（1938 年），希克斯的《价值与资本》（1939 年），芝加哥学派（1946 年），《经济分析基础》（1947 年）

1953 年

就 20 世纪问世的关于经济方法论的著作来说，米尔顿·弗里德曼的论文《实证经济学方法论》（The Methodology of Positive Economics, 1953）是最有影响力的。弗里德曼接受了统计学和经济学的训练，影响了阿瑟·伯恩斯（Arthur Burns，1904—1987）、韦斯利·克莱尔·米切尔、西蒙·库兹涅茨以及美国国家经济研究所下属的所有经济学家。弗里德曼的研究项目及其经济学方法反映了美国国家经济研究所的偏好：偏好与政策相关的经验主义研究，而不热衷于抽象的理论化。弗里德曼关于实证经济学的论文说明弗里德曼对经济理论和经验主义分析都感兴趣。弗里德曼的立场可以简单总结如下：归根结底，重要的是经济理论良好的预言能力，而不是经济理论假设的实现，也不是经济理论描述现实的能力。弗里德曼声称，良好的理论几乎总是不切实际的，原因在于进行预言需要去除一切，只留所研究现象的最为重要的因素。大多数市场都无法满足完全竞争的极端假设，而且消费者可能不会真的去计算所购物品的边际效益和成本。但是，弗里德曼说，如果这些理论精确预言了结果，那么，这些理论就是有用的理论。只需要说，从市场的运作来看，这些假设好像真的足够了。

弗里德曼的立场挑战了制度主义。制度主义既批评古典经济学，也批评数学理论化范式，说它们脱离现实。制度主义还批评较为新颖的经济探究，比如一般均衡分析，这些较为新型的经济探究并未充分进行经验主义检验。弗里德曼的论点引发了大量争议。保罗·萨缪尔森因而反驳道，经济理论的主要目的是描述和解释现实世界的现象。过了一段时间，弗里德曼的评估理论的方法成为许多经济学家信条。尤其是因为出现了一个情况：经验主义技术和计算能力的发展使得检验理论成为经济学研究中较为重要的一个方面。■

证明一般均衡的存在

莱昂内尔·W. 麦肯齐（Lionel W. McKenzie, 1919—2010）
肯尼斯·J. 阿罗（Kenneth J. Arrow, 1921—2017）
吉拉德·德布鲁（Gérard Debreu, 1921—2004）

肯尼斯·阿罗（如这幅1972年的照片所示）和吉拉德·德布鲁在1954年的《计量经济学》杂志上发表文章，证明了一般均衡的存在。

↳ 瓦尔拉斯的《纯粹经济学要义》（1874年），计量经济学学会（1930年），考尔斯委员会（1932年），福利经济学的基本定理（1943年），非合作博弈和纳什均衡（1950年），阿罗的不可能性定理（1951年），德布鲁的《价值理论》（1959年）

1954年

19世纪70年代，莱昂·瓦尔拉斯提出了一般均衡这个数学理论。莱昂·瓦尔拉斯独具匠心地捕捉到了构成经济系统的许多变量之间的相互依存。比如说，对钢铁需求的变化引起了连锁反应，整个经济之中的投入和产出都能感觉到这种调整，直到最后，经济系统达到了新的平衡，需求和供应在所有的市场之中都均等。然而，瓦尔拉斯并未证明一般均衡——所有市场之中同时且持续的平衡——是存在的。在完全竞争的市场系统中真的能达到此种平衡状态吗？

20世纪50年代初，肯尼斯·阿罗和吉拉德·德布鲁，以及莱昂内尔·麦肯齐同时给出了一般均衡存在的第一个证据。当时，德布鲁和麦肯齐都在考尔斯委员会，考尔斯委员会的经济学家对一般均衡很感兴趣，阿罗刚离开考尔斯委员会前往斯坦福。虽然三人一开始是独立工作的，但是，在当听说彼此的工作时，阿罗和德布鲁联起了手来。阿罗和德布鲁给出的证据，还有麦肯齐给出的证据都发表在了1954年的《计量经济学》杂志上。

因为没有现实世界的经济像瓦尔拉斯、阿罗–德布鲁、麦肯齐描述的无摩擦世界一样，所以一般均衡的存在就好像是空穴来风、异想天开。但是，经济学家想象的真实经济运作方式经常来自自己模型的启发。假设模型的高度限定性的假设被放松，那么一般均衡存在的证据就为分析市场运作方式提供了基础。经济学家相信这些证据的精确性，阿罗和德布鲁也因此获得了诺贝尔奖。而且，这些证据也与日益高级的数学越来越合拍，从而鼓励经济学家去广泛使用一般均衡建模。一般均衡建模依然是许多当代经济思维的核心。■

公共商品

保罗·A. 萨缪尔森（Paul A.Samuelson, 1915—2009）

186

> 消防服务就是能公共商品，所有公民都能从中受益。

斯密的《国富论》(1776年)，财政学 (1883年)，赋税效益原理 (1896年)，庇古的《财富与福利》(1912年)，《经济分析基础》(1947年)，公共选择分析 (1962年)，搭便车问题 (1965年)，机制设计 (1972年)，供给学派经济学 (1974年)，实验转折 (1986年)

1954 年

在《国富论》中，亚当·斯密认为政府的角色是提供市场所无法有效供应的"特定公共工程"。虽然斯密关于"公共工程"的想法出现在了接下来两个世纪的经济著作中，但直到20世纪50年代，经济学家都没有提出一个理论来解释市场失灵。在经济学历史中，《公共支出纯理论》(*The Pure Theory of Public Expenditure*，1954) 是最短的经典杂志文章，只有3页。在《公共支出纯理论》中，保罗·萨缪尔森本着社会福利最大化的原则，描述了提供公共商品所需的条件，比如国防、道路以及警察保护。

公共商品即用于集体消费的物品。萨缪尔森指出，公共商品存在的问题是许多个体同时使用公共商品。苹果可以只由一个人吃。跟苹果等私有商品不同，所有的公民都一起从国防中受益，一位公民消费的国防不会减少其他公民消费的国防。要想卓有成效地提供私有商品，供应方只需要在生产商品时达到一个点：每个消费者的边际效益都等于生产该商品的边际成本。然而，就公共商品而言，供应方生产必须达到的程度是：各个个体的边际效益总量都等于边际成本。

这些条件使得市场难以卓有成效地提供公共商品。人们没有动机去精确揭示自己的偏好，原因是无论是否付费，人们都可以从公共商品中受益。后来，经济学家曼瑟·奥尔森（Mancur Olson）把这种局面称为搭便车问题。如果让公共商品中受益人付费是可能的，那也是困难的。所以，私有部门不会提供公共商品——或者不会卓有成效地提供公共商品。因此，萨缪尔森得出结论：政府应当介入，使用政府的权威征收各种税费，这样提供公共商品就有了经费。政府是否能真的卓有成效地提供公共商品就是另一个问题了。20世纪60年代，公共选择分析对这个问题给出了明确的否定答案。■

经济学之书 The Economics Book

187 发展经济学

西蒙·库兹涅茨（Simon Kuznets, 1901—1985）
威廉·阿瑟·刘易斯（W. Arthur Lewis, 1915—1991）

在一定程度上，中国最近的增长是由廉价劳动的充足供应推动的。但是现在，经济学家争论，当这些供应开始枯竭时，中国是否到达了刘易斯转折点。

国民收入核算（1934 年），哈罗德—多马增长模型（1939 年），索洛—斯旺增长模型（1956 年），内生增长理论（1986 年）

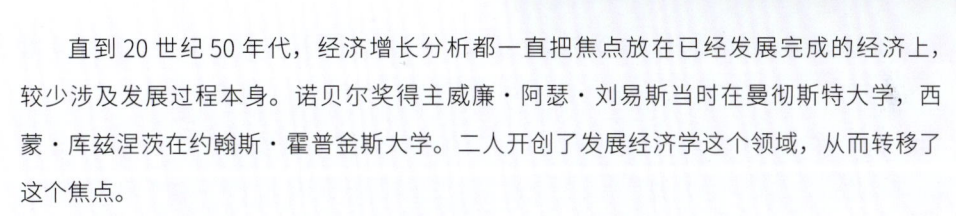

直到 20 世纪 50 年代，经济增长分析都一直把焦点放在已经发展完成的经济上，较少涉及发展过程本身。诺贝尔奖得主威廉·阿瑟·刘易斯当时在曼彻斯特大学，西蒙·库兹涅茨在约翰斯·霍普金斯大学。二人开创了发展经济学这个领域，从而转移了这个焦点。

刘易斯 1954 年的文章《劳动无限供应条件下的经济发展》（Economic Development with Unlimited Supplies of Labor）把经济发展之根认定为一个国家在发展之初的"二元经济"。一个是大规模生存经济，围绕着农民的农业，几乎没有资本。另一个是资本驱动经济，即工业和商业。这个资本主义部门吸引了生存经济之中的工人，而且工人充足使得企业可以提供低工资。这些低劳动成本带来了巨大的利润；这些利润用于再投资，这些资本主义部门也就发展壮大了。随着劳动剩余减少，经济到达了"转折点"：工资上升，相关的成本优势消失，生产力的快速增长终结。

当一个国家实现了工业化，这个国家的收入分配也会发生变化。库兹涅茨声称，当经济刚刚取得发展但还没有到最终缩减时，收入不平等可能会增加。库兹涅茨还把不平等和人均收入之间的关系描述为一个倒"U"形，后来这个倒"U"形被称为库兹涅茨曲线。收入不平等之所以可能增加，是因为发展同时实现了两种情况：在资本主义部门为企业增加了利润，创造了新的投资机会。同时，工资基本静止不动，直到由于这些新的投资机会，对劳动的需求有了足够的增长，从而提高工资，使国家建立起由纳税人资助的福利项目来解决不平等。

刘易斯和库兹涅茨的研究表明，在 20 世纪五六十年代采取的措施推动工业化是理所应当的。然而，库兹涅茨曲线引起了争议。虽然在西欧部分地方、拉丁美洲、中国，库兹涅茨曲线符合发展范式，但是，在一些发达经济体中，日益增加的不平等好像违背了库兹涅茨的预言。"环境库兹涅茨曲线"表明环境恶化会在发展之初加剧，然后开始稳步减少。"环境库兹涅茨曲线"也是争论的主题之一。■

1954 年

经济学之书 The Economics Book

公共池塘问题

H. 斯科特·戈登（H.Scott Gordon, 1924— ）

龙虾堆在缅因州的一个码头上。为了解决 H. 斯科特·戈登所描述的公共池塘问题，美国的许多州和加拿大的许多省都规定了捕捞龙虾的渔民可以在哪里下网以及可以下几张网。

穆勒的《政治经济学原理》(1848 年)，杰文斯的《政治经济学理论》(1871 年)，外部经济和外部不经济(1912 年)，未来资源以及环境经济学(1952 年)，外部性和市场失灵(1958 年)，科斯定理(1960 年)，排放权交易(1966 年)，公地治理(1990 年)

1954 年

在 19 世纪，包括约翰·斯图尔特·穆勒、威廉·斯坦利·杰文斯、亨利·西季威克在内的经济学家都宣称，市场会促使对自然资源的过度开发。比如，注意到英国工业和航运业贪婪消费煤炭之后，杰文斯指出，英国的煤炭有耗尽的危险。另外，在 20 世纪 50 年代之前，这个问题并没有引起多少关注。在 20 世纪 50 年代，对污染和自然资源过度使用的担忧促使决策者把环境保护和自然资源保护放在了优先位置。加拿大经济学家 H. 斯科特·戈登以其经典的渔业管理分析为这种兴趣提供了一个切入点。

戈登在 1954 年的文章《共有资源的经济理论：渔业》(*The Economic Theory of a Common Property Resource: The Fishery*) 中指出，生物学家往往认为渔业是取之不尽用之不竭的资源。戈登认为生物学家的这个看法不但是错误的，还是危险的，原因是这个看法忽视了过度开发问题。如果渔业资源长期保持健康，所有的渔民都会从中受益，也愿意限制每年的捕捞量来保持渔业资源的长期健康。但是，他们不能指望其他渔民也会限制自己每年的捕捞量。因此，每个渔民都会不遗余力地捕鱼，从而耗尽渔业资源。

这个"公共池塘"问题的根源在于私有财产权的缺失，因而难以禁止人们使用资源。就像戈登所说，"人人都拥有的财产就是没人拥有的财产。"如果一个主体拥有渔业资源并且有权利禁止人们使用渔业资源，那么，无论主体是个体还是政府，这个主体都有动机去限制捕捞，从而避免过度捕捞。（而且，就私有业主来说，这一限制也能够增加长期利润。）

戈登的作品为决策者提供了一个新方法来解决过度开发问题。戈登的见解也为加勒特·哈丁（Garrett Hardin）的文章《公地悲剧》(*The Tragedy of the Commons*) 提供了基础。《公地悲剧》把公共池塘问题应用于一些争议点：人口过剩、政府开支增加。在 2009 年，埃莉诺·奥斯特罗姆（Elinor Ostrom）被授予诺贝尔奖，因为她研究了治理机制，解决了戈登所描述的公共池塘问题。■

有限理性

赫伯特·A. 西蒙（Herbert A.Simon，1916—2001）

这个医学插图表明了脑的不同脑叶——包括额叶在内。额叶在决策中起着重要作用。对于赫伯特·西蒙来说，脑在决策能力方面的局限性让人怀疑现实生活中经济主体究竟能有多理性。

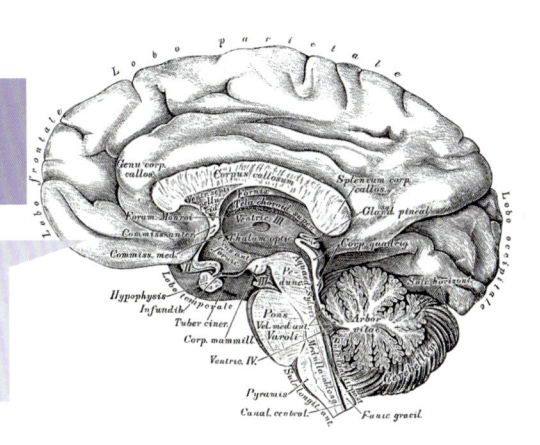

经济人（1836年），杰文斯的《政治经济学理论》（1871年），考尔斯委员会（1932年），《现代公司和私有财产》（1932年），兰德公司与冷战（1948年），有效市场假说（1965年），行为经济学（1979年），实验转折（1986年）

众所周知，赫伯特·西蒙是20世纪最有影响力的学者之一，因为赫伯特·西蒙分析了个体和群体决策，还对经济学、人工智能、政治科学、心理学、计算机科学等领域做出了贡献。在芝加哥大学，西蒙研究的是政治科学，但西蒙想成为一个"数学社会科学家"。在一段时间之内，西蒙和考尔斯委员会的经济学家度过了一段时间。这段时间的起点是西蒙研究生毕业之际。这段时间的终点是西蒙于1949年前往卡内基·梅隆大学。在这段时间里，西蒙大量接触了经济学，以及高级的数学方法。

西蒙很快就对理性决策的局限性产生了兴趣。有一个想法：个体可以衡量广泛的备选项。对于西蒙来说，这个想法解释了与备选项相关的所有概率和偶然性，之后选择最佳备选项就根本不现实了。西蒙在1955年的文章《理性选择的行为模型》（*A Behavioral Model of Rational Choice*），以及后来的一系列著作中认为，现有信息的局限性、人脑的计算能力、决策的时帧都构成了最大的障碍，使得经济主体难以采用理性决策。相反，个体创造了简化版的现实世界模型——捷径或者快速估算法——来为决策提供信息。西蒙指出，"有限理性"导致了"满足性行为"。"满足性行为"指的是，只要解决方案能够满足或者超过特定的标准，主体就能够接受，心满意足，而不会按照理性选择理论的思路实现最大化。比如，如果一个牌子的果酱符合购物者的标准，那么，购物者可能每个月都会买这个牌子的果酱，不会探索货架上众多的选项。同时，经理可能仅仅去满足公司业主的基本利润预期，以便保持较为宜人的工作环境。

西蒙关于决策理论和组织分析的作品使其获得了1978年的诺贝尔经济学奖，并最终引发了关于组织理论和行为经济学的大量研究。他从一个新颖的角度阐明了业主如何构建与经理的合同，不仅把利润最大化置于优先地位，还阐明了个体决策背离理性选择理论预言的不同途径。■

1955年

大型宏观计量经济学模型

劳伦斯·R. 克莱因（Lawrence R.Klein，1920—2013）
阿瑟·S. 戈德伯格（Arthur S.Goldberger，1930—2009）

劳伦斯·克莱因率先构建的计量经济学模型，不仅捕捉到了国家经济的复杂运行方式，而且大大促进了经济学家的预测能力。

考尔斯委员会（1932年），凯恩斯的《就业、利息和货币通论》（1936年），流动性偏好和流动性陷阱（1936年），丁伯根模型（1936年），投资储蓄—流动性偏好货币供应模型（1937年），哈维默的"概率论"（1944年），凯恩斯主义革命（1947年），《经济分析基础》（1947年），卢卡斯批判（1976年），动态随机一般均衡模型（2003年）

1955年

在经济学中，与政策相关的最为重大的进步之一就是提出了大型宏观计量经济学模型。这些模型可以用来预测经济的轨道，并且评估主要经济政策的潜在影响。比如，货币供应、政府开支或者税收系统3个方面的变化。这项工作的种子是20世纪30年代的简·丁伯根模型与美国经济模型。这些模型表明有可能构建动态模型来完成这些任务。考尔斯委员会的研究人员推进了这项工作：为国家经济建设了较大的改良模型。密歇根大学经济学家劳伦斯·克莱因及其博士生阿瑟·戈德伯格把宏观计量经济学建模置于了现代轨道之上：于1955年为美国经济构建了克莱因–戈德伯格模型。

克莱因–戈德伯格模型从投资储蓄–流动性偏好货币供应模型中汲取了灵感，提供了第一个大型经济图像，牢固地植根于凯恩斯主义宏观经济理论之中。克莱因–戈德伯格模型也是第一个用于经济预测的模型，一开始是对1953年进行了预测。这个模型包含20个方程式，使用了关于消费、投资、政府开支、劳动、进口的详细需求函数。克莱因和戈德伯格使用了考尔斯委员会开发的最新的计量经济学技术，以便估计模型的参数——比如，表明工资的变化如何影响消费。

克莱因–戈德伯格模型获得了成功，在接下来的20年里，许多人也模仿了克莱因–戈德伯格模型。在20世纪六七十年代，许多公私单位使用数百个方程式来捕捉经济系统之中变量的详细关系，开发出了越发复杂的模型。其中一些模型甚至取得了商业成功，政府和企业成为经济预测服务的客户。克莱因–戈德伯格模型，以及克莱因–戈德伯格模型催生的、众多的、后来的模型，成为世界各国宏观经济决策的重要工具。这些模型强化了凯恩斯主义思维对经济学家和决策者的控制。最终，在动态随机一般均衡模型（DSGE）前，这些大型宏观计量经济学模型相形见绌。但是，这些大型宏观计量经济学模型依然是许多政府和中央银行预测工具箱的一部分。■

次优理论

理查德·G. 李普西（Richard G.Lipsey, 1928— ）
凯尔文·兰卡斯特（Kelvin Lancaster, 1924—1999）

角竞技场灯塔是加利福尼亚州建造的第一批灯塔之一。公共商品，比如灯塔，通常无法通过市场卓有成效地提供。然而，根据次优理论，让政府建造较多的灯塔可能导致另一个问题：为了建造灯塔就得收税，而税收又导致了对问题的曲解。

斯密的《国富论》（1776年），竞争过程（1776年），看不见的手（1776年），帕累托最优与效率（1906年），伯格森社会福利函数（1938年），卡尔多—希克斯效率标准（1939年），福利经济学的基本定理（1943年），公共商品（1954年）

1956 年

经济学家颂扬竞争市场的优点，是因为竞争市场往往产生高效结果。如果竞争市场无法满足所有经济部门的效率要求，那该怎么办呢？对于这个问题，一个自然而然的解决办法就是在尽可能多的市场中追求效率，以便尽可能地达到总体高效结果。伦敦政治经济学院的理查德·李普西和凯尔文·兰卡斯特在他们1956年的文章《次优通论》（The Generalized Theory of Second Best）中证明了难以想出的"次优"解决方案。

李普西和兰卡斯特的次优理论声称，如果系统中的某部分效率低下，那么，在其他领域追求效率往往会让事情变得更糟。假设经济体之中有几个垄断者，每个垄断者都是污染者。垄断和污染都使得效率低下。垄断使效率低下的原因是，相对社会的需求来说，垄断的产出太少。污染使效率低下的原因是污染的成本并不是污染物的排放者承担。消除垄断并让竞争市场取代垄断，就能减少垄断造成的效率低下。由于竞争市场的产出大于垄断企业，所以，这一变化会导致污染增多。而且，使用政府规章来减少污染会导致与政府官僚主义相关的效率低下。总之，与垄断者及污染共存可能会更好。

李普西和兰卡斯特的结果表明，经济学家用零打碎敲的方法去确认和纠正个体的效率低下来源经常是走错了道路。然而，并不存在一个简单的解决方案。经济学家或者决策者可能没有确认并且实施"次优"解决方案所需的信息——比如，知道最优化污染数量以及如何实现。

次优理论的重要性尤其体现在研究下列方面时：税收政策的效率、贸易政策、对垄断企业的价格管理。就垄断企业而言，价格经常是扭曲的。虽然次优理论好像充满了悲观色彩，但次优理论也鼓励了经济学家去明智审慎地对待自己的政策建议。■

蒂布特模型

查尔斯·蒂布特（Charles Tiebout, 1924—1968）

192

在这张年代久远的明信片上，游客正在享受斯塔顿岛米德兰海滩上的游泳池和水滑梯。查尔斯·蒂布特声称，个体会"用脚投票"，搬到公共商品对他们有吸引力的市镇。比如，娱乐设施就是一种公共商品。

→ 庇古的《财富与福利》（1912年），福利经济学的基本定理（1943年），公共商品（1954年），外部性和市场失灵（1958年）

1956年

20世纪50年代初，保罗·萨缪尔森和理查德·马斯格雷夫（Richard Musgrave）关于公共商品的作品表明，没有办法通过市场卓有成效地提供商品和服务。就在几年后，西北大学（Northwestern University）的查尔斯·蒂布特得出了不同的结论，蒂布特曾经是马斯格雷夫在密歇根大学的博士生。蒂布特在1956年的文章《地方支出纯理论》（*A Pure Theory of Local Expenditures*）中认为，虽然萨缪尔森和马斯格雷夫的结论可能适合联邦政府提供的公共商品，但是在地方层面，要决定一些公共商品的供应，市场化力量起着至关重要的作用。这些公共商品包括学校、公园、警察、火灾防护。

蒂布特解释说，你可以想象一个地方社区，这个地方社区以税收为资金提供公共商品包，各个社区的包通常大不相同。因为人们具有高度流动性，所以人们会"用脚投票"，选择居住的社区里，公共商品包可以最好地满足特定的喜好，人们愿意为此花钱。如果一个地方有较好的学校，一个社区有高级市政高尔夫球场或者良好的公共安全服务，那一些人可能乐于多交税。还有些人想要交最低的税，享受最少的服务。按照蒂布特的说法，选择在哪里住无异于选择在哪里购物。就像萨缪尔森指出的那样，虽然人们有动机去掩饰对国防等国家公共商品的偏好，但是，选择住所的过程迫使人们揭示自己对地方公共商品的偏好。人们会基于不同社区提供的服务包分别住在不同的社区里，这样，在地方层面上就可以卓有成效地提供公共商品。

直到20世纪60年代末，蒂布特模型都一直被忽视。但是，对于立志研究地方政府公共政策的经济学家来说，蒂布特模型已经成为重要的工具。蒂布特模型深入探讨了学校资金来源、择校、大幅减税来吸引企业的各个市之间的竞争、影响周边质量和住房价格的分区管理。■

索洛—斯旺增长模型

罗伯特·M. 索洛（Robert M.Solow，1924—）
特雷弗·斯旺（Trevor Swan，1918—1989）

在发送给汽车制造商之前，用于焊接的自动机械手正在接受检验。罗伯特·索洛认为，技术进步，比如自动化生产的发展，可以推动经济增长。

瓦尔拉斯的《纯粹经济学要义》(1874年)，凯恩斯的《就业、利息和货币通论》(1936年)，希克斯的《价值与资本》(1939年)，哈罗德-多马增长模型 (1939年)，发展经济学 (1954年)，内生增长理论 (1986年)

直到20世纪50年代中期，哈罗德—多马模型一直统治着经济增长研究。虽然跟早期的理论相比，哈罗德—多马模型深入研究了增长过程，但哈罗德—多马模型有一个大缺陷，那就是哈罗德—多马模型未能解释一个事实：机器和生产方法的改善会使源自特定劳动开支或者资本开支的产出增加。1956年，罗伯特·索洛和特雷弗·斯旺分别提出了另一个理论，以技术进步作为关键，让我们彻底重新理解驱动经济增长的力量。

跟哈罗德和多马不同，索洛作品的基础是一般均衡分析，让一般均衡分析与经济理论最近的发展相匹配。索洛还允许经济中的资本—产出比例各不相同，这个比例长期来说也会各不相同。这样，索洛就能证明经济可能实现长期稳定增长。相反，哈罗德—多马模型表明，增长是不稳定的。索洛还颠覆了传统思维，表明储蓄率对长期经济增长率没有大的影响。储蓄和投资的增加会促进产出，让国家变得富有，但是，不会使经济增长得更快。在后一篇文章里，索洛证明了两点：第一，技术进步刺激了长期经济增长；第二，事实上，技术进步是人均收入增长的唯一源泉。

索洛—斯旺模型使得增长理论成为一个不同寻常的研究领域，并且成为增长经济学在接下来30年里的基础。索洛—斯旺模型帮助我们理解了中国近些年的快速增长，中国从其他国家引进了技术，从而极大地推动了生产力进步。索洛—斯旺模型也告诉我们为什么富国的持续增长依赖不断的创新，从而提高工人的生产力。1987年，索洛以自己的作品而获得诺贝尔奖。索洛以及其他学者扩张了索洛—斯旺模型来分析人口增长和科技增长等问题，并进行了经验主义研究以便评估索洛—斯旺模型的主张，打下了"增长核算"的基础。增长核算衡量的是劳动、资本、生产力对经济增长的贡献。■

歧视经济学

加里·S. 贝克尔（Gary S.Becker，1930—2014）

1963 年 8 月 28 日，一大群人聚在美国首都华盛顿的林肯纪念堂前，参加为了工作和自由向华盛顿进军的活动。加里·贝克尔的研究阐明了歧视的影响以及应对歧视的措施，包括立法禁止以种族为基础的就业歧视。

> 短缺和选择（1932 年），芝加哥学派（1946 年），犯罪和惩罚经济学（1968 年），经济学有了应用性（1970 年）

1957 年

在 20 世纪的后半叶，经济学扩张了边界，把假设应用到了人类行为的所有方面。这个假设是，人们是理性的。引发这种转变的是芝加哥大学经济学家加里·贝克尔。加里·贝克尔使用经济推理来研究多个主题：歧视、利他主义行为、结婚和离婚、上瘾、犯罪活动。虽然这些主题好像跟市场、通货膨胀、失业这三方面的研究相距甚远，但是对莱昂内尔·罗宾斯经济学定义的直接扩张。莱昂内尔·罗宾斯认为经济学研究的是短缺条件下的选择。

1957 年出版的《歧视经济学》（The Economics of Discrimination）一书是以贝克尔的博士论文为基础的。在《歧视经济学》一书中，贝克尔把注意力放在了劳动市场选择之上，并且指出人们有"歧视倾向"。喜欢吃比萨的人，就愿意花钱大吃比萨，同样，一些人也愿意付出金钱以避免跟某些群体的人混在一起，否则，如果付出的金钱太少，就只能跟这些群体的人混在一起。比如，一位白人雇主不想跟非裔美国人混在一起，就会雇用一位效率较低的白人雇员，而不去雇用效率较高的黑人雇员，从而接受了此过程中较低的利润。或者，这位白人雇主会雇用一个黑人雇员，条件是工资极低，足以抵消跟黑人雇员共事带来的不适感。

1957 年贝克尔的著作出版。接下来的 10 年里贝克尔的分析基本被忽视了。事实上，贝克尔的分析远远超出了传统经济思维的界限，其分析能否被认定为经济学博士论文还未知。而且从一开始，芝加哥大学出版社不愿意出版这本书。但是，随着美国民权运动的兴起，经济学家和社会学家也努力去阐明歧视的原因和影响。这项研究表明了两点：第一，反歧视立法可能是有用的；第二，长期来说，如果加剧劳动市场的竞争并且为遭受歧视之人增加受教育的机会，可能会更有效。■

永久收入假说

米尔顿·弗里德曼（Milton Friedman，1912—2006）

米尔顿·弗里德曼解释了一点，年轻人，比如图中这位初次置业者，会根据对自己未来收入的预期来贷款，这样就有钱购买昂贵的东西了。

↱ 凯恩斯的《就业、利息和货币通论》（1936 年），凯恩斯主义革命（1947 年），莫迪利安尼—米勒定理（1958 年）

凯恩斯主义经济学假定，人们用于消费的收入份额，即边际消费倾向，会随着时间的流逝而保持稳定。但是，这个假定好像跟经验主义证据相冲突。年轻人在为读大学筹措资金，还在为购买住宅筹措资金。跟临近退休的人相比，年轻人往往将很大一部分收入用于开支。而临近退休的人则在忙于储蓄，未雨绸缪。证据还表明，消费倾向会随着经济周期的收入成反比。

在 1957 年出版的《消费函数理论》（*A Theory of the Consumption Function*）一书中，米尔顿·弗里德曼呈现了新的消费理论，解决了这个差异。他的"永久收入假说"逐渐被广泛接受，用来解释个体一生中的消费范式和储蓄范式。弗里德曼认为，消费变化源自"永久收入"的变化。"永久收入"是指一个人的预期长期平均收入。在一生之中，人们会平均消费。在生命的早期和晚期，收入较低，但是消费并不少，人们会在早期借款来资助低收入年份里的大量开支，并且在高收入年份储蓄为老年开支筹措资金。永久收入假说表明，随着时间的流逝，人们会分散暂时收入变化对消费的影响，把大量薪水奖金用于储蓄，或者在"下岗"时利用储蓄来维持正常的消费习惯。

弗里德曼的理论对凯恩斯主义政策意味着什么？如果个体在衰退时把较少份额的收入用于开支（就像消费平均论所预言的那样），那么，政府刺激项目就远不如预期的那么有效。实际上，弗里德曼得出结论，财政政策几乎不可能帮助经济实现稳定。然而，永久收入假说的证据是混合的。一些研究表明，暂时收入增长，比如退税，让开支大增，而其他发现较为符合弗里德曼的假说。即便如此，弗里德曼的想法还是成为对个体开支和储蓄的标准描述。弗里德曼的想法是，在配置收入时，消费者有着长远的打算。■

1957 年

2018年，印度巴匹达（Barpeta）的选民手持身份证，在投票站排队。在一场选举之中投票需要付出许多成本，比如，长时间等待，而且还得先找到一个选民身份证。

理性选民模型和投票悖论

安东尼·唐斯（Anthony Downs，1930—）

经济人（1836年），财政学（1883年），赋税效益原理（1896年），霍特林区位选择模型（1929年），中间选民定理（1948年），阿罗的不可能性定理（1951年），信息经济学（1961年），公共选择分析（1962年）

1957年

投票程序让历史上的一些重要人物着迷。这些重要人物包括哲学家尼古拉·孔多塞（Nicolas de Condorcet）、数学家查尔斯·道奇森（Charles Dodgson）[笔名刘易斯·卡罗尔（Lewis Carroll），以《爱丽丝梦游仙境》（Alice in Wonderland）闻名]。把经济理论应用于投票过程的早期努力之一来自安东尼·唐斯。1957年，安东尼·唐斯出版了《民主的经济理论》（An Economic Theory of Democracy）一书，这本书源自其斯坦福大学博士论文。

唐斯把选民描述为理性行为人。在民意测验时，理性个体会按照自身利益投票，不顾较大的公民利益。在食品杂货店，理性个体就是如此对待自己的美元的。如果要选择一个政治候选人或者要决定全民公决时如何投票，理性个体会比较每个可选项的预期效用，并在投票时力争实现预期效用最大化。

然而，唐斯在此发现了一个悖论：就自私自利的个体而言，投票是非理性行为。因为要投票就得花费时间注册并且去投票站，所以投票成本高昂。但是，像唐斯指出的一样，投票的利益微不足道，单单一张选票影响选举结果的概率并不大。因为几乎没有预期效益，所以，花费任何成本去投票都是不值得的。这一悖论依然没有解决，虽然一些学者已经指出，履行公民责任或者表达对候选人支持所带来的效用可能会促使人们承担这个成本。

唐斯的理性选民理论确实解释的就是选举周期之中的政党行为和候选人行为。选民经常一点都不想了解候选人和问题，原因同样是投票是不理性的。鉴于此，通常来说理性的做法就是，候选人和政党都模糊自己的立场。这样，他们就不会冒犯一些人，而这些人的选票可能正是他们所需要的，他们还能利用标语口号把选举人拉到自己这边来。有一个想法：选民和其他的政治主体是理性的决策者。这个想法已经取代了传统的看法。传统的看法是，这些主体的行为符合公共利益。有一句古老的格言——"人人都为了自己的钱袋子而投票"以及支持这句格言的证据表明，唐斯模型有着巨大的实际意义。■

经济学之书 The Economics Book

人力资本分析

雅各布·明塞尔（Jacob Mincer, 1922—2006）
西奥多·W. 舒尔茨（Theodore W. Schultz, 1902—1998）
加里·S. 贝克尔（Gary S. Becker, 1930—2014）

对于个体来说，接受高等教育是打造自己人力资本的一种方式。

发展经济学（1954年），歧视经济学（1957年），犯罪和惩罚经济学（1968年），经济学有了应用性（1970年），内生增长理论（1986年）

1958年

1776年，亚当·斯密指出"所有居民或者社会成员所需的有用的能力"——现在，经济学家称其为一个人的"人力资本"——在决定社会生产潜力时扮演着重要角色。然而，直到20世纪中期，经济学家几乎不在意教育和工人生产力之间的关系。

在其1958年的文章《人力资本投资和个人收入分配》(Investment in Human Capital and Personal Income Distribution）中，哥伦比亚大学的雅各布·明塞尔率先系统探索了人力资本是如何影响劳动市场结果的。明塞尔研究了美国人口普查局关于收入、教育、工作类型的数据，以便确定教育和训练对工资的影响。明塞尔发现，接受的教育每增加一年，工人的工资就增加5%~10%。就像西奥多·舒尔茨1961年所强调的那样，技能和知识是一种资本。

舒尔茨和加里·贝克尔很快就提出了一个理论来解释个体为什么会选择投资于教育和训练，表明个体把教育成本（包括失去的赚钱机会）和潜在的工作与高收入相比较。这一研究解释了：为什么那些可以轻易从一个公司转到另一个公司的技能训练，比如核算，是由教育部门提供的，而其他因公司而异的技能训练是由雇主提供的。（答案：雇主不想花费金钱去教育工人，其他企业只要开出高一点的薪水就可以把工人挖走。）最终，人力资本研究提出了一些政策来提高总体经济业绩，包括加大对教育的支持，防止欠发达经济体中的人才外流。

人力资本分析帮助舒尔茨和贝克尔获得了诺贝尔经济学奖，让劳动经济学发生了翻天覆地的变化，刺激着劳动经济学家转换了焦点。此前的焦点是工会和集体议价。此后，焦点是针对劳动市场基础的分析。在许多故事中，都呈现了相关数据以表明三点：第一点，大学教育的回报；第二点，学生债务负担；第三点，就像人力资本理论所表明的那样，高等教育对家庭带来的收益是否真的大于成本。■

外部性和市场失灵

弗朗西斯·M. 巴特（Francis M.Bator，1925—2018）

198

造纸厂的废物污染了马萨诸塞州的纳什瓦河。这是负面外部性的一个例子。

> 庇古的《财富与福利》（1912年），外部经济和外部不经济（1912年），福利经济学的基本定理（1943年），公共商品（1954年），公共池塘问题（1954年），蒂布特模型（1956年），科斯定理（1960年），排放权交易（1966年）

1958年

福利经济学的第一个基本定理告诉我们，竞争市场中的平衡是高效的。但是，继续困扰着经济学家的是有些情况下效率无法实现。在市场中，外部经济和不经济等难题为什么导致无法实现最优化结果？保罗·萨缪尔森分析了公共商品，从而在这个问题上取得了重大进展。但是，麻省理工学院的另一个经济学家弗朗西斯·巴特弗朗西斯·M. 巴特在其文章《市场失灵剖析》（The Anatomy of Market Failure）中较为全面地解释了这个问题。

对于巴特来说，当市场无法"维持'有利'活动或者无法禁止'不利'活动"时，市场失灵发生了。为了实现效率，影响社会福利的所有活动价格必须反映它们对社会的真正效益和成本。问题是特定的经济互动并非自然而然的是价格系统的一部分，市场估价并未考虑它们。巴特把这些互动叫作"外部性"，因为它们的效益和成本是在决定市场价格的过程之外。污染是一个经典的例子。工厂所有者可能没有或者几乎没有关注与排放相关的人类成本或者环境成本，原因是使用清洁的空气或者水并没有确定的价格。

巴特解释道，外部性有的是负面的，比如污染，有的是正面的，比如科学发现，之所以会出现外部性是因为特定资源的财产权缺失。没有财产权，空气就可以免费使用，另外，新发明的效益会被他人迅速复制，无法被发明者完全掌控。结果就是，污染过多，用作科学发现上的努力太少。在一些情况下，可以使用财产权避开这些问题，比如使用专利权赋予发明者其发现的所有权。在许多情况下，赋予权利是有问题的。比如，难以确定空气、湖泊、河流的私有权。因此，经济学家就建议用税收、补贴、管理措施来高效解决这些问题。■

成本—效益分析

罗兰·N. 麦基恩（Roland N.McKean, 1917—1993）
奥托·埃克斯坦（Otto Eckstein, 1927—1984）
约翰·V. 克鲁梯拉（John V.Krutilla, 1922—2003）

1936年的美国洪水控制法律的部分作用就是进行了许多建设项目。宾夕法尼亚州的金珠大坝就是其中之一。金珠大坝创造了一座水库。这座水库设计之初是为了控制阿勒格尼河泛滥。但是，这座大坝也是个休闲区域，还可以利用水力发电。

↳ 法国工程传统（1830年），消费者剩余（1844年），机会成本（1889年），庇古的《财富与福利》（1912年），乘数（1931年），凯恩斯的《就业、利息和货币通论》（1936年），卡尔多—希克斯效率标准（1939年），兰德公司与冷战（1948年），未来资源以及环境经济学（1952年）

成本—效益分析可以追溯到19世纪的朱尔·杜普伊和法国工程学传统。但是，直到一个多世纪之后，成本—效益分析才被普遍用作政策工具。1936年的美国洪水控制法律规定，如果洪水控制带来的效益超过了估计成本，那么，政府应当参与洪水控制活动。就这样，现代成本—效益分析出现了。在20世纪50年代末，当查看水资源开发和保护项目时，经济学家开始提出先进的方法来评估这些成本和效益。

经济学家奥托·埃克斯坦（哈佛大学）、约翰·克鲁梯拉（未来资源研究所）和罗兰·麦基恩（兰德公司）于1958年出版了两本书，开创了这项工作。这两本书结合了两方面来研究水资源问题。一方面是决策者的实践考虑，另一方面是福利经济学。他们强调衡量机会成本的重要性，预计未来效益和成本，预言一个项目对经济的影响，考虑一个项目对收入分配的影响。到了20世纪70年代中期，利用成本—效益分析来评估政策、项目、规章已经成为全球通行的做法，而且世界银行等国际经济发展机构也采用了这种做法。

在某些人看来，成本—效益分析依然具有争议性。原因是一些人对以货币来衡量特定的效益和成本这一想法持怀疑态度。人类生命的估计值通常被用来评估影响死亡风险的政策。工作场所安全规章就是这样一种政策。这个估计值引发了强烈争议。目前，美国政府设定的生命估值大约为900万美元，这是基于推断普通人愿意付出不大的额外死亡风险以便获得较大的经济回报，比如较为危险的工作工资就较高。为了衡量环境价值，经济学家使用了"享乐价格"，利用市场措施来评估非市场商品。比如，考察有无山景的财产价值之间的区别，就可以发现美丽山景的价值。虽然这些方法并未衡量所有的效益和成本，但却可以估计一些对个体和社会的价值难以评估物品的价值。■

1958年

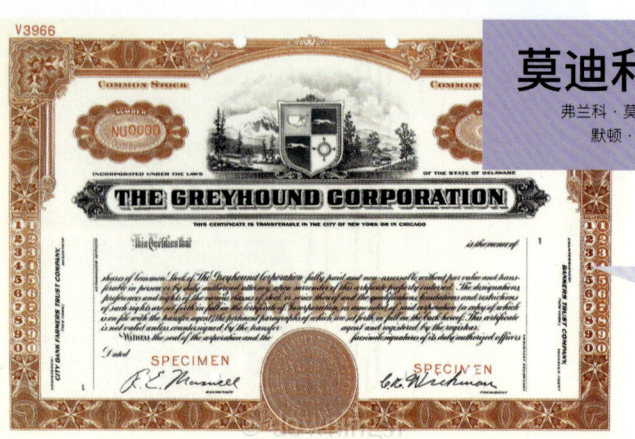

莫迪利安尼—米勒定理

弗兰科·莫迪利安尼（Franco Modigliani，1918—2003）
默顿·H.米勒（Merton H.Miller，1923—2000）

200

1936年灰狗公司的股票证书。莫迪利安尼－米勒定理阐明了一点：企业决定发行额外的股份，而不是发行债券，以便筹措资金，并不会打击企业的价值。

《现代公司和私有财产》（1932年），科斯定理（1960年），资本资产定价模型（1962年），有效市场假说（1965年），代理理论（1973年），布莱克—斯科尔斯模型（1973年）

1958年

经济学的一些最为重要的发现是"不相关性"结果，即重要变量的变化或者众多选项之中的选择，对最终结果没有影响。这些结果中，一个最核心的结果是莫迪利安尼—米勒定理。诺贝尔奖得主弗兰科·莫迪利安尼和默顿·米勒在1958年的文章《资本成本、公司金融、投资理论》（*The Cost of Capital, Corporation Finance, and the Theory of Investment*）提出了莫迪利安尼—米勒定理。莫迪利安尼—米勒定理让金融远离了当时盛行的、模糊的"快速估算法"思维，转而采用了较为精确的分析。

在金融领域大名鼎鼎的莫迪利安尼—米勒定理指出，企业的金融结构和决策并不影响其价值。即使企业选择较为昂贵的选项，也是不相关的。公司运营筹措资金的方式可以是借款，或者发行额外的股份。这就颠覆了一个传统观点，它有两个部分：一是因为债务融资成本较低，所以债务融资优于股票融资；二是每个企业情况不同，也就有着其独特的最优化融资结构。但是，莫迪利安尼—米勒定理真正想要证明的不是这一点：确切地说，莫迪利安尼—米勒定理表明的是在哪些情况下，这些金融决策无法影响企业的价值。限制是非常严格的：买卖金融工具的交易成本必须是零；税收系统对所有的选项一视同仁；企业和投资者都可以接触到信贷市场，也可以接触到同样的信息。换句话说，市场必须完美运行。

有人不禁会说，莫迪利安尼—米勒定理不切实际。但是，出于两个原因，莫迪利安尼—米勒定理已经成为公司金融的里程碑。第一个原因是，莫迪利安尼—米勒定理表明，决定公司价值的是公司的工商业战略，而不是公司的金融决策。第二个原因是，莫迪利安尼—米勒定理突出了税收法规（包括债务利息的可减免性）、破产成本、信息不对称等因素是如何影响特定时刻的最优化融资决策，这些因素会鼓励企业青睐一种融资类型，嫌弃另一种融资类型。实际上，人们研究莫迪利安尼—米勒定理为何经常在现实世界中行不通，从而催生了较为科学的公司融资决策方法，突出了不相关性结果的主要相关性。■

经济学之书 The Economics Book

菲利普斯曲线

A.W. 菲利普斯（A.W.Phillips，1914—1975）

黑板上画的菲利普斯曲线，表明失业率和通货膨胀率成反比。

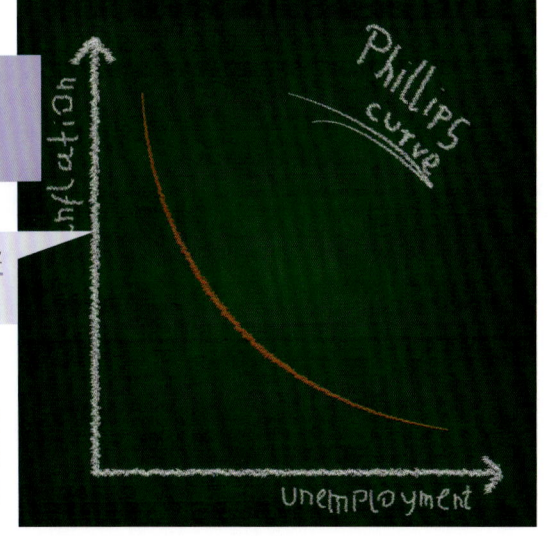

> 失业（1896年），凯恩斯的《就业、利息和货币通论》（1936年），大型宏观计量经济学模型（1955年），自然失业率（1967年），新古典宏观经济学（1972年），欧佩克和阿拉伯石油禁运（1973年），政策无效命题（1975年）

通货膨胀和失业是宏观经济政策中的两个最为恼人的问题。比尔·菲利普斯是出生在新西兰的经济学家。1958年，比尔·菲利普斯研究了英国的工资和失业，从而深入理解了通货膨胀和失业之间的关系。菲利普斯利用近一个世纪的数据，发现失业和工资通货膨胀往往成反比运动——高通货膨胀率是与低失业率联系在一起的，反之亦然。展示这种成反比关系的示意图就是菲利普斯曲线。

虽然原始的菲利普斯曲线仅仅是个经验主义观察资料，但是在1960年，加拿大经济学家理查德·李普西利用供需分析从理论上解释了这个关系。保罗·萨缪尔森和罗伯特·索洛使用同一年的美国数据发现了类似的关系。菲利普斯着眼于工资变化。跟菲利普斯不同，保罗·萨缪尔森和罗伯特·索洛研究的数据是关于失业和价格通货膨胀之间的关系，还观察了这两个因素之间的成反比关系。不久，菲利普斯曲线跟失业和商品价格（而非工资）变化之间的关系联系了起来。

许多经济学家使用菲利普斯曲线来证明失业和通货膨胀之间的平衡效果，这就给了决策者多个通货膨胀–失业组合可供选择。高通货膨胀和低失业是可能的，低通货膨胀和高失业也是可能的，两者都处于中等水平也是可能的——但是两者不可能同时保持低水平。经济学家进行了经验主义研究，从而能够更加精确地阐述这个平衡效果。凭借这些发现，经济学家利用大型宏观计量经济学模型来预测价格水平变化。这些发现还为政府官员提供了一个希望：他们可以利用财政政策和货币政策来维持特定的失业目标和通货膨胀目标。20世纪70年代初的阿拉伯石油禁运和严重的衰退带来了滞涨（高通货膨胀率和高失业率），政府官员开始重新思考失业和通货膨胀之间的平衡效果以及由此产生的政策效果。■

1958年

加尔布雷思的《富裕社会》

约翰·肯尼斯·加尔布雷思（John Kenneth Galbraith，1908—2006）

在这幅20世纪50年代的照片中，一个美国家庭在看电视。战后繁荣让许多美国家庭享受到了较高的生活水平。

斯密的《国富论》（1776年），古典政治经济学（约1790年），沉闷科学（1849年），反托拉斯法（1890年），牛津福利方法（1914年），制度经济学（1919年），《垄断竞争理论》（1933年）

1958年

1958年，哈佛经济学家约翰·肯尼斯·加尔布雷思出版了《富裕社会》（The Affluent Society）。这本书挑战了富裕和福祉之间的联系。加尔布雷思追随着约翰·拉斯金和约翰·A.霍布森，他认为美国经济就国民生产总值来说是富裕的，但是，美国的财富并不能匹配美国提供的公共服务、基础设施和社会安全网络。

加尔布雷思指责消费者文化。在广告的轰炸之下，人们想得到较好的消费者商品："更优雅的汽车、更新奇的食物、更吸引人的衣服、更刺激的娱乐——实际上就是现代林林总总的欲望，声色犬马，启迪教化。"消费者把社会资源用于满足这些需要，牺牲了一些重要的公共开支。而这些重要的公共开支是用于教育、基础设施、健康护理、环境保护、对文化和艺术的支持。加尔布雷思认为，只有重新定位社会态度并且使用政府权力来征收消费税，美国才能缓和消费主义浪潮，减轻贫困，并且提供对社会有益的商品和服务。

现有的经济理论发源于18世纪和19世纪的古典经济学家作品。加尔布雷思还认为现有的经济理论未能抓住现代社会的现实。现有的经济理论诞生的时代，广泛的贫困就是生活事实，贫困大众的状况是主要问题。既然美国生活水平较高而且生产也已经超出了制造生活必需品的范畴，那么现有的理论就不再有多少相关性了。加尔布雷思号召用新的方式来组织经济，这种新的方法放弃了市场的神圣权利。加尔布雷思还认识到，就抵消大企业的影响来说，工会具有重要作用，并依赖基于社会需要的监管和企业公有制。

加尔布雷思的写作风格引人入胜，因而读者众多，约翰·F.肯尼迪总统就是其中之一。在20世纪30年代的哈佛，加尔布雷思是肯尼迪总统的经济学导师。虽然《富裕社会》几乎未能阻碍消费主义，但是，加尔布雷思关于工商业规章价值的观点吸引了民主党决策者，而且，加尔布雷思关于发展中国家问题的作品也扩大了其在全球的影响力。■

德布鲁的《价值理论》

吉拉德·德布鲁（Gérard Debreu，1921—2004）

这张 1977 年的照片里是吉拉德·德布鲁。吉拉德·德布鲁把复杂抽象的数学工具应用到了一般均衡分析之中。

↪ 微积分的发明（约 1665 年），瓦尔拉斯的《纯粹经济学要义》（1874 年），考尔斯委员会（1932 年），证明一般均衡的存在（1954 年）

1954 年，肯尼斯·阿罗和吉拉德·德布鲁证明了竞争经济之中平衡的存在。德布鲁在接下来的几年里深入探索了这个主题。1959 年《价值理论》（*The Theory of Value*）出版，这是德布鲁的巅峰之作。德布鲁是法国数学家，按照影响广泛的布尔巴基传统接受的教育。布尔巴基传统旨在让数学更为抽象和精确。20 世纪 40 年代中期，在德布鲁即将结束学业时，发现了法国数学家、1988 年诺贝尔奖得主莫里斯·阿莱的作品。通过这个作品，德布鲁了解了瓦尔拉斯一般均衡分析，这部作品还引发了德布鲁对经济学的兴趣。

考尔斯委员会用了近十年完成了《价值理论》，德布鲁是考尔斯委员会的博士后。用经济学家劳伦斯·布卢姆（Lawrence Blume）话说，《价值理论》"阐述了一种方法，从根本上改变了经济学实践的方式。"德布鲁把布尔巴基数学的公理方法充分应用于经济学之上，使用一系列的公理或者基本命题来描述一般均衡，公理或者基本命题可以用来导出定理。德布鲁还提出了一个存在证据，比阿罗–德布鲁和莱昂内尔·麦肯齐的存在证据全面得多。跟先前的证据相比，德布鲁的存在证据分离了一般均衡分析所需的假设，并且表明假设结果可以应用于较为广泛的环境之中。

德布鲁非常依赖抽象数学技术，比如集合论和拓扑学，而不是微积分。德布鲁认为微积分不够精确。包括阿罗在内的经济学家，都认为莱昂·瓦尔拉斯、约翰·希克斯、保罗·萨缪尔森提出的全貌平衡分析是对现实的抽象代表，这种抽象代表可以有效地反映世界。德布鲁拒绝接受此种方法，认为此种方法根本不是对现实的模拟，故将此种方法归为纯数学的范畴。虽然在 1960 年左右，很少有经济学家能够理解并运用德布鲁研究中使用的数学工具，但是，这些工具赋予了经济学"更大的逻辑稳定性"，加速了现代经济理论的发展，并最终成为经济学领域不可或缺的工具。■

科斯定理

罗纳德·H. 科斯（Ronald H.Coase, 1910—2013）

罗纳德·科斯关于广播频率的分配使其宣称，具有外部性的市场可能在没有政府干预的情况下实现效率。

外部经济和外部不经济（1912年），科斯的"企业本质"（1937年），芝加哥学派（1946年），公共池塘问题（1954年），外部性和市场失灵（1958年），莫迪利安尼-米勒定理（1958年），排放权交易（1966年），法律的经济分析（1973年）

1960年

在其经典文章《社会成本问题》（The Problem of Social Cost，1960）中，英国经济学家、1991年诺贝尔经济学奖得主罗纳德·科斯论述了一个著名的经济学定理。科斯定理告诉我们，假设没有交易成本，比如搜集信息的成本和就合同讨价还价的成本，那么具有外部性的市场就可能在没有政府干预的情况下实现效率。

在关于联邦通讯委员会的早期文章中，科斯指出，广播电台如果自行其是的话，就会集中在信号最强的同一个广播频谱上，这就会导致信号干扰。对于这个问题，传统的解决办法是由政府分配频谱空间，以便把广播公司分开。科斯认为，如果没有交易成本，那么这个规章是不必要的，而且也不可能高效分配频谱，不可能把每个频率交给最珍惜这个频率的广播电台。科斯说，假设政府只是把频率的财产权交给广播电台，并允许这些频率和其他商品一样自由交换，那么干扰和效率低下问题就都可以解决，原因是，最珍惜每个频率的广播电台会最终得到这个频率，不管频率当初是怎么分配的。

在一定程度上，科斯的见解激发了最近拍卖掉一些频谱和建立排放权交易体制来应对污染的决定。科斯定理对法律也有着重要的意义：科斯定理告诉我们法官的决策是无关紧要的，原因是合法权利最终会归属愿意出价最高的那些人。

科斯指出，交易成本的存在至关重要。交易成本的存在限制了科斯定理在现实世界的直接应用。但是，就像科斯强调的那样，政府规章也是成本高昂的，而且，决策者需要密切关注补救措施的效益和成本。一些决策者已经在用科斯定理来证明，除了界定财产权之外，政府应尽可能少地干预经济。■

经济学之书 The Economics Book

计量历史学：新经济历史

道格拉斯·C. 诺斯（Douglass C.North, 1920—2015）
罗伯特·W. 福格尔（Robert W.Fogel, 1926—2013）

这幅油画是德国艺术家格哈德·冯·屈格尔根（Gerhard von Kügelgen）所做，画中是珂莱欧。珂莱欧是古希腊缪斯女神的名字，珂莱欧掌管的是历史，计量历史学这个术语就是用珂莱欧的名字来命名的。

↳ 德国历史学派（1843 年），第二次世界大战（1939 年），新制度经济学（1997 年）

经济历史是对过去经济状况和事件的分析。德国历史学派使其在 19 世纪末成为一个崭新的研究领域。计量历史学的诞生改变了经济学家分析经济历史的方法。珂莱欧（Clio）是古希腊缪斯女神的名字，珂莱欧掌管的是历史；计量历史学（Cliometrics）以珂莱欧命名，描述的是经济理论和计量经济学方法在历史事件研究中的应用。

美国经济学家、1993 年诺贝尔经济学奖得主诺斯和罗伯特·福格尔推动了计量历史学的发展，他们研究了美国的农业交通，其作品表明了经济方法可以提供的新颖见解。诺斯在 1961 年出版的书《1790—1860 年的美国经济增长》（*The Economic Growth of the United States, 1790—1860*），积累的经验证据表明，地区性生产专业化，尤其是棉花种植系统中的专业化，有助于刺激经济增长。福格尔 1962 年的文章《美国经济增长之中铁路的量化方法研究》（*A Quantitative Approach to the Study of Railroads in American Economic Growth*）提出，铁路——通常被认为是重大技术进步——在 19 世纪末对经济增长的贡献远低于经济历史的传统非量化方法估算值；老式的运河和驳船系统几乎同样出色。从此以后，计量历史学家使用经济模型和经验主义技术来解释事件，包括各行业的兴衰、影响不同经济部门的法律法规的演化甚至还有中世纪天主教堂的运作。

这项工作并非没有争议。福格尔的书《十字架上的时间》（*Time on the Cross*）是与斯坦利·恩格尔曼（Stanley Engerman）合著的。这本书遭到了强烈的批评，原因是这本书认为美国的奴隶制不仅有利可图，还是高效的，甚至还可能为非裔美国人提供一些经济效益。人们还指责经济学家：忽视传统历史方法并且过度依赖其模型和量化技巧所能捕捉到的过去事件的方方面面。然而，这些"新"方法已经统治了经济历史研究，并使得人们重新评估关于整个人类历史事件的传统解释。■

1961 年

信息经济学

乔治·J. 斯蒂格勒（George J.Stigler，1911—1991）

这个 1961 年的广告上是购物者可以在希尔斯公司购买的各种家用设备。诸如此类广告可以降低获取信息的成本。

↪ 《垄断竞争理论》（1933 年），理性选民模型和投票悖论（1957 年），"次品"市场（1970 年），规制俘虏（1971 年），信号标志（1973 年），筛选，或者聚集与分离均衡（1976 年）

1961 年

理性主体依赖信息——信息是关于价格、商品质量、产品的替代品——来决定消费什么或者生产什么。但在日常生活中，即使有相关行业，比如广告业，来提供关于产品和价格的细节，人们也经常无法拥有跟决策相关的全部信息。如果信息是有价值的，而且较多的信息导致较好的结果，那么主体为何不搜集所需的所有信息来帮助决策呢？

芝加哥大学经济学家 1982 年诺贝尔奖得主乔治·斯蒂格勒在其 1961 年的文章《信息经济学》（The Economics of Information）中给这个问题提供了初步的答案。斯蒂格勒认为信息是一种商品，和任何其他商品一样，信息成本高昂，尤其是将搜索信息的时间和活动考虑在内时。斯蒂格勒认为，理性的消费者要去搜索额外信息，必须满足一个条件：额外搜索的预期效用，比如发现较低价格或者商品质量信息所省下来的钱，超出了搜索活动的成本。广告业是减少此类成本的工具；广告业可以让消费者知道是谁在出售商品，而且在许多情况下也让消费者知道了商品价格。从传统上说，广告业一直被视作浪费社会资源的开支，广告业的唯一目的就是引诱消费者，而且政府或许该限制广告业。这里要说的是，广告提高了效率。因特网也是如此，因特网提供了极为重要的低成本（虽然并不总是精确的）信息来源。

靠着这个参照准则，斯蒂格勒提出了"理性无知"想法。斯蒂格勒说："无知就像零下气温天气：只要开支足够，零下气温天气对人们的影响就可以忍受，甚至还能保持在舒适的范围之内，但是，如果完全消除零下气温天气的影响那就代价太高了。"在人的一生中多次出现一种情况：超过了一个特定点后，搜索到的额外信息与搜索活动的成本不相当。比如，人们通常并不了解购物车里所有东西的成分。相反，他们经常依赖自己信赖的品牌和商店来获取想要了解的价格和质量的组合。■

拍卖理论

威廉·维克瑞（William Vickrey，1914—1996）

一个总部在伦敦的拍卖行在利用英式拍卖出售艺术品（1961年）。胜者就是出价最高的竞标者。

博弈论进入了经济学（1944年），非合作博弈和纳什均衡（1950年），机制设计（1972年），实验转折（1986年）

拍卖出售商品和服务可以追溯到古代。希腊历史学家希罗多德描述了用于男女配对的拍卖。因为拍卖就是确立价格以便分配资源，所以拍卖自然成了经济学家研究的对象。然而，直到20世纪60年代，经济学家才开始认真研究拍卖。哥伦比亚大学经济学家威廉·维克瑞在其文章《反投机、拍卖和竞争性密封投标》（Counterspeculation, Auctions, and Competitive Sealed Tenders）首先对拍卖进行了研究。

乍一看，就高效分配商品而言，拍卖好像是个理想的方式，原因是这些商品被卖给了那些最珍惜这些商品的人。但是，效率也需要一点：商品定价要根据其社会机会成本——最佳可选用途之下它们对社会的价值。传统的英式拍卖无法实现这一点，原因是信息不对称：卖家不知道出价人到底认为拍卖品价值几何。维克瑞表明密封竞标或者维克瑞拍卖可以防止这个问题。

从19世纪末以来，集邮者就在使用维克瑞拍卖。在一个维克瑞拍卖中，竞标者就某个拍卖品提供密封竞标。胜者就是出价最高的人，但是，此人支付的是第二高竞标者的出价。维克瑞证明，每个竞标者提供的支付金额都恰好等于它们愿意支付的最高金额。出价高于别人可能导致胜者支付的金额超出商品对于自己的价值，而出价低于别人可能导致不太珍惜这个商品的人竞标成功。胜者实际支付了拍卖品的社会机会成本，也就是第二高竞标者的出价，所以，维克瑞拍卖高效分配了商品。

喊价拍卖商和易趣网使用的都是英式拍卖。英式拍卖依然是拍卖商品的最常见手段。政府使用密封竞标拍卖来发出合同。虽然第二价格方法有其效益，但密封竞标拍卖很少依赖第二价格方法。维克瑞拍卖也有些注意事项。在维克瑞拍卖的刺激下，人们会去钻空子，有的使用多个身份出价，有的与其他竞标者合谋压低价格。即便如此，维克瑞还是揭示了可以如何设计拍卖以便达成特定目的，因此，维克瑞与他人分享了1999年的诺贝尔经济学奖。■

1961年

经济学之书 The Economics Book

理性预期假说

约翰·F. 穆斯（John F. Muth, 1930—2005）

一个人坐在纽约证券交易所的大楼外阅读报纸，报纸上有关于市场的最新报道。约翰·穆特认为，个体使用所有的现有信息来决策，而不是像传统经济学家所假定的那样仅仅依赖对过去的观察。

↳ 凯恩斯的《就业、利息和货币通论》（1936年），自然失业率（1967年），新古典宏观经济学（1972年），政策无效命题（1975年），卢卡斯批判（1976年），新凯恩斯主义经济学（1977年），真实经济周期模型（1982年）

1961年

生产商和卖家运作的环境不断变化，充满了不确定性。生产商和卖家对未来的预期决定了生产商和卖家如何确定产出水平和价格，生产商和卖家雇用多少工人，生产商和卖家是否应该投资于新的工厂和设备。预期同样为一个情况提供了信息。这个情况是，消费者的购买和储蓄习惯如何回应变化中的环境。在这个意义上，经济结果在一定程度上源自经济主体的预期。鉴于此，当进行预测或者为经济现象建模时，经济学家需要解释这些预期。

直到20世纪，约翰·梅纳德·凯恩斯等经济学家才开始强调，就宏观经济业绩来说，预期是重要的决定因素。第二次世界大战刚结束时，大多数经济学家都假定主体根据情况形成自己的预期，也就意味着主体未来预期的基础是最近的经历。1961年，美国经济学家约翰·穆斯指出这些现有的理论有两个缺陷：第一个缺陷是，如果预期是知情预言，那么，预期的基础就不应该只是对过去的观察。第二个缺陷是，这些理论不符合经济学家为世界所建的模型。

如果像经济模型所假定的那样，主体是理性的，那么，预期就应该被理性地形成，基于所有现有的信息。穆斯相信，经济模型之中的主体应该如下行事：主体好像了解模型本身，而且主体形成的预期符合模型的预言。因此，产生的实际经济结果不会系统性地不同于主体的预期。虽然一些预测被证实是错误的，但是这些错误完全是随机的而且不会一直出现。

穆斯的理性预期假说成为把宏观经济分析置于较为稳固的微观经济基础之上的更大努力，以让总体经济行为植根于理性个体最大化行为之中。理性预期假说既是新古典方法的关键部分，又是新凯恩斯主义方法的关键部分。新古典方法和新凯恩斯主义方法在20世纪七八十年代改变了宏观经济思维。理性预期假说也重塑了经济学家探讨宏观经济决策的方法。理性预期假说表明，许多经济政策无效，人们会因这些政策的影响而相应地调整自己的行为。■

经济学之书 The Economics Book

资本资产定价模型

约翰·林特纳（John Lintner,1916—1983）
杰克·L.特雷诺（Jack L.Treynor, 1930—2016）
威廉·F.夏普（William F.Sharpe, 1934—）

资本资产定价模型给投资者提供了一个衡量投资组合系统风险的方法，投资者可以利用资本资产定价模型检查持有股票的波动性和平均赢利。

投资组合精选理论（1952年），有效市场假说（1965年），布莱克-斯科尔斯模型（1973年）

投资者希望把自己的投资组合整体风险水平降到最低，但是，投资者也认识到此举可能导致较低的赢利。当投资者平衡投资组合时，应该如何解决风险和赢利之间的平衡关系？在20世纪60年代之前，这个问题没有答案。杰克·特雷诺在1962年的一篇论文里提出了资本资产定价模型（Capital Asset Pricing Model，CAPM），后来威廉·夏普和约翰·林特纳精练了这一模型，使得这一局面有了彻底地改观。

资本资产定价模型先是认识到有两种不同的风险类型：系统风险是股市特有的；利率变化、衰退可能性或者改变消费者信息或工商业前景的戏剧性政治事件，都可能导致市场波动，市场波动导致了系统风险。特定风险与特定公司的股票相关，并不取决于此种较大的运动。特定风险可能是因为质疑公司的领导能力，或者因为新产品彻底失败。虽然多样化投资组合只是防范了特定风险，但是，资本资产定价模型还是提供了一种衡量系统风险的办法，而且，投资组合也需要赢利以便让投资组合值得投资。

资本资产定价模型是基于一个想法：股票预期赢利等于政府债券赢利等无风险赢利，加上承担股票风险的额外补贴。资本资产定价模型的关键因素是股票相较于市场平均数的波动性。股票风险越大，股票赢利就应该越大。利用关于股票波动性、平均市场赢利、无风险赢利率的数据，投资者就能确定股票价格是否符合预期赢利，进而确定股票是定价过高还是过低。

资本资产定价模型带来了金融革命。资本资产定价模型能够解释投资风险，催生了许多革新，其中包括布莱克—斯科尔斯模型的期权定价模型。虽然资本资产定价模型精确性的经验主义证据是复杂混合的，但是，资本资产定价模型便于计算，从而成了共同基金经理和金融顾问的必备工具。■

1962年

公共选择分析

詹姆士·M. 布坎南（James M. Buchanan，1919—2013）
戈登·塔洛克（Gordon Tullock，1922—2014）

210

职员们在讨论美国国会1929年第71次会议期间提交的一堆堆议案。公共选择分析假定，无论是在起草法案还是在最终定下政府预算，立法者都为自身利益而不是公共利益而行事。

↳ 放任主义（1695年），财政学（1883年），赋税效益原理（1896年），短缺和选择（1932年），中间选民定理（1948年），公共商品（1954年），蒂布特模型（1956年），理性选民模型和投票悖论（1957年），外部性和市场失灵（1958年），搭便车问题（1965年），寻租（1967年），供给学派经济学（1974年）

1962年

经济学经历了巨变，原因是经济学家把经济学的范围延伸到了通常跟其他社会科学相关的主题，比如，法律和社会学。20世纪四五十年代，邓肯·布莱克和威廉·莱克（William Riker）率先进行了公共选择分析。但是，起到中心作用的是美国经济学家詹姆士·布坎南和戈登·塔洛克，并于1962年出版了《同意的计算》（The Calculus of Consent）一书。詹姆士·布坎南和戈登·塔洛克组织志同道合的研究者成立了学术团队，并对研究进行公共选择分析培训。

当时的传统政治分析假定，无论是选民、立法者还是政府官僚，都为公共利益而行事。布坎南和塔洛克认为，和在市场中一样，人们主要是被自身利益推动的。谁把个体利益放在首位，个体就将票投给谁。哪个法案让立法者再度当选的机会最大化，立法者就支持哪个法案。官僚旨在让预算最大化，从而让影响范围最大化。这些自私自利的行为会导致市场中出现效率低下的政策，与公共利益背道而驰。

布坎南和塔洛克相信，在几十年的时间里，经济学家都采用了错误的方法来分析政策。关于规章、赋税、宏观经济稳定政策的理论简要明确，广受欢迎，表明了政府干预可以纠正市场中的不完美，原因在于假定政府主体可以有效实行政策。相反，公共选择理论表明"政府失灵"，即政府无法高效完成自己承担的任务，与市场失灵一样真实。虽然公共选择分析一开始被视作自由主义运动，但是，公共选择分析让形形色色的经济学家更细致入微地去观察政府行为，还鼓励经济学家探索方法，以便实现公共利益和自身利益之间冲突的最小化。有三种方法可选：第一种，另选投票程序；第二种，对规章进行成本–效益检验；第三种，只是认识到政府干预比一开始的市场效率低下更糟糕。■

《美国货币史》

米尔顿·弗里德曼（Milton Friedman，1912—2006）
安娜·J. 施瓦茨（Anna J.Schwartz，1915—2012）

1932 年的银行挤兑风潮中，一群顾客聚在纽约城的美国联合银行（American Union Bank）提取存款。

> 货币数量理论（1568 年），货币的周转率（1668 年），美联储（1913 年），美国国家经济研究所（1920 年），大萧条（1929 年），凯恩斯的《就业、利息和货币通论》（1936 年），大衰退（2007 年），加密货币（2009 年）

截至 20 世纪 60 年代初，凯恩斯主义经济学都在深刻地影响着美国主流经济学家。然而，在为数不多的批评者之中，有个突出的人物，那就是米尔顿·弗里德曼，他在一篇 1956 年的文章中试图恢复货币数量理论的地位。货币数量理论认为，价格水平变化是由于货币供应有了变动。对于弗里德曼来说，这个理论表明，能对经济进行最有效管理的是货币政策，而不是凯恩斯主义财政政策中的政府开支调整和赋税调整，这就是"货币主义"。米尔顿·弗里德曼认识到，单是理论并不能说服大多数经济学家，他开始寻找数据来支持自己的说法，并寻求安娜·施瓦茨的帮助。安娜·施瓦茨长期为美国国家经济研究所工作，从而成为货币数据和历史方面的主要权威。1963 年，二人合作写了《美国货币史（1876—1960）》（*A Monetary History of the United States*，1876—1960）一书。

《美国货币史》是一部划时代的作品，大约花费了 17 年时间写成，是 20 世纪最为重要的经济学著作之一。在这本书中，弗里德曼和施瓦茨指出，自从美国内战以来，美国的货币供应都先于美国经济的高峰和低谷大幅波动，表明这些波动在经济周期中扮演着重要角色。弗里德曼和施瓦茨最著名的言论是关于大萧条的。凯恩斯主义者认为，大萧条的主要原因是投资不足和对银行缺乏信心。跟凯恩斯主义者不同，弗里德曼和施瓦茨认为，美联储收紧货币供应，因而未能为银行系统提供防止大面积银行破产所需的资金。扩张性政策把货币注入银行系统中，能减小消费者恐慌，并制止银行挤兑。相反，收缩性货币政策让大萧条更为严重，持续时间也更长。

这个结论依然具有争议性。许多经济学家相信，银行破产是因为经济收缩，而且弗里德曼和施瓦茨的解释忽视了当时正在起作用的较大的全球力量。然而在大衰退时期，美联储可能注意到了弗里德曼和施瓦茨的"教诲"，采用了量化宽松政策，其中包括大幅增加货币供应以便扶持濒临破产的金融系统。■

1963 年

搭便车问题

曼瑟·奥尔森（Mancur Olson, 1932—1998）

212

国防和投拋纸带迎宾仪式都是公共商品的例子，如果交由市场提供的话，就会供应不足。一旦提供了公共商品，就没人会被排除到公共商品利益之外，个体就几乎没有动力去资助融资提供公共商品。

> 赋税效益原理（1896年），公共商品（1954年），公共选择分析（1962年），机制设计（1972年），实验转折（1986年）

1965年

7月4日燃放了烟火，组织者和出资者是当地政府，地点就是我的房子附近，当时我正在推敲这篇论文。既然此类事件大受欢迎，私营企业为什么不组织并且收门票呢？答案在于经济学家所说的搭便车问题。1965年，曼瑟·奥尔森在其著作《集体行动的逻辑》（*The Logic of Collective Action*）中指出，搭便车使得市场和政府都难以高效运作。

烟火之类的公共商品之所以跟领结之类的商品不同，是因为公共商品具有两个特点：第一，消费不存在竞争，也就是说，一个人享用公共商品，并不影响另一个人从公共商品中获益。如果我正戴着自己的领结，那么你就不能同时戴着。第二，公共商品的消费也不具有排他性。一旦有了烟火表演，那么没人会被排除在烟火表演的效益之外，即使你并未缴纳任何税款来支持烟火表演。至于领结一样的商品，你必须从卖家那儿购买才能享用。由于这两个特点，个体就没有任何动机去出力资助公共商品。如果由市场提供公共商品，那么公共商品就会生产不足，可能根本就没人提供公共商品。

奥尔森指出，如果从公共商品中受益的群体规模扩大，那么搭便车问题的量值就会变大。在政界，这就能解释一个问题：工会等特殊利益游说群体，能比更大更松散的群体更有效地施加政治压力。人们经常说，"巨资"游说导致了两种情况：未能通过大受欢迎的控枪立法，未能重构公司减税。但是，奥尔森的分析告诉我们，这种说法是错误的。搭便车问题使得较大群体难以组织和融资，而狭窄集中的利益就能占据上风。这让人怀疑政府能否高效应对较大的社会需要，表明少数人的暴政可能比多数人的暴政更有问题。■

有效市场假说

保罗·A.萨缪尔森（Paul A.Samuelson, 1915—2009）
尤金·F.法马（Eugene F.Fama, 1939— ）

一个女人在更新板子上的股价。一些美国股票经纪人使用的就是这些股价，他们的营业所总部在伦敦。根据有效市场假说，这些新价格反映了特定时刻关于市场的所有现有信息。

郁金香狂热（1636年），约翰·劳和纸币（1705年），投资组合精选理论（1952年），资本资产定价模型（1962年），布莱克—斯科尔斯模型（1973年），大衰退（2007年）

1965年

有效市场假说是1965年由美国经济学家尤金·法马和保罗·萨缪尔森分别提出的，给金融领域带来了革命。有效市场假说的要旨可以非常简答地总结如下：市场价格反映了所有的现有信息。在竞争市场中，理性主体即刻处理与投资价值相关的所有现有信息，并依照这些信息行事。如果有了公司的正面信息，投资者会迅速购买这个公司的股票，导致股价立刻上扬，从而反映了这条信息里的额外价值。因此，股票总是以其真正价格交易的，因此，基于这条信息进行的交易难以获得超过平均数的赢利。事实上，有效市场假说的支持者认为，内幕交易是让信息较快进入市场的一种方式，并不是不公优势。

有效市场假说认为资产价格变化是随机且无法预言的。它告诉我们，老练的金融分析师在市场中乏善可陈，就像蒙着眼的猴子朝着一张股票名录上扔飞镖。寻找价值被低估的股票没有意义，而且，今天的股价跟明天的股价没有关系。总之，不可能"击败市场"；要想获得高于平均数的赢利，唯一的方式就是进行风险较大的投资。别管是17世纪的郁金香，还是21世纪初的房子，资产的价格总是在精确地反映资产的价值，因此，有效市场假说也表明投机泡沫不存在。

有效市场假说成为经济学重大发展和金融重大发展的基础。这些发展包括布莱克–斯科尔斯期权定价模型、指数基金*的创立。但并非无人批评有效市场假说。无疑，证明有效市场假说有效性的经验证据是复杂混合的。行为主义经济学研究已经对投资者的理性提出了质疑，尤其考虑两点：第一点，投资者具有从众心理。第二点，一些投资者对自己的投资能力太过自信。一些人指责有效市场假说导致了大衰退：投资者相信价值被严重高估的金融工具反映了其真正价值。■

---

* 指数基金是一种追踪标准普尔500指数或者道琼斯工业平均指数等主要股票指数的共同基金。

经济学之书 The Economics Book

排放权交易

约翰·H. 戴尔斯（John H.Dales, 1920—2007）
托马斯·D. 克罗克（Thomas D.Crocker, 1936— ）

1973年，烧煤的发电厂正在向空气中排放烟雾。排放权交易有助于减少碳以及其他温室气体的排放。

外部经济和外部不经济（1912年），未来资源以及环境经济学（1952年），公共池塘问题（1954年），外部性和市场失灵（1958年），科斯定理（1960年）

排放权交易项目，现在通称为"总量管制与交易"政策，是环境经济学最为伟大的成功政策之一。从经济的视角来看，污染使得市场效率低下，原因是价格并未抓住污染危害的成本。经济学家经常建议征收污染税来解决这个问题。1966年，美国经济学家托马斯·克罗克提出了一个由市场解决污染问题的方法：污染者有权排放特定数量的污染物，并且可以交易排放权。两年后，加拿大经济学家约翰·戴尔斯在《污染、财产和价格》（Pollution, Property and Prices）一书中进一步完善了这个见解。

有了排放权交易，政府就能设定总排放目标，发放许可证，允许公司基于这个目标排放特定数量的污染物，还可以转让或者拍卖排放权。如果企业的许可证超出了自己的需要，就可以卖给需要较多许可证的企业，让市场来决定许可证的价格，就与大多数商品和服务一样。可以付出较小代价减少或者消除污染的企业，就会把许可证出售给此类成本较高的企业。有些企业之所以此类成本较高，是因为它们使用较旧的生产方式和机器。消费税最为棘手的问题是如何确定税率才能达到理想的污染削减水平，而排放权交易解决了这个问题。排放权交易避免了政府获取信息的问题以及征税和实施污染规章所需的官僚政治。因此，排放权交易更为划算。

在20世纪80年代，美国环境保护局实施了第一个排放权交易方案，以便减少汽油中铅的含量。温室气体包括二氧化碳和二氧化硫。针对温室气体的排放权交易项目现在已经被美国和欧洲广泛采用，在亚洲和非洲也流行了起来。目前，碳的全球市场价值每年超过1750亿美元。有些人批评道，排放权交易错误地给环境赋予了价格，允许富裕的企业和国家出钱而不去减少污染。排放权交易的成功已经使其成为减少气候变化的一个越发重要的工具。■

1966年

215

寻 租

戈登·塔洛克（Gordon Tullock，1922—2014）
阿内·O.克鲁格（Anne O.Krueger，1934—）

竞标一个军方喷气式战斗机合同会导致寻租，因为制造商会花费大笔的钱以期得到合同。

财政学（1883年），公共选择分析（1962年），搭便车问题（1965年），经济学有了应用性（1970年），规制俘虏（1971年）

当美国政府宣布建造新型喷气式战斗机时，飞机制造商处心积虑，投入巨资展开了游说活动，以竞争这个合同。飞机制造商为什么不直截了当提供最佳投标，然后顺其自然呢？答案是，合同的胜利者会被赋予极其有利的地位，成为垄断者，并且有可能获得几十亿美元的利润。赢得合同的利润如此有利可图，因此就不难理解，制造商会急切地投入大笔资金以求获得这笔横财。小合同的情况也是如此，比如在机场开餐馆的执照，或者从地方政府获得的重建大路的合同。

虽然这好像显得没有害处，顶多是有点儿令人不快，但是公共选择分析的先驱戈登·塔洛克在其1967年的文章《关税、垄断、偷窃的福利成本》（*The Welfare Costs of Tariffs, Monopolies, and Theft*）中解释道，此举对社会是个浪费。这种游说涉及资源开支，而资源开支的目的只是把他人的收入转给一人独享。在这个过程中，没有创造新的商品和服务。如果社会中的每个成员都把自己的工作时间用于此种活动，那就不会产生任何有价值的东西。当时在明尼苏达大学工作的经济学家阿内·克鲁格在1974年的一篇论文中把此种活动称为"寻租"（rent seeking）。这篇文章提供了寻租过程的形式模型，并且估计了这些租金在印度和土耳其的规模。

寻租并不只是去获得政府合同。公司通常为规章而定期游说，而这些规章会减少他们在这个行业的竞争。老年人群体游说，想要增加社会保障支付，而这笔钱就得从别的用途挪过来。法国农民大力游说，要保持欧盟的农业补贴。寻租还会加剧收入不平等，钱最多的人花钱进行游说活动，会进一步促使收入和财富向他们转移。截留生产性活动的资源会减缓经济发展，甚至会使经济发展停滞。■

1967年

自然失业率

米尔顿·弗里德曼（Milton Friedman, 1912—2006）
埃德蒙·S.菲尔普斯（Edmund S.Phelps, 1933—）

216

20世纪70年代滞涨时期，示威者聚集在纽约城，反对高昂的食品价格。

↳ 失业（1896年），凯恩斯的《就业、利息和货币通论》（1936年），菲利普斯曲线（1958年），新古典宏观经济学（1972年），欧佩克和阿拉伯石油禁运（1973年），政策无效命题（1975年）

1967年

20世纪50年代末60年代初，人们发现了通货膨胀和失业之间的潜在平衡效果，从而催生了大量旨在详述此种平衡效果确切本质的研究。一些研究开始质疑菲利普斯曲线所描述的通货膨胀和失业之间成反比的关系。1967年诺贝尔奖得主埃德蒙·菲尔普斯和米尔顿·弗里德曼首先指出，这个问题是菲利普斯曲线的理论基础。菲利普斯曲线假定，工资合同反映了现有通货膨胀率，而不是预期通货膨胀率。如果工人基于预期通货膨胀要求涨工资，那么，关系就改变了。

就像菲利普斯曲线所表明的那样，政府开支增加或者货币供应增加一开始会减少失业并且增加通货膨胀。但是，工人预期通货膨胀会一直高涨下去，就会要求较高的工资。企业的回应是少雇人，把失业维持在当初的水平。事实上，这种刺激让菲利普斯曲线向上：现在，任何特定的失业率都与较高的通货膨胀率联系在了一起。这意味着，通货膨胀跟失业之间没有长期平衡效果。此外，如果政府竭力把失业率压到特定的水平之下，通货膨胀会继续上升。弗里德曼把这个特定的水平叫作"自然失业率"。管理总需求的凯恩斯主义政策会在短期内把失业降到这个水平之下，但是，失业率会反弹到自然失业率，并加速通货膨胀。这幅画面在20世纪70年代就出现了。当时，美国进入了衰退期，并且经历了滞涨。

弗里德曼和菲尔普斯的想法是，有一个失业率符合稳定的通货膨胀率。这个想法被人们广泛接受。但是，这个失业率现在被称为"非加速通货膨胀失业率"（non-accelerating inflation rate of unemployment, NAIRU），而不是"自然"失业率。中央银行依赖非加速通货膨胀失业率来帮助自己控制货币供应，以便在不触发通货膨胀的情况下使失业最小化。直到最近，人们才相信美国的非加速通货膨胀失业率是5%。但是，在过去的几年里，失业率降到了前所未有的低点，还没有触发通货膨胀，经济学家和中央银行弄不清到底是怎么回事，因此，货币政策变得极富挑战性。■

犯罪和惩罚经济学

加里·S. 贝克尔（Gary S.Becker，1930—2014）

按照加里·贝克尔的说法，理性罪犯权衡犯罪的预期成本及其预期收益。预期成本包括潜在的惩罚，比如囚禁和劳动改造。

短缺和选择（1932 年），歧视经济学（1957 年），人力资本分析（1958 年），科斯定理（1960 年），经济学有了应用性（1970 年），法律的经济分析（1973 年）

犯罪研究通常是社会学家，而不是经济学家的事。直到加里·贝克尔在《犯罪和惩罚》（Crime and Punishment，1968）中阐述了经济方法如何应用于犯罪学之中。这篇文章的灵感来自贝克尔的非法停车决策。当时，贝克尔去参加一个大学会议，即将迟到。在计算了非法停车的效益和成本时，贝克尔迅速做出了决策。

当贝克尔正在写作时，罪犯经常被描述为较大社会环境的受害者；许多人认为犯罪行为源自心理疾病和社会压迫等因素。相反，贝克尔认为，大多数罪犯都是理性之人；和所有其他人一样，他们在特定的限制之下做出选择。违法决策涉及对效益和成本的权衡。一个罪犯把犯罪的预期收益跟被抓的预期惩罚相比较，这个预期收益可能是偷窃商品的价值，也可能是施加暴力带来的效用。罪犯还会考虑在当场被抓后被判有罪的可能性。

贝克尔的框架解释了为什么许多人超速，而相对较少的人进行武装抢劫。贝克尔的框架描述了惩罚如何仅是犯罪活动的价格。可以预言的是，出现的犯罪活动的数量回应了惩罚烈度的变化，也回应了增加非犯罪部门经济活动的政策。

贝克尔进一步认为，从经济效率的角度来说，最优化犯罪数量是零。把额外的资源用于犯罪预防会造成花销，而这个花销会最终超过犯罪率降低带来的收益。这一点对于刑罚制度来说也具有意义。跟监禁相比，征收罚款的成本低得多；要想防止特定类型的犯罪，巨额罚款好像是个较好的选项。无独有偶，社会项目和教育机会的增加，也可能会让防止的成本较低。贝克尔的作品助力创建了针对法律经济分析的各式研究项目。比如，美国量刑委员会就已经采用了犯罪经济方法为联邦法庭打造判决指导方针。■

1968 年

诺贝尔经济学奖 218

1969 年诺贝尔奖得主聚在一起拍照，包括简·丁伯根（右边），简·丁伯根与拉格纳·弗里希一起分享了第一个诺贝尔经济学奖。其他得主包括，从左到右，默里·盖尔曼（Murray Gell-Mann，物理学）、德里克·巴顿（Derek Barton，化学）、奥德·哈塞尔（Odd Hassel，化学）、马克斯·德尔布吕克（Max Delbrück，医学）、阿尔弗雷德·赫尔希（Alfred Hershey，医学）、萨尔瓦多·卢瑞亚（Salvador Luria，医学）。

↳ 芝加哥学派（1946 年），行为经济学（1979 年），公地治理（1990 年）

1969 年

1895 年，发明黄色炸药的诺贝尔用遗产设立了诺贝尔奖。诺贝尔为 5 个领域的成就颁发诺贝尔奖，这 5 个领域是化学、物理学、生理学或医学、文学、和平。经济学并未名列其中。诺贝尔经济学奖的正式名称为"瑞典中央银行纪念阿尔弗雷德·诺贝尔经济学奖"，直到 1969 年才设立。当时，瑞典中央银行庆祝成立 300 周年，并为该奖项提供了资金。虽然诺贝尔基金会同意了瑞典中央银行的提议，但诺贝尔家族成员不同意，原因是阿尔弗雷德·诺贝尔并不想设立该奖项；诺贝尔认为生意人应把利润置于社会福祉之前，诺贝尔的曾侄孙相信因此不应该设立经济学奖。正是因为有了这些反对意见，经济学奖才有了这么一个不同寻常的官方名称。

鉴于诺贝尔的遗嘱中排除了数学等其他重要学科，理所当然可以认为，要设立"新的"奖项，数学是个不同寻常的选择。诺贝尔经济学奖的设立提高了经济学的声望，使得经济学具有了跟化学和物理学等一样的科学地位。巧合的是，第一批奖项颁发给了拉格纳·弗里希、简·丁伯根、保罗·萨缪尔森、西蒙·库兹涅茨、约翰·希克斯、肯尼斯·阿罗。这些人将经济学变成了一个数学学科和量化学科。

到 2019 年，已有 81 人获得诺贝尔经济学奖。大约三分之二的得主是美国人，反映了第二次世界大战之后，经济学中心从欧洲转到了美国，部分原因是许多知名欧洲经济学家逃避纳粹的迫害于 20 世纪 30 年代移民美国，还由于美国研究型大学获得了成长。一个不同寻常的现象是，这些诺贝尔奖得主中有 29 人曾与芝加哥大学有过联系，有的是学生，有的是教师。诺贝尔经济学奖还曾被颁给几个不是经济学家的人，这几个人做出了重大贡献，包括数学家、政治科学家、心理学家。其中一位政治科学家是埃莉诺·奥斯特罗姆，她是荣获该奖项的唯一女性。■

经济学有了应用性

这幅照片中展示的是20世纪70年代的机房，从中可以看到技术让应用经济学在经济学中有了更强的立足点。

> 计算：奥科特回归分析仪和菲利普斯机器（1948年），未来资源以及环境经济学（1952年），公共选择分析（1962年），法律的经济分析（1973年），个人电脑（1981年），实验转折（1986年），自然实验（1990年）

虽然计量经济学在20世纪取得了进展，但是人们还是认为理论分析——尤其是一般均衡分析——远比经验主义工作重要。经验主义工作为理论的解释力量提供证据。同时，理论本身经常像是跟经济现实关系不大，或者只是蜻蜓点水般谈了谈影响人们生活的日常问题。到了20世纪70年代，这个潮流开始扭转。当时，经济学家的理论工具和经验主义工具得到了广泛应用：从家庭生活到年轻黑人失业的决定因素。这种应用得到越来越多的关注，也越来越有影响力。

几个因素导致了这个变化。经济理论（包括理性选择理论和市场结构理论）的基本轮廓有了，下一个具有逻辑性的步骤就是寻找新的方法来应用经济理论，并且根据现实世界的数据来检验经济理论。大型数据集越来越多，计算能力取得了进步，开发出了可以进行复杂统计分析的软件，这样就能较为容易地进行精确详细的经验主义工作。经济学教师人数有了极大增加，大学里充斥着"不发表就发臭"的心态，应用经济学成了成功职业生涯的必由之路。

经济学家想要把经济理论应用于健康、城市生活、环境、不平等主题之中。经济学家希望由此证明经济理论可以为解决现实世界的问题提供见解。提供经验主义分析来支持经济理论的论文、单纯依赖经验主义分析的论文越来越多。一般均衡模型与数据结合在了一起，以便模拟税收系统变化、货币供应变化、国际贸易政策变化所造成的影响。实验经济学与许多经济问题和社会问题存在联系，赋予了应用研究巨大的政策相关性，并让经济学家成了政府机构、智囊团、政策组织的香饽饽。■

1970年

经济学之书 The Economics Book

"次品"市场

乔治·阿克洛夫（George Akerlof，1940—）

20世纪70年代，二手车停在一个特许经销商的停车场里。这个特许经销商专卖二手车。乔治·阿克洛夫研究了关于产品质量的不对称信息如何影响二手车市场的问题。

> 格雷欣法则（1558年），信息经济学（1961年），信号标志（1973年），筛选，或者聚集与分离均衡（1976年）

1970年

1961年，乔治·斯蒂格勒对信息经济学进行了分析，激发了针对非完全信息影响的大量研究。在信息非完全的情况下，买家和卖家掌握的信息并不完全，无法依靠完全信息进行选择。美国年轻经济学家乔治·阿克洛夫的着眼于一些情况：市场中的商品质量各异，而买家和卖家掌握的商品质量信息是不相同的，或者说是不对称的。乔治·阿克洛夫1970年的文章《"次品"市场》（The Market for "Lemons"）证明，"劣币驱逐良币"。

阿克洛夫用二手车市场表明了不对称信息的影响。一些车是"次品"，有着严重的产品缺陷，而其他一些车状况良好。跟卖家不同，可能购买的人并不清楚任何特定二手车的质量，也就无法辨别出二手车的真正价值。结果是，卖家不愿支付高质量二手车所需的加价。因为买家不愿意支付这个加价，车主就会把高质量的二手车拉出市场，只留下次品和质量平平的车。买家会再一次调整自己的意愿，因为二手车平均质量的下降而出价更低，导致出售平均质量车辆的卖家退出销售渠道。最终，剩下的只是次品。这是逆向选择的例子：在这种情况下，不对称信息对一方不利，价格因此调整以便弥补这种信息缺乏。逆向选择甚至会导致市场上特定的商品集体消失，一些人指出大衰退期间各种金融资产就出现过这个情况。

阿克洛夫的理论使其在2001年与人分享了当年的诺贝尔经济学奖。阿克洛夫的理论可以应用到多个方面。就业、保险、信贷这3个市场都经历了这些问题，原因是企业无法弄清工人的生产力、从事危险行为的倾向、偿还贷款的可能性。然而，有助于减轻一些逆向选择影响的方式有三：一是提供质量担保；二是要求凭执照经营；三是提供一些服务，这些服务可以提供报告说明车辆的历史。企业也想出了一些办法来筛选潜在的工商业伙伴和顾客，以便防止这些问题的出现。■

《集体选择和社会福利》

阿玛蒂亚·森（Amartya Sen, 1933— ）

> 阿玛蒂亚·森的作品着眼于社会选择问题和经济福利问题，包括衡量经济福祉的方法，还包括伦理观和经济学的结合。

↳ 伯格森社会福利函数（1938年），阿罗的不可能性定理（1951年），阿特金森的不平等指数（1970年）

阿罗的不可能性定理悲观地指出，没有办法综合社会成员的偏好，也没有办法就社会偏好得出可靠的结论。阿罗的不可能性定理催生了大量研究，这些研究想要表明存在一个民主选择过程，这个民主选择过程让我们比较不同状况下的社会福利水平。就这方面的文献而言，最重要的贡献来自印度经济学家、诺贝尔奖得主阿玛蒂亚·森。阿玛蒂亚·森1970年的专著《集体选择和社会福利》（Collective Choice and Social Welfare）利用经济学、数学、哲学给社会选择分析带来了革命。

森的分析具有高度技术性，它立刻强化了阿罗的结论，并且表明，如果阿罗的部分限制性假设被放松，那么经济学家就可以评估社会福利。跟比较个体效用可能性相关的假设就属于阿罗的部分限制性假设。或许，森的分析之中最有争议性之处就是"自由悖论"。"自由悖论"认为个体自由和帕累托效率是格格不入的。投票过程不能既尊重个体自由，又产生高效结果——森用一个争论来表明了这个结果。这个争论是，是否应该禁止 D.H. 劳伦斯（D.H.Lawrence）撩动人心的小说《查泰莱夫人的情人》（Lady Chatterley's Lover，1929）。

森还拨回了福利分析之钟，让人注意经济学的道德哲学之根，把伦理观融入了福利分析之中。森强调，在评估经济结果时，分配公平性必须与效率一起发挥作用。森还强调，要恰当地处理社会福利，就需要社会福祉的较广泛措施。1990年，人类发展指数（Human Development Index）由此诞生，人类发展指数使用关于预期寿命、教育、人均收入这3方面的数据来衡量一个国家的发展。这项工作符合森研究的另一个主要目标：在发展经济学领域，森致力于解释饥荒的成因和影响，还就预防和限制饥荒的烈度提出了建议，这样，森就以崭新的视角洞悉了饥饿和贫穷的内在原因。无论是进行福利分析还是研究经济发展，森对社会最弱势人群的关注都有助于把分配问题置于经济分析的突出地位。■

1970年

阿特金森的不平等指数

安东尼·B.阿特金森（Anthony B.Atkinson，1944—2017）

222

1973 年，波多黎各马丁·培尼亚运河岸边满是棚屋，而远处就是现代建筑。阿特金森指数表明，从富人流向穷人的收入再分配能在多大程度上影响社会福利。

实证性—规范性的区别（1836 年），指数（1863 年），伯格森社会福利函数（1938 年），《集体选择和社会福利》（1970 年）

1970 年

经济学从未对收入分配问题三缄其口，但经济学家避免估量分配结果，反而去评估效率。鲜有经济学家把不平等措施融入社会福利函数之中。社会福利函数让经济学家可以判断一些收入分配局面是否比其他状态较为可取。

英国经济学家安东尼·阿特金森迈出了重要一步，在其 1970 年的文章《论不平等的衡量》（On the Measurement of Inequality）中提出了一个方法，也就是现在著名的阿特金森指数，来评定一个国家之内不同的可能的收入分配。先前对于不平等的估计，有的是根据平均数衡量收入变化了多少，有的是依赖基尼系数。基尼系数把一个国家的实际收入分配与一个绝对平等的收入分配相比较。阿特金森指数把每个可能的分配结果简化为 0 到 1 之间的一个数字。这个数字的含义是，为了保持所有收入均等，社会愿意放弃的总收入份额，以便保持恒定的社会福利水平。比如，如果指数等于 0.2，那么社会就愿意放弃自己 20% 的收入，以便实现绝对平等。

阿特金森引入了一个参数反映对不平等的厌恶，由此，他把收入分配跟社会福利观点联系在了一起。当低收入群体看到自己收入上升时，较为厌恶不平等的社会会获得较大的福利收益。这表明，从富人流向穷人的收入再分配会提高福利。同时，对不平等不那么厌恶的社会会较多地从较高的平均收入中获益，较少地从收入再分配活动中获益。

自从阿特金森参数之后，许多衡量不平等的工具开发了出来，有些工具还是基于阿特金森参数。但是，阿特金森参数依然是应用最广泛的工具，原因是阿特金森参数能够辨别收入分配的哪一端造成了最大的不平等。阿特金森参数能够让我们着眼于收入分配的较低一端，因而跟当前的政策争论非常相关。在政策争论之中，一些问题越发引人注目，例如工资停滞、健康护理的获得、穷人死亡率等。■

223

规制俘虏

乔治·J. 斯蒂格勒（George J.Stigler, 1911—1991）

1977年，一位实验室人员在为环境保护局（Environmental Protection Agency, EPA）检测汽车尾气排放情况。环境保护局等政府运行的机构可能受规制俘虏的影响。

需求—供应模型（1890年），信息经济学（1961年），公共选择分析（1962年），寻租（1967年）

支持政府制定的工商业规章的人通常相信，政府制定的工商业规章保护了消费者和大众的利益。然而，乔治·斯蒂格勒在其1971年的文章《经济规制理论》（The Theory of Economic Regulation）中得出了相反的结论。斯蒂格勒使用基本的供需分析，指出管理者可能实际上是在为企业效劳，原因是管理机构容易被特殊利益"规制"。

政府有力量，可以把效益交给特定的个体或者群体。而且，斯蒂格勒把投票过程和立法过程视作市场，主体在这些市场中为利益而争夺。对管理的需求反映了各行业阻碍市场准入，从而限制竞争的欲望。颁发职业执照是一个经典例子：此举增加了进入一个行业的成本，让行业规模较小，而且工资较高。在供应方面，如果这些行业能够提供足够的选票和政治献金来吸引立法支持，那么立法者就会发布规章。

这种规章限制了竞争，从而人为地抬高了价格。如果这种规章以牺牲大众为代价让特定的行业获益，那么这种规章是如何在民主社会通过的呢？斯蒂格勒的答案指出，工商业规章的效益是集中的，而成本是发散的。因此，受益人有着强大的动机去支持管理立法，而个体公民每个人只承担了一点成本，没有多大的动力去行动起来加以反对——就算他们早就知道政府正在考虑此种规章。

规制俘虏理论已经得到了扩张，以便解释特殊利益利用自己的影响来控制管理机构的议事日程。如果行业内部人员被委派到（仅举几个例子）一些机构，而这些机构监管金融市场、制药行业或者工作场所安全，那么争议就会产生，而这些争议就表明了问题所在。较大的透明度经常被视作最小化规制俘虏的关键。但是，其他人认为，唯一的解决办法是减少对规章的依赖，因为这些人认为规章的弊大于利。■

1971年

经济学之书 The Economics Book

浮动汇率：布雷顿森林协定的终结

1971年8月15日，理查德·尼克松总统宣布美国暂停把美元兑换成黄金，这是一系列经济政策变化中的一部分。这一系列经济政策变化被称作"尼克松震荡"。

金本位（1717年），重金主义争议（1810年），布雷顿森林协定（1944年），欧佩克和阿拉伯石油禁运（1973年）

1971年

第二次世界大战结束后，布雷顿森林协定维持了固定汇率系统，根据美元来衡量世界上的通货。到了20世纪60年代，美国卷入了越南战争并且努力去反击苏联对它的影响，因此，美国出现了大额贸易赤字，而且用于国外援助和军事的开支浩大，这些因素结合起来导致了全球性的美元供应过量。美国不能像布雷顿森林协定规定的那样，按照35美元每盎司的固定价格以黄金储备赎回美元。越南战争需要筹措资金，林登·约翰逊（Lyndon Johnson）总统推行了伟大社会项目，两者在一定程度上导致了通货膨胀，进一步侵蚀了美元的价值和国际社会对美元的信心。

随着对美元的信心下降，更多的国家想把手里的美元兑换成黄金，使得已经缩水的黄金储备再创新低。越来越脆弱的美元伤害了美国的出口。这些问题导致理查德·尼克松总统于1971年暂停把美元兑换成黄金。史密斯协定的新举措旨在重建固定汇率系统，但却不起作用。到了1973年，布雷顿森林体系被放弃了，浮动汇率取而代之。在浮动汇率之下，市场力量决定相对通货价值。

一些经济学家一直在提倡实行浮动汇率。随着国际贸易的扩张，经济相互依存度增加，一个国家的经济条件对其他地方经济条件的影响越来越大，因此难以保持固定汇率。固定汇率系统的成功需要各个国家施行保持汇率的宏观经济政策，因此一个国家就无法去解决紧迫的国内问题。布雷顿森林体系的消亡提升了各国管理经济事务的灵活性，还导致了世界金融系统全球化和世界金融系统管制的解除。这样既有效益，又有成本。现在，私人融资可以迅速传遍全球。当资金流入时，就会带来巨大的繁荣。但是，当经济下探迹象导致投资者撤出资金时，又会带来巨大的不稳定性。■

最优税收理论

弗兰克·拉姆齐（Frank Ramsey，1903—1930）
詹姆士·A.莫里斯（James A.Mirrlees，1936—2018）

最优化税收理论表明，最优化商品税就是对需求缺乏弹性的商品征收的税，香烟就是这种商品。具有讽刺意味的是，这些税收往往挺受大众欢迎，因为大众相信这些税收能够阻止吸烟等"恶行"。

> 租金与剩余理论（1662年），赋税效益原理（1896年），伯格森社会福利函数（1938年），"次品"市场（1970年），信号标志（1973年），供给学派经济学（1974年），筛选，或者聚集与分离均衡（1976年）

如何构建税收系统才能让社会福利最大化，并同时为政府需要提供足够的收入？通过税收追求较大的平等会在多大程度上影响经济效率？此类问题长期困扰着经济学家。但是，牛津大学教授、1996年诺贝尔经济学奖得主弗兰克·拉姆齐在其1971年的文章《最优化收入赋税理论探索》（An Exploration in the Theory of Optimum Income Taxation）中提供了一些答案。

最优税收理论研究的是如何设计税收，以便实现两个目的：一是经济学家考虑公平公正，实现特定社会福利功能最大化；二是满足设定的收入限制。1927年，英国经济学家弗兰克·拉姆齐证明，最优化商品税就是对需求最缺乏弹性的商品征收最重的税。莫里斯继承了拉姆齐的精神，并从关于不对称信息影响的其他作品中汲取灵感。假设有一个政府，想对高收入人群征税并把这些资金再分配给低收入人群。虽然政府可以观察收入，但是，政府无法确定为了挣这笔钱所需的能力和努力。政府就面临公平和效率的平衡问题。对收入最高的那批人课以极高的边际税率，会减少他们的生产积极性，从而减少经济产出。挑战就是设计一个税收系统，既可以实现一定的公平目标，又不会挫伤高收入者的积极性。令人惊奇的是，莫里斯发现，最优化所得税是大约百分之二十的单一税率。

莫里斯的发现遭到了挑战，主要原因是，在现实世界中，确定最优税率是个复杂的问题。不过，莫里斯的模型依然提供了一个基本框架，经济学家可以通过这个框架分析所得税。在政策方面，最优税收理论也促进了包括美国和英国在内的一些国家放弃对富人课以高额边际税率。当然，此举也并非没有争议。现在，对高收入个人大幅提高税率的呼声很高，这可能表明一些圈子对平等的偏好较高。■

1971年

新古典宏观经济学

罗伯特·E. 卢卡斯（Robert E.Lucas, 1937—）

226

申请失业金的人在巴尔的摩福利局门前排队。罗伯特·卢卡斯试图在微观经济的基础上建设宏观经济学，表明货币政策无法永久性地削减失业。

↳ 凯恩斯的《就业、利息和货币通论》（1936年），菲利普斯曲线（1958年），理性预期假说（1961年），政策无效命题（1975年），卢卡斯批判（1976年），真实经济周期模型（1982年），动态随机一般均衡模型（2003年）

1972年

1971年，美国总统理查德·尼克松宣告："现在，我们都是凯恩斯主义者了。"当然，当时并非所有的经济学家都是凯恩斯主义者。在1972年和1973年发表的一系列文章中，美国经济学家罗伯特·卢卡斯挑战统治了宏观经济学大约三十年的凯恩斯主义方法，他相信现有的宏观经济理论并未建立在恰当的微观经济基础之上，他致力于纠正这一缺点，从而创造了新古典宏观经济学。

卢卡斯批评凯恩斯主义理论，原因是凯恩斯主义理论假定如下：主体有适应预期，仅仅基于现在和过去就形成了对未来的观点。和10年前的约翰·穆斯一样，卢卡斯认为，这个方法不符合广为接受的微观经济学观点：主体的行为是理性的，而且基于所有现有信息形成理性预期。

卢卡斯认为，凯恩斯主义宏观经济模型也不符合瓦尔拉斯一般均衡理论。一般均衡理论告诉我们，市场几乎是瞬间清算，价格作出调整，以便让供应和需求均等。凯恩斯主义者说，失业的原因是，当总需求下降时，雇主未能削减工资，导致了非志愿失业。但是，理性雇主肯定会削减工资，因为削减工资会增加雇主的利润。任何不愿意接受较低工资的工人都会轻易被人取代。在微观经济学的一般均衡世界里，持续的非志愿失业是不可能的，原因是工资会迅速调整，进而清算劳动市场。为了让宏观经济模型和微观经济分析相一致，卢卡斯坚持认为宏观模型必须以瓦尔拉斯的理论为基础。

卢卡斯把理性预期与一般均衡分析联系在了一起，彻底颠覆了凯恩斯主义经济学。如果市场立刻清算而且消费者和生产商是理性的，那么货币政策就无法永久性地降低失业，也无法永久性地影响其他"真实"变量，比如产出和消费——这就是"货币中性"。卢卡斯的新古典宏观经济学改变了宏观经济学。■

机制设计

莱昂尼德·赫维奇（Leonid Hurwicz，1917—2008）
埃里克·S.马斯金（Eric S.Maskin，1950— ）
罗杰·迈尔森（Roger Myerson，1951— ）

医生正在进行肾脏移植手术。肾脏交换提供了一个机制，让需要移植的更多患者与兼容的捐赠者匹配。

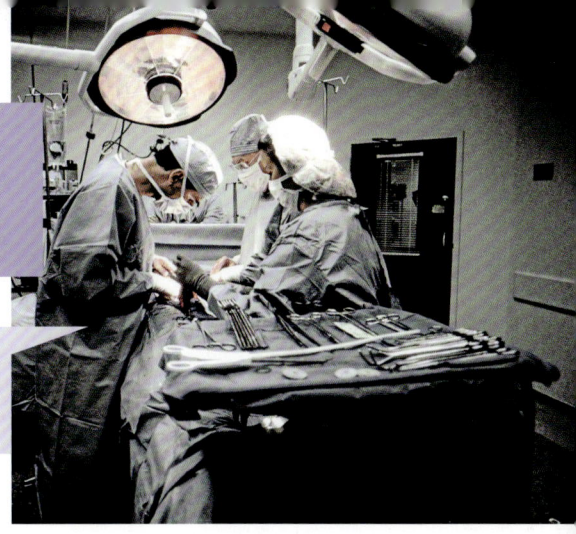

社会主义计算争论（1920年），博弈论进入了经济学（1944年），非合作博弈和纳什均衡（1950年），拍卖理论（1961年），搭便车问题（1965年），实验转折（1986年）

博弈论告诉我们，私人信息导致了资源分配效率低下。比如，如果只有潜在的买家知道手机频率对自己有多大价值，政府如何确保这些频率拍卖给了最珍惜这个频率的人？政府如何设计公路建设合同，以便保证公路成本最低？机制设计理论为这些问题提供了答案？

虽然博弈论为特定的博弈提供了解决方案，但是，机制设计理论反转了这个过程，设计了一个博弈来产生特定的结果。1960年，莱昂尼德·赫维奇受到了一个争论的启发，率先提出了这个方法。这个争论是，是否能够设计社会主义经济，以便产生能跟资本主义相媲美的生产力水平和效率水平。赫维奇在1972年发表了《论信息分散系统》（*On Informationally Decentralized Systems*），与赫维奇共同获得2007年诺贝尔经济学奖的埃里克·马斯金和罗杰·迈尔森于20世纪70年代也研究了不对称信息情况下的决策。这样，这个新方法的基础就打下了。

机制设计是一种经济工程学，考虑的是系统的设计如何才能提高效率。马斯金用一个例子来证明了这个过程。这个例子是，有个家长想要为两个孩子公平地分配蛋糕，不惹任何一个生气，但是这个家长并不知道孩子们的偏好。为了完成这个任务，一种机制是让一个孩子切蛋糕，让另一个孩子先选择要哪块。这种机制就为主体提供了一个动机去揭示私人信息。在这种情况下，家长知道两个孩子都不想要小的那块。第一个孩子会从中间切开，保证自己的快乐，另一个先选择的孩子，从两块一样大小的蛋糕里选择，也保证了自己的快乐——这就是一个公平的结果。

机制设计经常被用于拍卖理论。但是在应用过程中，也在国际发展项目、投票程序、慈善捐赠、医学生与住院实习项目的配对等领域取得了实实在在的丰硕成果。一个有趣的例子是肾脏交换，这是由经济学家阿尔文·罗思（Alvin Roth）等人倡导的。有人需要新的肾脏，但是捐赠的人生物匹配不理想。肾脏交换方便了连锁捐赠，它提供了一个机制，为更多需要肾脏的人提供了移植。■

法律的经济分析

理查德·A. 波斯纳（Richard A. Posner，1939—）

前联邦上诉法院法官理查德·波斯纳在哈佛大学讲话。

短缺和选择（1932年），科斯定理（1960年），犯罪和惩罚经济学（1968年），经济学有了应用性（1970年）

1973年

当代的法学院学生会在其法律教育的多个点接触到经济分析。在半个世纪之前，这几乎是难以想象的。半个世纪之前，经济学在法律方面的应用主要局限在反托拉斯法和政府规章等方面。在20世纪60年代形成了一个理念：你可以把经济学用于法律的其他方面，比如财产、合同、侵权行为、刑法。在20世纪60年代，罗纳德·科斯和加里·贝克尔，以及耶鲁大学法学教授圭多·卡拉布雷西（Guido Calabresi）都著书立说，阐明了这个理念。芝加哥大学法学教授（前联邦法官）理查德·波斯纳表明经济推理会多么戏剧性地影响我们对法律问题的理解。

波斯纳1973年的专著《法律的经济分析》（Economic Analysis of Law）使用3个基本的原理来评估法律的几乎每个方面。第一，波斯纳假定，个体以理性的方式处理跟法律相关的问题。如果一个理性的个体违反合同或者犯罪，那么原因只有一个：此举的预期效益超过了预期成本。第二，法律规则与价格有着相同的功能，意味着提高非法行为的成本会减少其发生的概率。第三，法律规则可以在两个基础之上进行评估，一个是传统的公平性理念，另一个是法律规则产生合算结果的能力。虽然传统法律思维可能试图避免大多数主体违反合同，但是经济学表明，假如违反合同可以让资源移动到较有价值的用途上，那么违反合同就应该被鼓励。

波斯纳的专著以及研究整个法律的经济方法，在法律界引发了巨大争议。甚至经济学家也拒绝接受，至少一开始是拒绝接受。一些经济学家相信，理性主体模型并未精确描述遵守或者漠视法律规则的决策。更让人怀疑的一个想法是：经济效率，而不是传统公平性理念的应用，应该是法律决策的目标。然而，这个法律方法赢得了许多拥护者，甚至还影响了司法决策。更多的法官接受了训练，将经济原理应用到法律中，在司法观点中使用经济推理也变得越来越常见。■

代理理论

斯蒂芬·A.罗斯（Stephen A.Ross, 1944—2017）
詹姆士·A.莫里斯（James A.Mirrlees, 1936—2018）
约瑟夫·E.斯蒂格利茨（Joseph E.Stiglitz, 1943—）
奥利弗·哈特（Oliver Hart, 1948—）
本特·霍尔姆斯特伦（Bengt Holmström, 1949—）

1973年，在德国的慕尼黑，一个打字员在伏案工作。如果经理无法完美地监控每个工人的行为，那么，委托人—代理问题可能会出现在雇员和经理之间。

《现代公司和私有财产》（1932年），信息经济学（1961年），"次品"市场（1970年），信号标志（1973年），筛选，或者聚集与分离均衡（1976年）

当一个个体，即代理人，代表另一个个体，即委托人做决策时，委托—代理问题就出现了。委托人和代理人可能有着不同的利益。而且，因为委托人无法观察或者完美地监控代理人的行为，所以代理人的行为导致的结果可能与委托人的目标相悖。委托人—代理人动态出现在雇主和雇员、投票人和立法者、运动员及其财务经理之中。1973年，宾夕法尼亚大学的斯蒂芬·罗斯最先为代理问题建模。在20世纪70年代，詹姆士·莫里斯和约瑟夫·斯蒂格利茨提出了一些最早的动机机制，以便解决这些利益冲突。

代理理论旨在回答一个基本问题：你怎样才能解决委托—代理问题？答案通常取决于设计一个双方的合同，由这个合同校正双方的动机。一个精心设计的合同详细规定了代理人会得到什么样的报酬，应该让委托人的预期效用最大化，还要考虑一个事实：代理人接下来会在合同规定的范围内让自己的效用最大化。这就需要为代理人提供一个动机去为委托人的利益而努力。有的情况下无法订立合同，比如在选民及其选出的代表之间。在这种情况下，校正动机就非常困难。

麻省理工学院经济学家本特·霍尔姆斯特伦把代理理论用于雇员和精力酬报，其表明业绩报酬如何校正委托人和代理人的利益。业绩报酬有两种情况：第一种是工人计件取酬；第二种是经理的报酬与企业的利润密切相关。代理理论对于经济发展有着重要的意义，原因是国际货币基金组织等机构不能轻而易举地保证政府会把发展资金用于预先设想的用途。代理理论还形成了一种经济分析的基础，这种经济分析针对的是各种各样合同的订立。比如，哈佛大学的奥利弗·哈特已经解释了，让个体和企业较好地回应环境变化的行为是，写下不完整的合同，而不是详细规定所有的相关条款。哈特和霍尔姆斯特伦著书立说讨论了代理理论及其对于订立合同的意义，并因此获得了2016年诺贝尔奖。■

布莱克—斯科尔斯模型

费希尔·布莱克（Fischer Black，1938—1995）
迈伦·S.斯科尔斯（Myron S.Scholes，1941—）
罗伯特·C.默顿（Robert C.Merton，1944—）

230

大约20世纪70年代，交易人聚在纽约证券交易所的交易大厅。布莱克—斯科尔斯模型为投资者提供了一个工具，用来处理交易期权产生的风险。

投资组合精选理论（1952年），资本资产定价模型（1962年），有效市场假说（1965年），大衰退（2007年）

1973年

金融资产，比如股票和债券是有风险的，原因是转瞬之间，金融资产的价值就会发生改变。一些投资者寻求高风险资产，而另一些投资者想要避免巨大的风险。为了恰当地分配风险，金融市场需要精确的风险评估方法，这样，投资者才能精确地衡量金融资产。使用最为广泛的工具之一就是期权定价的布莱克—斯科尔斯模型，是20世纪70年代初期由费希尔·布莱克、麻省理工学院的罗伯特·默顿和迈伦·斯科尔斯开发的。期权是一种权力，而不是一种义务，可以在一个规定的日期或者在这个日期之前以特定的价格（"成交"价）买卖一个证券。从这个角度出发，跟股份相比，期权是以折扣价交易的。期权属于一种证券，这种证券叫作金融衍生品，原因是期权的价值衍生自另一种证券的价值——在这种情况下，证券是一个公司的股价。期权本质上是投机工具，允许投资者在不拥有资产本身的情况下，从标的资产价值的变化中牟利。

在布莱克—斯科尔斯模型提出之前，很少有投资者交易期权，因为期权好像风险太大。如果股价向错误的方向移动，期权就会一文不值。而只有在一种情况下，股份才会一文不值，即公司破产。布莱克—斯科尔斯模型帮助投资者在期权到期之前处理这种风险，处理方法是使用一些数据估计期权的价值。这些数据是关于股票的当前价格、股票的波动性、无风险利率、成交价的。总之，布莱克—斯科尔斯模型衡量，在一个规定的日期，股票市场价格是否会偏离成交价以及偏离多少。

如果投资者相信布莱克—斯科尔斯模型可以精确地衡量期权以及其他金融衍生品的价值，那么金融衍生品市场就会被戏剧性地扩张。斯科尔斯和默顿以自己的作品分享了1997年诺贝尔经济学奖（当时布莱克已经去世了，因而没有资格获得诺贝尔奖）。虽然是为市场波动性而开发了布莱克—斯科尔斯模型，但是布莱克—斯科尔斯模型会越来越多地被用于期权，加深了金融市场震荡的影响，引起了大衰退。■

231

信号标志

迈克尔·斯宾塞（Michael Spence，1943—）

1965 年，招聘会的求职者会见潜在的雇主。为了帮助自己辨别高质量和低质量雇员，雇主有时会依赖信号标志，比如获得了大学学位，以便评估求职人员。

人力资本分析（1958 年），信息经济学（1961 年），"次品"市场（1970 年），筛选，或者聚集与分离均衡（1976 年）

1973 年

除了证明市场中不对称信息问题，乔治·阿克洛夫对二手车市场的分析还提出了创造一个机制的可能性。这个机制提供或者引出精确且可证实的信息。在 1973 年的一篇论文里，迈克尔·斯宾塞勾勒出了一个工具，这个工具可以解决就业市场中的信息问题。这个工具就是信号标志。

斯宾塞认为雇主雇用一个新雇员的决策就是不确定性之下的投资。虽然潜在的雇员知道自己的生产力和素质如何，但是雇主在未雇用这个雇员前对此并不确定。雇主只愿意为生产力高的雇员提供高工资，为生产力低的雇员提供低工资。具有高生产力的待业人员想为潜在的雇主提供一个生产力水平信号，以便接受较高的工资。教育就是实现这个目的的工具。详情如何呢？斯宾塞假定，教育等信号标志的成本与生产力负相关；跟生产力较低的人相比，生产力较高的人可以以较低的成本（就努力、时间、金钱而言）获得特定水平的教育。因此，生产力高的人就能比生产力低的人获得较多的教育。如果雇主根据经验判定受教育较多的雇员效率较高且生产力较高，那么查验待业人员的教育水平就成为判断素质的有效手段，从而使教育成为高薪工作的先决条件。

信号标志理论表明，教育或许并非像人力资本模型所预言的那样提升生产力。教育的价值在于能够表明生产力以及一个人付出成本来提供这个信号标志的意愿。斯宾塞的文章和后续的关于经济信号标志书籍激发了这个领域的大量研究，斯宾塞也因为自己的文章和书籍而与人分享了 2001 年诺贝尔经济学奖。然而，信号标志理论的意义已经超出了交易。一个企业可能延迟与供应方的谈判，以便显示议价能力并得到较多的有利条款。如果把产品质保视作质量信号标志，那么产品质保也就可以解释了，较长且较为综合的质保表明商品较为高档。■

经济学之书 The Economics Book

欧佩克和阿拉伯石油禁运

阿拉伯石油禁运导致的汽油短缺使全美国的加油站关门。

凯恩斯的《就业、利息和货币通论》(1936年)，凯恩斯主义革命(1947年)，菲利普斯曲线(1958年)，自然失业率(1967年)，浮动汇率：布雷顿森林协定的终结(1971年)，新古典宏观经济学(1972年)

1973年

1973年10月，欧佩克对美国以及美国的几个盟国实施石油出口禁运。欧佩克有12个成员国，主要分布在中东，包括沙特阿拉伯、伊朗、伊拉克等。欧佩克的禁运针对的是美国和荷兰，因为美国和荷兰在赎罪日战争中支持以色列。阿拉伯国家也希望这个"石油武器"能在和平谈判之中发挥杠杆作用。禁运的效果立竿见影：石油价格飙升到原来的4倍。

当时，美国还高度依赖国外的石油，整个经济都感受到了震荡。消费者支付较高的汽油价格，生产商面临着扶摇直上的成本。政府实施价格控制，但只是导致了汽油短缺和配给。石油价格像气球一样膨胀，导致通货膨胀肆虐。工会的回应是跟雇主谈判大幅增加工资，导致工资–价格螺旋，加重了通货膨胀。此外，美国经济已陷入衰退之中。原因有三：第一，美国制造业面临的国际竞争越来越多；第二，布雷顿森林体系崩溃；第三，股市暴跌。这些事件综合在一起，引发了滞胀，即高通货膨胀率和高失业率并存。有些人失业了，有些人的工资赶不上通货膨胀。对于这两类人来说，这段时期尤其痛苦。

这次滞胀既不符合菲利普斯曲线，似乎也对凯恩斯主义财政政策免疫。任何旨在增加需求和减少失业的政府刺激都会恶化严重的通货膨胀。而放缓通货膨胀的措施，比如增税，则会加剧失业。事实证明，凯恩斯主义税收政策和开支政策无效。在此情况下，各国开始转向货币政策措施，经济学家则探索其他理论，尤其是理性预期模型，以便解释宏观经济业绩。

1974年3月，禁运结束。当时，以色列从苏伊士运河西岸撤军。但是，欧佩克把石油价格保持在远高于禁运之前的水平。欧佩克的行动促使美国寻求较大的能源独立，采取措施支持国内石油生产，提倡节能，建立战略石油储备。■

供给学派经济学

罗伯特·蒙代尔（Robert Mundell, 1932— ）
阿瑟·拉弗（Arthur Laffer, 1940— ）

阿瑟·拉弗在一个餐巾上为迪克·切尼和康纳德·拉姆斯菲尔德草草画了一个示意图。为了向记者祖德·万尼斯基（Jude Wanniski, 1936—2005）再演示一遍，阿瑟·拉弗重新画了这个示意图。祖德·万尼斯基以创造了这个供给学派术语而闻名。

单一税（1879 年），费边社会主义（1884 年），赋税效益原理（1896 年），牛津福利方法（1914 年），哈耶克的《通往奴役之路》（1944 年），公共商品（1954 年），公共选择分析（1962 年），最优税收理论（1971 年）

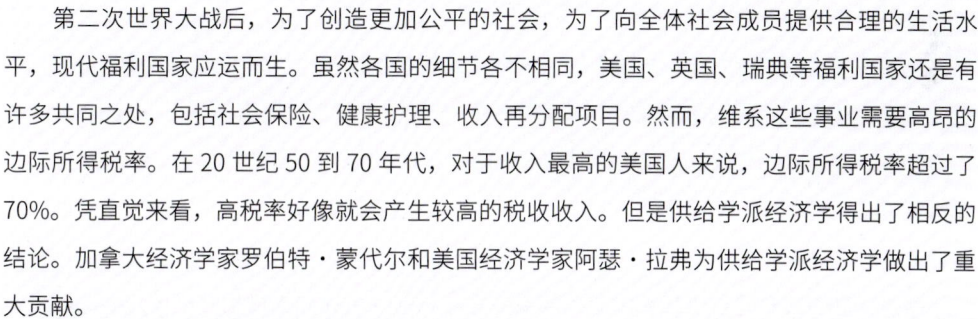

第二次世界大战后，为了创造更加公平的社会，为了向全体社会成员提供合理的生活水平，现代福利国家应运而生。虽然各国的细节各不相同，美国、英国、瑞典等福利国家还是有许多共同之处，包括社会保险、健康护理、收入再分配项目。然而，维系这些事业需要高昂的边际所得税率。在 20 世纪 50 到 70 年代，对于收入最高的美国人来说，边际所得税率超过了 70%。凭直觉来看，高税率好像就会产生较高的税收收入。但是供给学派经济学得出了相反的结论。加拿大经济学家罗伯特·蒙代尔和美国经济学家阿瑟·拉弗为供给学派经济学做出了重大贡献。

在 1974 年一次吃晚饭的时候，拉弗告诫康纳德·拉姆斯菲尔德（Donald Rumsfeld, 1932— ）和迪克·切尼（Dick Cheney, 1941— ）：较高的税收会减少收入。当时，康纳德·拉姆斯菲尔德和迪克·切尼是理查德·尼克松总统的顾问。拉弗在一张餐巾上写写画画，解释道："如果你们向产品征税，产出减少，而且我们的征税对象有工作、产出、收入……后果是明显的！"拉弗用曲线证明自己的说法。后来，人们就把这条曲线叫作拉弗曲线。拉弗曲线表明，当税率较低时，税收收入会随着税率的上升而增加，但是税率超过特定的水平时，税收收入就会下降（蒙代尔说这个水平是 25%）。之所以会这样，是因为较高的税率减少了工作的动机，还使得个体把收入用于再投资避税。拉弗和蒙代尔的著作和政策建议有助于扩散他们的中心思想。在拉弗和蒙代尔的领导下，供给学派经济学家提倡较低的边际税率，以便激励人们获得较多的收入并且刺激较高的经济增长。这种增长又产生了额外的税收收入，足以弥补较低的税率。

供给学派经济学很快得到了扩张，强调放松管制促进经济增长所带来的效益。在 20 世纪 80 年代，供应经济学成为罗纳德·里根政府和玛格丽特·撒切尔（Margaret Thatcher, 1925—2013）政府经济政策的基础。虽然大量减税，但是预先的收入增加并未实现。后来的政府增税戏剧性地增加了政府收入，使得供应经济学家的反税收信条受到进一步质疑。虽然今天的经济学家摒弃了供应经济学，但是保守政客和工商人士依然强烈支持它。■

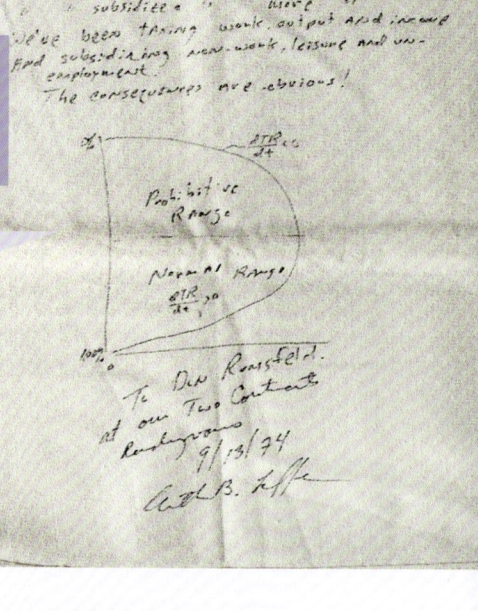

1974 年

政策无效命题

尼尔·华莱士（Neil Wallace，1939—）
托马斯·萨金特（Thomas Sargent，1943—）
罗伯特·巴罗（Robert Barro，1944—）

234

> 政策无效命题认为，预设货币政策变化，比如印刷更多的钞票，对产出和就业不会产生重大的长期效果。

↳ 凯恩斯的《就业、利息和货币通论》（1936 年），投资储蓄—流动性偏好货币供应模型（1937 年），菲利普斯曲线（1958 年），理性预期假说（1961 年），自然失业率（1967 年），新古典宏观经济学（1972 年），卢卡斯批判（1976 年）

1975 年

对于凯恩斯主义经济学家来说，货币政策和财政政策是对抗衰退的强大工具。然而，宏观经济学的"新古典"方法表明，这种观点就是执迷不悟。托马斯·萨金特和尼尔·华莱士在 1975 年的论文《"理性"预期、最优化货币工具、最优化货币供应规则》（"Rational" Expectations, the Optimal Monetary Instrument, and the Optimal Money Supply Rule）中介绍了政策无效命题。二人认为，预设政策措施没有真正的效果，而未预设政策只是昙花一现。

假定美联储宣布要扩张货币供应以便减少失业。理性主体知道增加货币供应会推升价格；为了让"真实"工资保持恒定，工人会在提供了更多劳动的情况下要求相应的较高工资。生产商也预料到自己的成本会增加，就不会有增加产出的动机，也不会有雇用更多工人的动机。这意味着美联储只能避免宣布自己的意图，以便欺骗公众。萨金特和华莱士指出，即便如此，这种前景也不怎么好。如果人们有着理性的预期，那么人们就不会一再上当。虽然企业一开始的回应可能是增加劳动需求和产出，工人也会提供更多的劳动，但是他们很快就会意识到自己的错误，把产出和就业恢复到原来的水平。后来，罗伯特·巴罗使用李嘉图等价定理表明政策无效命题适用于其他的应对衰退的财政政策。比如，如果政府试图增加靠债务资助的开支来提升经济，那么，理性的个体预计到为了偿清这些债务就需要较高的税收，做出的回应就是增加储蓄，从而抵消政府的刺激。

经验主义证据表明市场并不像政策无效命题所预言的那样迅速做出调整。这就意味着货币政策和财政政策会在短期内产生有益效果，虽然长期效果微不足道。■

筛选，或者聚集与分离均衡

迈克尔·罗斯柴尔德（Michael Rothschild, 1942—）
约瑟夫·E. 斯蒂格利茨（Joseph E.Stiglitz, 1943—）

这是一本宣传医保益处的小册子。在美国，医保是一个全国性的健康保险项目。医保等项目为一些个体和经常使用健康护理的人提供了负担得起的覆盖。这些个体被筛选为"高风险"。尤其是老人经常使用健康护理。

信息经济学（1961年），"次品"市场（1970年），信号标志（1973年）

在关于美国健康护理改革的争论中，凸显出两点：一是保险覆盖预先存在的条件；二是强制参加一个保险计划。火上浇油的是，消费者支持第一个，而保险公司支持第二个。1976年，迈克尔·罗斯柴尔德和约瑟夫·斯蒂格利茨写了一篇文章《竞争保险市场之中的均衡》（*Equilibrium in Competitive Insurance Markets*），解释了这两个事物为什么存在联系，以及存在怎样的联系。

保险公司拥有两类消费者：高风险消费者和低风险消费者。但是，保险公司无法确定哪个消费者属于哪类。高风险消费者没有动机去揭示这个信息，因而有可能导致道德风险——在这种情况下，人们有动机去进行风险较高的行为，因为无须承当成本。因此，罗斯柴尔德和斯蒂格利茨指出，在单一市场中，没有均衡价格可以既覆盖高风险消费者，又覆盖低风险消费者。如果价格足够高，可以报偿覆盖高风险个体的成本，那么，低风险个体就会觉得价格过高，不愿意支付。唯一可能的均衡是把市场分离为低风险和高风险群体，低风险群体成员支付的保险费低于高风险群体成员。

这些"分离均衡"提供了一个筛选机制，不知情的代理可以由此区分顾客。这就解释了一点：保险公司向低自付款覆盖人群征收高额保险费，向极高自付款部分覆盖人群征收低额保险费。这种定价结构有效地把经常使用健康护理服务的人，比如已有疾病之人，归入了高保险费计划，同时还可以让非常健康的个体以低成本选择满足自己微小需要的保险。这个理论还被应用到信贷市场之中，放贷人利用信用记录的差异来汇编一个消费者利率菜单。在劳动市场中，以佣金或者其他业绩为基础的一揽子报酬促使低生产力雇员在招聘人才库进行自我选择。这一作品具有重要意义，斯蒂格利茨也因此获得了2001年诺贝尔经济学奖，与他分享诺贝尔奖的是乔治·阿克洛夫和迈克尔·斯宾塞，后两者在"对不对称信息市场进行分析"方面做出了重要贡献。■

卢卡斯批判

罗伯特·E. 卢卡斯（Robert E.Lucas，1937—）

罗伯特·卢卡斯对凯恩斯主义宏观计量经济学模型进行了批判，他指出，依赖历史数据来估计关键经济变体如何回应经济政策变化是存在缺陷的。

↳ 凯恩斯的《就业、利息和货币通论》（1936 年），凯恩斯主义革命（1947 年），大型宏观计量经济学模型（1955 年），菲利普斯曲线（1958 年），新古典宏观经济学（1972 年），动态随机一般均衡模型（2003 年）

1976 年

在 20 世纪五六十年代提出的大型宏观计量经济学模型代表了经济学专业知识的辉煌。这些模型具有成百上千个方程式，使得经济学家非常相信这些模型可以提供精确的经济预测并就经济政策给出合理的预言。但是，如同凯恩斯主义宏观经济学受到质疑一样，新古典方法在 20 世纪 70 年代向凯恩斯主义经济学提出了严正挑战，罗伯特·卢卡斯攻击了凯恩斯主义宏观计量经济学的建模实践。

在其 1976 年的文章《计量经济学政策评估：一个批判》（Econometric Policy Evaluation: A Critique）里，卢卡斯认为，虽然凯恩斯主义模型可以精确预测特定政策体制下的结果，但是凯恩斯主义模型难以预言政策变化时会发生什么。卢卡斯还认为，之所以会出现这种情况，是因为采用历史数据来估计关键变量。卢卡斯相信，经济主体理性地形成预期，根据环境变化来调整决策规则。历史数据是在回首往事，因而无法捕捉到这些决策过程。当预期变化时，模型的方程式也发生了变化，模型因而无法用于预测和政策分析。

考虑一下，价格水平增长百分之一会对失业产生什么影响。如果货币政策相应产生百分之一的通货膨胀，那么产出和就业不会变化，原因是理性主体预期这种增长会反复出现。但是，如果这百分之一的增长是无法预设的，那么失业就会变化：在通货膨胀为零的情况下，失业减少。通货膨胀超过百分之一时，失业增加。总之，每个货币规则都有着不同的菲利普斯曲线；如果计量经济学模型依赖一个局面的数据，那么这个模型就无法精确预言另一个局面的结果。

那么，经济学家如何才能进行预测和政策分析呢？卢卡斯的答案是，在构想出的模型中，参数要对经济政策的变化不敏感。因为事实证明此举难以实现，因此，经济学家已经放弃了大型凯恩斯主义宏观计量经济学模型，更加依赖动态随机一般均衡模型。动态随机一般均衡模型假定，个体偏好是稳定的，从而避免了卢卡斯的批评。■

新凯恩斯主义经济学

埃德蒙·菲尔普斯（Edmund Phelps, 1933—）
斯坦利·费希尔（Stanley Fischer, 1943—）
约翰·泰勒（John Taylor, 1946—）

1938年，西弗吉尼亚州的工人排队领取报酬。新凯恩斯主义经济学家强调，一成不变的工资对非自愿失业有着重大影响。在大萧条等经济下探时期，非自愿失业是个大问题。

《垄断竞争理论》（1933年），凯恩斯的《就业、利息和货币通论》（1936年），凯恩斯主义革命（1947年），菲利普斯曲线（1958年），新古典宏观经济学（1972年），真实经济周期模型（1982年），动态随机一般均衡模型（2003年）

1977年

到了20世纪70年代末，新古典宏观经济学已经取代了凯恩斯主义方法，成为宏观经济学的主流范例，尤其是在美国。但是在1977年，斯坦利·费希尔、埃德蒙·菲尔普斯、约翰·泰勒的作品激发了凯恩斯主义思想的复兴，这种分析被贴上了"新凯恩斯主义"的标签，其基础是新古典方法，同时还融合了凯恩斯主义经济学的几个基本方面。

和新古典方法一样，跟传统的凯恩斯主义相反，新凯恩斯主义模型建设在微观经济基础之上。新凯恩斯主义模型假定，人们利用所有的现有信息，理性地形成预期，并优化代理。和新古典模型不同，新凯恩斯主义模型摒弃了瓦尔拉斯的完美竞争体系，允许工资和价格"一成不变"，这意味着工资和价格不会根据环境变化而瞬间调整。工资和价格一成不变的原因是长期合同等因素，这些因素从法律上避免了价格调整、垄断竞争。靠着垄断竞争，即使在环境变化时，企业保持价格就能保持最丰厚的利润。

这种一成不变意味着经济之中缺乏完全就业，符合传统的凯恩斯主义思维。当需求不旺时，失业就会增加，除非工资充分减少，吸引雇主去保持当前的劳动力水平。菲利普斯曲线描述了通货膨胀和失业之间的平衡效果。对于新凯恩斯主义者来说，非自愿失业和菲利普斯曲线是相关的。工资和价格一成不变就允许在衰退期间使用货币政策和财政政策来影响产出和就业，工资和价格一成不变也证明了在衰退期间使用货币政策和财政政策来影响产出和就业合情合理。这与新古典经济学家的政策无效论点相反。然而，这两个学派都坚称，这些政策对产出和就业不会产生重大的长期效果。虽然一些宏观经济学家继续坚持新古典主义的立场，假定市场迅速且高效地做出调整，但是当前的普遍意见是朝着新凯恩斯主义方向发展的。■

新贸易理论

保罗·克鲁格曼（Paul Krugman，1953—）

238

> 这是班霍夫大街名表店外挂着的招牌。班霍夫大街是瑞士苏黎世闹市区的一条大街。保罗·克鲁格曼的新贸易理论解释了一点：为什么瑞士专注于高档表，而从日本等国家进口中档表。

重商政策（1539年），贸易差额争议（1621年），斯密的《国富论》（1776年），劳动分工（1776年），相对优势理论（1817年），《垄断竞争理论》（1933年），赫克歇尔—俄林模型（1933年），斯托尔珀—萨缪尔森定理（1941年），要素价格均等化定理（1948年）

1979年

赫克歇尔-俄林模型一直主宰着国际贸易理论，直到"新贸易理论"的出现。2008年诺贝尔经济学奖得主保罗·克鲁格曼于20世纪80年代初首先提出了"新贸易理论"。多年来，经验主义证据揭示了赫克歇尔-俄林模型存在的几个问题。比如，赫克歇尔-俄林模型无法解释，为什么有着类似技术能力和类似资源的两个国家，尤其是两个发达国家，会彼此进行贸易（交易的竟然是相同的产品）。赫克歇尔-俄林模型也并未研究为什么美国这个资本丰富的国家会出口如此多的劳动密集型产品。

克鲁格曼现在是《纽约时报》（New York Times）著名的专栏作家，当年是耶鲁大学年轻的经济学教授。克鲁格曼指出了决定贸易范式的两个额外因素：消费者对各种各样商品的欲望、生产规模越大赢利越大这种情况的存在。赫克歇尔-俄林模型假定了一个有着相同产品和恒定规模赢利的完全竞争市场。克鲁格曼认为这个假定是错误的，克鲁格曼把自己的模型基于具有垄断竞争的市场。因为消费者偏好各种花样，所以不同的国家就有动机去专注于生产同一个基本产品的不同版本。规模经济就从这种专门化生产中产生了，具有强大的成本优势，尤其是当国内外都强烈需求这种商品的情况下。

如果想知道克鲁格曼理论的应用，只需要看汽车市场。美国、德国、日本互相出口和进口汽车。消费者以截然不同的态度看待不同的品牌，每个国家专注于生产不同型号汽车的能力，使得各个国家从彼此的贸易中获益，尽管这些国家有着极为类似的技术能力和劳动人才库。克鲁格曼利用这个框架提出了一个理论：为什么特定商品的生产往往集中于特定的地理位置。这有助于解释，跟20世纪相比，越来越多的人集中在主要都市中心。由此开启了新经济地理学这个新的领域。■

行为经济学

丹尼尔·卡内曼（Daniel Kahneman，1934—）
阿莫斯·特沃斯基（Amos Tversky，1937—1996）
理查德·H.塞勒（Richard H.Thaler，1945—）

丹尼尔·卡内曼（左）以其行为经济学作品，从瑞典国王卡尔·古斯塔夫（King Carl Gustav of Sweden，右）手中接过2002年诺贝尔经济学奖。

第二次世界大战（1939年），兰德公司与冷战（1948年），有限理性（1955年），科斯定理（1960年），有效市场假说（1965年），法律的经济分析（1973年）

自20世纪中期以来，理性选择模型成为经济学的支柱。理性选择方法受到了一些挑战，比如赫伯特·西蒙的有限理性。但是，之所以重新考虑赫伯特·西蒙的人类行为思想，主要是因为心理学家丹尼尔·卡内曼和阿莫斯·特沃斯基，以及理查德·塞勒等经济学家进行了相关研究。

在20世纪70年代末，卡内曼和特沃斯基进行了实验，表明人们并不总是做出理性的决策，尤其是处于风险之中的情况下。二人的实验结果呈现在了1979年的论文《前景理论：针对风险之下决策的分析》（*Prospect Theory: The Analysis of Decision Under Risk*）中，文中表明，就均等的损失和收益而言，人们更在意损失，这叫作损失厌恶。塞勒后来证明，如果要让人们放弃已经拥有的物品，人们往往索要较多的金钱，超过了当初购买的价格。塞勒把这个发现叫作"禀赋效应"。取决于金钱来源的不同，人们会区别对待，这就解释了为什么与使用现金相比，人们在使用信用卡时更愿意消费。

这些发现让人怀疑，包括有效市场假设和科斯定理在内的基础经济理论能否解释经济结果。一开始，这些发现被视作特殊情况；但是，随着实验证据的增加，就可以清楚地看到这些决策意外是正常的人类行为。人类行为是非理性的，但又是可预言的。结果就是，经济学家可以构建模型来解释这些非理性行为（到底能在多大程度上构建这种模型还存在争论）并且产生经得起检验的预言。

因为系统阐述了经济学的这一行为方法，卡内曼和塞勒获得了诺贝尔经济学奖（特沃斯基当时已经去世了，因而没有资格获奖）。这一方法影响了金融、法律和经济学、博弈论等领域。"助推理论"假设，政策的微调可以促使人们做出较好的选择。"助推理论"也是这方面研究的一个重要产物，其解释了一点：在人们不选择退出的情况下，为什么法律把他们自动纳入器官捐献项目和退休储蓄计划，这极大地提高了人们的参与度。■

1979年

经济学之书 The Economics Book

个人电脑

240

这是在瑞士洛桑博洛博物馆展示的国际商业机器公司个人电脑，这个电脑可以运行基本的计量经济学软件。

计量经济学学会（1930年），哈维默的"概率论"（1944年），计算：奥科特回归分析仪和菲利普斯机器（1948年），经济学有了应用性（1970年），动态随机一般均衡模型（2003年），加密货币（2009年）

1981年

在各项发明中，很少有像个人电脑这样的发明给我们的日常生活带来翻天覆地的变化。现在，个人电脑可以操纵机器人生产我们消费的许多商品，也可以帮助艺术家和工程师设计产品，让我们能在几分钟之内搜集到以往需要几天甚至几个月才能获取的信息。个人电脑的力量立刻戏剧性地提升了生产力并且改变了人们利用时间的方式。第一种畅销的个人电脑就是一个有着小型显示器的可以放在桌面上的盒子，是由国际商业机器公司（IBM）在1981年推出的。虽然这台电脑的能力和力量都是有限的——甚至无法安装或者运行今天基本的文字处理软件包——但是，其革命性的潜力是显而易见的。个人电脑的能力迅速增长，把应用领域扩大到大型项目、复杂计算、复杂图像成型。以前，有些计算是由专业人士使用电冰箱大小的大型计算机进行的。现在所有人都能进行这些计算。

个人电脑也改变了现代经济学的进程。在个人电脑出现之前，经济学家必须依靠大型计算机进行计量经济学分析和计算分析。这需要花很多钱，因为使用大型计算机通常是按时间计费的。这些大型计算机能处理包括大学成绩和教授的回归分析问题在内的一切运算，因此，计算中心需要严格分配对硬件和软件的使用机会。

有了个人电脑，教授们现在就有了自己越发强大的机器，在办公室和家中都可以办公。硬件和软件迅速发展，使得处理大型数据集和进行复杂计算越发容易。研究的数量和质量戏剧性地增长。迅速的计算意味着经济学家可以在一天之内运行几十次回归和仿真。期刊编辑开始要求得到更多的敏感度分析，以便评估模型或者数据的小变化会在多大程度上影响结果。个人电脑也改变了实验经济学，得以从笨拙的纸笔方法转向实验室。在实验室里，利用联网的电脑，实验对象可以彼此瞬间互动。随着个人电脑价格的持续下降，经济学实验室成为司空见惯的东西，而不再是少数资金充足的研究中心的专属领域。■

241

真实经济周期模型

芬恩·E. 基德兰德（Finn E.Kydland, 1943— ）
爱德华·C. 普雷斯科特（Edward C.Prescott, 1940— ）

这是美国国家科学基金会网络的交通视图。美国国家科学基金网为因特网提供了基础。紫色指的是没有交通流量的地区，白色指的是交通流量达到1000亿字节的地区。因特网的兴起导致了新行业的出现，提升了工人的生产力，是近些年技术震荡的一个重要例子。

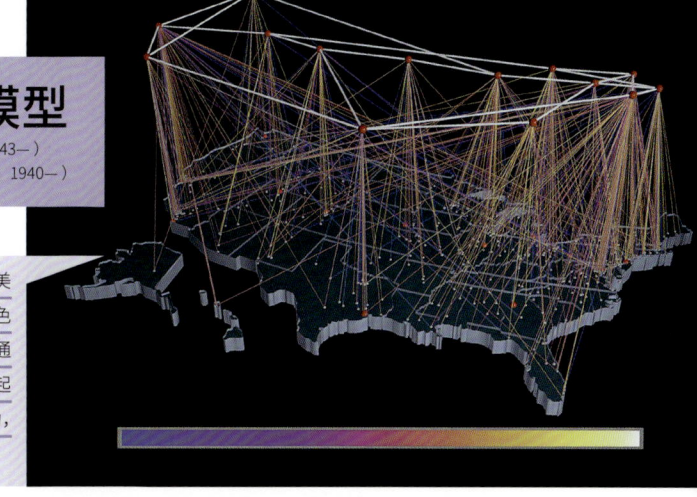

↳ 瓦尔拉斯的《纯粹经济学要义》（1874年），康德拉捷夫长波（1925年），数学动力（1933年），索洛—斯旺增长模型（1956年），理性预期假说（1961年），新古典宏观经济学（1972年），新凯恩斯主义经济学（1977年），动态随机一般均衡模型（2003年）

新古典宏观经济学必须应对一个挑战：解释经济周期。传统理论把周期形成的原因归结为以下两个因素的共同作用：第一，总需求波动；第二，一成不变的工资和价格。对一个宣称价格迅速调整以清空市场的思想学派，这个解释造成了一个问题。罗伯特·卢卡斯已经提出，经济周期源自未预料的货币震荡，但是，经验主义研究几乎没有提供什么帮助。在1982年，芬恩·基德兰德和爱德华·普雷斯科特提出，新发明以及其他跟生产力相关的革新导致了技术冲击，而技术冲击导致了经济周期。

基德兰德和普雷斯科特指出，因为各个时间段技术发展的速度各不相同，技术发展也导致了短期波动。"传播机制"传播了各时间段内发展的影响，是"积累的过程"，原因是，新技术虽然能提高生产力，但是效果可能需要几年才能显示出来。"完成一半的船和工厂"，就像基德兰德和普雷斯科特指出的那样，"并不是生产性资本储备。"那么，经济循环可以被视作一个高效回应，回应的是"真实"力量导致的震荡——"真实经济周期"这个术语由此而来。因为周期是对这些震荡所作出的有效回应，所以不需要制定反周期政策来抵消周期造成的影响。

为了检验自己的理论，基德兰德和普雷斯科特转向了仿真。基德兰德和普雷斯科特发现，把技术冲击（技术发展时候的短期变化）引入自己的模型之后，就可以对经济周期进行仿真，而这个仿真符合1950到1975年美国的经济周期。结果一点都不完美，但是很有希望吸引更多的人也去仿真。最近的真实经济周期模型是根据大衰退制作的，赋予了一个可能性较大的加权。这个可能性是，金融市场的不完美可能加剧这些真实震荡的影响。早期的模型是无法对此进行解释的。■

1982年

实验转折

弗农·L. 史密斯（Vernon L.Smith，1927— ）
查尔斯·普洛特（Charles Plott，1938— ）

242

最早的经济学实验室用到的只是铅笔和纸，但是，今天的大多数实验都在这样的机房里进行。

1986年

博弈论进入了经济学（1944年），非合作博弈和纳什均衡（1950年），囚徒困境（1950年），拍卖理论（1961年），经济学有了应用性（1970年），机制设计（1972年），行为经济学（1979年），自然实验（1990年）

20世纪的经济学家采用了数学工具，并且开发了计量经济学技术，旨在让经济分析更加"科学"，但他们依然缺乏科学调查最为重要的工具：实验室实验。虽然在20世纪五六十年代各自为战进行了讨价还价实验和拍卖实验，但是直到20世纪70年代，才有了包括2002年诺贝尔奖得主查尔斯·普洛特和弗农·史密斯在内的几个经济学家，真正开始把实验方法用于经济分析。他们实验的焦点深入了经济思维的心脏：他们能否在实验室中证明两点？一点是，理性选择模型。另一点是，其他基本经济原理的预测。

接受实验经济学是个漫长的过程。人们认为实验室环境里人为因素太强，尤其是因为大多数检验对象都是学生。随着时间的推移，实验经济学开始繁荣昌盛。经济科学学会成立于1986年，创造了与实验经济学家沟通交流的平台，并给出了这些新方法的概况。计算机化戏剧性地减少了实验成本，实验方法也变得标准化。今天，做实验不再是专门化活动，教授甚至把实验作为教学工具。经济学家使用实验方法来研究多种情况下的行为和结果，并评估一点：当战略行为、补助、规章提供了机会之时，人们如何做出回应。实验方法甚至还研究人们对收入再分配的偏好。

实验室里的发现虽强化了经济思维的一些方面，也挑战了另一些方面，尤其是挑战了一个假设：主体总是做出理性选择。事实上，实验经济学的结果主要是开创了行为经济学领域。实验经济学的结果还阐述了分配频谱执照的拍卖方法，并提供给蜂窝数据供应商和机场降落空位。实验经济学的结果还阐述了澳大利亚和新西兰等国的股市设计。■

内生增长理论

保罗·罗默（Paul Romer，1955—）

1985年，一位实验室技术员在检验血液中是否存在HIV抗体。科学研究带来的革新可以刺激经济增长，而经济增长又会给更多的革新带来方便。

↳ 哈罗德—多马增长模型（1939年），创造性破坏（1942年），发展经济学（1954年），索洛—斯旺增长模型（1956年），人力资本分析（1958年），新凯恩斯主义经济学（1977年）

一些国家的经济增长一直大大超过了别的国家，因而不同的国家的国民收入也千差万别。索洛-斯旺增长模型自20世纪50年代以来一直统治着增长理论，并做出了相反的预言：由于技术的赢利递减，所以，相对于穷国来说，富国的增长率会变慢。之所以会出现这个差异，其根源在于索洛假定，决定技术的是外源冲击，即系统之外的力量。但是，美国经济学家保罗·罗默在《收益递增和长期增长》（*Increasing Returns and Long-Run Growth*，1986）中指出，技术进步在很大程度上取决于内生力量，这些力量在经济内部运行。

基于约瑟夫·熊彼特的创造性破坏理论，罗默认为，创新和构成社会积累知识的人力资本，实际上是增长的关键推手，既决定了技术进步，又决定了劳动生产力。假设环境鼓励个体获取人力资本，并且提倡新知识的发现和新产品的开发从而促进创新，那么，这个环境就可以刺激更强、更恒定的经济增长。比如，如果较多的科学家探索治疗癌症的方法或者致力于开发较好的火箭发动机，那么通常就会有较多的发现。经济力量可以是以赢利为目的的公司，也可以是靠税收资助的政府研究拨款。无论哪种经济力量，都从根本上推动了创新，由此引发的经济增长则继续推动着创新。

储蓄在这个过程中起着至关重要的作用。对于工商业投资和教育融资来说，储蓄都是资金的来源。内生增长理论还指出，无论是促进增长还是迟滞增长，公共政策都起着重大作用。比如，中国的一孩政策不仅可能会损害本国的经济增长，还会损害其他国家的经济增长，原因是人口较少的话，新的想法也较少。或许，最为重要的是，内生增长理论突出了一点：研究资金和发展资金、知识产权保护、教育和研发开支等所获得的减税，如何影响个体创新和创造新知识的动机，而新知识则促进了经济增长。■

1986年

公地治理

埃莉诺·奥斯特罗姆（Elinor Ostrom，1933—2012）

244

埃莉诺·奥斯特罗姆到那不勒斯的乡村去调研，研究这些社区如何创造规则和制度以便有效地管理森林和灌溉系统。图中就是一个例子。

囚徒困境（1950年），公共池塘问题（1954年），科斯定理（1960年），搭便车问题（1965年），实验转折（1986年），新制度经济学（1997年）

1990年

"公地悲剧"是生态学家加勒特·哈丁创造的一个术语，描述的是公共池塘资源——任何人都可以免费使用的资源——被过度开发的问题。2009年诺贝尔经济学奖得主埃莉诺·奥斯特罗姆进行的研究挑战了这个长期存在的观点。在其1990年的《公共事物的治理之道》（Governing the Commons）一书中，埃莉诺·奥斯特罗姆利用大量的实地调查，表明小型社区经常会想出办法来管理集体资源，管理方法高效且在生态上具有可持续性。

早期的研究表明，社区有动力避免过度开发，但是群体的理性选择有时并非群体之中个体的理性选择。动机会驱使个体背离群体利益行事，为了平息这种动机，一些社区制定了一些规则来管理公共资源的使用，还采取了一些方法来确保规章的实施。奥斯特罗姆发现世界上存在着一些社区，这些社区制定了关于放牧、耕种、水源使用的规则，可以追溯到几百年之前。在此过程中，民主决策扮演着至关重要的角色；如果问题利害相关各方拥有均等的发言权，那么治理公地的方法往往效果最佳。奥斯特罗姆及其同事在实验室进行了实验，检验交流方法、信任构建和规则创建过程如何影响共享资源达成协议的能力。

奥斯特罗姆的研究表明，保护集体资源的典型措施，比如赋税、规章、私有化，并不足以解决公共池塘问题。事实上，它们甚至是有害的。如果社区的成员彼此信任，那么公地集体治理就较有可能获得成功。假如规则是由外人或者甚至由强大的内部人员强加的，那么社区会认为这些规则不太合法，就较有可能违反这些规则。奥斯特罗姆的方法对发展研究产生了深刻影响。发展研究将各种学术背景的研究人员聚集在一起，为恰当的长期资源管理提供提案。而且这项工作在可持续性行动方面，对印度和墨西哥等国有着重要影响。■

自然实验

戴维·卡德（David Card，1956— ）
约书亚·D. 安格瑞斯特（Joshua D. Angrist，1960— ）
阿兰·B. 克鲁格（Alan B. Krueger，1960—2019）

菲德尔·卡斯特罗宣布，想移民美国的古巴人可以在马列尔港口出发。之后，马列尔的古巴难民等着自己的船前往美国。

计量经济学学会（1930年），哈维默的"概率论"（1944年），经济学有了应用性（1970年），实验转折（1986年）

任何广泛接触过统计学的人都知道，得到一个明确的答案有多么的困难。比如，大量研究发现，工会提高了工人工资。但是，同样多的研究也发现，工会没有一点用。这里的问题是把相关性跟因果关系分开了。比如，评估新药效果的科学家就可以避免这个问题，方法是把人们随机分到治疗组和对照组。在现实世界中，要区分这两者是极为困难的。在近些年，戴维·卡德、约书亚·安格瑞斯特、阿兰·克鲁格等经济学家转向"自然实验"以求实现突破。

自然实验利用规则、政策，甚至还利用地理特性。地理特性可以近乎随机地让人们接受不同的"治疗"。一个著名的例子是马列尔偷渡事件。劳动经济学家戴维·卡德用这个例子来研究移民对非熟练工人工资的影响。1980年4月15日，古巴元首菲德尔·卡斯特罗（Fidel Castro）突然宣布，想移民美国的古巴人可以在马列尔港口出发。在接下来的几个月里，十万多人去了迈阿密。卡德的研究报告《马列尔偷渡事件对迈阿密劳动市场的影响》（The Impact of Mariel Boatlift on the Miami Labor Market，1990）发现，跟经济理论所预言的相反，这波移民潮几乎没有影响当地的工资和失业率。这表明，跟传统观点相反的是，一些劳动市场可以吸收新来的人，同时又不会对本地工人产生负面影响。

一般情况下，决定何时向何处移民的是移民，因此就难以区分两个方面：一个方面是移民造成的影响，另一个方面是把移民吸引到一个社区的最初因素。卡德利用了卡斯特罗宣布的令人始料不及的政策，还利用了迈尔密与古巴一衣带水的关系（乘船只有90海里，约合145千米），从而能够区分出古巴移民的影响，而不用考虑通常吸引移民的其他因素。虽然自然实验不能解决所有的问题，但是发展经济学家、环境经济学家、健康经济学家、劳动经济学家都热切地接受了自然实验。比如，安格瑞斯特使用越战时期征兵的例子来表明，离开劳动市场的时间会导致赚的钱减少。而卡德和克鲁格则发现，最低工资的提升对就业的影响可能是微乎其微的。■

1990年

新制度经济学

罗纳德·H. 科斯（Ronald H.Coase, 1910—2013）
道格拉斯·C. 诺斯（Douglass C.North, 1920—2015）
奥利弗·E. 威廉姆森（Oliver E. Williamson, 1932— ）

这张邮票纪念的是 1965 到 1986 年的菲律宾总统费迪南德·马科斯（Ferdinand Marcos）。费迪南德·马科斯签署了第 27 号佃户解放法令。1972 年，费迪南德·马科斯宣布军事管制几天之后就颁布了佃户解放法令。马科斯经常使用自己的政治力量通过非法投资来洗钱，这个例子表明腐败会阻碍经济增长。

1997 年

制度经济学（1919 年），科斯的"企业本质"（1937 年），科斯定理（1960 年），计量历史学：新经济历史（1961 年），公地治理（1990 年）

经济学日益成为一门数学科学。20 世纪初的制度分析并未都采用数学模型。如今，这种分析基本消失了。制度经济学的重生始于 20 世纪 70 年代。在 20 世纪 70 年代，为数不多的几个学者开始研究财产权和组织结构如何影响经济业绩。1997 年的诺贝尔经济学奖颁发给了罗纳德·科斯、道格拉斯·诺斯、奥利弗·威廉姆森，原因是他们对制度经济学领域的贡献。新制度经济学国际学会也成立了，现在则更名为制度经济学与组织经济学学会。

跟其先辈不同，新制度主义者使用现代工具来研究制度，并设计法律和政策来提升效率。比如，对财产权的界定大大影响了市场的运行方式。如果不能保证财产权不受侵犯，那么人们就几乎没有动机去投资，也几乎没有动机去努力创造财富了，原因是财富会被轻易拿走。这有助于解释两点：第一点，随着社会的发展，需要建立综合性更强的法律体系和司法体系。第二点，腐败往往会阻碍经济增长。法律规则也影响经济增长。诺斯研究了欧洲的工业化来证明法律规则对经济增长的影响。诺斯发现，英国和荷兰的工业化较快，原因是两国不怎么限制工作实践，也不怎么限制制造业工作，而且行会的力量也不强。

新制度经济学家在工商业组织方面做出了重大贡献，表明法律和交易成本会如何影响治理和订立合同。比如，威廉姆森的作品促使我们去了解企业为什么会按照自己的方式运行和组织。而且，威廉姆森的作品还表明，大公司经常能对市场条件作出有效回应，而不是效率低下的市场捕食者。■

欧元

罗伯特·蒙代尔（Robert Mundell，1932—）

1 欧元的硬币（中间）位于其他国家硬币的上方。由于欧元的到来，其他国家的这些硬币许多已经不再流通。

桑顿的《大不列颠票据信用的性质和作用的探讨》（1802 年），美联储（1913 年），布雷顿森林协定（1944 年），浮动汇率：布雷顿森林协定的终结（1971 年），大衰退（2007 年）

国家的货币会强化国家认同，并允许它控制货币供应。然而在 1999 年，许多欧洲国家采用了欧元，这就意味着消灭了本国货币。在 2019 年，欧元区有 19 个国家，这些国家使用欧元作为官方货币。

虽然欧共体（即欧盟）自 20 世纪 60 年代成立以来一直想建立统一的货币政策，但是，各国在政治和经济方面各有侧重，所以障碍重重。汇率系统建立之时取得了进展，汇率系统把成员国货币的价值保持在一个狭窄的范围之内。在 20 世纪 90 年代初，发行欧元的计划被提了出来。不仅要发行欧元，还要成立欧洲中央银行（European Central Bank），由欧洲中央银行管理欧元区国家的货币政策。

欧元的知识基础来自 1961 年的一篇文章《最优货币区理论》（*A Theory of Optimum Currency Areas*），作者是加拿大经济学家、诺贝尔奖得主罗伯特·蒙代尔。蒙代尔指出，在有些地理区域，使用统一货币会更高效。最优化货币地区应该满足几个标准：第一，劳动和资本可以在该地区自由流动。第二，工资和价格应该足够灵活，以便让地方市场根据经济条件的变化做出调整。最优化货币地区应该有风险共担机制，成员可以转移资金来帮助经济困难的地区，成员国的经济最好还要有类似的经济周期。

欧元短暂的历史让人们怀疑欧元区是否满足了这些标准。一方面语言障碍阻碍了劳动力在国家之间的流动。2009 年，大衰退达到了顶峰，欧债危机开始。在欧债危机期间，几个国家，包括希腊和西班牙，无法偿还债务或者无法实现债务再融资。它们要求欧元区的强国提供经济财政援助，招致了强烈的愤恨。一些人还认为，这几个国家接受了惩罚性的紧缩措施。另一方面，欧元降低了在欧元区做生意的成本和风险，联系起了成员国的金融市场，让这些国家在世界经济中拥有了更强大的声音。■

1999 年

动态随机一般均衡模型

爱德华·C. 普雷斯科特（Edward C.Prescott, 1940—）
芬恩·E. 基德兰德（Finn E.Kydland, 1943—）
弗兰克·斯梅茨（Frank Smets, 1964—）
拉夫·武泰（Raf Wouters, 1960—）

248

欧洲中央银行总部位于德国法兰克福。许多中央银行使用动态随机一般均衡模型来提供预测。欧洲中央银行就是其中之一。

↪ 大型宏观计量经济学模型（1955年），新古典宏观经济学（1972年），新凯恩斯主义经济学（1977年），真实经济周期模型（1982年），大衰退（2007年）

2003 年

大约 20 年之前，宏观经济政策分析依然是大型宏观计量经济学模型的专属领域。这些庞大的模型包括成千上万个变量和成百上千个方程式，试图捕捉各种经济关系和复杂性。后来，情况发生了变化，芬恩·基德兰德和爱德华·普雷斯科特引入了新的方法来仿真经济行为。这些新模型叫作动态随机一般均衡（Dynamic Stochastic General Equilibrium, DSGE）模型，与以前的模型截然不同。动态随机一般均衡模型简单得让人不可思议，只使用了几个方程式。跟宏观计量经济学模型不同，动态随机一般均衡模型是围绕着个体最优化行为的，模拟经济中的个体如何对经济变化做出反应，并且追踪这些反应随时间推移发生的变化。

到了 20 世纪 90 年代中期，这些仿真模型成了宏观经济学家的实验室，它们依赖实际的经济数据，因此，这些仿真模型的预测可以参照过去的经济现象进行衡量，即使数据极为笼统，以便适应动态随机一般均衡模型的简约性。到了 21 世纪头十年的中期，包括美联储、欧洲中央银行、英格兰银行、国际货币基金组织在内的中央银行和政策机构，开始使用动态随机一般均衡模型以及大型宏观计量经济学模型来预测经济活动并且指导货币政策。动态随机一般均衡模型多种多样，包括新古典模型和新凯恩斯主义模型。不过，2003 年由弗兰克·斯梅茨和拉夫·武泰首创的新凯恩斯主义模型较受中央银行的喜爱。因为动态随机一般均衡模型在本质上非常抽象，所以对其的使用也具有争议。许多人认为动态随机一般均衡模型未能预测大衰退，因而存在重大缺陷。但是宏观计量经济学模型在这一点上也好不到哪里去。经济学家不断修正这些模型，以便更好地捕捉金融领域对经济活动的影响，同时也为了更好地解释一个可能性：个体并不总是像这些模型假定的那样理性地对环境变化做出回应。■

经济学之书 The Economics Book

大衰退

在大衰退期间，美国的许多银行取消房屋的赎回权，包括这里的三所房屋。许多次贷所有者逾期不还。

郁金香狂热（1636年），美联储（1913年），大萧条（1929年），凯恩斯的《就业、利息和货币通论》（1936年），凯恩斯主义革命（1947年），新古典宏观经济学（1972年），欧元（1999年），动态随机一般均衡模型（2003年）

2007年底开始的经济危机使世界经济进入了大萧条以来最严重的衰退期。大衰退开始于次贷市场的崩盘。在低利率时期，成千上万信用不佳的人获得了可调节利率的抵押贷款。2005年，市场利率开始上升，这些人发现自己无法偿还抵押贷款。银行取消赎回权，住房市场崩溃。基于抵押贷款来交易风险金融工具的投资银行因无法收回贷款而遭受重创。情况恶化了，原因是雷曼兄弟银行（Lehman Brothers）于2008年9月宣布破产之后，国际金融系统令全世界的经济都陷入了衰退。在美国，失业翻番，房价下跌了接近三分之一，股市价值减少了一半以上。欧洲经济经历了相似的困难，溢出效应遍布全世界。

政府和中央银行迅速做出回应，批准了庞大的公共工程项目和税收削减，以便减少失业并且增加消费者的开支。政府和中央银行也帮助一些大企业，因为政府和中央银行认为这些大企业的生存至关重要。中央银行也以量化宽松的政策去大力推动工商业投资，量化宽松让利率保持低水平并把流动资金注入经济中。按照美国国家经济研究所的衡量办法，美国的衰退从2007年12月正式开始，一直延续到2009年6月。美国衰退的影响至今仍然存在，失业达到历史低点，工资增长并未达到人们在恢复期的预期。一些欧洲国家在与衰退的余波做斗争，原因是经济崩溃使得政府无法偿还债务。

和20世纪70年代的滞涨一样，在大衰退期间，经济学家也遭到了铺天盖地的批评。经济学家的复杂模型未能预言危机的到来，未能赋予政府政策一个机会来防止甚至处理危机。同等重要的是，大衰退让人们去质疑，在多大程度上可以依赖市场去提供广泛的效益。大衰退还促使人们呼吁政府强化信贷标准，加强金融市场的规章，并且实施政策——比如较高的最低工资和针对富人的较高的税收——以减少收入不平等。■

加密货币

"中本聪"（"Satoshi Nakamoto"）

250

加密货币是用计算机开采出来的，开采时需要专门化的硬件和软件。大规模开采加密货币的人有时就把服务器放在装有冷却系统的屋子里，冷却系统可以防止设备过热。

贬值和奥雷姆的《关于通货》（约 1360 年），格雷欣法则（1558 年），货币数量理论（1568 年），郁金香狂热（1636 年），货币的周转率（1668 年），金本位（1717 年），桑顿的《大不列颠票据信用的性质和作用的探讨》（1802 年），重金主义争议（1810 年），美联储（1913 年），《美国货币史》（1963 年），个人电脑（1981 年）

2009 年

　　货币的存在有几个用途。货币是交换的媒介，免除了人们携带商品以货易货的烦恼；货币是一种记账单位，使不同的商品具有了可比性；货币是一种储藏手段，意味着人们可以把货币留待将来使用——不像豆子之类的东西容易腐烂。整个历史表明，几乎一切都可以充当货币，包括珠子、贵金属制成的硬币、纸。今天，大多数货币是数字货币。人们付钱时通常使用借记卡或者数字支付应用程序。事实上，当美联储把钱转到一个银行时，这笔钱只是出现在银行账户里的一个数字记录。数字支付的便捷性促使一些人设计了自己的数字货币，也就是加密货币。最著名的加密货币就是比特币（Bitcoin）。比特币创始于 2009 年，创始人可能是一个，也可能是几个，化名为中本聪。

　　"加密货币"这个名字来自一个事实：这些货币使用了密码学和复杂算法、密码，以便保护信息和交流。包括比特币在内的许多此类货币都依赖区块链技术，把所有的交易都存储在一个在线分类账里，所有该货币的用户都把这个分类账复制到自己的电脑里。加密货币是由其网络，而不是政府支持的，但这些系统的构建是为了让安全最大化，让欺诈最小化。

　　加密货币的支持者发现，加密货币的匿名性尤其令人着迷，因为政府或者金融机构无从接触你的资金或者个人信息。因此，对于那些想洗钱或者想从事其他形式非法金融交易的人来说，这些货币已经证明了自己的作用。加密货币也容易遭到削减和盗窃。而且，因为加密货币的价格是由供应和需求推动的，所以加密货币的价值也会疯狂波动。政府用怀疑的眼光看待加密货币，原因是加密货币限制了中央银行控制货币供应——一种关键的宏观经济政策工具——的能力，许多经济学家认为加密货币是由投机者推动的时尚玩意。加密货币的隐私特性、帮助使用者避开银行费用的能力、资金转移的方便性都令加密货币极具吸引力。■

经济学之书 The Economics Book

注释与延伸阅读

约公元前 700 年，赫西俄德的《工作与时日》
Gordon, Barry. *Economic Analysis Before Adam Smith: Hesiod to Lessius.* London: Macmillan, 1975.

约公元前 530 年，毕达哥拉斯和次序关系社会
Lowry, S. Todd. "Pythagorean Mathematical Idealism and the Framing of Economic and Political Theory." *Advances in Mathematical Economics*, vol. 13: 177–199. Berlin: Springer, 2010.

约公元前 380 年，柏拉图、亚里士多德和黄金分割
Lowry, S. Todd. *The Archaeology of Economic Ideas: The Classical Greek Tradition.* Durham: Duke University Press, 1988.

约公元前 370 年，色诺芬的《经济论》
Xenophon. c. 370 BCE. *Oeconomicus: A Social and Historical Commentary.* Ed. and trans. Sarah B. Pomeroy. Oxford: Clarendon Press, 1995.

约公元前 340 年，交换之中的公平性
Lowry, S. Todd. "Aristotle's Mathematical Analysis of Exchange." *History of Political Economy* 1, no. 1 (1969): 44–66.

约 1100 年，经院哲学
Langholm, Odd. *Economics in the Medieval Schools.* Leiden: Brill, 1992.

1265 年，公平的价格
Baldwin, J. W. *The Medieval Theories of the Just Price.* Philadelphia: American Philosophical Society, 1959.

1265 年，阿奎那论高利贷
Noonan, Jr., John T. *The Scholastic Analysis of Usury.* Cambridge: Harvard University Press, 1957.

约 1360 年，贬值和奥雷姆的《关于通货》
Langholm, Odd. *Wealth and Money in the Aristotelian Tradition.* Oslo: Universitetsforlaget, 1983.

1377 年，伊本·赫勒敦的《历史绪论》
Soofi, Abdol. "Economics of Ibn Khaldun Revisited." *History of Political Economy* 27, no. 2 (1995): 387–404.

1517 年，新教改革运动
Biéler, André. 1959. *Calvin's Social and Economic Thought.* Ed. Edward Dommem. Trans. James Greig. Geneva: World Alliance of Reformed Churches, 2005.

1539 年，重商政策
Viner, Jacob. *Studies in the Theory of International Trade.* New York: Harper and Brothers, 1937.

1544 年，萨拉曼卡学派
Grice-Hutchinson, Marjorie. 1978. *Early Economic Thought in Spain, 1177–1740.* Indianapolis: Liberty Fund, 2016.

1558 年，格雷欣法则
Roover, Raymond A. *Gresham on Foreign Exchange: An Essay on Early English Mercantilism with the Text of Sir Thomas Gresham's Memorandum: For the Understanding of the Exchange.* Cambridge, MA: Harvard University Press, 1949.

1568 年，货币数量理论

Laidler, David. *The Golden Age of the Quantity Theory*. Princeton: Princeton University Press, 1991.

1620 年，经验主义和科学

Letwin, William. *The Origins of Scientific Economics: English Economic Thought, 1660–1776*. London: Routledge, 1963.

1621 年，贸易差额争议

Irwin, Douglas. *Against the Tide: An Intellectual History of Free Trade*. Princeton: Princeton University Press, 1996.

1636 年，郁金香狂热

Goldgar, Anne. *Tulipmania: Money, Honor, and Knowledge in the Dutch Golden Age*. Chicago: University of Chicago Press, 2007.

1651 年，霍布斯的《利维坦》

Schmitt, Carl. *The Leviathan in the State Theory of Thomas Hobbes: Meaning and Failure of a Political Symbol*. Chicago: University of Chicago Press, 2008.

1662 年，租金与剩余理论

Goodacre, Hugh. *The Economic Thought of William Petty: Exploring the Colonialist Roots of Economics*. London: Routledge, 2018.

1662 年，赢利均等化

Aspromourgos, Tony. *On the Origins of Classical Economics: Distribution and Value from William Petty to Adam Smith*. London: Routledge, 1996.

约 1665 年，微积分的发明

Bardi, Jason Socrates. *The Calculus Wars: Newton, Leibniz, and the Greatest Mathematical Clash of All Time*. New York: Basic, 2007.

1668 年，货币的周转率

Humphrey, Thomas M. "The Origins of Velocity Functions." *Federal Reserve Bank of Richmond Quarterly* 79, no. 4 (1993): 1–17.

1690 年，洛克的财产理论

Macpherson, C. B. *The Political Theory of Possessive Individualism: Hobbes to Locke*. Oxford: Clarendon Press, 1962.

1695 年，放任主义

Viner, Jacob. "The Intellectual History of Laissez-Faire." *Journal of Law and Economics* 3, no. 1 (1960): 45–69.

1705 年，约翰·劳和纸币

Murphy, Antoin E. *John Law: Economic Theorist and Policy Maker*. Oxford: Oxford University Press, 1997.

1705，曼德维尔的《蜜蜂的寓言》

Hont, Istvan. "The Early Enlightenment Debate on Commerce and Luxury." *The Cambridge History of Eighteenth-Century Political Thought*. Cambridge: Cambridge University Press, 2006.

1717 年，金本位

Craig, John Herbert McCutcheon. *Newton at the Mint*. Cambridge: Cambridge University Press, 1946.

1718 年，苏格兰启蒙运动

Hont, Istvan, and Michael Ignatieff, eds. *Wealth and Virtue: The Shaping of Political Economy in the Scottish Enlightenment*. Cambridge: Cambridge University Press, 1983.

1738 年，伯努利论预期效用

Bernstein, Peter L. *Against the Gods: The Remarkable Story of Risk*. Princeton: Princeton University Press, 1996.

1751 年，加利亚尼的《货币论》

Cesarano, Filippo. "Monetary Theory in Ferdinando Galiani's *Della Moneta*." *History of Political Economy* 8, no. 3 (1976): 380–399.

1752 年，物价—金银通货流动机制

Schobas, Margaret and Carl Wennerlind "Retrospectives: Hume on Money, Commerce, and the Science of Economics." *Journal of Economic Perspectives*, 25, no. 3 (2011): 217–230.

1755 年，坎蒂隆的《商业性质概论》
Murphy, Antoin E. *Richard Cantillon: Entrepreneur and Economist*. Oxford: Clarendon Press, 1987.

1755 年，卢梭的"政治经济学"
Gourevitch, Victor. *Rousseau: The "Discourses" and Other Early Political Writings*. Cambridge: Cambridge University Press, 1997.

1756 年，重农主义者
Vardi, Liana. *The Physiocrats and the World of the Enlightenment*. New York: Cambridge University Press, 2012.

1758 年，《经济表》
Meek, Ronald. *The Economics of Physiocracy*. London: Allen and Unwin, 1963.

1760 年，工业革命
Daunton, Martin J. *Progress and Poverty: An Economic and Social History of Britain, 1700–1850*. Oxford: Oxford University Press, 1995.

1766 年，杜尔哥的《关于财富的形成和分配的考察》
Meek, Ronald L. *Turgot on Progress, Sociology, and Economics*. Cambridge: Cambridge University Press, 1973.

1767 年，供应与需求
Hutchison, Terence W. *Before Adam Smith*. Oxford: Blackwell, 1988.

1776 年，斯密的《国富论》
Evensky, Jerry. *Adam Smith's Wealth of Nations: A Reader's Guide*. New York: Cambridge University Press, 2015.

1776 年，劳动分工
Foley, Vernard. "The Division of Labor in Plato and Smith." *History of Political Economy* 6, no. 2 (1974): 220–242.

1776 年，竞争过程
Berry, Christopher, Maria Paganelli, and Craig Smith, eds. *The Oxford Handbook of Adam Smith*. Oxford: Oxford University Press, 2013.

1776 年，看不见的手
Winch, Donald. *Adam Smith's Politics: An Essay in Historiographic Revision*. Cambridge: Cambridge University Press, 1978.

1776 年，生产性劳动和非生产性劳动
Perrotta, Cosimo. *Unproductive Labor in Political Economy*. London: Routledge, 2018.

1789 年，效用主义
Schofield, Philip. *Utility and Democracy: The Political Thought of Jeremy Bentham*. Oxford: Oxford University Press, 2006.

约 1790 年，古典政治经济学
Winch, Donald. *Riches and Poverty: An Intellectual History of Political Economy in Britain, 1750–1834*. Cambridge: Cambridge University Press, 1996.

1798 年，马尔萨斯人口理论
Winch, Donald. *Malthus: A Very Short Introduction*. Oxford: Oxford University Press, 1987.

1802 年，桑顿的《大不列颠票据信用的性质和作用的探讨》
Murphy, Antoin E. *The Genesis of Macroeconomics: New Ideas from Sir William Petty to Henry Thornton*. Oxford: Oxford University Press, 2009.

1803 年，萨伊法则
Sowell, Thomas. *Say's Law: An Historical Analysis*. Princeton: Princeton University Press, 1972.

1804 年，消费不足
Bleaney, M. *Underconsumption Theories: A History and Critical Analysis*. London: Lawrence & Wishart, 1976.

1810 年，重金主义争议

Selgin, George. *Good Money: Birmingham Button Makers, the Royal Mint, and the Beginnings of Modern Coinage, 1775–1821*. Ann Arbor: University of Michigan Press, 2008.

1813 年，乌托邦社会主义

Cole, G. D. H. *A History of Socialist Thought, Volume 1: The Forerunners, 1789–1850*. London: Macmillan, 1953.

1815 年，递减赢利

Brue, Stanley L. "The Law of Diminishing Returns." *Journal of Economic Perspectives* 7, no. 3 (1993): 185–192.

1815 年，定态

Eltis, Walter. *The Classical Theory of Economic Growth*, 2nd ed. London: Macmillan, 2000.

1816 年，《政治经济学对话》

Forget, Evelyn L. "Jane Marcet as Knowledge Broker." *History of Economics Review* 65, no. 1 (2016): 15–26.

1817 年，机器问题

Berg, Maxine. *The Machinery Question and the Making of Political Economy, 1815–1848*. Cambridge: Cambridge University Press, 1980.

1817 年，李嘉图的《政治经济学及赋税原理》

King, John E. *David Ricardo*. London: Palgrave, 2013.

1817 年，相对优势理论

Irwin, Douglas A. *Against the Tide: An Intellectual History of Free Trade*. Princeton: Princeton University Press, 1996.

1820 年，需求法则

Smith, Victor E. "Malthus's Theory of Demand and Its Influence on Value Theory." *Scottish Journal of Political Economy* 59, no. 3 (1956): 242–257.

1821 年，政治经济学俱乐部

Henderson, James P. "The Oral Tradition in British Economics: Influential Economists in the Political Economy Club of London." *History of Political Economy* 15, no. 2 (1983): 149–179.

1821 年，劳动价值理论

Meek, Ronald L. *Studies in the Labor The Theory of Value*. London: Lawrence & Wishart, 1956.

1826 年，杜能的《孤立国》

Samuelson, Paul A. "Thünen at Two Hundred." *Journal of Economic Literature* 21, no. 4 (December 1983), 1468–1488.

1830 年，法国工程传统

Ekelund, Robert B., Jr., and Robert F. Hébert. *The Secret Origins of Microeconomics: Dupuit and the Engineers*. Chicago: University of Chicago Press, 1999.

1832 年，《政治经济学图解》

Chapman, Maria Weston, ed. 1877. *Harriet Martineau's Autobiography*, 2 vols. London: Virago, 1983.

1836 年，利息的节制理论

Bowley, Marian. *Nassau Senior and Classical Economics*. London: Allen & Unwin, 1937.

1836 年，经济人

Persky, Joseph. "The Ethology of Homo Economicus." *Journal of Economic Perspectives* 9, no. 2 (1995): 221–231.

1836 年，实证—规范的区别

Colander, David, and Huei-Chun Su. "Making Sense of Economists' Positive-Normative Distinction." *Journal of Economic Methodology* 22, no. 2 (2015): 157–170.

1838 年，古诺的《财富理论的数学原理的研究》

Touffut, Jean-Philippe, ed. *Augustin Cournot: Modelling Economics*. Aldershot: Edward Elgar, 2008.

1843 年，德国历史学派
Tribe, Keith. *Strategies of Economic Order: German Economic Discourse, 1750–1950*. Cambridge: Cambridge University Press, 2007.

1844 年，消费者剩余
Ekelund, Jr., Robert B., and Robert F. Hébert. "Consumer Surplus: The First Hundred Years." *History of Political Economy* 17, no. 3 (1985): 419–454.

1848 年，《共产党宣言》
Berlin, Isaiah. *Karl Marx: His Life and Environment*, 4th ed. New York: Oxford University Press, 1996.

1848 年，穆勒的《政治经济学原理》
Reeves, Richard. *John Stuart Mill: Victorian Firebrand*. London: Atlantic Books, 2007.

1849 年，沉闷科学
Jay, Elisabeth, and Richard Jay, eds. *Critics of Capitalism: Victorian Reactions to Political Economy*. Cambridge: Cambridge University Press, 1986.

1854 年，戈森的两个法则
Jolink, Albert, and Jan van Daal. "Gossen's Laws." *History of Political Economy* 30, no. 1 (1998): 43–50.

1857 年，下降中的利润率
Howard, M. C., and J. E. King. *A History of Marxian Economics*. Princeton: Princeton University Press, 1989.

1862 年，工资铁律
Stirati, Antonella. *The Theory of Wages in Classical Economics*. Cheltenham: Edward Elgar, 1994.

1863 年，指数
Persky, Joseph. "Price Indexes and General Exchange Values." *Journal of Economic Perspectives* 12, no. 1 (1998): 197–205.

1866 年，工资资金争议
Breit, William. "The Wages Fund Controversy Revisited." *Canadian Journal of Economics and Political Science* 33, no. 4 (1967): 509–528.

1867 年，马克思的《资本论》
Brewer, Anthony. *A Guide to Marx's Capital*. Cambridge: Cambridge University Press, 1984.

1867 年，劳动价值理论与剥削理论
Singer, Peter. *Marx: A Very Short Introduction*. Oxford: Oxford University Press, 2001.

1867 年，危机理论
Mandel, Ernest. *Marxist Economic Theory*. New York: Monthly Review Press, 1970.

1871 年，边际革命
Collison Black, R. D., A. W. Coats, and Craufurd D. Goodwin, eds. *The Marginal Revolution in Economics: Interpretation and Evaluation*. Durham: Duke University Press, 1973.

1871 年，杰文斯的《政治经济学理论》
Maas, Harro. *William Stanley Jevons and the Making of Modern Economics*. Cambridge: Cambridge University Press, 2005.

1871 年，门格尔的《经济学原理》
Caldwell, Bruce, ed. *Carl Menger and His Legacy in Economics*. Durham: Duke University Press, 1990.

1871 年，奥地利学派
Boettke, Peter J., and Christopher J. Coyne. *The Oxford Handbook of Austrian Economics*. New York: Oxford University Press, 2015.

1874 年，瓦尔拉斯的《纯粹经济学要义》
Jolink, Albert, and Jan Van Daal. *The Equilibrium Economics of Léon Walras*. London: Routledge, 1993.

1879 年，单一税
O'Donnell, Edward. *Henry George and the Crisis of Inequality: Progress and Poverty in the Gilded Age*. New York: Columbia University Press, 2015.

1881年，埃奇沃思的《数学心理学》

Creedy, John. *Edgeworth and the Development of Neoclassical Economics*. Oxford: Basil Blackwell, 1986.

1883年，财政学

Buchanan, James M. "'La Scienza delle Finanze': The Italian Tradition in Fiscal Theory." In *Fiscal Theory and Political Economy: Selected Essays*. Chapel Hill: University of North Carolina Press, 1960.

1883年，伯特兰德模型

Magnan de Bornier, Jean. "The Cournot-Bertrand Debate: A Historical Perspective." *History of Political Economy* 24, no. 3 (1992): 623–656.

1883年，方法论之争

Tribe, Keith. *Strategies of Economic Order: German Economic Discourse, 1750–1950*. Cambridge: Cambridge University Press, 1995.

1884年，《工业革命讲稿》

Kadish, Alon. *Apostle Arnold: The Life and Death of Arnold Toynbee, 1852–1883*. Durham: Duke University Press, 1986.

1884年，费边社会主义

Cole, Margaret. *The Story of Fabian Socialism*. Stanford: Stanford University Press, 1961.

1884年，庞巴维克的《资本与利息》

Kuenne, R. E. *Eugen von Böhm-Bawerk*. New York: Columbia University Press, 1971.

1885年，经济学的职业化

Augello, Massimo, and Marco Guidi, eds. *The Spread of Political Economy and the Professionalisation of Economists*. London: Routledge, 2001.

1886年，各种经济学杂志

Coats, A. W. "The Role of Scholarly Journals in the History of Economics: An Essay." *Journal of Economic Literature* 9, no. 1 (1971): 29–44.

1889年，机会成本

Wicksteed, Philip. *The Commonsense of Political Economy*. London: Macmillan, 1910.

1890年，马歇尔的《经济学原理》

Groenewegen, Peter. *Alfred Marshall: Economist, 1842–1924*. London: Palgrave Macmillan, 2007.

1890年，需求—供应模型

Creedy, John. *Demand and Exchange in Economic Analysis*. Aldershot: Edward Elgar, 1992.

1890年，其他变量不变的情况下

Barrotta, Pierluigi. "On the Role of 'Ceteris Paribus' Clauses in Economics: An Epistemological Approach." *History of Economic Ideas* 8, no. 3 (2000): 83–102.

1890年，弹性

Humphrey, Thomas M. "Marshallian Cross Diagrams and Their Uses Before Alfred Marshall: The Origins of Supply and Demand Geometry." *Federal Reserve Bank of Richmond Economic Review* 78, no. 2 (1992): 3–23.

1890年，投资期限

Whitaker, John K. "The Emergence of Marshall's Period Analysis." *Eastern Economic Journal* 8, no. 1 (1982): 15–29.

1890年，反托拉斯法

Freyer, Tony. *Regulating Big Business: Antitrust in Great Britain and America, 1880–1990*. Cambridge: Cambridge University Press, 1992.

1893年，序数效用

Schmidt, Torsten, and Christian E. Weber. "On the Origins of Ordinal Utility: Andreas Heinrich Voigt and the Mathematicians." *History of Political Economy* 40, no. 3 (2008): 481–510.

1894年，图甘-巴拉诺夫斯基和贸易周期

Barnett, Vincent. "Tugan-Baranovsky as a Pioneer of Trade Cycle Analysis." *Journal of the History of Eco-*

nomic Thought 23, no. 4 (2001): 443–466.

1896 年，赋税效益原理
Musgrave, Richard A. *Theory of Public Finance*. New York: McGraw-Hill, 1959.

1896 年，失业
Freeden, Michael, ed. *Reappraising J. A. Hobson*. London: Unwin Hyman, 1990.

1896 年，真实利率
Humphrey, Thomas M. "The Early History of the Real/Nominal Interest Rate Relationship." *Economic Review* 69, no. 3 (1983): 2–10.

1898 年，维克塞尔的累积过程
Uhr, Carl G. *Economic Doctrines of Knut Wicksell*. Berkeley: University of California Press, 1960.

1899 年，凡勃伦的《有闲阶级论》
Tilman, Ric. *Thorstein Veblen and His Critics, 1891–1963: Liberal, Conservative, and Radical Perspectives*. Princeton: Princeton University Press, 1992.

1899 年，克拉克的《财富的分配》
Henry, John F. *John Bates Clark: The Making of a Neoclassical Economist*. London: Palgrave, 2016.

1903 年，剑桥经济学荣誉学位考试
Tribe, Keith. "The Cambridge Economics Tripos of 1903–1955 and the Training of Economists." *The Manchester School* 68, no. 2 (2000): 222–248.

1906 年，帕累托最优与效率
Ingrao, Bruna, and Georgio Israel, eds. *The Invisible Hand: Economic Equilibrium in the History of Science*. Cambridge: MIT Press, 1990.

1906 年，无差异曲线
Shackle, G. L. S. "The Indifference Curve." In *The Years of High Theory: Invention and Tradition in Economic Thought*. Cambridge: Cambridge University Press, 1967.

1912 年，庇古的《财富与福利》
Aslanbeigui, Nahid, and Guy Oakes. *Arthur Cecil Pigou*. London: Palgrave Macmillan, 2015.

1912 年，外部经济和不经济
Papandreou, Andreas A. *Externality and Institutions*. Oxford: Oxford University Press, 1994.

1913 年，米切尔的《经济周期》
Biddle, Jeff. "Social Science and the Making of Social Policy: Wesley Mitchell's Vision." In *The Economic Mind in America: Essays in the History of American Economics*. Ed. Malcolm Rutherford. London: Routledge, 1998, pp. 43–79.

1913 年，美联储
Lowenstein, Roger. *America's Bank: The Epic Struggle to Create the Federal Reserve*. New York: Penguin, 2015.

1913 年，卢森堡的《资本积累》
Sweezy, Paul M. "Rosa Luxemburg's *The Accumulation of Capital*." *Science & Society* 31, no. 4 (1967): 474–485.

1914 年，牛津福利方法
Cain, Peter J. *Hobson and Imperialism: Radicalism, New Liberalism and Finance, 1887–1938*. Oxford: Oxford University Press, 2002.

1915 年，收入效应和替代效应
Barnett, Vincent. *E. E. Slutsky as Economist and Mathematician: Crossing the Limits of Knowledge*. London: Routledge, 2011.

1919 年，制度经济学
Rutherford, Malcolm. *The Institutionalist Movement in American Economics, 1918–1947: Science and Social Control*. New York: Cambridge University Press, 2011.

1920 年，美国国家经济研究所
Fabricant, Solomon. "Toward a Firmer Basis of

Economic Policy: The Founding of the National Bureau of Economic Research." New York: National Bureau of Economic Research, 1984. nber.org/nberhistory/sfabricantrev.pdf.

1920年，社会主义计算争论

Lavoie, Don. *Rivalry and Central Planning: The Socialist Calculation Debate Reconsidered.* Cambridge: Cambridge University Press, 1985.

1921年，奈特的《风险、不确定性与利润》

Cowan, David. *Frank H. Knight: Prophet of Freedom.* London: Palgrave, 2016.

1924年，《资本主义的法律基础》

Rutherford, Malcolm. "John R. Commons's Institutional Economics." *Journal of Economic Issues* 17, no. 3 (1983): 721–744.

1925年，康德拉季耶夫长波

Barnett, Vincent. "A Long Wave Goodbye: Kondrat'ev and the Conjuncture Institute, 1920–28." *Europe-Asia Studies* 47, no. 3 (1995): 413–441.

1928年，柯布-道格拉斯函数

Biddle, Jeff. "The Introduction of the Cobb–Douglas Regression." *Journal of Economic Perspectives* 26, no. 2 (2012): 223–236.

1929年，霍特林区位选择模型

Ridley, David B., "Hotelling's Law." *Palgrave Encyclopedia of Strategic Management.* Ed. Mie Augier and David Teece. London: Palgrave Macmillan, 2018.

1929年，大萧条

Kindleberger, Charles P. *The World in Depression, 1929–1939*, 3rd ed. Oakland: University of California Press, 2013.

1930年，计量经济学学会

Morgan, Mary S. *The History of Econometric Ideas.* Cambridge: Cambridge University Press, 1990.

1931年，乘数

Snowdon, Brian, and Howard R. Vane. *Modern Macroeconomics: Its Origins, Development and Current State.* Cheltenham: Edward Elgar, 2005.

1932年，短缺和选择

Backhouse, Roger E., and Steven G. Medema. "On the Definition of Economics." *Journal of Economic Perspectives* 23, no. 1 (2009): 221–234.

1932年，考尔斯委员会

Christ, Carl F. "The Cowles Commission's Contributions to Econometrics at Chicago, 1939–1955." *Journal of Economic Literature* 32, no. 1 (1994): 30–59.

1932年，《现代公司和私有财产》

Samuels, Warren J., and Steven G. Medema. *Gardiner C. Means: Institutionalist and Post Keynesian.* Armonk, NY: M. E. Sharpe, 1992.

1933年，循环流动示意图

Patinkin, Don. "In Search of the 'Wheel of Wealth': On the Origins of Frank Knight's Circular-Flow Diagram." *American Economic Review* 63, no. 5 (1973): 1037–1046.

1933年，移民经济学家

Hagemann, Harald. "European Émigrés and the 'Americanization' of Economics." *European Journal of the History of Economic Thought* 18, no. 5 (2011): 643–671.

1933年，《垄断竞争理论》

Samuelson, Paul A. "The Monopolistic Competition Revolution." In *Monopolistic Competition: Studies in Impact.* Ed. R. M. Kuenne. New York: Wiley & Sons, 1967.

1933年，赫克歇尔-俄林模型

Flam, Harry, and M. June Flanders, eds. *Heckscher–Ohlin Trade Theory.* Cambridge: MIT Press, 1991.

1933年，《不完全竞争经济学》

Aslanbeigui, Nahid, and Guy Oakes. *The Provoca-*

tive Joan Robinson: The Making of a Cambridge Economist. Durham: Duke University Press, 2009.

1933 年，数学动力
Johansen, Leif. "Ragnar Frisch's Contributions to Economics." *Swedish Journal of Economics* 71, no. 4 (1969): 302–324.

1934 年，斯塔克尔伯格模型
Niehans, Jürg. "Heinrich von Stackelberg: Relinking German Economics to the Mainstream." *Journal of the History of Economic Thought* 14, no. 2 (1992): 189–208.

1934 年，国民收入核算
Vanoli, André. *A History of National Accounting*. Amsterdam: IOS Press, 2005.

1934 年，希克斯 - 艾伦消费者理论
Lenfant, Jean-Sébastien. "Complementarity and Demand Theory: From the 1920s to the 1940s." In *Agreement on Demand: Consumer Theory in the Twentieth Century*. Ed. Philip Mirowski and D. Wade Hands. Durham: Duke University Press, 2006.

1936 年，凯恩斯的《就业、利息和货币通论》
Skidelsky, Robert. *John Maynard Keynes: 1883–1946: Economist, Philosopher, Statesman*. New York: Penguin, 2005.

1936 年，流动性偏好和流动性陷阱
Boianovsky, Mauro. "The IS–LM Model and the Liquidity Trap Concept: From Hicks to Krugman." *History of Political Economy* 36, Suppl. (2004): 92–126.

1936 年，丁伯根模型
Jolink, Albert. *Jan Tinbergen: The Statistical Turn in Economics, 1903–1955*. Rotterdam: CHIMES, 2003.

1937 年，投资储蓄 - 流动性偏好货币供应模型
Hoover, Kevin D., and Michel De Vroey, eds. *The IS–LM Model: Its Rise, Fall, and Strange Persistence*. Durham: Duke University Press, 2005.

1937 年，科斯的"企业本质"
Medema, Steven G. *Ronald H. Coase*. London: Macmillan, 1994.

1938 年，逻辑实证主义
Caldwell, Bruce J. *Beyond Positivism*. London: Allen and Unwin, 1982.

1938 年，伯格森社会福利函数
Feldman, Allan M., and Roberto Serrano. *Welfare Economics and Social Choice Theory*, 2nd ed. Berlin: Springer, 2005.

1938 年，显示性偏好理论
Hands, D. Wade. "Paul Samuelson and Revealed Preference Theory." *History of Political Economy* 46, no. 1 (2014): 85–116.

1939 年，希克斯的《价值与资本》
Hagemann, Harald, and O. F. Hamouda, eds. *The Legacy of Hicks: His Contributions to Economic Analysis*. London: Routledge, 2013.

1939 年，哈罗德 - 多马增长模型
Easterly, William. *The Elusive Quest for Growth: Economists' Adventures and Misadventures in the Tropics*. Cambridge: MIT Press, 2001.

1939 年，第二次世界大战
Lacey, Jim. *Keep from All Thoughtful Men: How U.S. Economists Won World War II*. Annapolis: Naval Institute Press, 2011.

1939 年，乘数—加速数模型
Heertje, Arnold, and Peter Heemeijer. "On the Origin of Samuelson's Multiplier-Accelerator Model." *History of Political Economy* 34, no. 1 (2002): 207–218.

1939 年，卡尔多 - 希克斯效率标准
Feldman, Allan M., and Roberto Serrano. *Welfare Economics and Social Choice Theory*, 2nd ed. Berlin: Springer, 2005.

1941 年，斯托尔珀-萨缪尔森定理

Deardorff, Alan V., and Robert M. Stern, eds. *The Stolper-Samuelson Theorem: A Golden Jubilee*. Ann Arbor: University of Michigan Press, 1994.

1941 年，投入—产出分析

Dietzenbacher, Erik, and Michael L. Lahr. *Wassily Leontief and Input-Output Economics*. Cambridge: Cambridge University Press, 2004.

1942 年，创造性破坏

McCraw, Thomas K. *Prophet of Innovation: Joseph Schumpeter and Creative Destruction*. Cambridge: Belknap Press, 2007.

1943 年，福利经济学的基本定理

Blaug, Mark. "The Fundamental Theorems of Modern Welfare Economics, Historically Contemplated." *History of Political Economy* 39, no. 2 (2007): 185–207.

1944 年，哈耶克的《通往奴役之路》

Caldwell, Bruce J.: "Introduction." In *The Road to Serfdom—The Definitive Edition* by F. A. Hayek, 1–36. Chicago: University of Chicago Press, 2007.

1944 年，博弈论进入了经济学

Leonard, Robert. *Von Neumann, Morgenstern, and the Creation of Game Theory*. New York: Cambridge University Press, 2010.

1944 年，哈维默的"概率论"

Hoover, Kevin D. "On the Reception of Haavelmo's Econometric Thought." *Journal of the History of Economic Thought* 36, no. 1 (2014): 45–65.

1944 年，布雷顿森林协定

Steil, Benn. *The Battle of Bretton Woods: John Maynard Keynes, Harry Dexter White, and the Making of a New World Order*. Princeton: Princeton University Press, 2009.

1945 年，哈耶克的《知识在社会中的运用》

Caldwell, Bruce J. *Hayek's Challenge: An Intellectual Biography of F. A. Hayek*. Chicago: University of Chicago Press, 2004.

1946 年，经济顾问委员会

Bernstein, Michael A. *A Perilous Progress: Economists and Public Purpose in Twentieth-Century America*. Princeton: Princeton University Press, 2001.

1946 年，芝加哥学派

Emmett, Ross B., ed. *The Elgar Companion to the Chicago School of Economics*. Cheltenham: Edward Elgar, 2010.

1946 年，消费者价格指数

Stapleford, Thomas A. *The Cost of Living in America: A Political History of Economic Statistics, 1880–2000*. New York: Cambridge University Press, 2009.

1947 年，凯恩斯主义革命

Clarke, Peter. *The Keynesian Revolution and Its Economic Consequences*. Cheltenham: Edward Elgar, 1998.

1947 年，《经济分析基础》

Backhouse, Roger E. *Founder of Modern Economics: Paul Samuelson. Volume 1: Becoming Samuelson, 1915–1948*. New York: Oxford University Press, 2017.

1947 年，线性规划

Dorfman, Robert. "The Discovery of Linear Programming." *Annals of the History of Computing* 6, no. 3 (1984), 283–295.

1948 年，萨缪尔森的《经济学》

Giraud, Yann. "Negotiating the 'Middle of the Road' Position: Paul Samuelson, MIT and the Politics of Textbook Writing, 1945-55." *History of Political Economy* 46, Suppl. (2014): 134–152.

1948 年，要素价格均等化定理

Fenestra, Robert C. *The Impact of International Trade on Wages*. Chicago: University of Chicago Press and NBER, 2000.

1948 年，中间选民定理

Mueller, Dennis. *Public Choice III*. New York: Cambridge University Press, 2003.

1948 年，兰德公司与冷战

Jardini, David. 2013. *Thinking Through the Cold War: RAND, National Security, and Domestic Policy*. E-book.

1948 年，计算：奥科特回归分析仪和菲利普斯机器

"The History of the Phillips Machine." In *A. W. H. Phillips: Collected Works in Contemporary Perspective*, edited by Robert Leeson, 89–114. Cambridge: Cambridge University Press, 2000.

1950 年，非合作博弈和纳什均衡

Nasar, Sylvia. *A Beautiful Mind*. New York: Simon and Schuster, 1998.

1950 年，囚徒困境

Poundstone, William. *Prisoner's Dilemma: John von Neumann, Game Theory, and the Puzzle of the Bomb*. New York: Doubleday, 1992.

1951 年，阿罗的不可能性定理

Maskin, Eric, and Amartya Sen, eds. *The Arrow Impossibility Theorem*. New York: Columbia University Press, 2014.

1952 年，未来资源以及环境经济学

Pearce, David. "An Intellectual History of Environmental Economics." *Annual Review of Energy and the Environment* 27, no. 1 (2002): 57–81.

1952 年，投资组合精选理论

Brine, Kevin R., and Mary Poovey. *Finance in America: An Unfinished Story*. Chicago: University of Chicago Press, 2017.

1953 年，沙普利值

Hart, Sergiu. *The Shapley Value: Essays in Honor of Lloyd S. Shapley*. Ed. Alvin E. Roth. New York: Cambridge University Press, 2008.

1953 年，《实证经济学方法论》

Mäki, Uskali, ed. *The Methodology of Positive Economics: Reflections on the Milton Friedman Legacy*. Cambridge: Cambridge University Press, 2009.

1954 年，证明一般均衡的存在

Düppe, Till, and E. Roy Weintraub. *Finding Equilibrium: Arrow, Debreu, McKenzie and the Problem of Scientific Credit*. Princeton: Princeton University Press, 2014.

1954 年，公共商品

Cornes, Richard, and Todd Sandler. *The Theory of Externalities, Public Goods, and Club Goods*, 2nd ed. New York: Cambridge University Press, 1996.

1954 年，发展经济学

Tignor, Robert L. *W. Arthur Lewis and the Birth of Development Economics*. Princeton: Princeton University Press, 2006.

1954 年，公共池塘问题

Hardin, Garrett. "The Tragedy of the Commons." *Science* 162, no. 3859 (1968): 1243–1248.

1955 年，有限理性

Augier, Mie, and James March. *Models of a Man: Essays in Memory of Herbert A. Simon*. Cambridge: MIT Press, 2004.

1955 年，大型宏观计量经济学模型

Marwah, Kanta, Lawrence Klein, and Ronald G. Bodkin. *A History of Macroeconometric Model-Building*. Cheltenham: Edward Elgar, 1991.

1956 年，次优理论

Mishan, Ezra J. "Second Thoughts on Second Best." *Oxford Economic Papers* 14, no. 3 (1962): 205–217.

1956 年，蒂布特模型

Singleton, John. "Sorting Charles Tiebout." *History of Political Economy* 47, Suppl. (2015): 199–226.

1956年，索洛-斯旺增长模型

Boianovsky, Mauro, and Kevin D. Hoover, eds. *Robert Solow and the Development of Growth Economics*. Durham: Duke University Press, 2009.

1957年，歧视经济学

Fleury, Jean-Baptiste. "Wandering Through the Borderlands of the Social Sciences: Gary Becker's *Economics of Discrimination*." *History of Political Economy* 44, no. 1 (2012): 1–40.

1957年，永久收入假说

Meghir, Costas. "A Retrospective on Friedman's Theory of Permanent Income." *Economic Journal* 114, no. 496 (2004): F293–F306.

1957年，理性选民模型和投票悖论

Caplan, Bryan. *The Myth of the Rational Voter: Why Democracies Choose Bad Policies*. Princeton: Princeton University Press, 1997.

1958年，人力资本分析

Teixeira, Pedro. *Jacob Mincer: Founding Father of Modern Labour Economics*. Oxford: Oxford University Press, 2007.

1958年，外部性和市场失灵

Papandreou, Andreas A. *Externality and Institutions*. Oxford: Oxford University Press, 1994.

1958年，成本-效益分析

Pearce, David W. "The Origins of Cost-Benefit Analysis." In *Cost-Benefit Analysis*, 2nd ed. London: Macmillan, 1983.

1958年，莫迪利安尼-米勒定理

Miller, Merton H. "The Modigliani–Miller Proposition after Thirty Years." *Journal of Economic Perspectives* 2, no. 4 (1988): 99–120.

1958年，菲利普斯曲线

Forder, James. *Macroeconomics and the Phillips Curve Myth*. Oxford: Oxford University Press, 2014.

1958年，加尔布雷思的《富裕社会》

Parker, Richard. *John Kenneth Galbraith: His Life, His Politics, His Economics*. New York: Farrar, Straus, and Giroux, 2005.

1959年，德布鲁的《价值理论》

Düppe, Till. "Gérard Debreu's Secrecy: His Life in Order and Silence." *History of Political Economy* 44, no. 3 (2012): 413–449.

1960年，科斯定理

Medema, Steven G. "The Coase Theorem at Sixty." *Journal of Economic Literature* (forthcoming).

1961年，计量历史学：新经济历史

Goldin, Claudia. "Cliometrics and the Nobel." *Journal of Economic Perspectives* 9, no. 2 (1995): 191–208.

1961年，信息经济学

Stiglitz, Joseph E. "The Contributions of the Economics of Information to Twentieth Century Economics." *Quarterly Journal of Economics* 115, no. 4 (2000): 1441–1478.

1961年，拍卖理论

Hubbard, Timothy P., and Harry J. Paarsch. *Auctions*. Cambridge: MIT Press, 2016.

1961年，理性预期假说

Sheffrin, Steven M. *Rational Expectations*, 2nd ed. Cambridge: Cambridge University Press, 1996.

1962年，资本资产定价模型

Harrison, Paul. "A History of Intellectual Arbitrage: The Evolution of Financial Economics." *History of Political Economy* 29, Suppl. (1997): 172–188.

1962年，公共选择分析

Medema, Steven G. *The Hesitant Hand*. Princeton: Princeton University Press, 2009.

1963年，《美国货币史》

Rockoff, Hugh. "On the Origins of *A Monetary His-*

tory." In *The Elgar Companion to the Chicago School of Economics*. Ed. Ross B. Emmett. Cheltenham: Edward Elgar, 2010.

1965 年，搭便车问题
Tuck, Richard. *Free Riding*. Cambridge: Harvard University Press, 2008.

1965 年，有效市场假说
Lo, Andrew W., ed. *Market Efficiency: Stock Market Behavior in Theory and Practice*, 2 vols. Cheltenham: Edward Elgar, 1997.

1966 年，排放权交易
Tietenberg, Tom. "Cap and Trade: The Evolution of an Economic Idea." *Agricultural and Resource Economics* 39, no. 3 (2010): 359–367.

1967 年，寻租
Congleton, Roger D. and Arye L. Hillman, eds. *Companion to the Political Economy of Rent Seeking*. Cheltenham: Edward Elgar, 2015.

1967 年，自然失业率
Stiglitz, Joseph, et al. "Symposium: The Natural Rate of Unemployment." *Journal of Economic Perspectives* 11, no. 1 (1997): 3–108.

1968 年，犯罪和惩罚经济学
Freeman, Richard B. "The Economics of Crime." *The Handbook of Labor Economics*, vol. 3, part C. Ed. Orley C. Ashenfelter and David Card. Amsterdam: Elsevier, 1999.

1969 年，"诺贝尔"经济学"奖"
Karier, Thomas. *Intellectual Capital: Forty Years of the Nobel Prize in Economics*. New York: Cambridge University Press, 2010.

1970 年，经济学有了应用性
Backhouse, Roger E., and Beatrice Cherrier, eds. *The Age of the Applied Economist: The Transformation of Economics since the 1970s*. Durham: Duke University Press, 2017.

1970 年，"次品"市场
Löfgren, Karl-Gustaf, Torsten Persson, and Jörgen W. Weibull. 2002. "Markets with Asymmetric Information: The Contributions of George Akerlof, Michael Spence and Joseph Stiglitz." *Scandinavian Journal of Economics* 104, no. 2 (2007): 195–211.

1970 年，《集体选择和社会福利》
Morris, Christopher W., ed. *Amartya Sen*. Cambridge: Cambridge University Press, 2009.

1970 年，阿特金森的不平等指数
Sen, Amartya. *On Economic Inequality*, 2nd ed. Oxford: Oxford University Press, 1997.

1971 年，规制俘虏
Dal Bó, Ernesto. "Regulatory Capture: A Review." *Oxford Review of Economic Policy* 22, no. 2 (2006): 203–225.

1971 年，浮动汇率：布雷顿森林协定的终结
James, Harold. *International Monetary Cooperation since Bretton Woods*. Washington: International Monetary Fund, 1996.

1971 年，最优化赋税
Kaplow, Louis. *The Theory of Taxation and Public Economics*. Princeton: Princeton University Press, 2008.

1972 年，新古典宏观经济学
Hoover, Kevin D. *The New Classical Macroeconomics*. Oxford: Blackwell, 1988.

1972 年，机制设计
Börgers, Tilman. *An Introduction to the Theory of Mechanism Design*. Oxford: Oxford University Press, 2015.

1973 年，法律的经济分析
Mercuro, Nicholas, and Steven G. Medema. *Eco-

nomics and the Law: From Posner to Post Modernism and Beyond. Princeton: Princeton University Press, 2006.

1973 年，代理理论
Eisenhardt, Kathleen M. "Agency Theory: An Assessment and Review." *Academy of Management Review* 14, no. 1 (1989): 57–74.

1973 年，布莱克 - 斯科尔斯模型
Mehrling, Perry. *Fischer Black and the Revolutionary Idea of Finance*. New York: Wiley, 2005.

1973 年，信号标志
Weiss, Andrew. "Human Capital vs. Signaling Explanations of Wages." *Journal of Economic Perspectives* 9, no. 4 (1995): 133–154.

1973 年，欧佩克和阿拉伯石油禁运
Blinder, Alan. *Economic Policy and the Great Stagflation*. New York: Academic, 1979.

1974 年，供应学派经济学
Roberts, Paul Craig. *The Supply-Side Revolution*. Cambridge: Harvard University Press, 1984.

1975 年，政策无效命题
De Vroey, Michel. *A History of Macroeconomics from Keynes to Lucas and Beyond*. Cambridge: Cambridge University Press, 2016.

1976 年，筛选，或者聚集与分离均衡
Riley, John G. "Silver Signals: Twenty-Five Years of Screening and Signaling." *Journal of Economic Literature* 39, no. 2 (2001): 432–478.

1976 年，卢卡斯批判
Snowdon, Brian, and Howard R. Vane. *Modern Macroeconomics: Its Origins, Development and Current State*. Cheltenham: Edward Elgar, 2005.

1977 年，新凯恩斯主义经济学
Galí, Jordi. *Monetary Policy, Inflation, and the Business Cycle: An Introduction to the New Keynesian Framework and Its Implications, 2nd Ed*. Princeton: Princeton University Press, 2015.

1979 年，新贸易理论
Neary, J. Peter. "Putting the 'New' into New Trade Theory: Paul Krugman's Nobel Memorial Prize in Economics." *Scandinavian Journal of Economics* 111, no. 2 (2009): 217–250.

1979 年，行为经济学
Heukelom, Floris. *Behavioral Economics: A History*. Cambridge: Cambridge University Press, 2015.

1981 年，个人电脑
Backhouse, Roger E., and Beatrice Cherrier. "'It's Computers, Stupid!' The Spread of Computers and the Changing Roles of Theoretical and Applied Economics." *History of Political Economy* 49, Suppl. (2017): 103–126.

1982 年，真实经济周期模型
Young, Warren. *Real Business Cycle Models in Economics*. London: Routledge, 2016.

1986 年，实验转折
Kagel, John H., and Alvin E. Roth. *Handbook of Experimental Economics*. Vol. 2. Princeton: Princeton University Press, 2015.

1986 年，内生增长理论
Warsh, David. *Knowledge and the Wealth of Nations: A Story of Economic Discovery*. New York: W. W. Norton, 2007.

1990 年，公地治理
Aligica, Paul Dragos, and Peter J. Boettke. *Challenging Institutional Analysis and Development: The Bloomington School*. London: Routledge, 2009.

1990 年，自然实验
Angrist, Joshua D., and Jörn-Steffen Pischke. "The Credibility Revolution in Empirical Economics:

How Better Research Design Is Taking the Con out of Econometrics." *Journal of Economic Perspectives* 24, no. 2 (2010): 3–30.

1997 年，新制度经济学

Brousseau, Éric, and Jean-Michel Glachant, eds. *New Institutional Economics: A Guidebook*. Cambridge: Cambridge University Press, 2008.

1999 年，欧元

Dyson, Kenneth, and Ivo Maes, eds. *Architects of the Euro: Intellectuals in the Making of European Monetary Union*. Oxford: Oxford University Press, 2016.

2003 年，动态随机一般均衡模型

Christiano, Lawrence J., Martin S. Eichenbaum, and Mathias Trabandt. "On DSGE Models." *Journal of Economic Perspectives* 32, no. 3 (2018): 113–140.

2007 年，大衰退

Bernanke, Ben. *The Federal Reserve and the Financial Crisis*. Princeton: Princeton University Press, 2015.

2009 年，加密货币

Ammous, Saifedean. *The Bitcoin Standard: The Decentralized Alternative to Central Banking*. New York: John Wiley & Sons, 2018.

Text copyright © 2019 Steven G. Medema

Originally published in 2019 in the United States by Sterling Publishing Co., Inc.

版贸核渝字（2019）第211号

图书在版编目（CIP）数据

经济学之书 / （美）史蒂文·G.米德玛
(Steven G.Medema) 著；楚立峰译 . -- 重庆：重庆大
学出版社，2022.9（2023.4 重印）
（里程碑书系）
书名原文：The Economics Book
ISBN 978-7-5689-2671-3

Ⅰ. ①经… Ⅱ. ①史… ②楚… Ⅲ. ①经济思想史 -
研究 Ⅳ. ① F09

中国版本图书馆 CIP 数据核字 (2021) 第 218813 号

经济学之书
JINGJIXUE ZHI SHU

[美]史蒂文·G.米德玛　著
楚立峰　译

策划编辑：王思楠
责任编辑：陆　艳　陈　力
责任校对：谢　芳
责任印制：张　策
装帧设计：鲁明静
内文制作：常　亭

重庆大学出版社出版发行
出版人：饶帮华
社址：（401331）重庆市沙坪坝区大学城西路21号
网址：http://www.cqup.com.cn
印刷：重庆俊蒲印务有限公司

开本：787mm×1092mm　1/16　印张：17.75　字数：406千
2022年9月第1版　2023年4月第2次印刷
ISBN 978-7-5689-2671-3　定价：88.00元

本书如有印刷、装订等质量问题，本社负责调换
版权所有，请勿擅自翻印和用本书制作各类出版物及配套用书，违者必究

经济学之书 The Economics Book